DIREITO DA INFRAESTRUTURA

TEMAS DE ORGANIZAÇÃO DO ESTADO, SERVIÇOS PÚBLICOS E INTERVENÇÃO ADMINISTRATIVA

GUILHERME DE SALLES GONÇALVES
EMERSON GABARDO
Coordenadores

Marcia Carla Pereira Ribeiro
Prefácio

DIREITO DA INFRAESTRUTURA

TEMAS DE ORGANIZAÇÃO DO ESTADO, SERVIÇOS PÚBLICOS E INTERVENÇÃO ADMINISTRATIVA

Belo Horizonte

2012

© 2012 Editora Fórum Ltda.

É proibida a reprodução total ou parcial desta obra, por qualquer meio eletrônico, inclusive por processos xerográficos, sem autorização expressa do Editor.

Conselho Editorial

Adilson Abreu Dallari
Alécia Paolucci Nogueira Bicalho
Alexandre Coutinho Pagliarini
André Ramos Tavares
Carlos Ayres Britto
Carlos Mário da Silva Velloso
Cármen Lúcia Antunes Rocha
Cesar Augusto Guimarães Pereira
Clovis Beznos
Cristiana Fortini
Dinorá Adelaide Musetti Grotti
Diogo de Figueiredo Moreira Neto
Egon Bockmann Moreira
Emerson Gabardo
Fabrício Motta
Fernando Rossi

Flávio Henrique Unes Pereira
Floriano de Azevedo Marques Neto
Gustavo Justino de Oliveira
Inês Virgínia Prado Soares
Jorge Ulisses Jacoby Fernandes
Juarez Freitas
Luciano Ferraz
Lúcio Delfino
Marcia Carla Pereira Ribeiro
Márcio Cammarosano
Maria Sylvia Zanella Di Pietro
Ney José de Freitas
Oswaldo Othon de Pontes Saraiva Filho
Paulo Modesto
Romeu Felipe Bacellar Filho
Sérgio Guerra

Luís Cláudio Rodrigues Ferreira
Presidente e Editor

Supervisão editorial: Marcelo Belico
Revisão: Pablo Gobira
Ficha catalográfica: Ana Carolina Marques – CRB 2933 – 6ª Região
Indexação: Clarissa Jane de Assis Silva – CRB 2457 – 6ª Região
Capa e projeto gráfico: Walter Santos
Diagramação: Karine Rocha

Av. Afonso Pena, 2770 – 15º/16º andares – Funcionários – CEP 30130-007
Belo Horizonte – Minas Gerais – Tel.: (31) 2121.4900 / 2121.4949
www.editoraforum.com.br – editoraforum@editoraforum.com.br

D597

Direito da Infraestrutura: temas de organização do Estado, serviços públicos e intervenção administrativa / Coordenadores Guilherme de Salles Gonçalves ; Emerson Gabardo ; prefácio Marcia Carla Pereira Ribeiro. – Belo Horizonte : Fórum, 2012.

293 p.
ISBN 978-85-7700-633-5

1. Direito administrativo econômico. 2. Direito administrativo. 3. Direito econômico. 4. Direito constitucional. 5. Direito tributário. 6. Direito empresarial. I. Gonçalves, Guilherme de Salles. II. Gabardo, Emerson. III. Ribeiro, Marcia Carla Pereira.

CDD: 354
CDU: 346.92

Informação bibliográfica deste livro, conforme a NBR 6023:2002 da Associação Brasileira de Normas Técnicas (ABNT):

GONÇALVES, Guilherme de Salles; GABARDO, Emerson (Coord.). *Direito da Infraestrutura*: temas de organização do Estado, serviços públicos e intervenção administrativa. Belo Horizonte: Fórum, 2012. 293 p. ISBN 978-85-7700-633-5.

SUMÁRIO

PREFÁCIO
Marcia Carla Pereira Ribeiro 9

APRESENTAÇÃO 11

O REGIME JURÍDICO DA EMPRESA BRASILEIRA DE CORREIOS
E TELÉGRAFOS – ENTRE SERVIÇO PÚBLICO E ATIVIDADE
ECONÔMICA EM SENTIDO ESTRITO
Emerson Gabardo 15
1   Aspectos nucleares do regime jurídico da Empresa Brasileira de
     Correios e Telégrafos (ECT) 15
1.1 Natureza jurídica da entidade 15
1.2 Objeto social e natureza jurídica das atividades desenvolvidas 19
1.3 Os serviços de logística integrada como atividade econômica
     em sentido estrito 25
1.4 Conjunto normativo aplicável à ECT 29
2   Enquadramento jurídico dos serviços de transporte noturno
     de cargas 32
2.1 Serviço público e atividade econômica – Distinções e pontos de
     contato 33
2.2 Caracterização dos serviços de logística como atividade econômica 34
3   A pertinência da criação de uma subsidiária integral para a
     exploração de atividades econômicas em sentido estrito inerentes
     à logística do transporte aéreo de cargas 37
3.1 Criação de empresas subsidiárias pela ECT 38
3.2 Parceria público-privada na modalidade "concessão administrativa"
     de serviços ao Estado 45
     Referências 51

AVALIAÇÃO DA CONSTITUCIONALIDADE DA INSTITUIÇÃO
DO SERVIÇO DE TRANSPORTE INDIVIDUAL DE PASSAGEIROS
POR MOTOCICLETA (MOTOTÁXI)
**Felipe Andres Pizzato Reis, Iggor Gomes Rocha,
Marcelo Augusto Biehl Ortolan** 53
1   Introdução 53
2   Condições de constitucionalidade formal – Competência legislativa
     privativa da União para regulamentar a matéria de trânsito e
     transportes e, por consequência, os serviços de mototáxi 55
3   Condições de constitucionalidade material 63

3.1 Observância necessária dos deveres constitucionais de segurança social, saúde pública e eficiência 63
3.2 Observância necessária dos princípios da razoabilidade e proporcionalidade 66
4 Notas sobre a Ação Direta de Inconstitucionalidade nº 4.530 69
5 Conclusões 71
Referências 71

DOAÇÃO ONEROSA DE IMÓVEIS PÚBLICOS – INSTRUMENTO DE POLÍTICA URBANA E DE FOMENTO À INFRAESTRUTURA
Iggor Gomes Rocha 73
1 Introdução 73
2 A doação com encargos de imóveis públicos – A possibilidade de uso e requisitos substanciais e materiais 74
3 Doação com encargo e dever de licitar 89
4 Conclusão 93
Referências 94

CONCESSÃO DE SERVIÇO PÚBLICO E PARCERIA PÚBLICO-PRIVADA – DA GARANTIA AO EQUILÍBRIO ECONÔMICO-FINANCEIRO À PARTILHA CONTRATUAL DE RISCOS
Iggor Gomes Rocha 97
1 Introdução 97
2 Concessões de serviço público, áleas e equilíbrio econômico-financeiro 100
2.1 Noções introdutórias às concessões comuns de serviços públicos 100
2.2 Concessões, teoria das áleas e equilíbrio econômico-financeiro 105
3 Parcerias público-privadas e o compartilhamento de riscos 113
3.1 Noções introdutórias às parcerias público-privadas 113
3.2 A repartição objetiva de riscos nos contratos de PPP 115
4 A utilização da lógica da partilha contratual de riscos nos contratos de concessão 121
5 Conclusões 129
Referências 131

REFORMA ADMINISTRATIVA, INFRAESTRUTURAS E INSTRUMENTOS DE GESTÃO INTERFEDERATIVA DE SERVIÇOS PÚBLICOS
Marcelo Augusto Biehl Ortolan 135
1 Introdução 135
2 O sistema constitucional de competências administrativas comuns e reforma administrativa 138
3 A evolução do regime constitucional dos consórcios e convênios administrativos 143
4 Consórcios públicos e convênios de cooperação 146
5 Convênios administrativos 152

6　Conclusões 156

Referências 157

COMBATE À CORRUPÇÃO NAS LICITAÇÕES E CONTRATOS PÚBLICOS – QUESTÕES CENTRAIS DO PROJETO DE LEI Nº 6.826/2010

Marcelo Augusto Biehl Ortolan, Iggor Gomes Rocha, Felipe Andres Pizzato Reis 159

1　Introdução 159

2　A discussão a respeito da possibilidade de responsabilização objetiva de pessoa jurídica privada 161

2.1　Fundamentos 161

2.2　A responsabilidade subjetiva por omissão como alternativa à responsabilidade objetiva 166

2.3　A inconstitucionalidade da penalização de pessoa jurídica por atos de terceiros 167

2.4　Desconsideração da personalidade jurídica para fins de responsabilização dos sócios por atos lesivos 168

3　O âmbito de aplicação da lei 169

4　Questões polêmicas relativas às condutas tipificadas e às sanções aplicáveis 169

4.1　Das condutas tipificadas no Projeto de Lei 169

4.2　Das sanções administrativas aplicáveis 170

4.3　A problemática da independência das instâncias e o princípio da vedação ao *bis in idem* 173

4.4　As sanções judiciais complementares previstas 178

5　O processo administrativo de aplicação das sanções e suas críticas....179

5.1　Da necessidade de condução do processo administrativo punitivo por órgão central 179

5.2　Proposta de atribuição da competência para julgamento aos Tribunais de Contas como alternativa ao modelo de processo administrativo previsto no PL nº 6.826/2010 184

5.3　Propostas de alterações relativas ao procedimento em geral...........192

6　Emendas propostas ao Projeto de Lei nº 6.826/2010 194

Referências 199

A IMUNIDADE TRIBUTÁRIA RECÍPROCA SOBRE OS SERVIÇOS PÚBLICOS VISTA PELA JURISPRUDÊNCIA DO SUPREMO TRIBUNAL FEDERAL

Marcelo Augusto Biehl Ortolan 201

1　Introdução..201

2　A imunidade tributária recíproca 203

3　A extensão da imunidade recíproca às empresas públicas e sociedades de economia mista..204

4　Os critérios de definição dos serviços públicos como de prestação obrigatória e exclusiva do Estado...209

5 Prestação de serviço público por concessionários e imunidade
tributária 214
6 Conclusões.........218
Referências.........221

REALIZAÇÃO EFICIENTE DO PROCESSO ADMINISTRATIVO DE DESAPROPRIAÇÃO PARA REFORMA AGRÁRIA – SUAS NULIDADES E MECANISMOS DE CORREÇÃO
Marcelo Augusto Biehl Ortolan 223
1 Introdução.........223
2 Normas de execução do INCRA e procedimento desapropriatório 224
3 A violação ao dever de motivação explícita nas decisões administrativas de classificação fundiária 230
4 A impossibilidade de convalidação dos vícios arguidos em defesa administrativa 232
5 Alterações quanto às condições de uso do imóvel, desvio de finalidade e lesão aos princípios da proporcionalidade e razoabilidade.........235
6 A suspeição ou impedimento do perito 237
7 A possibilidade de exercício pleno do direito de propriedade para fins de divisão do imóvel.........240
8 Conclusões.........245
Referências.........247

A AUTORIZAÇÃO PARA EXECUÇÃO DOS SERVIÇOS DE RTV E RPTV E A NOVA REGULAMENTAÇÃO DO SEU PROCEDIMENTO DE OUTORGA
Marcelo Augusto Biehl Ortolan, Iggor Gomes Rocha 249
1 Introdução.........249
2 Aspectos gerais dos serviços de retransmissão e repetição de televisão, ancilares ao serviço de radiodifusão de sons e imagens 251
3 Características dos serviços de RTV e RpTV 252
4 A autorização para execução dos serviços de RTV e RpTV 253
5 A alteração da geradora cedente da programação e a vedação de transferência da autorização que implique em mudança da programação.........255
6 Da necessidade de realização de concorrência simplificada para atribuição de nova autorização de RTV 260
7 O novo procedimento para regularização das RTVs e RpTVs.........264
Referências.........268

REFERÊNCIAS.........271

SOBRE OS AUTORES E COORDENADORES.........281

ÍNDICE DE ASSUNTO 283

ÍNDICE DA JURISPRUDÊNCIA 287

ÍNDICE DA LEGISLAÇÃO 289

ÍNDICE ONOMÁSTICO.........291

PREFÁCIO

Tempos difíceis. Temos de nos adaptar a um sem número de novidades, às novas tecnologias, às novas necessidades que se criam e são criadas. As informações nos chegam na velocidade das partículas que transitam pelas fibras óticas, e fica mais fácil saber que as desigualdades e as injustiças são extremamente difíceis de serem erradicadas. Vive-se com maior intensidade o dilema entre aceitar que o individualismo prevaleça e acoberte as desigualdades e o medo do assistencialismo minar as recompensas que decorrem do mérito a ser reconhecido àqueles que incorporaram às suas vidas premissas de esforço e empreendedorismo. Em outras palavras, como se aproximar da concepção ideal de liberdade e de intervencionismo.

Sabe-se, por experiência, que o liberalismo extremado está fadado ao insucesso, seja ao nível individual ou coletivo: o empresário sempre terá por objetivo último titular a maior fatia do mercado, ou ainda, a sua totalidade. E, normalmente, à custa do exercício abusivo do poder de mercado e valendo-se de precificação impeditiva da concorrência. Pensa-se aqui no empresário que estabelece metas de crescimento no mercado com vistas ao estabelecimento de oligopólios ou monopólios. Os prejuízos serão privados — os reflexos da dominação em termos de concorrência — e os prejuízos serão coletivos — dificuldades impostas ao consumidor e ao cidadão.

Por outro lado, a atuação interventiva pode se apresentar como extremamente atraente. Rápida, universal, perceptível. Porém, não é isenta de riscos, porque por detrás da definição de interesse público, estão pessoas e seus interesses, pessoais e de determinados grupos que titulam o poder naquele momento. Há a questão política, a alternância de poder, os desvios e as preferências pessoais.

Portanto, a ação livre na seara econômica pode gerar maus resultados — em suas condutas abusivas e desapegadas a qualquer outro ideal que não seja o lucro — mas, a ação interventiva também não é isenta de riscos, desvios, erros e acertos.

De todo modo, não há como prescindir do Estado, e nem mesmo as experiências mais liberais se afastaram desta conclusão. As políticas públicas — sejam de maior ou menor calibre interventivo — são esperadas e necessárias, especialmente em sociedades com menor grau de desenvolvimento. Especialmente no que se refere aos setores mais sensíveis e próximos da vida do cidadão e da vida econômica. Na gestão da infraestrutura — que perpassara o caminho de um grande número de cidadãos e de agentes econômicos. Na educação e na saúde, também são bem-vindas.

Feliz da sociedade que consiga encontrar o ponto ideal de conciliação da ação privada — que lutou para conquistar seu espaço de liberdade e seu direito a melhorar de vida — e a intervenção estatal na economia! Que aproveite de cada face da mesma moeda (liberdade econômica & intervenção no domínio econômico) o que de melhor se possa extrair, e que construa mecanismos coibidores das distorções, dos apadrinhamentos, dos falsos interesses sociais em proveito do desenvolvimento econômico e social de nosso país.

Tempos difíceis estes em que temos de aceitar a imperfeição de qualquer solução absoluta.

Profa. Dra. Marcia Carla Pereira Ribeiro

Professora titular de Direito Societário PUCPR, professora associada de Direito Empresarial UFPR, estágio de pós-doutorado pela FGVSP (2005-2006), pesquisadora convidada da Université de Montréal – CA (2007), advogada e Procuradora do Estado do Paraná.

APRESENTAÇÃO

O Brasil vive um raro e feliz momento de desenvolvimento sustentável, inclusão social e de fortalecimento de suas instituições democráticas essenciais. Se de um lado muito ainda falta para que cheguemos a tão sonhada — e determinada constitucionalmente — plenitude da extensão dos básicos direitos da cidadania a todos os brasileiros, por outro é indiscutível que nos últimos dez anos deixamos de ser uma nação subdesenvolvida e excludente para caminharmos, a passos largos e surpreendentes, a um destino de modernidade plena. Deixamos, de fato, de ser um país de "modernidade tardia" para ingressar numa era de modernidade quase plena. Porém, as décadas de atraso, sobretudo no período compreendido entre a ditadura militar e os anos de hegemonia neoliberal, agora apresentam sua conta: os milhões de brasileiros que ascendem à classe média agora querem — e devem ter direito — a usufruir dos benefícios dessa ascensão/integração social. Portanto, cenário fértil para que a omissão do Estado em investir e organizar o investimento em infraestrutura revele sua face mais grave. Basta andar em nossas rodovias, pegar um avião, enviar alguma encomenda (ou comprar pela internet...) para perceber que essa ausência de investimento e de intervenção mais específica, seja direta, seja pela via da regulação, necessariamente terá que ser enfrentada.

É nesse cenário que surge a obra que ora se apresenta, que tive a honra de coordenar ao lado do professor doutor Emerson Gabardo. Nascida de uma feliz ousadia entre acadêmicos e professores que, ainda que profundamente comprometidos com a Universidade, não se afastam da face mais pragmática da advocacia, a obra *Direito da infraestrutura* busca temperar e esclarecer, com estudos doutrinários sérios, várias demandas e dúvidas que exsurgem do cenário acima explicitado. Assim, a presente obra trata de questões que o dia a dia da advocacia impõe — consequência do fato de todos os autores de artigo da presente obra serem integrantes do Escritório de Advocacia "Guilherme Gonçalves, Sacha Reck & Advogados Associados", em parceria com as pós-graduações da Pontifícia Universidade Católica do Paraná (PUC/PR) e da Universidade Federal do Paraná (UFPR). Nesse sentido, não sem alguma pretensão, entendemos que a presente obra comprova que não deve existir dissenso entre a advocacia de alto nível e a produção acadêmica séria. Ao contrário, e sobretudo no nosso modo de ver, o avanço do Direito como meio de efetivação das promessas republicanas insertas na nossa Carta Magna depende da combinação desses dois "mundos" indispensavelmente interdependentes. Ousamos afirmar: essa obra demonstra que esse pressuposto firmado encontra solidez no resultado alcançado.

A obra inicia com um inédito e precioso estudo do professor Emerson Gabardo sobre o regime jurídico da Empresa Brasileira de Correios e Telégrafos, a ECT, cuja atividade, essencial e regulada constitucionalmente, está sofrendo um impacto de modernização decorrente das novas tecnologias de comunicação, que praticamente impuseram a essa empresa uma atualização necessária de suas atividades para fazê-la avançar como empresa de logística. Nesse aspecto, esse texto trata de resgatar o histórico da ECT e sua especial missão determinada constitucionalmente, fazendo uma análise da sua nova regulação contemporânea diante das modificações introduzidas pelo Decreto Presidencial nº 7.483, editado em maio de 2011.

Adiante, o mestrando e advogado Marcelo Ortolan aborda a estratégica questão dos acordos federativos de gestão, importante para todos aqueles que laboram com serviços públicos, na medida em que, cada vez mais, tais atividades exigem a combinação de competências entre diversos entes da federação para seu adequado desenvolvimento e implantação. E, nesse aspecto, os institutos dos consórcios e convênios permanecem sendo polêmicos, e algumas dessas polêmicas são enfrentadas nesse texto. E logo na sequência aparece outro estudo, também de Marcelo Ortolan, mas aqui ladeado pelos seus colegas Iggor Gomes Rocha e Felipe Andres Pizzato Reis, agora abordando tema cuja importância histórica cada vez mais se aprofunda: o combate à corrupção. A partir da experiência de assessoria ao Deputado Federal João Arruda (PMDB/PR), que presidiu a Comissão Especial que debateu o Projeto de Lei nº 6.826/2010 — destinado a "regular as hipóteses de responsabilização administrativa e civil das pessoas jurídicas pela prática de atos contra a administração publica" — esses autores já introduzem e trabalham as principais inovações e polêmicas que exsurgirão da nova lei, complementar à Lei da Probidade Administrativa (Lei nº 8.429/92), e que tende a introduzir a figura da responsabilização objetiva da pessoa jurídica por atos contra a administração pública. Não é preciso ir longe para perceber a importância do tema na atual quadra histórica que vivemos.

Em seguida, o leitor poderá ter acesso a dois textos do mestrando e advogado Iggor Gomes Rocha acerca de tão importantes quanto polêmicos institutos do Direito Administrativo Brasileiro: a doação onerosa de imóveis públicos, aqui examinada sob o viés do fomento à infraestrutura, outro fundamento de política urbanística especialmente relevante para o atual momento de aplicação do Estatuto das Cidades, que já completou sua primeira década de vigência; e o instituto do equilíbrio econômico-financeiro e sua aparente conflitualidade com a possibilidade de partilha contratual do risco da atividade nas concessões em sentido estrito e nas parcerias público-privadas. Como esses textos foram construídos dessa profícua junção do enfrentamento de questões práticas sem prescindir de profundidade teórica, acreditamos que o resultado final será especialmente relevante para aqueles que enfrentam essas questões no seu dia a dia.

Depois, um texto que traz para o debate acadêmico um dos mais graves problemas que atualmente cidades médias e grandes do Brasil enfrentam: a regulamentação dos chamados serviços de "mototáxi". Anteriormente percebidos como ilegais em face da negativa em considerar a motocicleta como veiculo adequado ao transporte de passageiros, consoante até chegou a afirmar o Pretório Excelso, atualmente essa atividade restou autorizada pela Lei nº 12.009, de junho de 2009. De lá para cá as polêmicas só aumentaram, e é esse o debate enfrentado pelos estudiosos Iggor, Marcelo e Felipe, que analisam o tema sob a luz do controle de constitucionalidade formal e material. E, sobretudo, enfrentam o tema não apenas sob o foco da sua característica interna, de mobilidade urbana, mas também por meio da sua implicação com outros princípios e realidades jurídicas e sociais também atingidas por tal normativa, em especial concernentes à saúde e segurança públicas, propondo solução que, ainda que certamente polêmica, dificilmente poderá ser ignorada ou superada.

Em seguida, o mestrando Marcelo adensa o debate sobre o tema a imunidades tributárias recíprocas em matéria de serviços públicos. Esse tema, tão comum à seara do Direito Tributário, é aqui enfrentado também sob a ótica do Direito Administrativo, precisando as distinções que decorrem da natureza jurídica do prestador do serviço público para fins da incidência da imunidade tributária.

E, para concluir com brilhantismo essa já densa obra, dois textos de grande profundidade sobre temas cuja importância estratégica, diante do momento histórico que vivemos, já estava a exigir trabalhos mais adequados: (i) o processo administrativo de desapropriação para fins de reforma agrária; e (ii) o regime jurídico das denominadas RTVs, as estações repetidoras e retransmissoras dos sinais de televisão.

No primeiro caso, o mestrando Marcelo nos brinda com um profundo estudo a respeito do procedimento administrativo, já um tanto defasado, de verificação da produtividade e de desapropriação de imóveis rurais para fins de reforma agrária, que foi todo reexaminado, no estudo, à luz das mais recentes conquistas e avanços do regime jurídico-administrativo.

Por fim, aquele estudioso, em parceria com o mestrando Iggor, trata de questões candentes referentes às repetidoras e retransmissoras de teledifusão (de sinais de televisão), precisando questões decorrentes da natureza jurídica do ato de autorização, e aprofundando o estudo acerca das consequências desse regime sob o filtro das novas regulações da matéria, em especial da recente sucessão de Portarias editadas pelo Ministério das Comunicações sobre o assunto. O texto, além de se destacar pelo ineditismo e atualidade do tema enfrentado, ainda tem a virtude de aproveitar a experiência concreta que esses jovens brilhantes advogados vêm enfrentando no dia a dia de advocacia especializada nesse tema, sem prescindir — como insistimos — de toda a seriedade científica que diferencia e qualifica trabalhos desse jaez.

De todo o exposto, fica o convite ao leitor para que possa, diretamente, avaliar a ousadia da proposta desta obra. Muito mais felizes ficaremos todos em saber que, ainda que pressionados pela realidade sempre sobrecarregada dos que ousam combinar advocacia qualificada com seriedade acadêmica, conseguiram os autores produzir estudos relevantes e provocantes — decorrentes de uma investigação científica adequadamente orientada na academia. Contribui-se, assim, para o objetivo de desenvolver, cada vez mais, as instituições jurídicas na direção da plena cidadania e democracia.

Curitiba, abril de 2012.

Guilherme de Salles Gonçalves

O REGIME JURÍDICO DA EMPRESA BRASILEIRA DE CORREIOS E TELÉGRAFOS ENTRE SERVIÇO PÚBLICO E ATIVIDADE ECONÔMICA EM SENTIDO ESTRITO

EMERSON GABARDO

1 Aspectos nucleares do regime jurídico da Empresa Brasileira de Correios e Telégrafos (ECT)

Inicialmente, cumpre explicitar alguns dos contornos nucleares que compõem o regime jurídico da *Empresa Brasileira de Correios e Telégrafos* (ECT), por constituírem premissas necessárias para a posterior compreensão do tema. Faz-se imprescindível esclarecer, numa etapa preliminar, qual é a racionalidade em que se insere a empresa, e quais os princípios e regras fundamentais que regulam juridicamente a sua estrutura, sua organização e sua atuação. Passa-se então à análise: (1.1) da *natureza jurídica* da ECT; (1.2) do seu *objeto social* e das *atividades desenvolvidas* pela empresa; (1.3) do *conjunto normativo* que rege a sua atuação.

1.1 Natureza jurídica da entidade

A Empresa Brasileira de Correios e Telégrafos (ECT) foi criada por meio do Decreto-Lei nº 509 de 20 de março de 1969, que transformou o antigo Departamento dos Correios e Telégrafos (DCT) em empresa pública, conferindo-lhe personalidade jurídica de Direito Privado e vinculando-a ao Ministério das Comunicações.[1] Consoante o referido diploma legislativo, que traçou de forma originária as linhas mestras do regime jurídico da ECT, a finalidade que impulsionou a sua criação consistia primordialmente na execução e controle, em regime de monopólio, dos serviços postais em todo o território nacional.[2]

Como se sabe, a enorme gama de competências administrativas que a Constituição Federal confere às *pessoas políticas* (pessoas jurídicas de Direito Público dotadas de capacidade legislativa, a saber: União, Estados, Distrito Federal e Municípios) não pode ser adequadamente exercitada apenas pelos órgãos que compõem a chamada *Administração Pública Direta* (no plano federal, pela Presidência da República e seus respectivos Ministérios; no plano estadual, pelo Governo do Estado e suas respectivas Secretarias Estaduais; no plano municipal, pela Prefeitura do Município e suas respectivas Secretarias Municipais).[3] Assim, afora a descentralização política efetuada pela Constituição Federal entre tais entidades da Federação, as pessoas políticas, por ostentarem capacidade legislativa, são autorizadas a empreender mediante lei uma descentralização administrativa, criando novas pessoas jurídicas para auxiliá-las no cumprimento das incumbências que lhes são outorgadas pela ordem jurídica. Tais entidades, cuja criação é realizada ou autorizada por lei, compõem a chamada Administração Pública Indireta.[4]

Entre as entidades que formam a Administração Pública Indireta ou Descentralizada estão as autarquias, as fundações públicas, as empresas públicas, as sociedades de economia mista e, mais recentemente, os consórcios públicos.[5] De acordo com Maria Sylvia Zanella Di Pietro, as duas espécies que podem ser enquadráveis ao gênero empresas estatais (empresa pública e sociedade de economia mista) gozam, dentre outras, das seguintes características em comum: (i) possuem personalidade jurídica de Direito Privado; (ii) têm a sua criação

---

[1] Decreto-Lei nº 509/69: "Art. 1º O Departamento dos Correios e Telégrafos (DCT) fica transformado em empresa pública, vinculada ao Ministério das Comunicações, com a denominação de Empresa Brasileira de Correios e Telégrafos (ECT; nos termos do artigo 5º, item II, do Decreto-Lei nº 200, de 25 de fevereiro de 1967".

[2] Decreto-Lei nº 509/69: "Art. 2º À ECT compete: I - executar e controlar, em regime de monopólio, os serviços postais em todo o território nacional; [...]".

[3] BACELLAR FILHO, Romeu Felipe. **Direito Administrativo**. 3. ed. São Paulo: Saraiva, 2007, p. 19.

[4] SUNDFELD, Carlos Ari. **Fundamentos de Direito Público**. 4. ed. 9. tiragem. São Paulo: Malheiros, 2008, p. 72-74.

[5] DI PIETRO, Maria Sylvia Zanella. **Direito Administrativo**. 21. ed. São Paulo: Atlas, 2010, p. 422.

e extinção autorizadas por lei; (iii) sujeitam-se ao controle estatal; (iv) são afetadas por uma derrogação parcial do regime de Direito Privado por normas de Direito Público; (v) vinculam-se aos fins definidos na lei que as instituiu.[6] Mais detalhadamente, o Decreto-Lei nº 200/67, que forneceu de forma originária, no plano legislativo, a definição de empresa pública, assim dispõe em seu artigo 5º, inciso III (com redação dada pelo Decreto-Lei nº 900/69):

> Art. 5º Para os fins desta lei, considera-se: [...]
>
> II - Emprêsa Pública – a entidade dotada de personalidade jurídica de direito privado, com patrimônio próprio e capital exclusivo da União, criado por lei para a exploração de atividade econômica que o Govêrno seja levado a exercer por fôrça de contingência ou de conveniência administrativa podendo revestir-se de qualquer das formas admitidas em direito.

A conceituação formulada pelo dispositivo acima transcrito encontra-se desatualizada, como bem observa Celso Antônio Bandeira de Mello. Isso porque: a) por força do artigo 5º do Decreto-Lei nº 900/69, estabeleceu-se que "será admitida, no capital da Emprêsa Pública (artigo 5º inciso II, do Decreto-Lei nº 200, de 25 de fevereiro de 1967), a participação de outras pessoas jurídicas de direito público interno bem como de entidades da Administração Indireta da União, dos Estados, Distrito Federal e Municípios", não precisando ser, portanto, exclusivo da União Federal o capital dessas empresas; b) contemporaneamente, as empresas públicas são criadas tanto para a exploração direta de atividade econômica, quando presente algum dos requisitos do artigo 173 da Constituição Federal,[7] quanto para a prestação de serviços públicos, nos termos do artigo 175 da Lei Maior,[8] não se limitando, desse modo, apenas à primeira hipótese.[9]

Nesse influxo, observando os traços comuns às empresas estatais ressaltados por Maria Sylvia Zanella Di Pietro, a Empresa Brasileira de

---

[6]   DI PIETRO, Maria Sylvia Zanella. **Direito Administrativo**..., p. 446.

[7]   Constituição Federal: "Art. 173. Ressalvados os casos previstos nesta Constituição, a exploração direta de atividade econômica pelo Estado só será permitida quando necessária aos imperativos da segurança nacional ou a relevante interesse coletivo, conforme definidos em lei".

[8]   Constituição Federal: "Art. 175. Incumbe ao Poder Público, na forma da lei, diretamente ou sob regime de concessão ou permissão, sempre através de licitação, a prestação de serviços públicos".

[9]   MELLO, Celso Antônio Bandeira de. **Curso de Direito Administrativo**. 27. ed. São Paulo: Malheiros, 2010, p. 187-191.

Correios e Telégrafos (ECT) (i) ostenta personalidade jurídica de Direito Privado, (ii) tendo sido constituída pelo Decreto-Lei nº 509, de 20 de março de 1969 e regulamentada pelo seu Estatuto, aprovado primeiramente pelo Decreto Presidencial nº 72.897, de 9 de outubro de 1973, posteriormente revogado pelo Decreto Presidencial nº 83.726, de 17 de julho de 1979, o qual fora também revogado pelo Decreto Presidencial nº 7.483, de 16 de maio de 2011, este atualmente em vigor.

Por tratar-se de empresa pública, o capital social da ECT pertence totalmente ao Poder Público, tendo sido constituído integralmente pela União, nos termos do artigo 5º do Decreto Presidencial nº 83.726/79.[10] Além disso, assim como as demais empresas públicas e sociedades de economia mista, a ECT encontra-se (iii) sujeita ao controle estatal, que se justifica pelo fato de a sua criação depender de autorização do Estado e ter como objetivo o exercício descentralizado de competências atribuídas constitucionalmente à pessoa jurídica estatal. Consequentemente, tais empresas devem ser geridas e fiscalizadas ampla e diretamente pelo Poder Público, uma vez que não atuam em nome próprio, mas representam o Estado em ação. Este não delega a elas a titularidade de suas competências, mas tão somente a sua execução. Nesse sentido, Celso Antônio Bandeira de Mello enfatiza que tais entidades têm a sua criação autorizada unicamente com o escopo de servir aos interesses do Estado, ao asseverar que:

> Empresas públicas e sociedades de economia mista são, fundamentalmente e acima de tudo, instrumentos de ação do Estado. O traço essencial caracterizador destas pessoas é o de se constituírem em auxiliares do Poder Público; logo, são entidades voltadas, por definição, à busca de interesses transcendentes aos meramente privados.[11]

Portanto, não há qualquer questionamento no âmbito doutrinário quanto à vasta possibilidade de controle das empresas públicas e sociedades de economia mista pela pessoa política que autorizou a sua criação, já que esta só se justifica pela necessidade de auxílio ao Poder Público no cumprimento de seus deveres jurídicos.

Em obra pioneira sobre o tema da descentralização administrativa, Bandeira de Mello já defendia que a distribuição de competências

---

[10] Decreto Presidencial nº 83.726/79: "Art. 5º O capital social da Empresa é de R$1.868.963.891,51 (um bilhão, oitocentos e sessenta e oito milhões, novecentos e sessenta e três mil, oitocentos e noventa e um reais e cinqüenta e um centavos), constituído integralmente pela União, na forma do Decreto-Lei nº 509, de 20 de março de 1969".

[11] MELLO, Celso Antônio Bandeira de. **Curso de Direito Administrativo**..., p. 194.

realizada pelas *pessoas políticas* (União, Estados, Distrito Federal e Municípios) a pessoas jurídicas de Direito Privado rege-se por um conjunto de princípios e regras muito peculiar, pois nessa hipótese de descentralização "a atividade pertence ao Estado e a mais ninguém (porque não a transferiu; delegou apenas seu exercício). Daí se segue que disporá de um poder de contrôle extenso e incondicionado, pois se aplica sôbre objeto exclusivamente seu".[12]

A ECT encontra-se, ainda, afetada por uma (iv) derrogação parcial do regime de Direito Privado por normas de Direito Público. Muito embora desfrute de personalidade jurídica de Direito Privado, por integrar a *Administração Pública Indireta*, a empresa subordina-se a um regime jurídico composto por uma vasta gama de princípios e regras próprios do Direito Público, consoante se analisará de maneira mais detida no item 1.3. Por fim, cabe sublinhar que a ECT, assim como as demais empresas estatais, (v) vincula-se aos fins estipulados pela lei que a instituiu. O tema, referente à finalidade que justificou a criação da ECT, será objeto do tópico 1.2., a seguir desenvolvido.

1.2 Objeto social e natureza jurídica das atividades desenvolvidas

O marco legal que constituiu a ECT (Decreto-Lei nº 509, de 20 de março de 1969), em sua redação original, estipulou as competências a serem exercidas pela empresa nos seguintes termos:

Art. 2º À ECT compete:

I - executar e controlar, em regime de monopólio, os serviços postais em todo o território nacional;

II - exercer nas condições estabelecidas nos artigos 15 e 16, as atividades ali definidas. [...]

Art. 15. Ressalvadas a competência e jurisdição da Empresa Brasileira de Telecomunicações (EMBRATEL), a ECT, como sucessora ao DCT, poderá prosseguir na construção, conservação e exploração dos circuitos de telecomunicações, executando os serviços públicos de telegrafia e demais serviços públicos de telecomunicações, atualmente a seu cargo.

Art. 16. Enquanto não forem transferidos, para a EMBRATEL, os serviços de telecomunicações, que o Departamento dos Correios e Telégrafos hoje

---

[12] MELLO, Celso Antônio Bandeira de. **Natureza e regime jurídico das autarquias**. São Paulo: RT, 1968, p. 110.

executa, a ECT, mediante cooperação e convênio com aquela empresa, poderá construir, conservar ou explorar, conjunta ou separadamente os circuitos-troncos que integram o Sistema Nacional de Telecomunicações.

Por seu turno, o anteriormente vigente Estatuto da ECT, aprovado pelo Decreto Presidencial nº 83.726, de 17 de julho de 1979, definiu:

> Art. 4º Compreende-se no objeto da Empresa, nos termos da Lei nº 6.538, de 22 de junho de 1978:
>
> I - planejar, implantar e explorar o serviço postal e o serviço de telegrama;
>
> II - explorar atividades correlatas;
>
> III - promover a formação e o treinamento do pessoal necessário ao desempenho de suas atribuições;
>
> IV - exercer outras atividades afins, autorizadas pelo Ministro das Comunicações.
>
> §1º A Empresa terá exclusividade na exploração dos serviços que constituem monopólio da União, conforme definição da Lei nº 6.538, de 22 de junho de 1978 e respectiva regulamentação.

Por outro lado, o novo Estatuto da ECT, aprovado pelo Decreto Presidencial nº 7.483, de 16 de maio de 2011, passou a assim dispor:

> Art. 4º A ECT tem por objeto, nos termos da Lei:
>
> I - planejar, implantar e explorar o serviço postal e o serviço de telegrama;
>
> II - explorar os serviços de logística integrada, financeiros e postais eletrônicos;
>
> III - explorar atividades correlatas; e
>
> IV - exercer outras atividades afins, autorizadas pelo Ministério das Comunicações.
>
> §1º A ECT terá exclusividade na exploração dos serviços de que tratam os incisos I a III do art. 9º da Lei nº 6.538, de 22 de junho de 1978, conforme inciso X do art. 21 da Constituição.

Observadas tais disposições, é possível verificar que o escopo inicial que impulsionou a criação da ECT consistia na necessidade de se constituir uma pessoa jurídica distinta da União, que fosse capaz de desempenhar de forma mais ágil, exclusiva e descentralizada os *serviços postais*, que traduzem serviços públicos cuja prestação incumbe à União Federal. A Constituição Federal de 1988, em seu artigo 21, inciso X, determinou que "Compete à União: [...] manter o serviço postal e o correio aéreo nacional". Pode-se afirmar, nessa linha, que a empresa pública sob exame foi instituída com o objetivo originário de prestar de forma exclusiva, em regime de monopólio, um serviço público de competência da União Federal. Hodiernamente, contudo, incluem-se na esfera de competências da ECT outras atividades, diversas dos serviços postais, conforme se explicará posteriormente.[13]

Antes de delimitar o significado da expressão "serviço postal", insta explicitar o conceito contemporâneo de "serviço público", categoria jurídica na qual essa atividade se enquadra, segundo a corrente majoritária da doutrina. De acordo com a definição amplamente utilizada no Direito pátrio, de autoria de Celso Antônio Bandeira de Mello, serviço público é conceituado como:

> toda atividade de oferecimento de utilidade ou comodidade material fruível diretamente pelos administrados, prestado pelo Estado ou por quem lhe faça as vezes, sob um regime de Direito Público — portanto, consagrador de prerrogativas de supremacia e de restrições especiais —, instituído pelo Estado em favor dos interesses que houver definido como próprios no sistema normativo.[14]

Em razão da relevância que tais atividades apresentam para a sociedade, o Estado as assume "como pertinentes a si próprio",[15] e, por conta disso, submete-as a uma disciplina jurídica peculiar, regida por princípios e regras específicos, voltados a assegurar a proteção dos interesses da coletividade: o regime jurídico de Direito Público. Diante disso, o jurista arrola seis requisitos para caracterizar uma atividade como serviço público:

> (a) tratar-se de uma prestação de atividade singularmente fruível pelos usuários; (b) consistir em atividade material; (c) destinar-se à satisfação da coletividade em geral; (d) ser reputada pelo Estado como particularmente importante para a satisfação dos interesses da Sociedade; (e)

---

[13] Na realidade, a concepção exclusivista que remetia à ECT apenas serviços públicos já começou a ser contestada na década de 1970, quando o governo federal passou a desenvolver estudos para uma mais rigorosa atuação empresarial da entidade mediante convênio com a empresa de consultoria francesa SOMEPOST. Tais estudos resultaram no conhecido "Relatório 1972". Cf.: WAHRLICH, Beatriz M. de Sousa. Reforma administrativa federal brasileira: passado e presente. In: **RDA – Revista de Administração Pública**. Rio de Janeiro. nº 08, p. 27-75, abr./jun. 1974, p. 37 et seq.

[14] MELLO, Celso Antônio Bandeira de. **Curso de Direito Administrativo**..., p. 671.

[15] MELLO, Celso Antônio Bandeira de. Serviço público e sua feição constitucional no Brasil. In: SALGADO, David Cienfuegos; OLVERA, Miguel Alejandro López (Coords.). **Estudios en homenaje a don Jorge Fernández Ruiz**: Responsabilidad, contratos y servicios públicos. México: Universidad Nacional Autónoma de México, 2005, p. 5.

ter sido havida como insuscetível de ser relegada tão só aos empreendimentos da livre iniciativa, razão porque a assume como pertinente a si próprio (ainda que nem sempre com exclusividade) e (f) submetê-la a uma específica disciplina de direito público.[16]

Os serviços postais aos quais alude o artigo 2º, inciso I, do Decreto-Lei nº 509, de 20 de março de 1969, e o artigo 4º, inciso I, do Decreto Presidencial nº 83.726, de 17 de julho de 1979, consubstanciam uma dessas atividades materiais fruíveis diretamente pelo cidadão, destinadas à satisfação dos interesses da coletividade, cuja prestação incumbe ao Estado ou a alguém que lhe represente, sob um regime jurídico de Direito Público. Revelam-se, pois, como atividades passíveis de serem classificadas como serviços públicos. É a posição majoritária da doutrina brasileira, refletida no abalizado entendimento de Celso Antônio Bandeira de Mello,[17] Romeu Felipe Bacellar Filho,[18] Marçal Justen Filho,[19] Eros Roberto Grau,[20] Diogo de Figueiredo Moreira Neto,[21] Maria Sylvia Zanella Di Pietro,[22] Diogenes Gasparini,[23] Hely Lopes Meirelles,[24] José Afonso da Silva,[25] Odete Medauar,[26] Dinorá Adelaide Musetti Grotti,[27] entre outros juristas consagrados.

Ademais, o tema também foi enfrentado em sede jurisprudencial pelo Supremo Tribunal Federal, que no julgamento do Recurso Extraordinário nº 220.906-DF, relatado pelo Ministro Maurício Corrêa, consolidou o posicionamento de que o "serviço postal" configura efetivamente serviço público e não atividade econômica em sentido

---

[16] MELLO, Celso Antônio Bandeira de. **Serviço público e sua feição constitucional no Brasil...**, p. 5-6.

[17] MELLO, Celso Antônio Bandeira de. **Curso de Direito Administrativo...**, p. 688.

[18] BACELLAR FILHO, Romeu Felipe. **Direito Administrativo...**, p. 178.

[19] JUSTEN FILHO, Marçal. **Concessões de Serviços Públicos**. São Paulo: Dialética, 1997, p. 61.

[20] GRAU, Eros Roberto. **A ordem econômica na Constituição de 1988**. 6. ed. São Paulo: Malheiros, 2001, p. 148.

[21] MOREIRA NETO, Diogo de Figueiredo. **Curso de Direito Administrativo**. 12. ed. Rio de Janeiro, Forense: 2001, p. 421.

[22] DI PIETRO, Maria Sylvia Zanella. **Direito Administrativo...**, p. 112.

[23] GASPARINI, Diogenes. **Direito Administrativo**. 7. ed. São Paulo: Saraiva, 2002, p. 262.

[24] MEIRELLES, Hely Lopes. **Direito Administrativo Brasileiro**. 23. ed. São Paulo: Malheiros, 1998, p. 293.

[25] SILVA, José Afonso da. **Curso de Direito Constitucional Positivo**. 17. ed. São Paulo: Malheiros, 2000, p. 497.

[26] MEDAUAR, Odete. **Direito Administrativo Moderno**. 14. ed. São Paulo: RT, 2010, p. 330.

[27] GROTTI, Dinorá Adelaide Musetti. Teoria dos serviços públicos e sua transformação. In: SUNDFELD, Carlo Ari (Coord.). **Direito Administrativo Econômico**. São Paulo: Malheiros, 2000, p. 39-71.

estrito, e que a ECT consiste em empresa pública prestadora de serviço público de competência da União Federal. O acórdão foi registrado sob a seguinte ementa:

> RECURSO EXTRAORDINÁRIO. CONSTITUCIONAL. EMPRESA BRA-SILEIRA DE CORREIOS E TELÉGRAFOS. IMPENHORABILIDADE DE SEUS BENS, RENDAS E SERVIÇOS. RECEPÇÃO DO ARTIGO 12 DO DECRETO-LEI Nº 509/69. EXECUÇÃO. OBSERVÂNCIA DO REGIME DE PRECATÓRIO. APLICAÇÃO DO ARTIGO 100 DA CONSTITUIÇÃO FEDERAL. 1. À empresa Brasileira de Correios e Telégrafos, pessoa jurídica equiparada à Fazenda Pública, é aplicável o privilégio da impenhorabilidade de seus bens, rendas e serviços. Recepção do artigo 12 do Decreto-Lei nº 509/69 e não-incidência da restrição contida no artigo 173, §1º, da Constituição Federal, que submete a empresa pública, a sociedade de economia mista e outras entidades que explorem atividade econômica ao regime próprio das empresas privadas, inclusive quanto às obrigações trabalhistas e tributárias. 2. Empresa pública que não exerce atividade econômica e presta serviço público da competência da União Federal e por ela mantido. Execução. Observância ao regime de precatório, sob pena de vulneração do disposto no artigo 100 da Constituição Federal. Recurso extraordinário conhecido e provido. (Supremo Tribunal Federal, Recurso Extraordinário nº 220.906-DF, Relator: Min. Maurício Corrêa, Tribunal Pleno, julgado em 16.11.2000, *DJ* 14.11.2002 PP-00015 EMENT VOL-02091-03 PP-00430)

Em seu voto, consignou o ministro relator que o serviço postal trata-se "de serviço público mantido pela União Federal, pois seu orçamento, elaborado de acordo com as diretrizes fixadas pela Lei nº 4.320/64 e com as normas estabelecidas pela Lei nº 9.473/97 (Lei de Diretrizes Orçamentárias), é previamente aprovado pelo Ministério do Planejamento e Orçamento — Secretaria de Coordenação e Controle das Empresas Estatais, sendo sua receita constituída de subsídio do Tesouro Nacional". Na mesma linha, o voto do Ministro Nelson Jobim considerou que o serviço postal é "por decisão constitucional, um serviço que integra os 'fins do Estado'. É, por isso e por opção positivada na norma constitucional, um serviço público. E, como tal, não consiste, por força da opção constitucional, em 'exploração de atividade econômica' do setor privado [...]. É o caso da ECT".

Após o julgamento do referido aresto, diversos outros acórdãos do Supremo Tribunal Federal vieram a corroborar tal entendimento, como, por exemplo, as decisões proferidas nos Recursos Extraordinários nºs 220.699-3/SP (j. 12.12.2000 – 1ª Turma – Rel. Min. Moreira Alves), 229.961/ MG (j. 12.12.2000 – 1ª Turma – Rel. Min. Moreira Alves), 229.444-8/CE

(19.06.2001 – 2ª Turma – Rel. Min. Carlos Velloso) e 336.685-8/MG (j. 12.03.2002 – 1ª Turma – Rel. Min. Moreira Alves). Essa é, portanto, a posição tradicional e corrente a respeito das atividades atribuíveis à ECT. Todavia, a situação contemporânea é complexa e requer revisão da perspectiva tradicional, como se verá na sequência. Observado o *locus* jurídico em que se situam os chamados "serviços postais", faz-se necessário esclarecer quais atividades estão compreendidas nesse conceito. A qualificação de tais serviços foi atribuída por lei especificamente elaborada para regulamentá-los: a Lei Federal nº 6.538, de 22 de junho de 1978. Consoante o mencionado diploma:

> Art. 7º Constitui serviço postal o recebimento, expedição, transporte e entrega de objetos de correspondência, valores e encomendas, conforme definido em regulamento.
>
> §1º São objetos de correspondência: a) carta; b) cartão-postal; c) impresso; d) cecograma; e) pequena – encomenda.
>
> §2º Constitui serviço postal relativo a valores: a) remessa de dinheiro através de carta com valor declarado; b) remessa de ordem de pagamento por meio de vale-postal; c) recebimento de tributos, prestações, contribuições e obrigações pagáveis à vista, por via postal.
>
> §3º Constitui serviço postal relativo a encomendas a remessa e entrega de objetos, com ou sem valor mercantil, por via postal.

Assim, uma das atividades que incumbe à ECT desenvolver exprime-se na prestação dos chamados serviços postais, definidos no dispositivo acima colacionado. Quanto aos objetos de correspondência aludidos no §1º do artigo 7º da Lei nº 6.538/78, exige-se, por força do artigo 12 do mesmo diploma, o preenchimento de determinados requisitos, que configuram "condições de aceitação, encaminhamento e entrega dos objetos postais, compreendendo, entre outras, código de endereçamento, formato, limites de peso, valor e dimensões, acondicionamento, franqueamento e registro". Já o artigo 13, inciso I, da lei em referência, determina que não serão aceitos, nem entregues, objetos "com peso, dimensões, volume, formato, endereçamento, franqueamento ou acondicionamento em desacordo com as normas regulamentares ou com as previstas em convenções e acordos internacionais aprovados pelo Brasil".

No campo doutrinário, em monografia específica sobre a temática, Ubirajara Costódio Filho define serviço postal como "a prestação integrada de recebimento, expedição, transporte e entrega de determinadas coisas adequadas às condições legais de postagem (entre outras, código de endereçamento, formato, limites de peso, valor e dimensões, acondicionamento, franqueamento e registro), cuja responsabilidade legal perante o usuário é de um único provedor, ainda que este sub--contrate com terceiros as atividades-meio".[28]

Em um cotejo das disposições legais expostas com a conceituação doutrinária trazida à baila, permite-se inferir que os serviços postais caracterizam uma atividade específica a ser desenvolvida pelo Poder Público, em regime de exclusividade, dirigida ao recebimento, expedição, transporte e entrega de objetos de correspondência, valores e encomendas que cumpram uma série de requisitos, ficando autorizada, no entanto, a terceirização das atividades-meio, para uma execução mais eficiente das tarefas relacionadas a esses serviços.[29]

1.3 Os serviços de logística integrada como atividade econômica em sentido estrito

Releva notar, todavia que o objeto social da ECT não se resume apenas à prestação dos chamados "serviços postais". Além desses, como se viu anteriormente, o artigo 4º, incisos II e IV, do Decreto Presidencial nº 83.726/79, definiu como objeto da empresa "explorar atividades correlatas", bem como "exercer outras atividades afins, autorizadas pelo Ministro das Comunicações". A priori, o significado da expressão "atividades correlatas" ao "serviço postal" foi aclarado pela já citada Lei Federal nº 6.538/78, em seu artigo 8º:

Art. 8º São atividades correlatas ao serviço postal:

I - venda de selos, peças filatélicas, cupões resposta internacionais, impressos e papéis para correspondência;

II - venda de publicações divulgando regulamentos, normas, tarifas, listas de código de endereçamento e outros assuntos referentes ao serviço postal.

III - exploração de publicidade comercial em objetos correspondência.

---

[28] COSTÓDIO FILHO, Ubirajara. **O serviço postal no Direito Brasileiro**. Curitiba: J. M., 2006, p. 112.

[29] Na realidade, a exclusividade é uma exigência constitucional contida no artigo 21, inciso X, da CF. Da mesma forma, a exigência de "eficiência", é algo inerente à própria estrutura republicana de governo, independentemente de sua previsão constitucional expressa (que no Brasil só ocorreu com a Emenda Constitucional nº 19/98 – mediante a inclusão do princípio da eficiência como uma norma geral da Administração Pública brasileira, direta e indireta, conforme redação atual do artigo 37, *caput* da Constituição). Cf.: GABARDO, Emerson. **Princípio constitucional da eficiência administrativa**. São Paulo: Dialética, 2002, p. 73 et seq.

No que diz respeito às hipóteses de "outras atividades afins, autorizadas pelo Ministro das Comunicações", tradicionalmente não há uma especificação legislativa de quais ações estariam englobadas por essa previsão. Necessitam, portanto, ser interpretadas de acordo com o princípio da razoabilidade as demais atividades ligadas aos serviços postais que possam ser desempenhadas pela ECT, desde que permitidas expressamente pelo Ministério das Comunicações (ademais, não podem extrapolar os ditames legais e, particularmente, os limites impostos pelo artigo 173 da Constituição Federal à exploração da atividade econômica em sentido estrito pelo Estado).

Ocorre que afora as atividades antes mencionadas — serviços postais, atividades correlatas e atividades afins autorizadas pelo Ministro das Comunicações — a Medida Provisória nº 532, de 28 de abril de 2011 (convertida, e com redação alterada, pela Lei nº 12.490, de 16 de setembro de 2011), incluiu o inciso III ao artigo 2º do Decreto-Lei nº 509/69, acrescentando como competência da ECT "explorar os serviços de logística integrada, financeiros e eletrônicos". Tal inclusão previne o administrador público de qualquer inconstitucionalidade, haja vista a previsão legal expressa (em atendimento ao já citado artigo 173 da CF) — contornando a tradicional problemática da interpretação legal a partir do critério de discricionariedade. A Medida Provisória adicionou, ainda, um parágrafo único ao mesmo artigo, dispondo que:

> A ECT poderá, obedecida a regulamentação do Ministério das Comunicações, firmar parcerias comerciais que agreguem valor à sua marca e proporcionem maior eficiência de sua infraestrutura, especialmente de sua rede de atendimento.

Autorizou, destarte, que a ECT crie empresas subsidiárias para executar atividades englobadas por seu objeto social e adquira participação acionária em empresas já constituídas, nos termos do novo §3º, incluído no artigo 1º do Decreto-Lei:

> §3º Para a execução de atividades compreendidas em seu objeto, a ECT poderá:
>
> I - constituir subsidiárias; e
>
> II - adquirir o controle ou participação acionária em sociedades empresárias já estabelecidas.

A referência acima se reveste de significativa importância, uma vez que, diferentemente dos "serviços postais" que são qualificados pela

Constituição Federal de 1988 como serviços públicos de competência da União, os chamados "serviços de logística integrada", recém-previstos pelo novo inciso III do artigo 2º do Decreto-Lei nº 509/69, não se enquadram na mesma modalidade de atividade da Administração Pública.

Eles classificam-se como espécie de atividade econômica em sentido estrito, fato que implica a atração de um conjunto normativo diferenciado, disciplinado por princípios e regras específicos e distintos do regime jurídico próprio dos serviços públicos. Tal constatação é perfeitamente consonante ao sistema jurídico brasileiro, pois a Constituição Federal de 1988, ao mesmo tempo em que proíbe (como regra geral) a exploração direta de atividade econômica em sentido estrito pelas entidades estatais (seja em regime de monopólio ou concorrência), admite três exceções, conforme redação expressa do artigo 173:

> Art. 173. Ressalvados os casos previstos nesta Constituição, a exploração direta de atividade econômica pelo Estado só será permitida quando necessária aos imperativos da segurança nacional ou a relevante interesse coletivo, conforme definidos em lei.

Ou seja: a) nos casos expressamente previstos na CF; b) nos casos de segurança nacional; e c) nos casos de relevante interesse coletivo, é possível o Estado desenvolver diretamente atividades econômicas que não sejam enquadráveis como serviços públicos (ou seja, estejam submetidas ao regime da livre iniciativa). A decisão sobre a existência de um destes dois últimos requisitos cabe ao legislador (para fins específicos do caso ora analisado, a MP nº 532 foi (convertida pela Lei nº 12.490/11) o instrumento normativo adequado ao cumprimento do ditame constitucional).

Isso significa que, ao contrário de uma visão superficial a respeito do tema, a ECT não é somente uma empresa pública constituída para a prestação de serviços públicos. É também uma empresa com competência para a exploração direta de algumas atividades econômicas em sentido estrito expressamente autorizadas por lei a partir do permissivo excepcional do artigo 173 da Constituição Federal. Tal situação, embora incomum, é perfeitamente admissível, conforme explica Marçal Justen Filho em estudo publicado exatamente sobre o tema:

> É problemático uma entidade exploradora de atividade econômica assumir a prestação de serviço público, em vista do regime jurídico publicístico que caracteriza a hipótese. Mas a situação inversa não é tão problemática, eis que a liberdade de empresa dá oportunidade à ampliação da atuação estatal. Ainda que a situação estivesse subordinada à

presença dos requisitos contidos no art. 173 da Constituição Federal de 1988, poder-se-ia localizar um fundamento jurídico autônomo para uma estatal prestadora de serviço público assumir o desempenho de oportunidades econômicas relacionadas com a prestação do serviço público.[30]

É exatamente o caso ora analisado: o serviço público é atividade postal; a atividade econômica relacionada é a de logística (mais especificamente, o transporte aéreo noturno). Ao invés de simplesmente contratar uma empresa prestadora de serviços mediante concorrência nos moldes da Lei nº 8.666/93, a própria ECT (ainda que por meio de uma subsidiária) pode explorar o serviço ela mesma (inclusive de forma indireta — ou seja, mediante mera delegação da execução por meio de concessões). Isso implica a adoção de mecanismos de "eficiência adaptativa", o que Marçal Justen Filho denomina de "economia de escopo":

> O mesmo fundamento normativo da competência para prestar serviços públicos importa a legitimação do exercício de atividades econômicas conexas a eles. O ponto fundamental reside na conexão entre o serviço público e a atividade econômica, o que importa desempenho conjunto de ambas as atividades — gerando aquilo que, na visão econômica, é denominado de economia de escopo.[31]

De fato, essa situação atípica (e que gera controvérsias contemporaneamente) não retrata qualquer novidade histórica. Na verdade, originalmente, a ideia que permeava a constituição da ECT vinha ao encontro justamente da imbricação de serviços públicos e atividades tipicamente empresariais. O discurso oficial dos Correios na década de 1970 assim descrevia sua "filosofia":

> Para a integração dos serviços postais nas grandes metas das comunicações, a política global levará em consideração dois parâmetros basicamente conflitantes:
>
> - o correio como serviço público, fator de união e coesão nacional, visando ao desenvolvimento cultural, ao bem-estar e ao fortalecimento da economia dos mais distantes agrupamentos humanos do país;

---

[30] JUSTEN FILHO, Marçal. Empresas estatais e a superação da dicotomia "prestação de serviço público/exploração de atividade econômica". In: FIGUEIREDO, Marcelo; PONTES FILHO, Valmir (Org.). **Estudos de Direito Público em homenagem a Celso Antônio Bandeira de Mello**. São Paulo: Malheiros, 2006, p. 412. (grifo nosso).

[31] JUSTEN FILHO, Marçal. Empresas estatais e a superação da dicotomia "prestação de serviço público/exploração de atividade econômica"..., p. 417.

- o correio como empresa, produzindo receitas que lhe permitam prover seus custos operacionais e investimentos.[32]

Em resumo, os serviços de transporte noturno de cargas, por exemplo, encaixam-se na nova modalidade de atividade econômica de competência da ECT inserida pela Medida Provisória nº 532/2011 (Lei nº 12.490/11): os chamados "serviços de logística integrada". A questão será examinada de maneira mais aprofunda no tópico "2. Enquadramento jurídico dos serviços de transporte noturno de cargas", cabendo destacar, desde logo, que a especificidade dessa atividade reclama a criação de empresas subsidiárias da ECT ou a aquisição de participação em outras sociedades empresárias já constituídas, em conformidade com a previsão do novo §3º, incisos I e II do artigo 1º do Decreto-Lei nº 509/69.

No entanto, antes de apreciar as distinções entre o regime jurídico dos "serviços postais" e o dos "serviços de logística integrada", importa verificar os principais traços do conjunto normativo aplicável à ECT, frente à pluralidade de diplomas normativos que disciplinam a sua atuação.

1.4 Conjunto normativo aplicável à ECT

A disciplina jurídica da *Empresa Brasileira de Correios e Telégrafos* é composta, entre outras normas, pelos já referidos Decreto-Lei nº 200/67, Decreto-Lei nº 509/69 (com as alterações promovidas pela Medida Provisória nº 532/2011), Lei Federal nº 6.538/78 e Decreto Presidencial nº 83.726/79. Por se tratar de uma empresa pública, a ECT é dotada das características comuns às empresas estatais, já aludidas em tópico anterior: (i) possui personalidade jurídica de Direito Privado; (ii) tem a sua criação e extinção autorizadas por lei; (iii) sujeita-se ao controle estatal; (iv) é afetada por uma derrogação parcial do regime de Direito Privado por normas de Direito Público; (v) vincula-se aos fins definidos na lei que a instituiu.[33] O que releva salientar, nesta sede, são alguns dos principais traços conferidos pela Constituição da República ao regime jurídico das empresas públicas.

---

[32] Presidência dos Correios. Integração do correio no complexo econômico e social brasileiro. Fls. 24-5, conferência mimeografada, 1972. Associação Brasileira de Marketing, 30 f. Apud: WAHRLICH, Beatriz M. de Sousa. Reforma administrativa federal brasileira: passado e presente. In: **RDA – Revista de Administração Pública**. Rio de Janeiro. nº 08, p. 27-75, abr./jun. 1974, p. 60.

[33] DI PIETRO, Maria Sylvia Zanella. **Direito Administrativo**..., p. 446.

A Constituição Federal dedica uma série de dispositivos para disciplinar o regime das empresas estatais, afetando-as com normas de Direito Público e, com isso, estabelecendo um verdadeiro "abismo profundo entre as entidades que o Estado criou para secundá-lo [empresas públicas e sociedades de economia mista] e as demais pessoas jurídicas de Direito Privado".[34] Assim, muito embora desfrutem de personalidade jurídica de Direito Privado, tais entidades submetem-se a um complexo normativo próprio de Direito Público, por influxo de uma gama de disposições constitucionais especialmente endereçadas à sua regulação jurídica.

Nesse passo, cumpre arrolar as seguintes normas constitucionais que regem tais empresas, diferenciando-as das sociedades empresárias privadas comuns: (i) artigo 5º, inciso LXXIII — prevê a ação popular, que pode ser proposta em face de tais entidades; (ii) artigo 14, §9º — cogita de casos de inelegibilidade envolvendo empregados dessas entidades; (iii) artigo 37, *caput* — submete a Administração Pública Indireta aos princípios ali elencados (legalidade, impessoalidade, publicidade, moralidade e eficiência); (iv) artigo 37, inciso II — impõe o concurso público para admissão em cargos ou empregos, inclusive nas empresas estatais; (v) artigo 37, inciso XVII — institui proibição de acúmulo de cargos; (vi) artigo 37, inciso XIX — estabelece que as entidades da Administração Pública Indireta só podem ser criadas por autorização legislativa, inclusive as eventuais subsidiárias (37, XX); (vii) artigo 49, inciso X — submete a Administração Pública Indireta à fiscalização e controle do Congresso Nacional; (viii) artigo 71, incisos II, III e IV — admitem a apreciação das contas da Administração Pública Indireta pelo Tribunal de Contas e estabelecem a apreciação das contratações e aposentadorias pelo mesmo órgão; (ix) artigo 165, §5º — estabelece que a lei orçamentária anual compreenderá o orçamento fiscal referente aos Poderes da União, seus fundos, órgãos e entidades da Administração Indireta, orçamento de investimento das empresas em que a União, direta ou indiretamente, detenha a maioria acionária votante e o orçamento da seguridade social, abrangendo órgãos e entidades da Administração Direta e Indireta; (x) artigo 169, parágrafo único — dispõe que os aumentos dos vencimentos dos integrantes das Administrações Indiretas só poderão ser feitos se houver prévia dotação orçamentária.

Desse extenso conjunto normativo que regula a compostura jurídica das empresas estatais depreende-se claramente a distinção entre o seu regime jurídico e aquele pertinente às empresas privadas

---

[34] MELLO, Celso Antônio Bandeira de. **Curso de Direito Administrativo**..., p. 195.

comuns, pois tais normas de Direito Público derrogam parcialmente o regime de Direito Privado. De acordo com Maria Sylvia Zanella Di Pietro: "A derrogação parcial do direito comum é essencial para manter a vinculação entre a entidade descentralizada e o ente que a instituiu; sem isso, deixaria ela de atuar como instrumento de ação do Estado".[35] Na mesma senda preleciona Celso Antônio Bandeira de Mello, o qual, após sublinhar a marcante diferença entre o regime das empresas estatais e o das empresas privadas, aduz que: "Se assim não o fosse, e se as estatais desfrutassem da mesma liberdade que assiste ao comum das empresas privadas, haveria comprometimento de seus objetivos e funções essenciais, instaurando-se, ademais, sério risco para a lisura no manejo de recursos hauridos total ou parcialmente nos cofres públicos".[36]

Sucede que mesmo dentro das empresas estatais, há uma distinção quanto ao seu regime jurídico, a depender da atividade por elas exercida. Tratando-se de empresa prestadora de serviços públicos, haverá uma incidência maior dos princípios e regras inerentes ao regime de Direito Público. Cuidando-se, por outro lado, de sociedade empresária exploradora de atividade econômica em sentido estrito, sua disciplina jurídica contará com um número menos acentuado de imposições próprias de tal regime jurídico, contando com uma afetação maior por normas de Direito Privado.[37] Nesse passo ensina Romeu Felipe Bacellar Filho:

> tais entidades [empresas públicas e sociedades de economia mista] podem ser de duas espécies: prestadoras de serviços públicos ou exploradoras de atividade econômica. Por elementar, os regimes a que as entidades estão submetidas são diversos, em face da natureza de suas atividades. Claro está, portanto, que as exploradoras de atividade econômica não se submetem a determinadas imposições nem usufruem de prerrogativas pertinentes à Administração Pública [...]. Já as prestadoras de serviços públicos, como parece evidente, sofrem o influxo mais acentuado de princípios e regras de direito público, de forma a assegurar o interesse da coletividade.[38]

Daí porque se faz interessante exemplificar com mais detalhes em qual dessas modalidades de atividade da Administração Pública

---

[35] DI PIETRO, Maria Sylvia Zanella. **Direito Administrativo**..., p. 449.
[36] MELLO, Celso Antônio Bandeira de. **Curso de Direito Administrativo**..., 2010, p. 195.
[37] BACELLAR FILHO, Romeu Felipe. **Direito Administrativo**...p. 28.
[38] BACELLAR FILHO, Romeu Felipe. **Direito Administrativo**..., p. 27-28.

enquadram-se as atividades como os serviços de transporte noturno de cargas; é dizer, que efetivamente retratam espécie de atividade econômica em sentido estrito, visto que esse fator enseja relevantes repercussões jurídicas para a questão.

2 Enquadramento jurídico dos serviços de transporte noturno de cargas

Conforme já asseverado, no cenário do ordenamento jurídico brasileiro atual, compreende-se que as empresas públicas e as sociedades de economia mista, espécies do gênero empresas estatais, podem ser criadas nos seguintes termos: (i) a prestação de serviços públicos; (ii) a exploração direta de atividade econômica; e (iii) ambas as atividades (uma em caráter típico e outra em caráter atípico).

Conforme já explicitado, a primeira delas retrata atividade típica do Estado, voltada à satisfação de necessidades da coletividade, razão pela qual se subordina a um regime jurídico reforçado, característico de Direito Público, com o fito de assegurar a efetivação do interesse geral. Cuida-se de um dever de agir, ao qual a Administração Pública não pode renunciar. A segunda, por sua vez, representa atividade própria da iniciativa privada, circunscrevendo-se a uma esfera que, em princípio, é alheia à atuação do Poder Público. A intervenção deste no domínio econômico encontra justificativa, entretanto, nas hipóteses em que essa interferência seja exigida por imperativos de segurança nacional ou relevante interesse coletivo. Trata-se de circunstâncias que autorizam, excepcionalmente, a ingerência estatal no âmbito próprio dos sujeitos particulares.

Por decorrência da distinção de finalidades a serem atingidas mediante o exercício dessas atividades, o conjunto normativo que rege cada uma delas é, igualmente, diferenciado. Sendo assim, impõe-se uma breve exposição acerca do discrímen jurídico existente entre o serviço público e a atividade econômica, para que se possa, logo em seguida, classificar os serviços de transporte noturno de cargas em uma delas e extrair desse enquadramento as consequências jurídicas dele derivadas (podendo tal raciocínio ser utilizado em outras atividades econômicas em sentido estrito como, até mesmo, os serviços bancários — e também os eletrônicos em geral, considerando que na conversão da medida provisória em lei houve uma alteração legislativa que tornou mais amplo o plexo de possibilidades nessa seara, ao excluir-se a restrição "postais" atribuída originalmente aos serviços eletrônicos).

2.1 Serviço público e atividade econômica – Distinções e pontos de contato

O conceito de serviço público revela-se como uma das noções mais variáveis e cambiantes do universo do Direito Administrativo, desde o seu nascedouro, e continua a suscitar acirradas divergências doutrinárias e jurisprudenciais acerca da sua definição. Não interessa, nesta sede, desenvolver ampla digressão sobre a evolução dessa noção, mas sim apontar em linhas gerais qual a conceituação que pode ser emprestada à atividade de "serviço público" no sistema jurídico-normativo brasileiro contemporâneo.

Uma das posições de maior acolhida nos dias atuais é aquela delineada por Eros Roberto Grau, que propõe a seguinte classificação: (a) a atividade econômica em sentido amplo consiste em gênero, que comporta duas espécies (a.1) serviço público e (a.2) atividade econômica em sentido estrito. Ambas as espécies estariam voltadas à satisfação de necessidades humanas, envolvendo a utilização, produção e circulação de bens e serviços, que constituem recursos escassos. Daí porque as duas representarem modalidades de atividade econômica. A diferenciação entre elas residiria, contudo, no fato de que o serviço público englobaria o tipo de atividade econômica em sentido amplo cuja prestação incumbe preferencialmente ao setor público, ao passo que a atividade econômica em sentido estrito compreenderia o conjunto de atividades desempenhadas, em regra, pelo setor privado.[39] Ao Poder Público competiria, portanto: (i) o desenvolvimento preferencial das atividades de serviço público; e (ii) a exploração excepcional de atividade econômica em sentido estrito. Tal entendimento é acompanhado pelo pensamento de Marçal Justen Filho, que sobre o assunto assim se manifesta:

> A prestação do serviço público pressupõe a utilização de recursos limitados para a satisfação de necessidades entre si excludentes. Isso envolve a utilização de recursos econômicos escassos, produzindo uma escolha de sua alocação entre diversas alternativas possíveis e visando a obter o resultado mais eficiente e satisfatório possível. Logo, o serviço público corresponde a uma atividade econômica em acepção ampla. No entanto, o serviço público é uma atividade econômica (em sentido amplo) atribuída juridicamente à titularidade do Estado.[40]

---

[39] GRAU, Eros Roberto. **A ordem econômica na Constituição de 1988...**, 2010, p. 101.

[40] JUSTEN FILHO, Marçal. **Curso de Direito Administrativo**. 5. ed. São Paulo: Saraiva, 2010, p. 698.

Os fundamentos constitucionais que oferecem supedâneo a tal intelecção encontram-se nos artigos 173, *caput* e §1º, e 175 da Constituição Federal.[41] De tais disposições constitucionais se pode depreender que a criação de empresas públicas e sociedades de economia mista pelo Estado para a exploração direta de atividade econômica em sentido estrito traduz hipótese excepcional, somente justificada quando estiver presente um dos requisitos estipulados pelo artigo 173 da Lei Maior: (i) imperativos de segurança nacional; ou (ii) relevante interesse coletivo. Ambos dependem de definição legal (uma terceira hipótese do dispositivo é a própria definição constitucional dos "casos previstos"). Ao seu turno, o artigo 175 impõe claramente como um dever do Poder Público a prestação de serviços públicos, facultando-o desenvolvê-los de modo indireto através dos regimes de concessão ou permissão, dependentes de prévia licitação. Cuida-se, assim, de incumbência típica do Estado, de exercício obrigatório e irrenunciável.

Consoante às lições de Marçal Justen Filho, para que uma atividade seja caracterizada como serviço público é necessário que ela contenha três elementos: "Sob o ângulo material ou objetivo, o serviço público consiste numa atividade de satisfação de necessidades individuais ou transindividuais de cunho essencial. Sob o ângulo subjetivo, trata-se de atuação desenvolvida pelo Estado (ou por quem lhe faça as vezes). Sob o ângulo formal, configura-se o serviço público pela aplicação do regime jurídico de direito público".[42] A *publicatio* — qualificação de uma atividade como serviço público, compelindo o Estado a desenvolvê-la direta ou indiretamente, sob regime de Direito Público — deverá ser feita pelo ordenamento jurídico, em sede constitucional ou legislativa.[43]

2.2 Caracterização dos serviços de logística como atividade econômica

Conforme as considerações anteriormente expendidas, os "serviços postais" — atividade pioneiramente atribuída à Empresa Brasileira

---

[41] Art. 173. Ressalvados os casos previstos nesta Constituição, a exploração direta de atividade econômica pelo Estado só será permitida quando necessária aos imperativos da segurança nacional ou a relevante interesse coletivo, conforme definidos em lei. §1º A lei estabelecerá o estatuto jurídico da empresa pública, da sociedade de economia mista e de suas subsidiárias que explorem atividade econômica de produção ou comercialização de bens ou de prestação de serviços, dispondo sobre: [...] - Art. 175. Incumbe ao Poder Público, na forma da lei, diretamente ou sob regime de concessão ou permissão, sempre através de licitação, a prestação de serviços públicos.

[42] JUSTEN FILHO, Marçal. **Curso de Direito Administrativo**..., p. 697.

[43] Cf.: JUSTEN, Mônica Spezia. **A noção do serviço público no Direito europeu**. São Paulo: Dialética, 2003, p. 17 et seq.

de Correios e Telégrafos como sua principal função e justificativa para sua criação — são reconhecidos pela ordem constitucional brasileira como serviços públicos de competência da União Federal, no artigo 21, inciso X. É esse o entendimento da vastíssima maioria da doutrina e da remansosa jurisprudência do Supremo Tribunal Federal. Como consequência dessa classificação, tradicionalmente observava-se um consenso a respeito da submissão da ECT ao regime jurídico específico das empresas estatais prestadoras de serviços públicos, que, como visto, encontra-se mais acentuadamente vinculado às normas de Direito Público do que o regime jurídico que disciplina as empresas estatais exploradoras de atividade econômica.

No entanto, como visto, a própria Constituição Federal permite em seu artigo 173, *caput* e §1º a criação de empresa pública, sociedade de economia mista ou de subsidiárias dessas que explorem atividade econômica de produção ou comercialização de bens ou de prestação de serviços, desde que haja prévia autorização legal demonstrando a existência de imperativos de segurança nacional ou de relevante interesse coletivo, capaz de justificar a intervenção estatal no domínio econômico. O sistema normativo pátrio possibilita, portanto, a exploração direta de atividade econômica em sentido estrito por essas entidades da Administração Pública Indireta. Justamente nesse sentido é que veio a Medida Provisória nº 532/2011 (Lei nº 12.490/11), incluindo no rol de competências da ECT estabelecido pelo Decreto-Lei nº 509/69 "explorar os serviços de logística integrada, financeiros e eletrônicos" (artigo 2º, inciso III). Ao criar essa nova competência expressa à empresa pública consulente, a medida determinou que incumbe à ECT o desenvolvimento de uma atividade que estava, anteriormente, relegada livremente à exploração da iniciativa privada como atividade econômica em sentido estrito.

Diferentemente dos "serviços postais", cuja prestação é forçosamente atribuída à União por força da Constituição Federal, que a reconhece implicitamente como um serviço público, os "serviços de logística integrada" não se enquadram em tal categoria, por lhes faltar os elementos material e formal, referidos por Marçal Justen Filho como essenciais à caracterização de uma atividade como serviço público. Os serviços de transporte noturno de cargas retratam exemplo de atividade econômica em sentido estrito, livremente explorada pelos particulares e exercida de modo excepcional pela Administração Pública, por uma necessidade reconhecida pela Medida Provisória nº 532/2011 (Lei nº 12.490/11) — trata-se de uma decisão política oriunda da conveniência e oportunidade legislativa de deliberar pela mais eficiente consecução das finalidades públicas da ECT.

Revelando-se como exercício de atividade econômica em sentido estrito, cumpre reconhecer que os chamados "serviços de logística integrada, financeiros e eletrônicos" a serem desempenhados pela ECT subordinam-se ao regime jurídico de Direito Privado, afastando-se das amarras jurídicas impostas à atividade de serviço público. Como bem afirma Marçal Justen Filho, o fato de ser uma atividade conexa não a subordina ao Direito Público:

> Mais especificamente, o exercício de atividade econômica por parte do Estado deve fazer-se sob o regime próprio do direito privado, sem a incidência de qualquer benefício próprio do direito público. Admitir o cabimento de a prestação do serviço público ser associada à exploração de atividade econômica não afasta a obrigatoriedade de observância, quanto a esta última, das regras de proteção à livre concorrência, nem a aplicação do regime jurídico peculiar. [...] Uma atividade econômica não se transforma em serviço público por conexão ou associação.[44]

Essa conclusão teórica, todavia não impede a existência de relevantes problemas práticos. Já é complexa e polêmica a prestação de serviços públicos por empresas cuja personalidade jurídica é de Direito Privado, pois o seu regime jurídico será composto por uma ambígua "predominância" do regime público, com parcial presença do regime privado (nos contornos da legislação aplicável). E não é tão diferente a situação mesmo das empresas estatais exploradoras de atividade econômica em sentido estrito, pois seu regime será predominantemente privado, mas com parcial derrogação efetuada pelo regime de Direito Público.[45]

O que se pode afirmar, então, quanto ao conteúdo de um regime jurídico de empresas que explorassem as duas atividades ao mesmo tempo? Impossível é negar a insegurança jurídica que pode resultar dessa situação híbrida. Por conta disso, para evitar qualquer confusão acerca do conjunto normativo apto a reger as atividades da ECT no

---

[44] JUSTEN FILHO, Marçal. Empresas estatais e a superação da dicotomia "prestação de serviço público/exploração de atividade econômica"..., p. 422.

[45] A submissão das empresas exploradoras de atividade econômica em sentido estrito está regulada pelo artigo 173 da Constituição, que em seu §1º, inciso II, prevê a sua "sujeição ao regime jurídico próprio das empresas privadas, inclusive quanto aos direitos e obrigações civis, comerciais, trabalhistas e tributários;" Ocorre que essa submissão deveria ser regulada por lei que estabelecesse, no Brasil, um "estatuto jurídico da empresa pública", que até o presente não foi editada — o que torna ainda mais confusa a situação.

exercício dessas funções, a melhor alternativa existente seria a criação de uma empresa subsidiária da ECT, destinada especificamente à exploração da respectiva atividade econômica em sentido estrito conexa.

3 A pertinência da criação de uma subsidiária integral para a exploração de atividades econômicas em sentido estrito inerentes à logística do transporte aéreo de cargas

Tecidas as considerações até aqui alinhavadas, chega-se a um dos pontos centrais de análise a respeito de uma das principais atividades econômicas exploradas pela ECT: o transporte aéreo noturno. E as premissas que devem ser consideradas são as seguintes: (i) os serviços de transporte noturno de cargas representam exemplo de "serviços de logística integrada", cuja exploração pela ECT foi expressamente autorizada pela Medida Provisória nº 532/2011 (Lei nº 12.490/11); (ii) tais serviços enquadram-se na modalidade de atividade estatal denominada atividade econômica em sentido estrito, submetida ao regime jurídico de Direito Privado; (iii) a ECT foi concebida, originalmente, como uma empresa pública destinada à prestação de serviços públicos, notadamente os chamados "serviços postais", subordinando-se, portanto, ao regime jurídico de Direito Público; (iv) os serviços de transporte noturno de cargas, atualmente explorados por empresas privadas contratadas pelo Poder Público para o exercício desse mister mediante contratos de um ano de duração, têm experimentado uma série de complicações por conta da impossibilidade de essas entidades investirem de forma mais intensa em infraestrutura, decorrente do curto período de vigência da contratação, que impede a amortização desses custos; (v) torna-se imperativa a adoção de um novo modelo, que atenda de modo mais eficiente às demandas inerentes a esse serviço.

Entre as diversas possibilidades existentes para a resolução da problemática atualmente vivenciada nos contornos das premissas apontadas, o Parecer elaborado pela *Bain & Company*, intitulado "Revisão e otimização do transporte aéreo de carga da ECT", datado de 25.07.2006, apresentou as seguintes: (i) celebração de contratos de fretamento de aeronaves com prazo total de cinco anos; (ii) celebração de parceria público-privada, na modalidade "concessão administrativa" de serviços ao Estado; (iii) exploração de aeronaves pela própria ECT;

(iv) constituição de empresa subsidiária pela ECT.[46] Entretanto, nos dias atuais, observadas as experiências dos últimos anos e as recentes alterações legislativas, a melhor alternativa possível sob os pontos de vista jurídico e econômico para a exploração dos serviços de transporte noturno de cargas pela ECT parece ser a criação de uma empresa subsidiária voltada especificamente ao desenvolvimento dessas atividades, e o estabelecimento de uma parceria público-privada na modalidade "concessão administrativa" de serviços ao Estado para o fornecimento da infraestrutura adequada à exploração de tais serviços. Ou seja, parece ser interessante a combinação de duas das alternativas identificadas, dando-se origem a uma nova modalidade.

Para uma explicação mais clara e detalhada dos motivos que conduzem a essa conclusão, será elaborada primeiramente uma explanação acerca dos fundamentos que apontam para a necessidade de criação de uma empresa subsidiária pela ECT, bem como do procedimento previsto pelo sistema normativo nacional para tanto. Num segundo momento, serão apresentadas as peculiaridades que envolvem o regime jurídico das Parcerias Público-privadas, especialmente na modalidade "concessão administrativa" de serviços ao Estado.

3.1 Criação de empresas subsidiárias pela ECT

Conforme referido anteriormente, muito embora a ECT detenha competência legalmente conferida para a exploração de atividade econômica em sentido estrito, sua criação foi promovida com o intuito de destiná-la, originalmente, à prestação de serviços públicos. Em virtude disso, ainda que desempenhe também atividades da primeira espécie, a ECT submete-se a um regime jurídico mais vinculado ao Direito Público, por decisão do Supremo Tribunal Federal.[47] No entanto, os serviços de transporte noturno de cargas (e de logística em geral, obviamente) representam exercício de atividade econômica em sentido estrito, a qual se aproxima de uma atividade típica do domínio privado, fato que enseja dificuldades à aplicação do regime jurídico de Direito Público às entidades que exploram esses serviços. Assim, nada obstante seja possível a exploração direta dessa atividade pela própria ECT, uma possível solução para resolver tal problemática consiste na criação

---

[46] BAIN & COMPANY. **Revisão e otimização do transporte aéreo de carga da ECT**: relatório intermediário III – Parecer sobre a viabilidade jurídica para a execução direta das 5 linhas estratégicas da RPN. Brasília, 25 jul. 2006.

[47] Supremo Tribunal Federal, Recurso Extraordinário nº 527.137/PR.

de uma "empresa subsidiária", que seja por ela controlada e dirija-se especificamente ao cumprimento dessa função de caráter atípico.

As chamadas "empresas subsidiárias" das empresas estatais são empresas criadas pelo Poder Público, após autorização legislativa, para auxiliá-las no exercício de suas atividades, com o intuito de desenvolvê-las de forma mais ágil, especializada e eficiente. São empresas controladas por outras empresas estatais (empresas públicas ou sociedades de economia mista), que visam a racionalizar e otimizar as suas funções.[48] Segundo Marçal Justen Filho, que prefere a denominação "empresas controladas", elas podem ser definidas da seguinte forma: "A empresa estatal controlada é uma pessoa jurídica de direito privado, constituída sob a forma societária, que se encontra sob controle de uma outra empresa estatal em virtude de autorização legislativa".[49] Consoante o autor: "Admite-se a criação de controladas como instrumento para racionalizar e melhor ordenar a atividade empresarial desenvolvida por uma empresa estatal".[50] Nessa linha, importa destacar que as empresas estatais dotadas de uma vasta gama de competências conferidas pelo ordenamento jurídico, requerem muitas vezes a criação de outras sociedades empresárias, por elas controladas, que possibilitem o exercício de suas funções de maneira mais célere, descentralizada, com pessoal especializado e infraestrutura adequada. A constituição de tais entidades retrata, portanto, uma exigência imposta pela Lei Fundamental: o cumprimento do princípio constitucional da eficiência administrativa, que se concretiza mediante diferentes formas, sendo uma delas a "eficiência adaptativa" (ótima realização da constante revisão do planejamento) e outra a "eficiência econômica consignativa" (distribuição ótima dos recursos disponíveis dentro da organização).[51]

A Emenda Constitucional nº 19/98 inseriu no *caput* do artigo 37 da Lei Maior, como norma vinculativa da Administração Pública Direta e Indireta, da União, dos Estados e dos Municípios, o dever de eficiência. Luciano Parejo Alfonso assevera que a avaliação do princípio da eficiência — positivado no ordenamento jurídico espanhol sob a expressão *"eficacia"* — implica a promoção de um julgamento sobre a aplicação dos meios e consecução dos objetivos previstos no ordenamento, sendo

---

[48] Cf.: RIBEIRO, Marcia Carla Pereira; CHEDE, Gisela Dias. Mecanismos societários e contratuais de gestão das sociedades estatais. **Revista do Serviço Público** (Brasília), v. 57, p. 363-387, 2006.

[49] JUSTEN FILHO, Marçal. **Curso de Direito Administrativo**..., p. 240.

[50] JUSTEN FILHO, Marçal. **Curso de Direito Administrativo**..., p. 240.

[51] GABARDO, Emerson. **Princípio constitucional da eficiência administrativa**..., p. 30.

que os critérios e medidas para realizar tal julgamento não têm um sentido unívoco e concreto.[52] É a Constituição, através de seus valores e princípios, primordialmente os impostos ao regime administrativo, que subsidiarão a concreta avaliação jurídica da eficiência. Eficiência esta que, segundo Alfonso, além de princípio, é um "valor jurídico", pois autoriza uma valoração, um juízo, com repercussões jurídicas sobre a atuação administrativa.[53]

Em conjunto com Daniel Wunder Hachem teve-se a oportunidade de afirmar anteriormente que "o conteúdo jurídico do princípio constitucional da eficiência administrativa pode ser traduzido como o dever imposto constitucionalmente à Administração Pública de (a) exercitar a competência administrativa que lhe é juridicamente conferida com a máxima celeridade, presteza, economicidade e produtividade, (b) atuando de modo a concretizar fielmente a finalidade pública subjacente às normas jurídicas às quais está submetida, (c) utilizando os meios mais adequados ao alcance ótimo dos objetivos estatuídos pelo direito positivo (interesse público), (d) conferindo a máxima efetividade aos comandos que lhe são dirigidos pelo ordenamento jurídico, (e) sempre em consonância com os direitos fundamentais e com os demais princípios e regras que orientam a atividade administrativa".[54] Dos cinco desdobramentos do princípio pontuados, o primeiro deles merece referência para o tema em exame. De pronto, pode-se destacar como primeiro desdobramento do princípio constitucional da eficiência administrativa a imposição de um dever de agir à Administração Pública. Como é cediço, o ordenamento jurídico — notadamente a lei em sentido estrito, mas igualmente a Constituição — confere aos órgãos e agentes públicos determinadas competências com um objetivo específico: o cumprimento de um dever jurídico necessário à satisfação do interesse público. Para tanto, atribui-se uma parcela de poder caracterizada por um plexo de prerrogativas especiais, outorgadas ao Poder Público com o único propósito de possibilitar a consecução do bem comum. Tais prerrogativas decorrem, por sua vez, da expressão do princípio da supremacia do interesse público, cuja natureza é

---

[52] ALFONSO, Luciano Parejo. **Eficacia y Administración – Tres Estudios**. Madrid: INAP, 1995, p. 90.

[53] ALFONSO, Luciano Parejo. **Eficacia y Administración...**, p. 100.

[54] GABARDO, Emerson; HACHEM, Daniel Wunder. Responsabilidade civil do Estado, *faute du service* e o princípio constitucional da eficiência administrativa. In: Alexandre Dartanhan de Mello Guerra; Luis Manuel Fonseca Pires; Marcelo Benacchio (Orgs.). **Responsabilidade civil do Estado**: desafios contemporâneos. São Paulo: Quartier Latin, 2010, p. 239-292.

constitucional, conforme explica com clareza Daniel Wunder Hachem.[55] É a ideia de função pública, tão bem caracterizada por Celso Antônio Bandeira de Mello como um "dever-poder": o poder é concedido apenas como um instrumento para que se possa cumprir adequadamente um dever jurídico.[56]

A Administração Pública, para exercer a função administrativa em consonância com o princípio da eficiência, deverá, pois, agir sempre que a ordem jurídica lhe emprestar um feixe de atribuições. Veda-se com isso uma atuação administrativa inerte, omissa, descompromissada com a materialização, no mundo dos fatos, dos mandamentos emanados do sistema normativo. Num Estado Social e Democrático de Direito como o brasileiro, orientado por uma Constituição compromissária e dirigente, pôr em marcha as imposições constitucionais e legais endereçadas ao Poder Público significa promover a satisfação das necessidades da coletividade e dos interesses sociais.[57] Como bem adverte Onorato Sepe, o valor da eficiência no Estado Social está na necessidade de utilizar todos os esforços estatais e os da comunidade com a finalidade de alcançar os melhores resultados e os mais convenientes para a sociedade, de modo que "*el Estado existe y debe operar coordinando todos los esfuerzos y dirigiendo todos los recursos para la mejor consecución de los resultados*".[58] Isso implica, portanto, um constante repensar da organização administrativa.

Contudo, o exercício eficiente da função administrativa exige mais do que a simples ação do Estado: é necessário que a Administração aja de forma célere, ágil, econômica e produtiva. De nada adianta os agentes, órgãos e entidades públicos cumprirem as suas funções se o exercício de tais competências der-se de forma morosa, insatisfatória, perdulária e malsucedida. A atividade administrativa deve cumprir os seguintes deveres: (i) celeridade – cumprimento das atribuições dentro de prazo razoável, ainda que não assinalado pela lei, sem dilações indevidas, sob pena de se perder o objeto do ato ou procedimento administrativo em questão, ou mesmo de acarretar prejuízos aos destinatários da atividade por conta da demora; (ii) presteza – atuação ágil, de forma simples e objetiva, desprendida de formalidades exacerbadas

---

[55] HACHEM, Daniel Wunder. **Princípio constitucional da supremacia do interesse público**. Belo Horizonte: Fórum, 2011, p. 108 e ss.

[56] MELLO, Celso Antônio Bandeira de. **Curso de Direito Administrativo**..., p. 71-72.

[57] GABARDO, Emerson; HACHEM, Daniel Wunder. Responsabilidade civil do Estado, *faute du service* e o princípio constitucional da eficiência administrativa..., p. 239-292.

[58] SEPE, Onorato. Nuevas tendencias hacia la eficiencia en el Estado Social. **Documentación Administrativa**, nº 151, Madrid: INAP, 1973, p. 16.

e conducentes ao entrave da atividade administrativa, sem significar, é claro, desrespeito ao trâmite burocrático legalmente previsto como garantia de previsibilidade ao cidadão; (iii) economicidade – utilização otimizada dos meios e recursos que estiverem à disposição da Administração para o atingimento de seus misteres, sem desperdícios com gastos voluptuosos e despiciendos. Não significa necessariamente minimização do gasto, mas sim a sua otimização, com o objetivo de alcançar os maiores benefícios e utilidades com o menor dispêndio possível;[59] (iv) produtividade – atuação voltada à produção de resultados efetivos, correspondentes com as finalidades predispostas na lei. Se o ordenamento estabelece um dever de agir voltado ao alcance de determinado objetivo, o cumprimento da obrigação deve produzir o resultado pretendido pela norma.[60]

Desse desdobramento, deduz-se que será ineficiente o comportamento administrativo: (i) omisso, por descumprir um dever de agir estatuído para a Administração Pública; (ii) moroso, por desrespeitar o dever de celeridade; (iii) exacerbadamente formalista, por obstaculizar uma atuação ágil e fluida, marcada pela simplicidade e objetividade; (iv) perdulário, por ignorar o dever de otimização dos recursos para o alcance dos melhores resultados; (v) improdutivo, por violar o dever de realização dos objetivos previstos pela lei para o atingimento efetivo do interesse público. Dentro dessa perspectiva, nota-se que a Medida Provisória nº 532/2011, ao incluir o inciso III ao artigo 2º do Decreto-Lei nº 509/69, conferiu à ECT a competência para "explorar os serviços de logística integrada, financeiros e postais eletrônicos" não de uma maneira qualquer, mas sim de uma forma eficiente. Significa, pois, que à Empresa Brasileira de Correios e Telégrafos compete desenvolver, por exemplo, a atividade de transporte noturno de cargas de modo célere, ágil, econômico e produtivo, consoante às explicações antes oferecidas. Tal consecução será certamente dificultada se a entidade não promover um deslocamento de competência para diversa pessoa jurídica, haja vista a problemática da hibridez de regimes jurídicos aplicáveis às atividades em questão — como já amplamente asseverado.

Para a exploração mais eficiente desses serviços, a descentralização das atividades da ECT mediante a criação de "empresas subsidiárias"

---

[59] ALFONSO, Luciano Parejo. La eficacia como principio jurídico de la actuación de la Administración Pública. **Documentación Administrativa**, nº 218-219, Madrid: INAP, 1989, p. 51-52.

[60] GABARDO, Emerson; HACHEM, Daniel Wunder. Responsabilidade civil do Estado, *faute du service* e o princípio constitucional da eficiência administrativa..., p. 239-292.

representa uma excelente alternativa, perfeitamente admitida pela ordem jurídica pátria vigente. Assim a distinção de regimes jurídicos torna-se coerente e delimitada a partir da distinção de personalidades jurídicas. Veja-se que a Constituição Federal refere-se expressamente a essas entidades em seu texto. Quando à sua criação, dispõe em seu art. 37, XX que:

> Art. 37. [...]
>
> XIX - somente por lei específica poderá ser criada autarquia e autorizada a instituição de empresa pública, de sociedade de economia mista e de fundação, cabendo à lei complementar, neste último caso, definir as áreas de sua atuação;
>
> XX - depende de autorização legislativa, em cada caso, a criação de subsidiárias das entidades mencionadas no inciso anterior, assim como a participação de qualquer delas em empresa privada; [...]

Dessa disposição depreende-se que a constituição de uma "empresa subsidiária" pelo Estado depende de uma autorização legislativa. Uma questão duvidosa já levantada no âmbito jurisprudencial diz respeito à necessidade ou não de promulgação de uma lei específica autorizando a criação dessas empresas, uma vez que os Estatutos de determinadas empresas estatais, que ostentam condição de lei, já preveem a possibilidade de criação de subsidiárias. Ao apreciar a questão, no caso da Petrobras, o Supremo Tribunal Federal pacificou o entendimento de que, nas hipóteses em que a lei criadora da sociedade empresária controladora já permitir de forma expressa a possibilidade de criação de empresas subsidiárias, a autorização legislativa exigida pela Lei Maior para a constituição dessas entidades é dispensável. O posicionamento da Corte Suprema pode ser conferido na ementa do acórdão, abaixo transcrita:

> AÇÃO DIRETA DE INCONSTITUCIONALIDADE. LEI 9478/97. AUTORIZAÇÃO À PETROBRÁS PARA CONSTITUIR SUBSIDIÁRIAS. OFENSA AOS ARTIGOS 2º E 37, XIX E XX, DA CONSTITUIÇÃO FEDERAL. INEXISTÊNCIA. ALEGAÇÃO IMPROCEDENTE. 1. A Lei 9478/97 não autorizou a instituição de empresa de economia mista, mas sim a criação de subsidiárias distintas da sociedade-matriz, em consonância com o inciso XX, e não com o XIX do artigo 37 da Constituição Federal. 2. É dispensável a autorização legislativa para a criação de empresas subsidiárias, desde que haja previsão para esse fim na própria lei que instituiu a empresa de economia mista matriz, tendo em vista que a lei criadora é a própria medida autorizadora. Ação direta de inconstitucionalidade julgada improcedente. (Supremo Tribunal Federal, Ação

Direta de Inconstitucionalidade nº 1.649, Relator: Min. Maurício Corrêa, Tribunal Pleno, julgado em 24.03.2004, *DJ* 28.05.2004 PP-00003 EMENT VOL-02153-02 PP-00204)

No caso da Empresa Brasileira de Correios e Telégrafos, observa-se que a Lei Federal nº 6.538/78, em seu artigo 2º, §2º, já possibilitava a criação de empresas subsidiárias pela consulente mediante autorização do Poder Executivo. Veja-se:

Art. 2º [...]

§2º A empresa exploradora dos serviços, mediante autorização do Poder Executivo, pode constituir subsidiárias para a prestação de serviços compreendidos no seu objeto.

Seguindo a mesma trilha, o já revogado Decreto Presidencial nº 83.726/79, que aprovou o Estatuto da ECT, dispunha em seu artigo 4º, §1º que:

Art 4º [...]

§2º A Empresa, mediante autorização do Poder Executivo, poderá constituir subsidiária para a prestação de serviços compreendidos no seu objeto.

Todavia, o Decreto Presidencial nº 7.483/11, que aprovou o novo Estatuto da ECT, alterou o conteúdo do dispositivo supracitado, substituindo a autorização do Poder Executivo pela autorização da própria Assembleia Geral da ECT, bem como trouxe a possibilidade de a ECT poder, além da criar subsidiárias, adquirir o controle acionário ou a participação societária em empresas já estabelecidas:

Art. 5º Para a execução de atividades compreendidas em seu objeto, a ECT poderá, mediante autorização da Assembleia Geral, adquirir o controle acionário ou a participação societária em empresas já estabelecidas, além de constituir subsidiárias.

Ocorre que, como visto, com a superveniência da Constituição Federal de 1988 passou-se a exigir autorização legislativa para a criação dessas empresas, não bastando apenas, por exemplo, a autorização do Poder Executivo, conforme os mencionados diplomas. Fazia-se necessária, portanto, uma alteração do próprio Decreto-Lei nº 509/69 que incluísse de maneira explícita a autorização para a constituição de "empresas subsidiárias". Com esse propósito, foi editada a Medida Provisória nº 532/11 (Lei nº 12.490/11), que incluiu no art. 1º do Decreto-Lei nº 509/69 o §3º, com a seguinte redação:

> Art. 1º [...]
>
> §3º Para a execução de atividades compreendidas em seu objeto, a ECT poderá:
>
> I - constituir subsidiárias; e
>
> II - adquirir o controle ou participação acionária em sociedades empresárias já estabelecidas.

Em virtude dessa inclusão, verifica-se que já se encontra superado um dos obstáculos existentes à constituição de uma "empresa subsidiária" da ECT para a exploração dos serviços de logística integrada, que residia justamente na existência de uma previsão legal que autorizasse a constituição dessas sociedades. De todo modo, uma vez promovida a autorização legislativa constitucionalmente exigida, em conformidade com o posicionamento do Supremo Tribunal Federal no julgamento da Ação Direta de Inconstitucionalidade nº 1.649-DF, a criação de uma "empresa subsidiária" da ECT pode ser realizada mediante autorização da própria Assembleia Geral da ECT, observando-se o mesmo procedimento de criação das demais sociedades empresárias — a partir de um critério de oportunidade e conveniência.[61]

3.2 Parceria público-privada na modalidade "concessão administrativa" de serviços ao Estado

Além da criação de uma empresa subsidiária pela ECT, outra medida que se mostra necessária à exploração eficiente dos serviços em comento consiste na celebração de uma parceria público-privada, na modalidade "concessão administrativa" de serviços ao Estado, entre

---

[61] Neste sentido ensina Cristiana Fortini: "A descentralização administrativa pressupõe que o cumprimento de determinada obrigação recaia, por imposição legislativa, no ente político a quem se possibilita a transferência de parte de suas atribuições a outra pessoa jurídica. A repartição das funções entre a entidade responsável e o ente descentralizado faz-se após exame de oportunidade e conveniência a cargo daquela e, como tal, não decorre de imperativo constitucional. Com efeito, se o dever transferido para o ente descentralizado é originalmente imposto ao ente central, as atribuições dos entes descentralizados administrativamente não lhes são conferidas pelo texto constitucional. As atividades que lhes são repassadas refletem escolha político-administrativa". Cf.: FORTINI, Cristiana. **Contratos Administrativos: franquia, concessão, permissão e PPP**. 2. ed., São Paulo: Atlas, 2009, p. 9.

a empresa subsidiária e sociedades empresárias da iniciativa privada. Cumpre, pois, esclarecer sobre o que se trata essa figura jurídica, para num segundo momento indicar de que forma ela pode ser empregada para a finalidade pretendida pela ECT. Como bem pontua Marcos Juruena Villela Souto, o Estado possui um enorme plexo de serviços que lhe incumbe prestar, e essa atividade pode ser desempenhada de modo centralizado ou descentralizado. A gestão centralizada, no entanto, padece do problema da carência de recursos, fato que muitas vezes conduz à busca do capital privado. Ocorre que os particulares nem sempre consideram "os negócios de interesse público atrativos o suficiente para motivarem a alocação de capitais". Um dos exemplos trazidos pelo autor é justamente a atividade relacionada à infraestrutura.[62] Surgem então formas de associação entre o Poder Público e os particulares com o objetivo de se executar, em um regime de atuação conjunta, serviços que incumbem ao Estado por decorrência de competências atribuídas pelo ordenamento jurídico, em face da incapacidade deste em cumprir todas elas de maneira satisfatória. São as parcerias firmadas entre a Administração Pública e os sujeitos privados.

As parcerias público-privadas, em uma acepção ampla, podem ser compreendidas como "os múltiplos vínculos negociais de trato continuado estabelecidos entre a Administração Pública e particulares para viabilizar o desenvolvimento, sob a responsabilidade destes, de atividades com algum coeficiente de interesse geral", tais como a concessão de serviços públicos regulada pela Lei Federal nº 8.987/95, os contratos de gestão com as Organizações Sociais (Lei Federal nº 9.637/98) e os termos de parceria (Lei Federal nº 9.790/99) com as Organizações da Sociedade Civil de Interesse Público, o uso privado de bem público em atividade com relevância social, entre outros.[63] No entanto, a legislação brasileira reservou a expressão "parceria público-privada", em um sentido estrito, às modalidades de parcerias entre os setores público e privado previstas pela Lei Federal nº 11.079 de 30 de dezembro de 2004. Logo, ainda que num sentido lato se possa referir às figuras acima citadas como exemplos de parcerias celebradas entre o Estado e os particulares, o termo "parceria público-privada" (abreviado pela sigla "PPP") destina-se a expressar figuras específicas, disciplinadas pela mencionada lei.

---

[62] SOUTO, Marcos Juruena Villela. Parcerias Público-Privadas. In: _____. **Direito Administrativo das Parcerias**. Rio de Janeiro: Lumen Juris, 2005, p. 27.

[63] SUNDFELD, Carlos Ari. Guia jurídico das Parcerias Público-Privadas. In: _____ (Coord.). **Parcerias Público-Privadas**. São Paulo: Malheiros, 2005, p. 18.

O fator que motivou a edição dessa lei foi, segundo Carlos Ari Sundfeld, a necessidade de se criar compromissos financeiros estatais firmes e de longa duração. De acordo com o autor, "como o concessionário fará investimentos logo no início da execução e será remunerado posteriormente, dois objetivos se põem: tanto impedir que o administrador presente comprometa irresponsavelmente recursos públicos futuros, como oferecer garantias que convençam o particular a investir".[64] Cuida-se, portanto, de uma figura voltada justamente a atrair os interesses da iniciativa privada na atuação conjunta com o Poder Público, por assegurar aos particulares contratados condições de segurança e estabilidade. No tocante ao significado jurídico da locução "parceria público-privada", a Lei Federal nº 11.079/04 assim dispõe:

> Art. 2º Parceria público-privada é o contrato administrativo de concessão, na modalidade patrocinada ou administrativa.
>
> §1º Concessão patrocinada é a concessão de serviços públicos ou de obras públicas de que trata a Lei nº 8.987, de 13 de fevereiro de 1995, quando envolver, adicionalmente à tarifa cobrada dos usuários contraprestação pecuniária do parceiro público ao parceiro privado.
>
> §2º Concessão administrativa é o contrato de prestação de serviços de que a Administração Pública seja a usuária direta ou indireta, ainda que envolva execução de obra ou fornecimento e instalação de bens.
>
> §3º Não constitui parceria público-privada a concessão comum, assim entendida a concessão de serviços públicos ou de obras públicas de que trata a Lei nº 8.987, de 13 de fevereiro de 1995, quando não envolver contraprestação pecuniária do parceiro público ao parceiro privado.

Como se pode verificar a partir da leitura de tais dispositivos, a legislação agasalha figuras distintas dentro da mesma nomenclatura. Essa espécie peculiar de parcerias entre o Poder Público e os sujeitos privados pode ter por objeto a prestação de serviço público, ou de serviços de que a Administração seja usuária direta ou indireta. Partindo dessas disposições, Maria Sylvia Zanella Di Pietro conceitua parceria público-privada como:

> o contrato administrativo de concessão que tem por objeto (a) a execução de serviço público, precedida ou não de obra pública, remunerada mediante tarifa paga pelo usuário e contraprestação pecuniária do parceiro público, ou (b) a prestação de serviço de que a Administração

---

[64] SUNDFELD, Carlos Ari. Guia jurídico das Parcerias Público-Privadas..., p. 18.

GUILHERME DE SALLES GONÇALVES, EMERSON GABARDO (COORD.)
DIREITO DA INFRAESTRUTURA

Pública seja a usuária direta ou indireta, com o sem execução de obra e fornecimento e instalação de bens, mediante contraprestação do parceiro público.[65]

Da observância dos dois primeiros parágrafos do artigo 2º da Lei Federal nº 11.079/04 se pode perceber que há duas modalidades de parcerias público-privadas em sentido estrito: a) a concessão patrocinada, e b) a concessão administrativa. A chamada concessão patrocinada não apresenta grandes novidades, uma vez que pode ser classificada como uma espécie do gênero concessão de serviço público. Ela se encontra submetida, portanto, à legislação que disciplina as concessões de um modo geral, tal como a Lei Federal nº 8.987/95 e a Lei Federal nº 9.074/95. No entanto, diferencia-se das chamadas concessões comuns precisamente pelo fato de que a ela se aplicam normas peculiares veiculadas pela Lei das Parcerias Público-Privadas. A grande especificidade da concessão patrocinada em relação às comuns repousa sobre o seu regime de remuneração, que é composto tanto pela tarifa cobrada do cidadão que utilizar o serviço quanto por uma contraprestação em pecúnia oferecida pelo Poder Concedente. Além disso, Maria Sylvia Zanella Di Pietro ressalta que existem diferenças entre a concessão comum e a concessão patrocinada em relação: "(a) aos riscos que, nas parcerias público-privadas, são repartidos com o parceiro público; (b) às garantias que o poder público presta ao parceiro privado e ao financiador do projeto, e (c) ao compartilhamento entre os parceiros de ganhos econômicos decorrentes da redução do risco de crédito dos financiamentos utilizados pelo parceiro privado".[66]

Por sua vez, a concessão administrativa pode assumir dois tipos diversos: (i) a concessão administrativa de serviços públicos; e (ii) a concessão administrativa de serviços ao Estado. A (i) concessão administrativa de serviços públicos tem por objeto a prestação de serviços públicos propriamente ditos, nos termos do artigo 175 da Constituição Federal, de forma direta aos usuários sem a cobrança de qualquer espécie de tarifa, havendo a remuneração do concessionário por meio de contraprestação pecuniária do Poder Concedente, sendo permitida a percepção conjunta de receitas alternativas. A Administração Pública é considerada uma usuária indireta dos serviços, uma

---

[65] DI PIETRO, Maria Sylvia Zanella. **Parcerias na Administração Pública**. 6. ed. São Paulo: Atlas, 2008, p. 145.

[66] DI PIETRO, Maria Sylvia Zanella. **Parcerias na Administração Pública**..., p. 145.

vez que, embora esses sejam prestados diretamente aos particulares, recaem sobre o Poder Público os direitos e responsabilidades econômicas que competiriam aos cidadãos.[67] Por se tratarem de espécies de concessão de serviços públicos, as denominadas concessão patrocinada e concessão administrativa de serviços públicos não apresentam maior complicação hermenêutica. Por outro lado, interessa analisar a (ii) a concessão administrativa de serviços ao Estado, que não tem por objeto a prestação de serviços públicos, mas sim aqueles serviços referidos pelo artigo 6º da Lei Federal nº 8.666/93: "o oferecimento de utilidades à própria Administração, que será havida como usuária direta dos serviços e versará a correspondente remuneração". Nesse particular, a concessão administrativa de serviços do Estado assemelha-se ao contrato administrativo disciplinado pela Lei de Licitações, havendo, contudo, algumas distinções.

Consoante Carlos Ari Sundfeld, se de um lado o contrato de serviços regulado pela Lei Federal nº 8.666/93 limita-se à prestação de serviços, a figura sob análise, por sua vez, engloba também a realização, pelo concessionário, de investimento mínimo de 20 milhões de reais, conforme previsto no art. 2º, §4º, I da Lei de PPPs, "na criação, ampliação ou recuperação, por meio da execução de obra ou do fornecimento de bens (art. 2º, §2º), de infra-estrutura necessária aos serviços, que serão prestados com base nela por ao menos cinco anos (art. 2º, §4º, II)".[68] Durante a vigência da concessão administrativa de serviços ao Estado, enquanto não houver sido amortizado o investimento do concessionário, a infraestrutura por ele fornecida continuará na esfera de seu patrimônio, podendo ser revertida ao Poder Concedente ao final, caso haja previsão contratual (art. 3º, *caput*, da Lei Federal nº 8.666/93 e artigos 18, inciso X, e 23, inciso X da Lei Federal nº 8.987/95).

É precisamente essa última espécie — a denominada concessão administrativa de serviços ao Estado — que se apresenta como alternativa que tenderia a resolver a problemática enfrentada contemporaneamente pela ECT em matéria de atividade econômica em sentido estrito (notadamente porque implicaria a contrapartida privada em relação à cessão de bens tais como equipamentos, aeronaves, pilotos e respectivas equipes, além do próprio *know how* tecnológico e de logística). A celebração de uma parceria público privada nessa modalidade resolveria a ausência de interesse das empresas privadas em associar-se à ECT para a prestação desses serviços, decorrente da exiguidade do

---

[67] SUNDFELD, Carlos Ari. Guia jurídico das Parcerias Público-Privadas..., p. 29.
[68] SUNDFELD, Carlos Ari. Guia jurídico das Parcerias Público-Privadas..., p. 30.

prazo de um ano que contemporaneamente é estabelecido nesse tipo de contratação.[69] Firmando-se uma parceria público-privada nesses termos, garante-se maior segurança e estabilidade ao contratado, permitindo-lhe a realização de grandes investimentos nas aeronaves necessárias para a exploração dessa atividade de modo eficiente, célere e eficaz. Com isso, atrai-se um número maior de empresas para a participação no certame, resultando em uma possibilidade maior de escolhas ao Poder Público, com vistas não só à vantajosidade na contratação pública, mas ao próprio escopo do "desenvolvimento sustentável", recentemente incluído no rol dos objetivos da licitação pública no Brasil.[70]

A fórmula da concessão administrativa de serviços ao Estado, nos dizeres de Carlos Ari Sundfeld, "viabilizou um arranjo para a obtenção de serviços para o Estado antes impossível: aquele em que o particular investe financeiramente na criação da infra-estrutura pública necessária à existência do serviço e ajuda a concebê-la". Por essa razão é que se afirma que "a Lei das PPP's superou uma insuficiência da legislação anterior: a falta de um sistema bem-organizado de garantia dos compromissos financeiros de longo prazo do Estado com o contratado".[71] Nesse sentido, conclui-se que além da criação de uma empresa subsidiária da ECT, pelos motivos antes expostos, a melhor solução para as dificuldades encontradas pela empresa e suscitadas no início da consulta consiste em firmar uma PPP, na modalidade concessão administrativa de serviços ao Estado, celebrando contrato cujo valor seja superior a R$20.000.000,00 (vinte milhões de reais) e cujo período de prestação do serviço seja superior a cinco anos (artigo 2º, §4º, incisos I e II da Lei Federal nº 11.079/04).

---

[69] Atualmente, tais contratações vêm sendo realizadas na modalidade pregão, disciplinada pela Lei nº 10.520/02, sendo fixado em contrato o prazo de doze meses. Ademais, a vigência desses contratos busca fundamento na Lei nº 8.666/93, ao dispor sobre os contratos de execução continuada: "*Art. 57. A duração dos contratos regidos por esta Lei ficará adstrita à vigência dos respectivos créditos orçamentários, exceto quanto aos relativos: [...] II - à prestação de serviços a serem executados de forma contínua, que poderão ter a sua duração prorrogada por iguais e sucessivos períodos com vistas à obtenção de preços e condições mais vantajosas para a administração, limitada a sessenta meses*; (Redação dada pela Lei nº 9.648, de 1998)".

[70] Lei nº 8.666/93: "Art. 3º A licitação destina-se a garantir a observância do princípio constitucional da isonomia, a seleção da proposta mais vantajosa para a administração e a promoção do *desenvolvimento nacional sustentável* e será processada e julgada em estrita conformidade com os princípios básicos da legalidade, da impessoalidade, da moralidade, da igualdade, da publicidade, da probidade administrativa, da vinculação ao instrumento convocatório, do julgamento objetivo e dos que lhes são correlatos. (Redação dada pela Lei nº 12.349, de 2010)"

[71] SUNDFELD, Carlos Ari. Guia jurídico das Parcerias Público-Privadas..., p. 24.

Referências

ALFONSO, Luciano Parejo. **Eficacia y Administración – Tres Estudios**. Madrid: INAP, 1995.

BACELLAR FILHO, Romeu Felipe. **Direito Administrativo**. 3. ed. São Paulo: Saraiva, 2007.

BAIN & COMPANY. **Revisão e otimização do transporte aéreo de carga da ECT**: relatório intermediário III – Parecer sobre a viabilidade jurídica para a execução direta das 5 linhas estratégicas da RPN. Brasília, 25 jul. 2006.

COSTÓDIO FILHO, Ubirajara. **O serviço postal no Direito Brasileiro**. Curitiba: J. M., 2006.

DI PIETRO, Maria Sylvia Zanella. **Direito Administrativo**. 21. ed. São Paulo: Atlas, 2010.

DI PIETRO, Maria Sylvia Zanella. **Parcerias na Administração Pública**. 6. ed. São Paulo: Atlas, 2008.

FORTINI, Cristiana. **Contratos Administrativos: franquia, concessão, permissão e PPP**. 2. ed. São Paulo: Atlas, 2009.

GABARDO, Emerson. **Princípio constitucional da eficiência administrativa**. São Paulo: Dialética, 2002.

GABARDO, Emerson; HACHEM, Daniel Wunder. Responsabilidade civil do Estado, *faute du service* e o princípio constitucional da eficiência administrativa. *In*: Alexandre Dartanhan de Mello Guerra; Luis Manuel Fonseca Pires; Marcelo Benacchio (Org.). **Responsabilidade civil do Estado:** desafios contemporâneos. São Paulo: Quartier Latin, 2010.

GASPARINI, Diogenes. **Direito Administrativo**. 7. ed. São Paulo: Saraiva, 2002.

GRAU, Eros Roberto. **A ordem econômica na Constituição de 1988**. 6. ed. São Paulo: Malheiros, 2001.

GROTTI, Dinorá Adelaide Musetti. Teoria dos serviços públicos e sua transformação. In: SUNDFELD, Carlo Ari (Coord.). **Direito Administrativo Econômico**. São Paulo: Malheiros, 2000.

HACHEM, Daniel Wunder. **Princípio constitucional da supremacia do interesse público**. Belo Horizonte: Fórum, 2011.

JUSTEN FILHO, Marçal. **Concessões de Serviços Públicos**. São Paulo: Dialética, 1997.

JUSTEN FILHO, Marçal. **Curso de Direito Administrativo**. 5. ed. São Paulo: Saraiva, 2010.

JUSTEN FILHO, Marçal. Empresas estatais e a superação da dicotomia "prestação de serviço público/exploração de atividade econômica". *In*: FIGUEIREDO, Marcelo; PONTES FILHO, Valmir (Org.). **Estudos de Direito Público em homenagem a Celso Antônio Bandeira de Mello**. São Paulo: Malheiros, 2006.

JUSTEN, Mônica Spezia. **A noção do serviço público no Direito europeu**. São Paulo: Dialética, 2003.

MEDAUAR, Odete. **Direito Administrativo Moderno**. 2. ed. São Paulo: RT, 1998.

MEIRELLES, Hely Lopes. **Direito Administrativo Brasileiro**. 23. ed. São Paulo: Malheiros, 1998.

MELLO, Celso Antônio Bandeira de. **Curso de Direito Administrativo**. 27. ed. São Paulo: Malheiros, 2010.

MELLO, Celso Antônio Bandeira de. **Natureza e regime jurídico das autarquias**. São Paulo: RT, 1968, p. 110.

MELLO, Celso Antônio Bandeira de. Serviço público e sua feição constitucional no Brasil. In: SALGADO, David Cienfuegos; OLVERA, Miguel Alejandro López (Coords.). **Estudios en homenaje a don Jorge Fernández Ruiz**: Responsabilidad, contratos y servicios públicos. México: Universidad Nacional Autónoma de México, 2005.

MOREIRA NETO, Diogo de Figueiredo. **Curso de Direito Administrativo**. 12. ed. Rio de Janeiro, Forense: 2001.

RIBEIRO, Marcia Carla Pereira; CHEDE, Gisela Dias. Mecanismos societários e contratuais de gestão das sociedades estatais. **Revista do Serviço Público** (Brasília), v. 57, p. 363-387, 2006.

SEPE, Onorato. Nuevas tendencias hacia la eficiencia en el Estado Social. **Documentación Administrativa**, n. 151, Madrid: INAP, 1973.

SILVA, José Afonso da. **Curso de Direito Constitucional Positivo**. 17. ed. São Paulo: Malheiros, 2000.

SOUTO, Marcos Juruena Villela. Parcerias Público-Privadas. *In*: _____. **Direito Administrativo das Parcerias**. Rio de Janeiro: Lumen Juris, 2005.

SUNDFELD, Carlos Ari. **Fundamentos de Direito Público**. 4. ed. 9. tiragem. São Paulo: Malheiros, 2008.

SUNDFELD, Carlos Ari. Guia jurídico das Parcerias Público-Privadas. *In*: _____ (Coord.). **Parcerias Público-Privadas**. São Paulo: Malheiros, 2005.

WAHRLICH, Beatriz M. de Sousa. Reforma administrativa federal brasileira: passado e presente. *In*: **RDA – Revista de Administração Pública**. Rio de Janeiro. n. 08, p. 27-75, abr./jun. 1974.

Informação bibliográfica deste texto, conforme a NBR 6023:2002 da Associação Brasileira de Normas Técnicas (ABNT):

GABARDO, Emerson. O regime jurídico da Empresa Brasileira de Correios e Telégrafos: entre serviço público e atividade econômica em sentido estrito. *In*: GONÇALVES, Guilherme de Salles; GABARDO, Emerson (Coord.). *Direito da Infraestrutura*: temas de organização do Estado, serviços públicos e intervenção administrativa. Belo Horizonte: Fórum, 2012. p. 15-52. ISBN: 978-85-7700-633-5.

AVALIAÇÃO DA CONSTITUCIONALIDADE DA INSTITUIÇÃO DO SERVIÇO DE TRANSPORTE INDIVIDUAL DE PASSAGEIROS POR MOTOCICLETA (MOTOTÁXI)

FELIPE ANDRES PIZZATO REIS
IGGOR GOMES ROCHA
MARCELO AUGUSTO BIEHL ORTOLAN

1 Introdução

Em dez anos — entre 2001 e 2011 — a frota nacional de veículos mais do que dobrou, com aumento aproximado de 120%.[1] Naturalmente, a velocidade desse crescimento acarretou em uma considerável amplificação do problema do trânsito e da mobilidade urbana.

Nesse contexto, deve-se chamar a atenção para a recente Política Nacional de Mobilidade Urbana (PNMU), aprovada em 4 de janeiro de 2012 através da Lei Federal nº 12.587/2012, que se trata de um conjunto de medidas direcionadas ao melhoramento do espaço urbano e do trânsito de veículos e pessoas nas grandes cidades brasileiras. De

---

[1] Conforme estatísticas de veículos registrados colhidas no sítio eletrônico do Departamento Nacional de Trânsito. <http://www.denatran.gov.br/frota.htm>. Acesso em: 25.01.12.

ressaltar que a lei disciplina uma série de atribuições a todas as esferas do governo. A União passa a ter a competência para o fomento da implantação de projetos de transporte público coletivo de grande e média capacidade nas aglomerações urbanas e nas regiões metropolitanas. Por outro lado, é dever do Estado propor planejamento tributário específico, além de propiciar a existência de incentivos para a implantação da política de mobilidade urbana. E é obrigação do município planejar, executar e avaliar o modelo, bem como promover a regulamentação dos serviços de transportes. Portanto, a concretização das diretrizes postas na lei dependerá da cooperação das esferas de governo, cada qual com suas atribuições.

Como se vê, buscam-se soluções para se evitar os problemas cada vez maiores de congestionamentos, poluição e outros deles decorrentes. Assim, a discussão a respeito do transporte público — o qual pode tornar paulatinamente dispensável a presente quantidade excessiva de automóveis — passa a ter maior destaque.

Contudo, uma das questões menos trabalhadas nesse debate é o serviço de mototáxi, o qual surgiu e muito se desenvolveu com a recente valorização das motocicletas enquanto veículos mais maleáveis ao tráfego.[2]

A circulação das motocicletas para uso particular é regulamentada há décadas, atualmente observando os termos presentes na redação original do Código Nacional de Trânsito aprovada em 1997. Contudo, a atividade remunerada de transporte de passageiros por mototaxistas só veio a ser objeto de legislação federal em 2009, através da Lei nº 12.009 sancionada em junho daquele ano.[3]

Durante esse período de inexistência de normatização pelo Congresso Nacional, diversos Municípios e Estados como Minas Gerais, Santa Catarina e Pará procederam à instituição de leis próprias regulando essa nova questão.

As legislações estaduais, porquanto passíveis de avaliação em ações diretas no Supremo Tribunal Federal, não oferecem polêmica: são reconhecidamente nulas por vícios formais na integralidade dos arestos. De maneira diversa, as principais controvérsias têm decorrido

---

[2] Ainda segundo consigna o mesmo *site* do DENATRAN, o número de motos registradas, que representavam 13% da frota nacional em 2001, foi quase quadruplicado, representando 22% de toda a frota em 2011.

[3] Em que pese a tardividade regulamentatória do assunto, estimativas da FENAMOTO (Federação dos Mototaxistas e Motofrentistas do Brasil) apontam a existência de 750.000 mototaxistas e motofrentistas em atividade no território nacional. Disponível em: <www.uvc.org.br/downloads/orientacoes_moto_taxistas.doc>. Acesso em: 25.01.12

das divergentes interpretações judiciais sobre as legislações municipais sobre o assunto.

Sendo assim, este artigo presta-se à discussão da constitucionalidade formal e material desses diplomas legislativos (principalmente os municipais) a partir de análises doutrinárias e jurisprudenciais provenientes de diversos órgãos judiciários sobre o assunto.[4]

2 Condições de constitucionalidade formal – Competência legislativa privativa da União para regulamentar a matéria de trânsito e transportes e, por consequência, os serviços de mototáxi

De início, faz-se conveniente frisar que as leis em comento tratam de matéria pertinente ao serviço de transporte urbano, estabelecendo especificações quanto a sua operação, direitos e deveres dos permissionários, normas de segurança, entre outras.

Da análise casuística depreende-se que o legislador municipal tem exercido sua competência legislativa entendendo se tratar a matéria de interesse local ou tema relativo à organização e prestação do serviço de transporte *coletivo* urbano de passageiros, com fundamento no artigo 30 da Constituição Federal de 1988:

> Art. 30. Compete aos Municípios:
>
> I - legislar sobre assuntos de interesse local; [...]
>
> V - organizar e prestar, diretamente ou sob regime de concessão ou permissão, os serviços públicos de interesse local, incluído o de transporte coletivo, que tem caráter essencial [...]

A arquitetura federativa construída na *Lex Mater* expressa claramente que a autonomia dos Municípios encontra suas fronteiras na delimitação de competências estabelecida pelo poder constituinte

---

[4] Sobre os vícios de inconstitucionalidade, adota-se a linha teórica de autores como Gilmar Ferreira Mendes: "Costuma-se proceder à distinção entre inconstitucionalidade material e formal, tendo em vista a origem do defeito que macula o ato questionado. Os vícios formais afetam o ato normativo singularmente considerado, independentemente de seu conteúdo, referindo-se, fundamentalmente, aos pressupostos e procedimentos relativos à sua formação. Os vícios materiais dizem respeito ao próprio conteúdo do ato, originando-se de um conflito com princípios estabelecidos na Constituição". (MENDES, Gilmar Ferreira. **Controle de Constitucionalidade**: aspectos jurídicos e políticos. Saraiva: São Paulo, 1990. p. 28.)

GUILHERME DE SALLES GONÇALVES, EMERSON GABARDO (COORD.)
DIREITO DA INFRAESTRUTURA

originário, nos termos de seu art. 29,[5] interpretação esta corroborada pela obra de Hely Lopes Meirelles, atualizada por Márcio Schneider Reis e Edgard Neves da Silva:

A Autonomia não é poder originário. É prerrogativa política concedida e limitada pela Constituição Federal. Tanto os Estados-membros, o Distrito Federal como os Municípios têm sua autonomia garantida constitucionalmente, não como um poder de autogoverno decorrente da Soberania Nacional, mas como um direito público subjetivo de organizar seu governo e prover sua Administração, nos limites que a Lei Maior lhes traça.[6]

Ao lado disso, contudo, não se pode descurar que, de acordo com a disciplina constitucional sobre a autonomia legislativa das entidades federadas, foi estabelecida à União a *competência privativa* para legislar sobre trânsito e transporte, além de diretrizes da política nacional de transportes:

Art. 22. Compete privativamente à União legislar sobre: [...]

IX - diretrizes da política nacional de transportes; [...]

XI - trânsito e transporte;

Parágrafo único. Lei complementar poderá autorizar os Estados a legislar sobre questões específicas das matérias relacionadas neste artigo.

Nessas circunstâncias, a primeira conclusão que se pode extrair é que, havendo expressa previsão de competência privativa da União, a atribuição dos Municípios para legislar sobre a matéria, ainda que por fundamento em interesse local, é restrita em razão da existência de uma verdadeira cláusula de bloqueio. A competência municipal importaria unicamente na possibilidade de regulamentar a organização e a prestação dos serviços de transporte coletivo, em conformidade com os preceitos federais existentes.

Nesse passo, destaque-se que o Código Nacional de Trânsito (Lei Federal nº 9.503/97), antes da regulamentação feita em 2009, nada prescrevia a respeito da atividade de transporte de passageiros por

---

[5] Art. 29. O Município reger-se-á por lei orgânica, votada em dois turnos, com o interstício mínimo de dez dias, e aprovada por dois terços dos membros da Câmara Municipal, que a promulgará, *atendidos os princípios estabelecidos nesta Constituição, na Constituição do respectivo Estado e os seguintes preceitos*: (...) (destacou-se).

[6] MEIRELLES, Hely Lopes. **Direito Municipal Brasileiro**. 14 ed. Atualizada por Márcio Schneider Reis e Edgard Neves da Silva. São Paulo: Malheiros, 2006. p. 90-91.

motocicletas. E no silêncio da União em prever a espécie de serviço, não poderiam os Municípios criá-lo sob a pretensão de complementar uma competência que é privativa de outro ente federativo. Essa foi a intelecção que predominou nos Tribunais Superiores. Na apreciação de legislações estaduais acerca do mototáxi, o Supremo Tribunal Federal firmou posicionamento unânime no sentido da inconstitucionalidade dessas leis. Sobre o assunto, convém citar o voto do relator Ministro Maurício Corrêa na ADI nº 2.606-2 contra lei estadual de Santa Catarina:[7]

5. Vigora no sistema constitucional instituído em 1988, para fins de repartição de competência, o que a doutrina denomina 'predominância do interesse', cabendo à União as matérias e questões em que prevalecem os interesses gerais da federação como um todo, reservando-se aos Estados assuntos regionais e aos Municípios temas locais. Nessa linha, o inciso XI do artigo 22 da Carta da República reservou privativamente à União o poder de legislar sobre trânsito e transporte, bem como para fixar as diretrizes dos transportes urbanos. [...]

7. É relevante observar que o emprego de motocicletas como meio de transporte público de passageiros é matéria afeta tanto ao trânsito — na parte relativa à segurança, natureza e classificação do veículo —, quanto ao transporte, situação específica relacionada ao próprio objeto a ser transportado — no caso o cidadão —, suas formas e condições.

8. A jurisprudência desta Corte, pronunciando-se sobre o citado artigo 22, XI da Carta Federal, tem confirmado que compete privativamente à União legislar sobre trânsito e transporte. O tema igualmente não se acha no rol, *numerus clausus*, das competências comum e concorrente (CF, artigos 22 e 23), sendo vedado aos Estados, na ausência de lei complementar, disciplinar a matéria. [...]

12. Nessa circunstância, tenho que a exploração, pelo uso de motocicletas, do serviço de transporte individual oneroso de passageiros é matéria de interesse nacional e não regional, além de afetar tema relativo às leis de trânsito e transporte, cuja competência inegavelmente é privativa da União. (STF – Tribunal Pleno – ADI nº 2.606 – Rel. Min. Maurício Corrêa – Por unanimidade – J. em 21.11.2002)

De ressaltar que em razão de tal entendimento ter se consolidado em ação direta de inconstitucionalidade, ele passou a vigorar com eficácia contra todos e efeito vinculante em relação aos órgãos do Poder

---

[7] Demais acórdãos do mesmo teor podem ser encontrados na ADI nº 3.135, relatada pelo Ministro Gilmar Mendes, na ADI nº 3.136, relatada pelo Min. Ricardo Lewandowski e na ADI nº 3.676, relatada pelo Min. Sepúlveda Pertence.

Judiciário e à Administração Pública federal, estadual e municipal, de acordo com o previsto na Lei nº 9.868/99.[8]

Posteriormente, legislações municipais de conteúdo análogo passaram a ser analisadas pelo STF em sede de Recurso Extraordinário.[9] Sob o fundamento de que o questionamento já havia sido resolvido em jurisprudência dominante, todas essas contendas foram apreciadas monocraticamente,[10] aplicando-se o art. 557, §1 – A do Código de Processo Civil,[11] e, *em todos os casos*, foi reconhecida a inconstitucionalidade das leis municipais por usurpação de competência legislativa privativa da União.

Nesta toada, cite-se o julgado mais recente, de relatoria do Ministro Carlos Ayres Britto, em recurso impetrado contra acórdão do Tribunal de Justiça do Estado de Minas Gerais que considerou ser "constitucional a Lei Municipal que apenas regulamentou a atividade de mototáxi dentro do Município, atendidos os limites das matérias de interesse do local onde serão prestados os serviços":[12]

4. Tenho que o apelo extremo merece acolhida. Isso porque o *acórdão recorrido destoa da jurisprudência desta nossa Casa de Justiça.*

5. Com efeito, *é pacífico no STF o entendimento de que a regulamentação do serviço público de transporte é de competência privativa da União*, nos termos do inciso XI do art. 22 da Lei Maior. [...]

---

8 Art. 28. [...] Parágrafo único. A declaração de constitucionalidade ou de inconstitucionalidade, inclusive a interpretação conforme a Constituição e a declaração parcial de inconstitucionalidade sem redução de texto, têm eficácia contra todos e efeito vinculante em relação aos órgãos do Poder Judiciário e à Administração Pública federal, estadual e municipal.

9 Deve ser notado que a compatibilidade de leis municipais perante a CF é tarefa a respeito da qual a Carta Magna inicialmente era silente (até regulação da ADPF pela Lei Federal nº 9.882/99). Como a repartição constitucional de competências é considerada norma de repetição obrigatória nas CE, *in casu*, tribunais de justiça locais realizam controle concentrado de constitucionalidade em acórdãos que podem ser reformados no Supremo via Recurso Extraordinário. Veja-se, a respeito, FERRARI, Regina Maria Macedo Nery. **Controle da constitucionalidade das leis municipais**. 3 ed. São Paulo: Revista dos Tribunais, 2003. p. 105-109.

10 Aparentemente, em pesquisa no sítio eletrônico do STF, consta uma única ADPF (ADPF nº 68/SP) contra Lei de 1999 do Município de Bragança Paulista instituindo o serviço do mototáxi, ocasião em que a Corte poderá apreciar a matéria com efeito vinculante e eficácia *erga omnes*. O processo é de relatoria da Min. Cármen Lúcia (que substituiu a relatora inicial Ellen Gracie) e está em conclusão para julgamento desde 05.03.2009.

11 Art. 557. [...] §1º - A Se a decisão recorrida estiver em manifesto confronto com súmula ou com jurisprudência dominante do Supremo Tribunal Federal, ou de Tribunal Superior, o relator poderá dar provimento ao recurso.

12 Convém apontar que o acórdão posteriormente reformado pelo P. Excelso foi exarado em sessão de 26.08.2009 do E. Tribunal de Justiça de Minas Gerais (Autos nº 4683283-83.2008.8.13.0000) – julgado pela Corte Estadual, portanto, após o Recurso Extraordinário nº 311.339, em que o STF reverteu decisão do mesmo teor do TJMG em 23.05.2008.

Isso posto, e *frente ao §1º-A do art. 557 do CPC*, dou provimento ao recurso. (STF – Decisão monocrática – RE 500262 – Rel. Min. Carlos Ayres Britto – J. em 26.10.2011)

Convém chamar a atenção para o fato de que o expediente do respeitável TJMG, divergente do juízo assentado no Supremo Tribunal Federal, curiosamente, não é um caso isolado. Mesmo com reiteradas reformas em instância extraordinária, certas Cortes estaduais insistentemente arbitram como constitucionais leis municipais disciplinando o serviço de mototáxi anteriores à Lei Federal nº 12.009/2009.[13] Confira-se trecho do aresto do Egrégio Tribunal de Justiça do Estado de São Paulo, nos autos de ADI nº 16.232-0/6:

> Efetivamente, as Leis impugnadas não ressentem de inconstitucionalidade, uma vez que a competência da União para legislar sobre temas gerais de trânsito e transporte (artigo 21, incisos I e artigo 22, inciso XV, da Constituição Federal), não obsta a competência do Município para disciplinar assuntos de interesse local, dentre eles, o serviço público de transporte coletivo, a exemplo do serviço de moto-táxi. [...]
>
> Reiteradas têm sido as decisões deste Colendo Órgão Colegiado, no sentido de reconhecer que os serviços de transportes, mediante a utilização de motocicletas ou similares são, de fato, de iniciativa do poder municipal local, citando-se, como exemplo, recente acórdão relatado pelo Desembargador Celso Limongi: [...] (TJSP – Órgão Especial – ADI nº 16232006 – Rel. Des. Armando Toledo – Por unanimidade – J. em 01.06.2009)

Inobstante o considerável número de acórdãos fixando entendimento pela constitucionalidade dessas legislações, tal perspectiva deve ser afastada. Embora aos Tribunais de Justiça caiba julgar ações diretas sob o parâmetro das Constituições Estaduais e normas de repetição obrigatória da CF, a salvaguarda da Carta Magna compete precipuamente ao STF. Nos dizeres de Manoel Gonçalves Ferreira Filho:

> Pode-se dizer, em vista disso, que o Supremo Tribunal Federal tem a preeminência no Poder Judiciário, cabendo-lhe a mais alta das missões jurídicas, isto é, a "guarda da Constituição", expressão de que usa o

---

[13] Nenhuma das decisões do TJSP sobre leis deste conteúdo considerou a matéria de competência privativa da União, sequer mencionando jurisprudência do STF. Veja-se, *e.g.*, TJSP – Órgão Especial – ADI nº 1484450000 – Relator Des. Renato Nalini – Por unanimidade – J. em 25.08.2009.

art. 102, *caput*, da Lei Magna. [...] Assim, é ele quem diz a última palavra no controle incidental de constitucionalidade.[14]

Por conseguinte, os juízos de constitucionalidade desse Sodalício revestem-se de uma autoridade suplementar, qual seja, a eficácia *erga omnes*. O apanágio aplica-se também aos recursos extraordinários que reconheçam a procedência ou improcedência de ação direta [de inconstitucionalidade contra lei municipal ou estadual] proposta no âmbito estadual, conforme leciona o Ministro Gilmar Mendes:

> É interessante notar que a decisão proferida em sede de recurso extraordinário no Supremo Tribunal que implique o reconhecimento da procedência ou improcedência da ação direta [de inconstitucionalidade contra lei municipal ou estadual] proposta no âmbito estadual será igualmente dotada de eficácia erga omnes, [...] porque prolatada em processo de índole objetiva.[15]

Sobre a caracterização da peculiar índole *objetiva* desses recursos extraordinários, é de grande valia trazer à baila os ensinamentos de Regina Maria Macedo Nery Ferrari:

> Embora considerando que o recurso extraordinário só tenha cabimento em relação às causas decididas em única ou última instância, parece importante recordar que a *análise na ação* [direta de inconstitucionalidade nos tribunais de justiça locais] *foi feita abstratamente, dissociada de um caso concreto, e a admissão do recurso, nesse caso, poderia caracterizar uma via indireta de apreciação de inconstitucionalidade em tese, de lei municipal frente à Constituição Federal*.[16] (destacou-se)

Por tais razões, Arnoldo Wald e o Ministro Gilmar Ferreira Mendes, ao atualizar a obra de Hely Lopes Meirelles, reconhecem uma determinada autonomia e "coexistência entre jurisdições constitucionais federal e estadual", excetuando que:

> Não se deve olvidar, outrossim, que pronunciamento genérico de Corte estadual quanto à inconstitucionalidade de lei ou ato normativo estadual

---

[14] FERREIRA FILHO, Manoel Gonçalves. **Curso de direito constitucional**. 34. ed. São Paulo: Saraiva, 2008. p. 266-267.

[15] MENDES, Gilmar Ferreira; COELHO, Inocêncio Mártires; BRANCO, Paulo Gustavo Gonet. **Curso de direito constitucional**. 2 ed. São Paulo: Saraiva, 2008. p. 1316-1317.

[16] FERRARI, Regina Maria Macedo Nery. **Controle da constitucionalidade das leis municipais...**, p. 109.

ou municipal em face do Texto Magno [exatamente como o TJSP, o TJMG e outros têm feito] pareceria totalmente incompatível com o exercício do controle concentrado de constitucionalidade pela Corte constitucional federal.[17] (destacou-se)

Saliente-se que o reconhecimento de jurisprudência dominante acerca do debate em cotejo não é doutrinário, mas asseverado pelos próprios ministros judicantes ao dar provimento a Recursos Extraordinários monocraticamente, pelo que se conclui que as decisões dos Tribunais de Justiça Estaduais dissonantes daquelas do Supremo Tribunal deverão ser afastadas.

A jurisprudência colacionada demonstra a formação de forte práxis processual na utilização da via do Recurso Extraordinário para se corrigir esses pronunciamentos judiciais incongruentes.[18] Entrementes, vislumbra-se a possibilidade de utilização do instituto da Reclamação, vez que voltando a garantir a autoridade dos julgados da Suprema Corte dotados de efeitos *erga omnes*.

Corroborando o afirmado, faz-se importante observar que mesmo *após* a edição da Lei Federal nº 12.009/2009, várias diplomas municipais que regulamentavam os serviços de mototáxi foram declaradas inconstitucionais por vício formal.

Nesse sentido, cite-se julgado do Tribunal de Justiça do Estado do Mato Grosso do Sul, que assim entendeu ao declarar a inconstitucionalidade da Lei Municipal de Coxim, de nº 854/97, que regulava o serviço de mototáxi, bem como de todas as suas alterações após a vigência inicial:

AÇÃO DIRETA DE INCONSTITUCIONALIDADE – PRELIMINARES DE IMPOSSIBILIDADE JURÍDICA, ILEGITIMIDADE ATIVA E AUSÊNCIA DE COTEJO ANALÍTICO AFASTADAS – MÉRITO – LEI MUNICIPAL QUE REGULA A PROFISSÃO DE "MOTO-TÁXI" – MATÉRIA PERTINENTE À COMPETÊNCIA LEGISLATIVA EXCLUSIVA DA UNIÃO – INCONSTITUCIONALIDADE CHAPADA – DECRETO DE INVALIDADE QUE SE IMPÕE. [...] A teor da jurisprudência pacífica da Suprema Corte, compete exclusivamente à União legislar sobre o trânsito e o transporte, incluindo-se em tal esfera de atribuições o uso de motocicletas para transporte individual oneroso de passageiros, que

---

[17] MEIRELLES, Hely Lopes; WALD, Arnoldo e MENDES, Gilmar Ferreira. **Mandado de segurança e ações constitucionais**. 32. ed. São Paulo: Malheiros, 2009. p. 748-749.

[18] Em pesquisa, não foi encontrada nenhuma Reclamação com este objetivo, mas apenas Recursos Extraordinários e a ADPF citada na Nota de Referência nº 10.

traduz matéria de interesse nacional e não regional (STF: ADIs n°s 2.606/SC; 3.135/PA e 3.136/MG). Tamanha a obviedade desta constatação que a própria União cuidou de editar a específica Lei Federal n° 12.009, de 29 de julho de 2009, regulando o exercício das atividades inerentes ao "moto-táxi", indicando claramente a inconstitucionalidade chapada de leis municipais dotadas de tais regramentos, alheios às suas raias de competência. (TJMS – Órgão Especial – Processo 2009.016247-9 – Rel. Des. Rêmolo Letteriello – Por unanimidade – J. em 07.10.2009)

O Egrégio Tribunal de Justiça do Estado do Paraná, nos autos da ADI n° 0531266-1, também procedeu da mesma forma:

Ação direta de inconstitucionalidade Lei Municipal n° 2.043/1997, de Umuarama. 1. Inépcia da petição inicial Inocorrência Presença dos requisitos indicados no artigo 3° da Lei n° 9.868/1999 e artigo 282 do Código de Processo Civil. 2. Câmara Municipal de Umuarama – Manutenção na relação jurídica processual na qualidade de interessada – Constituição Estadual, art. 113; Lei n° 9.868/1999, art. 6°; RITJPR, arts. 277 e 283. 3. *Lei Municipal n° 2.043/1997, que institui e regulamenta o serviço de moto-táxi e moto-entrega no Município de Umuarama Matérias afetas a trânsito e transporte Competência privativa da União* CF, art. 22, inc. XI Inobservância do artigo 15 da Constituição Estadual – Regulamentação não limitada a interesse local – Ofensa ao artigo 17, inciso I, da Constituição do Estado do Paraná Inconstitucionalidade formal que se declara – Precedentes do Supremo Tribunal Federal e desta Corte. 3.1. Modulação dos efeitos da declaração de inconstitucionalidade Lei n° 9.868/1999, art. 27 Produção de efeito *ex nunc – Matéria atualmente regulamentada pela Lei Federal n° 12.009/2009* – Empresas e empregos gerados que poderão ser mantidos, com adequação à legislação federal. 4. *Procedência do pedido*. Lei n° 2.043/1997, do Município de Umuarama, declarada inconstitucional, com produção de efeito a partir do trânsito em julgado desta decisão (efeito *ex nunc*). (TJPR – Órgão Especial – AI 0531266-1 – Rel. Des. Franscico P. Rabello Filho – Por maioria – J. 17.12.2010 – destacou-se)

Destaquem-se algumas passagens da fundamentação do voto do respeitável Relator, Desembargador Francisco P. Rabello Filho:

5.7. Bem aqui, a propósito, cumpre ressaltar que *tal matéria é reconhecidamente de interesse nacional, tanto que em 29 de julho de 2009 foi publicada a Lei Federal n° 12.009*, que regulamenta o exercício das atividades dos profissionais em transporte de passageiros, "mototaxista", em entrega de mercadorias e em serviço comunitário de rua, e "motoboy", com o uso de motocicleta. 5.8. *Contudo, não se pode olvidar que a lei municipal em análise é anterior à legislação federal (4 de julho de 1997), foi editada em desrespeito às regras de repartição de competências e não está restrita à aplicação das exigências previstas em seus regulamentos para as atividades de moto-frete no âmbito de sua circunscrição* (CTB, art. 139-B), de modo que não há como ser afastado o vício que a macula. [...] (destacou-se)

Em face do exposto, não restam dúvidas de que o correto e mais atual entendimento dos Tribunais de Justiça pátrios é de que as leis municipais com a tratativa em comento, ao serem editadas antes da competente regulamentação federal, estão eivadas de inconstitucionalidade formal desde a origem, o que implica no reconhecimento de sua nulidade *ab initio*, entendimento este que se conforma com a orientação do Pretório Excelso.

3 Condições de constitucionalidade material

3.1 Observância necessária dos deveres constitucionais de segurança social, saúde pública e eficiência

Em segundo lugar, quanto ao conteúdo das normas, também se vislumbra a existência de inconstitucionalidade material em razão da falta de comprovação da garantia à saúde e à segurança, direitos protegidos pela Constituição Federal em seus artigos 6°, 144 e 196, respectivamente:

Art. 6° São direitos sociais a educação, *a saúde*, a alimentação, o trabalho, a moradia, o lazer, *a segurança*, a previdência social, a proteção à maternidade e à infância, a assistência aos desamparados, na forma desta Constituição. (destacou-se)

Art. 144. *A segurança pública, dever do Estado, direito e responsabilidade de todos*, é exercida para a preservação da ordem pública e da incolumidade das pessoas e do patrimônio, através dos seguintes órgãos: (...) (destacou-se) [...]

Art. 196. *A saúde é direito de todos e dever do Estado*, garantido mediante políticas sociais e econômicas que visem à redução do risco de doença e de outros agravos e ao acesso universal e igualitário às ações e serviços para sua promoção, proteção e recuperação. (destacou-se)

O Código Nacional de Trânsito não regulamentava, quando da sua edição, o uso de motocicletas para o transporte de passageiros, fazendo-o como um "silêncio eloquente". O legislador federal não previa esse serviço por conta dos riscos à incolumidade física e à saúde dos passageiros. Todavia, como se viu anteriormente, a Lei Federal nº 12.009/2009 fora editada com o intuito de regulamentar o exercício das atividades de motoboy, mototaxista e de profissionais de serviço comunitário de rua, cuja constitucionalidade está sendo questionada pela Procuradoria Geral da República (PGR).

Por outro lado, há tempos tem sido visível a preocupação de notáveis juristas que, ao externarem sua opinião sobre o assunto, questionam a segurança e a salubridade do transporte público ofertado sobre motocicletas. Assim o fez a Ministra Cármen Lúcia Antunes Rocha, em voto na Ação Direta de Inconstitucionalidade nº 3.136-8:

> Queria também dizer que acho muito grave a situação aqui apreciada. Não se pode imaginar que essa matéria não tenha uma gravidade enorme. Os números trazidos, inclusive nos autos desta ação direta, são de uma mortandade grande em acidentes com mototáxis [...] (Voto da Min. Cármen Lúcia na ADIn nº 3.136-8/MG – Tribunal Pleno – Rel. Min. Ricardo Lewandowski – Por unanimidade – J. em 01.08.2006)

Em parecer elaborado para esta ação direta de inconstitucionalidade, opinou a Procuradoria Geral da República:

> Igualmente relevantes as assertivas formuladas na inicial referentes à necessidade de preservação da saúde e incolumidade dos eventuais usuários do transporte, descritos pelo constituinte como "dever do Estado". Não se pode autorizar a adoção de motocicletas como transporte remunerado urbano de passageiros, considerando os riscos que gera, sem a realização de prévio e criterioso estudo pelas autoridades federais competentes para tanto. (Antônio Fernando Barros e Silva de Souza, em parecer na ADIn nº 3.136-8/MG – Tribunal Pleno – Rel. Min. Ricardo Lewandowski – Por unanimidade – J. em 01.08.2006)

O Ministro Maurício Corrêa, em voto na ADIn nº 2.606, sob sua relatoria, acrescentou a dificuldade em se garantir a higiene e conforto legalmente exigidos para todos os veículos de aluguel:

> Convém ressaltar a incontroversa situação de perigo relacionada a este meio de transporte, dependente que é do equilíbrio do condutor em apenas duas rodas, bem como em face da ausência de proteções estruturais, ativas e passivas, contra quedas e colisões. Submeter os potenciais usuários deste serviço a riscos, com o aval do Estado, sem prévio e minucioso estudo realizado por autoridades federais competentes, é providência por demais temerária. [...] Com efeito, conforme retratado nas razões do pedido, a utilização do capacete é obrigatória tanto para o condutor da motocicleta quanto para o passageiro. A menos que esse último possua o seu próprio equipamento de segurança, situação improvável e rara, *os*

usuários do serviço estarão sujeitos, pelo uso comum, a todo tipo de conseqüência nociva à saúde, seja pela impossibilidade de se evitar a transmissão de doenças ou mesmo de realizar-se a adequada higiene do instrumento de proteção. Aflora, no particular, a impossibilidade material de previsão, e, por conseqüência, de atendimento, aos requisitos de segurança, conforto e higiene que o Código Nacional de Trânsito exige em face dos veículos de aluguel (CNT, artigo 107). (STF – Tribunal Pleno – ADIn nº 2.606-2/SC – Relator Min. Maurício Corrêa – Por unanimidade – J. em 21.11.2002 – destacou-se)

Tais ponderações são fundamentadas no dever constitucional do Estado (e, portanto, dos Municípios como entes federativos que são) de garantir a todos os cidadãos a saúde e a segurança. Constata-se, assim, que as normativas municipais em exame apresentam antinomias com o texto da Constituição Federal ao regulamentar um sistema de transporte coletivo cujos requisitos de segurança e salubridade não restam perfeitamente regulamentadas pelo órgão competente, o Conselho Nacional de Trânsito (CONTRAN). Existem apenas resoluções sobre o curso de formação para motofretistas e mototáxis, e sobre os requisitos mínimos em se tratando de equipamentos para tal modalidade de transporte. A regulamentação, entretanto, não soluciona ou afasta a periculosidade e insalubridade típicas da atividade.

Ademais, as leis em análise interferem negativamente na prestação do serviço concedido às empresas concessionárias do transporte coletivo urbano nos municípios, ao criar concorrência de manifesta ilegalidade, lesando o interesse público ao impor a necessidade de aumento das tarifas cobradas dos usuários do transporte coletivo regular, visando à manutenção do equilíbrio econômico-financeiro do contrato de concessão. Situação que, por si só, pode propiciar uma queda da "eficiência" do sistema de transporte.

E é preciso salientar que o "princípio da eficiência administrativa" foi alçado à categoria de norma constitucional pela Emenda nº 19/98, expressamente disposto no artigo 37, *caput*, da CF. Consiste, portanto, em axioma vinculante a toda atuação da Administração Pública, inclusive no tocante à atividade de regulação dos serviços de transporte. Destarte, infringidos valores constitucionalmente garantidos, como a vida, a saúde e segurança, leis municipais que regulamentam o transporte de passageiros por meio de motocicletas se mostram materialmente inconstitucionais, como vem decidindo alguns tribunais pátrios. Confira-se exemplo emanado do Tribunal de Justiça do Distrito Federal:

AÇÃO DIRETA DE INCONSTITUCIONALIDADE. LEI DISTRITAL Nº 3.787/06. SERVIÇO DE "MOTOTÁXI". VIOLAÇÃO DOS ARTIGOS 14 E 335 DA LODF. 1 - A LEI DISTRITAL Nº 3.787/06, AO CRIAR NO ÂMBITO DO DISTRITO FEDERAL O SERVIÇO DE TRANSPORTE REMUNERADO DE PASSAGEIROS, A SER REALIZADO POR MOTO-CICLETAS, INVADE COMPETÊNCIA PRIVATIVA DA UNIÃO PARA LEGISLAR SOBRE MATÉRIA RELATIVA A TRÂNSITO E TRANS-PORTE (CF, ART. 22, XI) E, ATENTANDO CONTRA OS PRINCÍPIOS DA PRESERVAÇÃO DA VIDA, SEGURANÇA E CONFORTO DOS PASSAGEIROS, VIOLA OS ARTS. 14 E 335, DA LODF. 2 – AÇÃO DI-RETA DE INCONSTITUCIONALIDADE JULGADA PROCEDENTE. (TJDF – Conselho Especial – Autos nº 20060020045780 D – Relator Jair Soares – J. em 24.10.2006)

3.2 Observância necessária dos princípios da razoabilidade e proporcionalidade

Em terceiro lugar, poder-se-ia argumentar não ser razoável aceitar que, em benefício de uma atividade possivelmente rentável e bastante recorrida pela população que busca mecanismos de circulação rápida (sem consciência dos riscos à saúde e integridade física), sejam desconsiderados outros valores de suma importância constitucional.

Sendo assim, para além de simplesmente afrontar a divisão constitucional de competências, as Municipalidades que editaram legislações instituindo o mototáxi agiram com excesso de poder, ao optar pela solução menos adequada à resolução da questão do transporte. Vislumbra-se ação de forma desarrazoada e desproporcional, em contrariedade com valores expressamente incluídos em Constituições Estaduais[19] e reconhecidos como implícitos na Carta Magna (no art. 5º, LIV, cf. julgado do STF adiante).

Como já é amplamente reconhecido pela doutrina e jurisprudên-cia nacional e internacional, a adequada interpretação da Constituição exige sistematicidade. E no caso das normas de organização e com-petência, mais incisivamente ainda, torna-se jurídica e politicamente exigível a interpretação conforme, racional e proporcional. Sobre o assunto, leciona Paulo Bonavides que:

---

[19] A razoabilidade e proporcionalidade encontram-se expressamente no artigo 27, *caput*, da Constituição Estadual do Paraná; no artigo 111, *caput*, da Constituição Estadual de São Pau-lo e artigo 13, *caput*, da Constituição Estadual de Minas Gerais, citando-se somente alguns exemplos. Na maioria dos casos, esses princípios se encontram no capítulo da organização da Administração Pública, porém possuem eficácia em face de toda ação do Estado.

A interpretação sistemática da Constituição permite ainda estabelecer no regime político a sede daqueles valores a que a linguagem jurídica conferiu denominação de princípios constitucionais. Nesses valores se inspiram ou têm base os direitos fundamentais, bem como as normas constitucionais de organização e competência. Cai por terra a tese de quantos proclamam o caráter puramente técnico e avalorativo das normas organizadoras do poder estatal [...].[20]

Luis Roberto Barroso explica que o corolário da proporcionalidade pode ser aferido sob dois aspectos: o interno e o externo. Neste esteio, entende o autor que:

a razoabilidade deve ser aferida, em primeiro lugar, dentro da lei. É a chamada *razoabilidade interna, condizendo com a existência de uma relação racional e proporcional entre seus motivos, meios e fins.* Aí está incluída a razoabilidade técnica da medida. De outra parte, havendo a razoabilidade interna da norma, é preciso verificar sua razoabilidade externa, isto é: sua adequação aos meios e fins admitidos e preconizados pelo Texto Constitucional. Se a lei contravier valores expressos ou implícitos no Texto Constitucional, não será legítima nem razoável à luz da Constituição, ainda que o seja internamente.[21] (destacou-se)

O constitucionalista paranaense Clèmerson Merlin Clève possui idêntica posição, propondo de forma contundente que:

Havendo *incompatibilidade entre o conteúdo da norma e o da Constituição,* manifestar-se-á inconstitucionalidade material. Pode ocorrer também inconstitucionalidade material quando a norma, embora disciplinando matéria deixada pelo Constituinte à liberdade de conformação do legislador, tenha sido editada não para realizar os concretos fins constitucionais, mas sim para prosseguir outros, diferentes ou mesmo de sinal contrário àqueles, *ou, tendo sido editada para realizar finalidades apontadas na Constituição, ofende a normativa constitucional por fazê-lo de modo inapropriado desnecessário, desproporcional ou, em síntese, de modo não razoável.* Trata-se, no primeiro caso, da hipótese do *desvio ou excesso do poder legislativo* e, no segundo, de *manifesta ofensa ao princípio da razoabilidade ou da proporcionalidade dos atos do Poder Público, e aqui, do Poder Legislativo.*[22] (destacou-se)

---

[20] BONAVIDES, Paulo. **Curso de Direito Constitucional**. 9. ed. São Paulo: Malheiros, 2000. p. 110.

[21] BARROSO, Luis Roberto. **Interpretação e aplicação da Constituição**. 6. ed. São Paulo: Saraiva, 2008. p. 226.

[22] CLÈVE, Clèmerson Merlin. **A fiscalização abstrata da constitucionalidade no Direito brasileiro**. 2. ed., São Paulo, 2000. p. 45.

Por outro lado, o professor Jorge Reis Novais, um dos mais proeminentes constitucionalistas portugueses, ressalta a íntima ligação da proporcionalidade com a vedação do excesso na atividade legiferante:

> [...] o princípio da proibição do excesso pode, por tal facto, reclamar uma validade geral não mais confinada aos estritos limites do Direito administrativo ou do Direito de polícia onde se havia anteriormente firmado. *Só essa vinculação entre proibição do excesso, proporcionalidade, Estado de Direito e justiça explica que, apesar das substanciais diferenças dos textos constitucionais ou mesmo da sua ausência nesses textos, seja idêntica ou muito próxima a tendência de evolução que, a propósito, se desenvolve* [...]. Assim, admitindo que a referência comum à proporcionalidade — por ser a mais vulgarizada e com progressivo acolhimento no direito positivo — seja utilizada como *superconceito*, no quadro dos controlos típicos de Estado de Direito, a par da igualdade, da proteção da confiança ou da reserva de lei, preferimos considerar a proibição do excesso.[23] (destacou-se)

Oportuno apontar, a título de exemplo, que o Tribunal de Justiça do Estado do Paraná já reconheceu, em decisões pretéritas, a possibilidade da declaração de inconstitucionalidade de lei municipal em face da Constituição Estadual que incorre em afronta ao princípio da razoabilidade:

> REPRESENTAÇÃO DE INCONSTITUCIONALIDADE. LEI MUNICIPAL. [...] VIOLAÇÃO AOS PRINCÍPIOS DA RAZOABILIDADE E DA ECONOMICIDADE. O controle jurisdicional de constitucionalidade sobre leis e atos normativos municipais tendo por base exclusivamente a Constituição Federal somente pode ser realizado pela via difusa. O controle concentrado fica adstrito aos casos em que a *representação de inconstitucionalidade tenha por parâmetro a Constituição Estadual*. [...] A existência de dois órgãos de imprensa oficial para desempenho das funções de publicação dos atos do município não se afigura aceitável, *violando os princípios da economicidade e da razoabilidade*. Representação de inconstitucionalidade parcialmente extinta sem resolução do mérito em relação ao parâmetro da Constituição Federal. Inconstitucionalidade da lei municipal declarada, por afronta às disposições dos arts. 1º; 7º, caput; e 27, caput, todos da Constituição Estadual. (TJPR – Órgão Especial – ADI nº 409760-5 – Rel. Des. Campos Marques – Por unanimidade – J. 01.06.2007 – destacou-se)

---

[23] NOVAIS, Jorge Reis. **Os princípios constitucionais estruturantes da República portuguesa**. Coimbra: Coimbra, 2004. p. 163 e ss.

E o Supremo Tribunal Federal tem referendado este entendimento em decisões assim ementadas:

CONSTITUCIONAL. DISPOSITIVO DA CONSTITUIÇÃO DO ESTADO DO RIO DE JANEIRO QUE FIXA DATA PARA O PAGAMENTO DOS SERVIDORES DO ESTADO – ATÉ O DÉCIMO DIA ÚTIL DE CADA MÊS –. *INCONSTITUCIONALIDADE MATERIAL, EM FACE DA VIO-LAÇÃO AO PRINCÍPIO DA RAZOABILIDADE CONTIDO NO ART. 5º, LIV, DA CONSTITUIÇÃO FEDERAL.* PROCEDÊNCIA DA AÇÃO. (STF – Tribunal Pleno – ADI nº 247/ RJ – Rel. Min. Nelson Jobim – Por unanimidade – J. em 17.06.02 – destacou-se)

PROCESSO OBJETIVO – AÇÃO DIRETA DE INCONSTITUCIONALI-DADE – ATUAÇÃO DO ADVOGADO-GERAL DA UNIÃO. Consoante dispõe a norma imperativa do §3º do artigo 103 da Constituição Federal, incumbe ao Advogado-Geral da União a defesa do ato ou texto impugnado na ação direta de inconstitucionalidade, não lhe cabendo emissão de simples parecer, a ponto de vir a concluir pela pecha de inconstitucionalidade. Concurso Público – Pontuação – Exercício Profissional no setor envolvido no certame – Impropriedade. Surge a conflitar com a igualdade almejada pelo concurso público o empréstimo de pontos a desempenho profissional anterior em atividade relacionada com o concurso público. Concurso público – Critérios de desempate – Atuação anterior na atividade – *AUSÊNCIA DE RAZOABILIDADE.* Mostra-se conflitante com o princípio da razoabilidade eleger como critério de desempate tempo anterior na titularidade do serviço para o qual se realiza o concurso público. (STF – Tribunal Pleno – ADI nº 3.522/ RS – Rel. Min. Marco Aurélio – Por unanimidade – J. em 24.11.05 – destacou-se)

Portanto, para além da inconstitucionalidade formal, a criação de um serviço com o de mototáxi incorre em clara inconstitucionalidade material, como decorrência da afronta aos princípios constitucionais da razoabilidade (implícito na CF e expresso em Leis Maiores Estaduais), da eficiência e da proteção à segurança e à saúde públicas (artigos 6º, 144 e 196 da CF).

4 Notas sobre a Ação Direta de Inconstitucionalidade nº 4.530

Embora se esteja a analisar prioritariamente a constitucionalidade das leis municipais que instituíram o serviço de mototáxi, uma questão de suma importância para o debate proposto diz respeito ao questionamento feito pela Procuradoria Geral de República, em relação à Lei

Federal nº 12.009/2009, que regulamentou as atividades de motoboy, mototaxista e de profissionais de serviço comunitário de rua. Trata-se da Ação Direta de Inconstitucionalidade nº 4.530, na qual a PGR alega ofensa aos artigos 6º e 196 da Constituição Federal e aos princípios constitucionais da razoabilidade e da proibição de proteção deficiente.[24]

De acordo com o órgão autor da ação, a regulamentação do transporte de passageiros em motocicletas representa grave prejuízo à saúde pública, por se tratar de uma atividade sabidamente perigosa, permitindo que o risco de acidentes aumente. Assim, para a Procuradoria não teriam sido observados tanto o direito fundamental à saúde (artigo 6º, da CF) quanto o dever do Estado de adotar medidas que visem à redução do risco de agravos à saúde (artigo 196, da CF) — dispositivos enunciados *supra*.

A petição inicial da referida ADI traz informações alarmantes em relação à saúde e segurança públicas, dentre os quais se destacam: o aumento de 2% para 20% da parcela de mortes fatais envolvendo motocicletas em 10 anos (dados da Associação Brasileira de Medicina do Tráfego – ABRAMET); e o impacto financeiro dos acidentes de trânsito no sistema hospitalar, que pode ser medido a partir do fato de que os casos graves com internação têm custo hospital médio de R$92.314,00, sem considerar o custo de reabilitação que poderá chegar a R$56.000,00 nos 18 meses após o atendimento (dados do Instituto de Pesquisas Econômicas Aplicadas – IPEA).

Dessa forma, a Procuradoria Geral da República sustenta que os riscos são evidentes, inclusive para a vida dos usuários dos serviços deficientemente regulamentados. Outrossim, consta na ADI, também, que a falta de razoabilidade ainda decorre da constatação de que, no tocante à atividade de transportes de mercadorias, foram estabelecidos critérios muito mais rigorosos do que em relação ao mototáxi, o que gera um especial contrassenso: admite-se maior proteção no transporte de coisas do que no de pessoas.

Assim, como ora se defende no presente artigo, os princípios da razoabilidade, da proporcionalidade, da vedação à proteção deficiente de bens jurídicos constitucionalmente tutelados, são entendidos pela Procuradoria Geral da República como violados a partir da regulamentação desse tipo de atividade, razões essas que apenas reforçam a inconstitucionalidade material da atividade em comento.

---

[24] A ADIn está em conclusão ao Relator, Min. Ricardo Lewandowski, desde 28.03.2011.

5 Conclusões

A instituição do serviço de transporte remunerado de passageiros em motocicletas é matéria de competência privativa da União — a partir do que foi editada a Lei Federal nº 12.009/2009. Nessa linha, em consonância com o entendimento do Supremo Tribunal Federal, serão nulas as normas estaduais ou municipais regulamentando a atividade antes da legislação federal ou fora de seus limites, padecendo de inconstitucionalidade formal desde a origem.

Em que pese a autonomia que rege a organização judiciária, quaisquer decisões de Cortes Estaduais em sentido contrário deverão ser reformadas, em última instância, mediante a interposição de Recurso Extraordinário, posto que a jurisprudência do Pretório Excelso é pacífica nesse sentido.

Ademais, a utilização do mototáxi em si é materialmente reprovável e incompatível com disposições da Carta Magna, inicialmente por representar aflição ao dever do Estado de permanentemente zelar por saúde e segurança pública dos cidadãos — visto que o meio de transporte gera evidentes riscos não devidamente estudados e minimizados — e também por atentar ao princípio da eficiência, pois autoriza concorrência de manifesta ilegalidade ao transporte coletivo urbano operado pelos ônibus.

Veja-se, portanto, que a própria Lei Federal nº 12.009 passa a ser questionável, vez que o reconhecimento oficial do mototáxi implica em certo incentivo de uma atividade danosa e perigosa. Por tais motivos, foi ajuizada a Ação Direta de Inconstitucionalidade nº 4.530 contra o diploma legislativo do Congresso Nacional, a qual deverá ser julgada procedente se o Sodalício Supremo manter a orientação já exteriorizada em votos de seus ministros integrantes.

Referências

BARROSO, Luis Roberto. **Interpretação e aplicação da Constituição**. 6. ed. São Paulo: Saraiva, 2008.

BONAVIDES, Paulo. **Curso de Direito Constitucional**. 9. ed. São Paulo: Malheiros, 2000.

CLÈVE, Clèmerson Merlin. **A fiscalização abstrata da constitucionalidade no Direito brasileiro**. 2. ed. São Paulo, 2000.

Departamento Nacional de Trânsito (Brasil). **Frota de veículos, por tipo e com placa, segundo as Grandes Regiões e Unidades da Federação – DEZ/2011**. Disponível em: <http://www.denatran.gov.br/frota.htm>. Acesso em: 23.03.2012.

_____. **Frota de veículos, por tipo e com placa, segundo as Grandes Regiões e Unidades da Federação – DEZ/2001.** Disponível em: <http://www.denatran.gov.br/frota.htm>. Acesso em: 23.03.2012.

Federação Nacional dos Mototaxistas e Motofrentistas do Brasil. **Orientações para implantação do serviço de moto-táxi nos municípios do Ceará.** Disponível em: <www.uvc.org.br/downloads/orientacoes_moto_taxistas.doc>. Acesso em: 23.03.2012.

FERRARI, Regina Maria Macedo Nery. **Controle da constitucionalidade das leis municipais.** 3 ed. São Paulo: Revista dos Tribunais, 2003.

FERREIRA FILHO, Manoel Gonçalves. **Curso de direito constitucional.** 34. ed. São Paulo: Saraiva, 2008.

MEIRELLES, Hely Lopes. **Mandado de segurança e ações constitucionais.** 32. ed. Atualizado por Arnoldo Wald e Gilmar Ferreira Mendes. São Paulo: Malheiros, 2009.

_____. **Direito Municipal Brasileiro.** 14 ed. Atualizada por Márcio Schneider Reis e Edgard Neves da Silva. São Paulo: Malheiros, 2006.

MENDES, Gilmar Ferreira. **Controle de Constitucionalidade: aspectos jurídicos e políticos.** Saraiva: São Paulo, 1990.

_____, COELHO, Inocêncio Mártires, BRANCO, Paulo Gustavo Gonet. **Curso de direito constitucional.** 2 ed. São Paulo: Saraiva, 2008.

NOVAIS, Jorge Reis. **Os princípios constitucionais estruturantes da República portuguesa.** Coimbra: Coimbra, 2004.

Informação bibliográfica deste texto, conforme a NBR 6023:2002 da Associação Brasileira de Normas Técnicas (ABNT):

REIS, Felipe Andres Pizzato; ROCHA, Iggor Gomes; ORTOLAN, Marcelo Augusto Biehl. Avaliação da constitucionalidade da instituição do serviço de transporte individual de passageiros por motocicleta – mototáxi. In: GONÇALVES, Guilherme de Salles; GABARDO, Emerson (Coord.). *Direito da Infraestrutura*: temas de organização do Estado, serviços públicos e intervenção administrativa. Belo Horizonte: Fórum, 2012. p. 53-72. ISBN: 978-85-7700-633-5.

DOAÇÃO ONEROSA DE IMÓVEIS PÚBLICOS INSTRUMENTO DE POLÍTICA URBANA E DE FOMENTO À INFRAESTRUTURA

IGGOR GOMES ROCHA

1 Introdução

Como bem afirma Rogério Gesta Leal, o estágio de desenvolvimento de uma sociedade pode ser mensurado a partir do critério "grau de urbanização", e dentre os pilares desse desenvolvimento estão as soluções que visam otimizar a ocupação do espaço urbano.[1] Imerso no debate acerca dessas soluções urbanísticas, está a atualíssima questão atinente ao emprego do instituto da doação no âmbito da gestão pública, isto é, tem-se discutido de que forma podem — ou se podem — os Municípios brasileiros (entes públicos, de maneira geral) efetuar a doação de bem público (imóvel, via de regra) para agentes ou empresas privadas. Por óbvio, se é reconhecida a possibilidade de uso de tal instituto, hão de serem analisados os requisitos que devem ser preenchidos para tanto, e como se faz a sua operacionalização.

O cenário de fundo mais comum à utilização desse instituto é aquele em que um Município detém a propriedade de imóvel cuja ocupação

---

[1] LEAL, Rogério Gesta. **Direito urbanístico**: condições e possibilidades da constituição do espaço urbano. Rio de Janeiro: Renovar, 2003. p. 77.

urbanística se caracteriza, predominantemente, pela baixa densidade populacional, em razão, sobretudo, do baixo desenvolvimento da região. Em outras palavras, quando há um evidente subaproveitamento do imóvel. Soma-se isso à alternativa de se transferir a posse (ou mesmo a propriedade) do bem público em questão à iniciativa privada, interessada em desenvolver suas atividades econômicas no local.

Nesse contexto, Carlos Ari Sundfeld e Jacintho de Arruda Câmara elencam uma série de possibilidades, ou fórmulas, que detém a Administração Pública para dar efetiva utilidade ao bem público subaproveitado a partir do trespasse da sua posse ou da propriedade para um particular. De um lado estão as formas de conferir o uso privativo do bem a agentes privados: autorização de uso, permissão de uso, concessão de uso e concessão de direito real de uso; e de outro estão os meios de alienação do bem a particulares, como a venda, a legitimação de posse, a permuta e a doação (simples ou onerosa).[2]

Diante desse panorama, buscando a implementação de ações estratégicas de política de urbanização, com vistas a um melhor aproveitamento do potencial do bem público imóvel, muitos gestores públicos têm passado a utilizar, dentre as opções disponíveis, o instituto da doação com encargo para fins de alienar o referido bem à iniciativa privada, justificada, por exemplo, no interesse público relativo ao desenvolvimento comercial da região, geração de empregos à população local, e incremento da infraestrutura na localidade. E esse será o instituto, dentre tantos existentes, objeto do presente estudo.

2 A doação com encargos de imóveis públicos – A possibilidade de uso e requisitos substanciais e materiais

Como dito, o debate sobre a utilização da doação com encargo no âmbito de políticas urbanas municipais tem sido frequente, sobretudo em razão do seu uso em detrimento de outros instrumentos previstos na legislação urbanística (concessão de uso e concessão de direito real de uso, por exemplo). Bruno de Souza Vichi verifica que o próprio regime jurídico urbanístico não tem cumprido o papel de meio adequado à satisfação de demandas e problemas na ocupação do solo, devido

---

[2] SUNDFELD, Carlos Ari. CÂMARA, Jacintho de Arruda. Concessão de Direito real de uso de utilidade pública. **Revista de Direito Municipal**, Belo Horizonte, v. 11, n. 11, p. 14, p. 11-25, 2004.

a sua alta tecnicidade, complexidade e formalismo, pelo que tem se configurado como "'letra-morta' tanto para administrados quanto para administradores".[3] Aqui reside, provavelmente, uma das mais fortes razões para a atratividade da doação com encargo: a simplicidade de sua operacionalização, se comparada às demais ferramentas previstas na legislação urbanística.

Trata-se de figura típica da legislação civil, também conhecida como onerosa, modal ou gravada, em oposição à dita doação pura e simples, ou típica. Tal espécie de doação tem por característica a imposição ao donatário de uma incumbência ou dever, sem suspender a aquisição ou o exercício do direito.[4] O referido encargo poderá ser cominado em favor do próprio doador, de um terceiro, ou do interesse geral, nos termos do Código Civil (artigo 553).[5] Configura-se, portanto, como negócio jurídico no qual, o donatário, para ter direito ao bem doado, além da aceitação (acordo de vontades), deve cumprir o encargo contratual imposto pelo doador. Na dicção do supracitado dispositivo, "o donatário é obrigado a cumprir os encargos da doação".

Outrossim, a doação de bens públicos é regulada, de maneira geral, pelo artigo 17 da Lei Federal nº 8.666/93, que a permite desde que cumpridas algumas formalidades: interesse público devidamente justificado, avaliação do imóvel, autorização legislativa, e licitação na modalidade concorrência. Há também previsão expressa da doação com encargos (artigo 17, §), para qual se exige, como regra, a licitação, e a presença, em seu instrumento de formalização, dos encargos, o prazo de seu cumprimento e cláusula de reversão, sob pena de nulidade do ato (condicional resolutiva). A parte final do mesmo §4º excepciona a regra da licitação para o caso de a doação com encargo tiver por fundamento "interesse público devidamente justificado", tema sobre o qual se discorrerá melhor adiante.

Claro que em uma avaliação da viabilidade e utilidade do emprego da doação onerosa em caso específico, poderá a Administração Pública optar por outras figuras, tais como a concessão de direito real de uso ou instrumentos de direito público, nos quais vigem seu poder de império, suas prerrogativas e privilégios. A utilização de instituto contratual eminentemente privado, de certo, encontra resistências.

---

[3]   VICHI, Bruno de Souza. **Política urbana**: sentido jurídico, competências e responsabilidades. Belo Horizonte: Fórum, 2007. p. 207.

[4]   GONÇALVES, Carlos Roberto. **Direito civil brasileiro**. v. 3. Contratos e atos unilaterais. 7. ed. São Paulo: Saraiva, 2010. p. 284.

[5]   "Art. 553. O donatário é obrigado a cumprir os encargos da doação, caso forem a benefício do doador, de terceiro, ou do interesse geral".

De todo modo, não bastasse a regulamentação legal permissiva, a própria doutrina, de longa data, destaca ser permitido ao Município fazer doação de bem imóvel para impulsionar a realização de construções, fomento de atividades particulares de interesse local e convenientes à comunidade, estabelecendo encargos ao donatário, que poderá ser escolhido a partir de licitação que busque a proposta que melhor poderá cumprir os objetivos da doação.[6]

Na prática, não se tem sequer cogitado a doação dita pura, simples, ou típica, de imóveis públicos, isto é, sem a estipulação de encargos de interesse público a serem cumpridos pelo donatário, sob pena de reversão ou retrocessão do bem ao domínio público. A rigor, a doação de um imóvel por parte da Administração Pública a um particular só encontra justificativa no caso deste atender a um interesse público, não podendo ser incorporado ao patrimônio do donatário sem que o mesmo cumpra com uma função social. Interesse público este por vezes de fácil visualização (programas habitacionais, regularização fundiária de interesse social), porém não raramente discutível (instalação de uma empresa específica etc.).

José dos Santos Carvalho Filho posiciona-se de maneira bem enfática no sentido de que a Administração pode fazer doação de bens públicos, mas tal possibilidade deve ser tida como excepcional e atender a interesse público devidamente demonstrado, sob pena de violação à legalidade e de lesão ao patrimônio público. Para o autor, são requisitos da doação de bens públicos: autorização legal, avaliação prévia e interesse público justificado, sendo a licitação, levando em conta a existência de interesse social da doação, dispensável[7] — tema este adiante retomado.

Dito isso, o foco aqui deve ser colocado no fato de que o ente público interessado na realização de tal alienação com encargo deverá atentar-se a um aspecto substancial (interesse público) e a aspectos formais (estabelecimento de encargos, realização de licitação etc.) da operacionalização da doação onerosa.

Sobre o aspecto substancial, os fundamentos aptos a embasar a doação são os mais diversos. Em primeiro lugar, tem-se o dever do Poder Público de dar concreção aos ditames constitucionais ligados ao desenvolvimento urbano, à função social da cidade, planejamento da ordem urbanística, e ao bem-estar dos cidadãos.

---

[6] MEIRELLES, Hely Lopes. **Direito municipal brasileiro.** 16. ed. São Paulo: Malheiros, 2008. p. 329-330.

[7] CARVALHO FILHO, José dos Santos. **Manual de direito administrativo.** 21. ed. Rio de Janeiro: Lumen Juris, 2009. p. 1129.

A esse respeito, veja-se o que diz a Constituição Federal sobre o tema da política de desenvolvimento urbano das cidades:

Art. 182. A política de desenvolvimento urbano, executada pelo Poder Público municipal, conforme diretrizes gerais fixadas em lei, tem por objetivo ordenar o pleno desenvolvimento das funções sociais da cidade e garantir o bem-estar de seus habitantes.

No tocante à chamada função social da cidade, sem se pretender analisar de forma mais aprofundada, faz-se mister transcrever lição de Aluísio Pires de Oliveira e Paulo Pires Carvalho, a qual em muito a contribui para as temáticas que aqui se adentra. Veja-se:

> O alcance da função social da cidade é a formulação de uma nova ética urbana voltada à valorização do ambiente, cultura, cidadania, direitos humanos. Abarca o pleno exercício do direito à cidade; enquanto se fustigam as causas da pobreza, protegem-se o meio ambiente e os direitos humanos, reduz-se a desigualdade social e melhora-se a qualidade de vida.[8]

Então, pode-se afirmar que um dos principais fundamentos (aspecto substancial) aptos a autorizar a alienação de um bem público via doação onerosa (ou mesmo doação pura) é a concretização da função social da cidade. Retomando o texto constitucional, lembre-se que desde os fundamentos e objetivos fundamentais da República Federativa do Brasil há o respeito à função social da propriedade, também inserida no rol dos direitos e garantias individuais (artigo 5º, inciso XXIII), logo após a garantia do direito de propriedade, e depois figura dentre os princípios que informam a atividade econômica (artigo 170, inciso III). Está ainda prevista, de forma mais específica, no capítulo que trata da política de desenvolvimento urbano (artigo 182, §2º).

Consagrada constitucionalmente, portanto, a função social é elemento do direito de propriedade, urbana ou rural, que traduz a ideia de que a propriedade territorial deve cumprir interesses individuais e públicos, em igual medida. Nas palavras de Caio Tácito: "Ingressa, por essa forma, no direito público, a noção de que à propriedade corresponde uma função social: ao poder do proprietário se acresce o dever perante a comunidade na qual ele se integra".[9]

---

[8] CARVALHO, Paulo Pires; OLIVEIRA, Aluísio Pires de. **Estatuto da Cidade**: anotações à Lei 10.257, de 10 de julho de 2001. Curitiba: Juruá, 2003. p. 64.

[9] TÁCITO, Caio. O direito de propriedade e o desenvolvimento urbano. In: **Temas de Direito Público**: Estudos e Pareceres. Rio de Janeiro: Renovar, 1997. v. 1. p. 582.

O professor e ex-ministro do Supremo Tribunal Federal, Eros Roberto Grau, sustenta, corroborando a lição de Caio Tácito:

> O que mais releva enfatizar, entretanto, é o fato de que o princípio da função social da propriedade impõe ao proprietário — ou quem detém o poder de controle, na empresa — o dever de exercê-lo em benefício de outrem e não, apenas, de não o exercer em prejuízo de outrem. Isso significa que a função social da propriedade atua como fonte de imposição de comportamentos positivos — prestação de fazer, portanto, e não, meramente, de não fazer — ao detentor do poder que deflui da propriedade.[10]

Embora a lição de Eros Grau esteja fundamentada na função social da propriedade dos meios de produção, para além de não haver impedimento para se exigir que o direito à propriedade imobiliária seja exercido em prol da população, tal possibilidade é recomendável, ainda mais em se tratando de imóveis públicos.

Nessa esteira, Juliana Werneck de Camargo destaca que os objetivos específicos da política de desenvolvimento urbano — promover medidas para proteger o meio ambiente natural e construído, incentivar atividades econômicas, mediante um sistema produtivo gerador de emprego e distribuidor de riqueza etc. — só podem ser atendidos se o espaço urbano foi adequadamente ocupado, ordenado e aproveitado. E, partindo dessa premissa, afirma que a cidade atenderá a sua função social (ou funções sociais) quando proporcionar à população cultura, lazer, moradia, e, também, a necessária infraestrutura: serviços como saneamento, transporte público etc.[11]

Por todos esses motivos é que surge a obrigação de a Administração Pública implementar uma política urbana efetiva, de incentivo ao uso adequado do espaço territorial, de conformação do espaço urbano, permitindo o adequado usufruto da população aos mais diversos serviços, bem como oportunizando melhorias como incremento na taxa de emprego, economia local, dentre outros aspectos.

Não por outra razão o próprio Poder Judiciário tem decidido nessa linha, de reconhecer a legitimidade de doações com encargo desde que o particular donatário dê a devida função social ao imóvel, em atendimento ao interesse público que ensejou a alienação de tal bem. Como exemplo, cite-se o seguinte julgado:

---

[10] GRAU, Eros Roberto. **A Ordem Econômica na Constituição de 1988**. 14 ed. São Paulo: Malheiros, 2010. p. 250-251.

[11] CAMARGO, Juliana Werneck de. **O IPTU como instrumento de atuação urbanística**. Belo Horizonte: Fórum: 2008. p. 93-94.

AÇÃO DE REVERSÃO DE DOAÇÃO – IMÓVEL – BEM PÚBLICO – FINALIDADE DA DOAÇÃO NÃO ALCANÇADA – DESCUMPRI-MENTO DO ENCARGO – RESTITUIÇÃO DO BEM. A doação de um imóvel por parte da Administração Pública para um particular só se justifica no caso deste atender a um interesse público, não podendo o administrado ser agraciado com bem pertencente à sociedade sem cumprir com uma função social. Inadmissível que, não sendo cumprida a finalidade para a qual o imóvel foi doado, o donatário adquira o mesmo e passe a usufruir dos seus frutos civis. (TJMG – 1ª Câmara Cível – Apelação Cível/Reexame Necessário nº 1.0024.03.145614-8/001 – Belo Horizonte – Rel(a). Des(a). Vanessa Verdolim Hudson Andrade – Unânime – Data do Julgamento: 08.05.2007 – Data da Publicação: 22.05.2007)

Dessa maneira, quando se está diante de um imóvel subaproveitado, por exemplo, cujo potencial é pouco explorado, indiscutível é que a adoção de uma medida que busque solucionar tal problema, como a mais adequada e consciente exploração do referido imóvel, direcionada ao desenvolvimento urbano da região, é constitucionalmente legítima. Regina Maria Macedo Nery Ferrari assevera que o crescimento excessivo e desordenado da população urbana, somado ao aumento da atividade especulativa, quando o proprietário do solo se utiliza da faculdade de não uso do bem, é que fizeram brotar a necessidade do estabelecimento de uma efetiva política urbana.[12]

No cenário descrito, esse proprietário que subaproveita o imóvel é o próprio Estado. E neste início de século, como afirma Liana Portilho Mattos, a propriedade imobiliária urbana, mesmo pública, consolida-se como um direito-dever, "condicionada que está ao cumprimento de uma função que aproveite também à coletividade e não somente ao proprietário".[13] Na mesma linha, Daniela Campos Libório Di Sarno destaca que o Poder Público, além de tutor das necessidades públicas, pode vir a ser o proprietário de imóvel urbano subutilizado. Nessa perspectiva, de igual forma, deverá a Administração Pública, em todas as suas esferas, atender as exigências legais e constitucionais para fins de concretizar de forma plena a função social da propriedade, a qual há de cumprir suas finalidades públicas.[14]

---

[12] FERRARI, Regina Maria Macedo Nery. **Direito municipal**. 2. ed. São Paulo: Revista dos Tribunais, 2005. p. 230.

[13] MATTOS, Liana Portilho. **A efetividade da função social da propriedade urbana à luz do estatuto da cidade**. Rio de Janeiro: Temas & Ideias Editora, 2003. p. 41.

[14] SARNO, Daniela Campos Libório Di. **Elementos de direito urbanístico**. Barueri: Manole, 2004. p. 49-50.

E o Estado, proprietário de um imóvel que não cumpre sua função social, pode (e também deve) se utilizar de alguma ferramenta jurídica de política urbana, como é a doação com encargos. Ou seja, o instrumento jurídico da doação deverá ser utilizado, nesses casos, para o atendimento da função social da propriedade de forma plena, na medida em que o imóvel será utilizado para determinada finalidade pública, ainda mais porque o Estado poderá/deverá impor comportamentos que auxiliem no desenvolvimento local.

Assim, ao incentivar um empreendimento comercial de grande monta, que gerará empregos, o Poder Público trará inúmeras consequências benéficas ao desenvolvimento urbano, tais como a melhoria da mobilidade urbana, atrativos a novos investimentos em infraestrutura etc., observando, indiscutivelmente, o preenchimento do aspecto substancial que deve informar a alienação onerosa. Além disso, estará concretizando diversos ditames da mencionada política de desenvolvimento urbano.

Como exemplo, cite-se a doação de imóvel subaproveitado a um agente privado que tenha como projeto a instauração de um parque industrial. Poderá/deverá o ente público proprietário estipular diversos encargos ao donatário, dentre os quais, a geração de uma quantidade determinada de empregos diretos, investimento em infraestrutura na região do empreendimento, construção de benesses (parques, ginásios, praças). Enfim, uma gama de possibilidades se abre ao ente proprietário por deter o poder de estipular encargos que se converterão em benefícios diretos à população, e evitam gastos diretos do Poder Público com infraestrutura, cujo investimento, como dito, poderá ser uma das condicionantes à doação onerosa.

Em síntese: a doação condicionada tende, se bem utilizada, a resultar na própria urbanização do imóvel subaproveitado, de titularidade do Estado. Lembre-se, a esse respeito, que urbanizar, como leciona Adriana Taller, é justamente acondicionar uma porção de terra e prepará-la para o seu uso urbano, abrindo-se vias, dotando-o de infraestrutura e de serviços essenciais.[15] E certamente tais elementos podem figurar como condicionantes da doação onerosa.

Outro fato que deve ser levado em conta na doação com encargo de um imóvel público diz respeito à valorização de aspectos visuais do

---

[15] TALLER, Adriana. El derecho urbano tiene vocación para habilitar el pleno ejercicio del derecho a la ciudad. *In*: BACELLAR FILHO, Romeu Felipe; GABARDO, Emerson; HACHEM, Daniel Wunder (Coord.). **Globalização, direitos fundamentais e Direito Administrativo**: novas perspectivas para o desenvolvimento econômico e socioambiental. Belo Horizonte: Fórum, 2011. p. 295-296.

espaço urbano e à preservação da paisagem da cidade. Isto é, deve haver uma preocupação com critérios de valoração dos empreendimentos a serem realizados, com base no bom equilíbrio entre a funcionalidade do que se pretende implantar aliado à plasticidade do cenário urbano, sob pena de se criar um espaço economicamente interessante, mas visualmente desagradável. Isso porque se reconhece que a função estética da paisagem urbana deve ser levada em conta pela Administração nas suas intervenções urbanísticas. Sobre o tema, Rodolfo de Camargo Mancuso afirma inexistir dúvida de que haja um interesse à preservação da "estética urbana".[16]

Em suma, para que esteja substancialmente legitimada a doação, necessária a verificação de que tal alienação está direcionada ao fomento de atividades econômicas na região, ao atendimento de interesses locais (obras de infraestrutura, geração de empregos), reconstrução racional do espaço urbano etc.

Além disso, importante destacar outro fundamento chave que pode nortear a doação com encargo de bem imóvel público: a busca pela implementação de uma política pública urbana pautada no desenvolvimento sustentável. Isto é, deverá ser fiscalizado, e inclusive deverá ser critério utilizado na licitação a se realizar, o cumprimento das exigências relativas ao desenvolvimento sustentável da região do imóvel, ou seja, um desenvolvimento capaz de suprir as necessidades da geração atual, sem comprometer a capacidade de atender demandas futuras, um desenvolvimento que não esgota os recursos para o futuro.

Vale destaque à lição de Thiago Marrara, para quem o desenvolvimento urbano demanda uma gestão do uso do domínio urbano que se coadune com a diretriz constitucional do acesso à propriedade urbana e à proteção do meio ambiente. Aqui, a ideia de desenvolvimento sustentável ganha evidência, pois já se fala em desenvolvimento urbano sustentável, um processo do qual a gestão do domínio urbano, dos bens públicos, é parte. E a adoção de um "padrão de um desenvolvimento sustentável" tem como efeitos a demanda por novas técnicas de gestão do espaço urbano.[17]

Essa noção de desenvolvimento sustentável,[18] como conceito sistêmico, que incorpora aspectos de desenvolvimento ambiental, foi

---

[16] MANCUSO, Rodolfo de Camargo. Aspectos jurídicos da chamada pichação e sobre a utilização da ação civil pública para tutela do interesse difuso à proteção da estética urbana. **Revista dos Tribunais**, São Paulo, v. 81, n. 679, p. 69. 1992.

[17] MARRARA, Thiago. **Bens públicos: domínio urbano: infra-estrutura**. Belo Horizonte: Fórum, 2007. p. 225-226.

[18] "A defesa do meio ambiente passa a fazer parte do desenvolvimento nacional (arts. 170 e 3º). Pretende-se um desenvolvimento ambiental, um desenvolvimento econômico, um

delineada em relatório elaborado pela Comissão Mundial sobre Meio Ambiente e Desenvolvimento, criado pela Assembleia das Nações Unidas, nos seguintes termos:

O desenvolvimento que procura satisfazer as necessidades da geração atual, sem comprometer a capacidade das gerações futuras de satisfazerem as suas próprias necessidades, significa possibilitar que as pessoas, agora e no futuro, atinjam um nível satisfatório de desenvolvimento social e econômico e de realização humana e cultural, fazendo, ao mesmo tempo, um uso razoável dos recursos da terra e preservando as espécies e os habitats naturais.[19]

Aqui cumpre reforçar o reconhecimento no direito brasileiro de um direito ao desenvolvimento, qualificado como direito fundamental decorrente, nos termos do §2º do art. 5º da Constituição da República. Antes disso, para Carla Abrantkoski Rister, é importante bem diferenciar o desenvolvimento do crescimento: este consiste na ocorrência de mudanças quantitativas, podendo ser associado a um surto, evento cíclico, fatores exógenos etc. O desenvolvimento, por outro lado, consiste na mudança estrutural e qualitativa de uma realidade socioeconômica, pressupondo alterações não momentâneas, mas de fundo, que irão conferir a esse processo a característica de sustentabilidade, "entendida como a capacidade de manutenção das condições de melhoria econômica e social e de continuidade do processo".[20] Ou seja, não se pode aceitar a existência lógica de um binômio desenvolvimento sustentável ou "não sustentável". A sustentabilidade é característica *sine qua non* do desenvolvimento.

Poderá figurar como encargo à doação do imóvel público, portanto, que as futuras instalações atendam não só interesses econômicos da região, como também deverão exercer papel estratégico em prol do desenvolvimento sustentável da região, em razão do objetivo do Poder Público de implantar uma gestão ambientalmente responsável da expansão urbana do Município, inserida em uma política de conciliação

---

desenvolvimento social. É preciso integrá-los no que se passou a chamar de desenvolvimento sustentado". In: MACHADO, Paulo Afonso Leme. **Direito Ambiental Brasileiro.** 19. ed. São Paulo: Malheiros, 2011. p. 160.

[19] Definição constante no Relatório Brundtland, documento intitulado Nosso Futuro Comum (*Our Common Future*), publicado em 1987. Disponível em A21 - Desenvolvimento Sustentável - C.M. Amadora. Disponível em: <www.cm-amadora.pt>. Acesso em: 12 de janeiro de 2012.

[20] RISTER, Carla Abrantkoski. **Direito ao desenvolvimento: antecedentes, significados e consequências.** Rio de Janeiro: Renovar, 2007. p. 36.

entre crescimento econômico e a consciência ecológica. Enfim, o aspecto ambiental será fundamental no *modus operandi* do Poder Público. Aliás, um bom exemplo de encargo em doações onerosas é que uma parcela da área seja preservada e transformada em um parque, além da devida realização do Estudo de Impacto Ambiental relativo ao tipo de ocupação que se propõe para ser realizada na área.

Nesse aspecto, cabe aqui mencionar que a licitação a ser realizada para escolha da melhor proposta para exploração do imóvel a ser doado (tema adiante melhor tratado), a que seja mais vantajosa aos interesses da região, cumprirá importante função: o papel de, por si só, contribuir para o desenvolvimento local. Isso, lembre-se, consta no próprio texto da Lei Federal nº 8.666/93, que assim dispõe:

> Art. 3º A licitação destina-se a garantir a observância do princípio constitucional da isonomia, a seleção da proposta mais vantajosa para a administração e a promoção do desenvolvimento nacional sustentável e será processada e julgada em estrita conformidade com os princípios básicos da legalidade, da impessoalidade, da moralidade, da igualdade, da publicidade, da probidade administrativa, da vinculação ao instrumento convocatório, do julgamento objetivo e dos que lhes são correlatos. (Redação dada pela Lei nº 12.349, de 2010)

Interpretando essa questão, importante transcrever a lição de Daniel Ferreira, que explica a "função social da licitação":

> Destarte, o que antes se aludiu como um fim remoto, indireto, mediato da licitação (a promoção do desenvolvimento nacional, antes da MP nº 495 e "apenas" com lastro na Constituição) não mais assim se revela, passando ele a integrar o "novo" e cada vez "mais complexo" interesse público objetiva e primariamente perseguido pela licitação. [...] O que não se pode mais é negar a existência — e mesmo a exigibilidade — de "função social" para as licitações públicas, porque o ordenamento jurídico pátrio vem literal e paulatinamente dizendo em contrário. Basta conferir. E mesmo que não fosse assim, a "função social" da licitação voltada para o desenvolvimento nacional sustentável deve ser reconhecida como imanente ao regular exercício da função administrativa, que tem por escopo a satisfação concreta dos interesses públicos, como previstos na Constituição e nas leis, e em regime de concomitância (sempre que possível), em qualquer estado democrático e republicano, tal qual o Brasil.[21]

---

[21] FERREIRA, Daniel. Função social da licitação pública: o desenvolvimento nacional sustentável (no e do Brasil, antes e depois da MP nº 495/2010). **Fórum de Contratação e Gestão Pública**, Belo Horizonte, n. 107, ano 9, Novembro de 2010. Disponível em: <http://www.bidforum.com.br/bid/PDI0006.aspx?pdiCntd=70303>. Acesso em: 28 de abril de 2011.

Enfim, além de poder estipular como encargo à doação a destinação de determinado potencial da área total para a criação de parques e áreas de preservação ambiental, o próprio certame que precederá o trespasse da propriedade poderá ser utilizado como importante instrumento de realização da função social da licitação em relação ao desenvolvimento sustentável.

Isso porque o procedimento licitatório e a fixação dos encargos, conjuntamente, poderão priorizar projetos de implantação de empreendimentos ambiental e economicamente sustentáveis, a implantação de uma política de sustentabilidade para geração e aproveitamento de energia, como o gerenciamento de resíduos sólidos, reaproveitamento de água, transporte que limite a emissão de poluentes e promova a eficiência energética na área do empreendimento etc. Inclusive, há posições doutrinárias que sustentam que a função social da propriedade no contexto urbano só será atendido se, concomitantemente, forem observados alguns requisitos, tais como o planejamento aliado à distribuição espacial da população e das atividades econômicas, o direito ao saneamento básico, o controle da poluição através da regulação do uso do solo, bem como a proteção, preservação e recuperação do meio ambiente, englobando o natural, construído e o cultural.[22]

Além disso, o interesse público pode ser atendido com a atração de empresas criativas, em áreas como cinema, música, conteúdo digital, tecnologia da informação, serviços especializados, distritos industriais, com encargos de edificação e funcionamento de indústrias, visando oferecer empregos à população local, desenvolvimento da atividade econômica, propiciando aumento da arrecadação tributária etc. Da mesma forma, é comum a doação de áreas públicas a instituições filantrópicas, de caridade, assistenciais ou de benemerência, assim como para associações destinadas a portadores de deficiência, ou organizações não governamentais voltadas a algum objetivo de interesse público.

Destarte, viu-se que a doação onerosa de um imóvel público com potencial econômico, além de política urbana concretizadora da função social da propriedade pública, traduz também instrumento de poder imensurável em se tratando de fomento à infraestrutura das cidades. Nesse breve apanhado aqui feito, citaram-se exemplos de maneiras de como tal expediente pode trazer à população e ao Estado benefícios em todos os tipos básicos de infraestruturas, na classificação

---

[22] MACHADO, Paulo Afonso Leme. **Direito Ambiental Brasileiro...**, p. 415.

de Thiago Marrara, quais sejam: infraestrutura energética, logística, social e ambiental.[23]

Portanto, por meio da doação onerosa, poder-se-á possibilitar a instalação de uma grande usina de energia eólica, condicionada a investimentos nas rodovias da região, o que certamente impactará em melhora na prestação de serviços, além de se tratar de fonte de energia indiscutivelmente sustentável e ambientalmente apropriada. Isso para citar um exemplo em que as quatro modalidades de infraestrutura poderiam ser atendidas em uma única utilização do instituto.

Assim, ainda que brevemente, mostra-se suficientemente tratado o aspecto substancial relativo à doação, pelo que merece referência também a questão concernente aos seus aspectos formais. Sobre tais, Maria Sylvia Zanella Di Pietro alerta para o fato de que "para serem alienados pelos métodos de direito privado [como é a doação], têm de ser previamente desafetados, ou seja, passar para a categoria de bens dominicais, pela perda de sua destinação pública".[24]

Isto é, passo primeiro a ser verificado é a existência (ou não) de afetação do bem imóvel a alguma destinação pública específica, e, em caso positivo, deverá ser o mesmo desafetado expressamente em lei. Essa desconsagração de um bem do seu destino, como descreve Sílvio Luís Ferreira da Rocha, advém de um juízo de valor da Administração Pública, ao avaliar como "desinteressante para o atendimento de fins públicos o recurso àquele bem", possibilitando então a alienação do mesmo para determinado particular.[25]

Ademais, Edmir Netto de Araújo, sobre o que chama de "doação condicionada", lembra que deve a mesma ser precedida de avaliação prévia, autorização legislativa, estipulação de encargos, com cláusulas de prazo de cumprimento e de reversão em caso de desvirtuamento do fim específico.[26]

Dito isso, extrai-se a necessidade de todo um itinerário a ser cumprido para fins de concretização dessa opção administrativa, do ponto de vista formal. Dentre essas etapas, destaca-se a necessidade

---

[23] MARRARA, Thiago. Regulação sustentável de infraestruturas. **Revista Brasileira de Infraestrutura – RBINF...**, p. 96.

[24] PIETRO, Maria Sylvia Zanella Di. **Direito administrativo**. 23. ed. São Paulo: Atlas, 2009. p. 684-685.

[25] ROCHA, Sílvio Luís Ferreira da. **Função social da propriedade pública**. São Paulo: Malheiros, 2005. p. 56.

[26] ARAÚJO, Edmir Netto de. **Curso de direito administrativo**. 4. ed. São Paulo: Saraiva, 2009. p. 1136.

de autorização legislativa, ou seja, de lei específica a autorizar o Poder Executivo municipal a realizar a doação com encargo.

Dever-se-á, por óbvio, observar a legislação vigente para elaboração dessa lei autorizativa, como eventuais leis estaduais e/ou municipais no que dispuserem sobre o procedimento para alienação dos bens (de forma genérica), e no que houver de especificidade em relação ao instituto da doação com encargo. As disposições previstas na Lei nº 8.666/93, Lei Complementar nº 101/00, e demais diplomas aplicáveis ao caso também deverão ter seus pressupostos observados quando da elaboração da referida lei.

Não obstante, será cabível a edição de um Decreto Regulamentar dispondo sobre a operacionalização da alienação, prevendo o procedimento de escolha da proposta de empreendimento (licitação), condições da doação, e demais questões necessárias para concretizar a autorização feita pela lei anteriormente mencionada. A correta consolidação da opção administrativa pela doação dependerá de uma ponderada regulamentação, que englobe desde os procedimentos preparatórios, até o registro de imóvel ao vencedor do certame e a fiscalização.

Será necessário, também, realizar uma avaliação do bem, conforme previsão expressa na legislação municipal ou estadual (normatização esta que, como se verá a seguir, tem correspondência nas exigências da própria Lei de Licitações e Contratos da União Federal). Tal avaliação poderá se dar internamente, isto é, realizada pelo próprio Poder Público (com a designação de servidores qualificados para tanto), ou por intermédio de contratação de serviços de consultoria. Enfim, o objetivo principal dessa etapa é a delimitação correta da área, das características, da viabilidade do empreendimento que se pretende instalar, estabelecimento fundamentado de um valor equivalente à doação etc. Importante destacar, nesse aspecto específico, que a doação poderá ser anulada pelo Poder Judiciário, se provocado, caso a mesma não seja devidamente realizada. A esse respeito, cite-se como exemplo o seguinte julgado:

> DIREITO PROCESSUAL CIVIL. CONSTITUCIONAL E ADMINIS-TRATIVO. APELAÇÃO. AÇÃO POPULAR. DOAÇÃO DE IMÓVEL PÚBLICO À ASSOCIAÇÃO DE DIREITO PRIVADO. LEI ORGÂNICA MUNICIPAL. DESTINAÇÃO DO BEM. PRÉVIA AVALIAÇÃO. AUSÊNCIA. ATO IMOTIVADO. ILEGALIDADE E LESIVIDADE DEMONSTRADAS. PREJUÍZO PATRIMONIAL INEQUÍVOCO. SENTENÇA MANTIDA. I - A constituição Federal, em seu art. 5º, LXXIII, assegura a qualquer cidadão legitimidade para propor ação popular que vise à anulação de ato lesivo ao patrimônio público ou de entidade de

que o Estado participe. II - *A Administração pode fazer doação de bens públicos, mas tal possibilidade deve ser tida como excepcional e atender a interesse público cumpridamente demonstrado. Qualquer violação a tais pressupostos espelha conduta ilegal e dilapidatória do patrimônio público.* III - No caso concreto, os requisitos exigidos pela Lei Orgânica do Município de Turiaçu para a doação do imóvel em questão, quais sejam, avaliação prévia e interesse público justificado, não foram preenchidos, razão por que deve ser mantida a sentença de primeiro grau que declarou a nulidade do ato pleiteada pelo autor popular. IV - Recurso desprovido. (TJMA – 2ª Câmara Cível – Apelação Cível nº 34.851/2010 – Turiaçu – Rel. Marcelo Carvalho Silva – Unânime – Data de Julgamento: 25.01.2011 – Data de Registro: 27.01.11)

Importante que nessa etapa se observe se será necessário algum tipo de alteração legal relativa ao planejamento e gestão urbana. Em síntese, será imprescindível verificar a adequação entre a forma que se pretende explorar o imóvel e as normas relativas ao zoneamento urbano da cidade. Se se trata de uma ZC1A (Zona Mista com Predominância de Comércio e Serviços de Baixa Densidade), por exemplo, toda a ocupação a ser realizada no imóvel deverá, portanto, observar os limites que tal definição implica.

Outrossim, poderá o ente público, além da simples doação com encargo, conceder benefícios fiscais para garantir o atingimento dos objetivos visados por essa operação (desenvolvimento da região, sustentabilidade, investimento em infraestrutura, mobilidade urbana etc.). Os incentivos fiscais, por certo, são admitidos no direito brasileiro como concretização da chamada extrafiscalidade, isto é, e na dicção de Hely Lopes Meirelles, permite-se a utilização do tributo como fomento de atividade reputada conveniente à comunidade: é ato de política fiscal que, a partir de uma menor imposição tributária (ou maior, se for o caso), visa ao atingimento do interesse público.[27] Ou seja, o Estado poderá intervir na economia local de forma indutiva, para que haja o substancial aumento da infraestrutura, inerentes a obras e serviços. Essas normas não contêm comportamentos cogentes, apenas "seduzem" os entes privados a ingressarem em determinado setor ou região com atividade econômica e serviços públicos.[28]

Todavia, essa política de incentivo fiscal deverá ser direcionada a resultados concretos em prol do interesse público. É dizer, não poderá

---

[27] MEIRELLES, Hely Lopes. **Direito municipal brasileiro**..., p. 199.
[28] GRAU, Eros Roberto. **A Ordem Econômica na Constituição de 1988**..., p. 148-149.

implicar em renúncia de receita ilegítima, vedada pela Lei Complementar nº 101/2000. A esse respeito, tal diploma legal, em seu artigo 14, define renúncia de receita como a dispensa de arrecadação pela Fazenda Pública, decorrente de anistia, remissão, subsídio, crédito presumido, concessão de isenção em caráter não geral, alteração de alíquota ou modificação de base de cálculo que implique redução discriminada de tributos ou contribuições, ou outra forma de se conceder benefícios de maneira que se atribua tratamento diferenciado.

Nessa esteira, para que benefícios fiscais sejam concedidos à empresa que assumirá os encargos da doação, a Lei de Responsabilidade Fiscal também deverá ser adequadamente observada, pois, como bem leciona Antônio Flávio de Oliveira, a "legitimidade da renúncia de receita", a ser fiscalizada pelos órgãos competentes, estabelece a necessidade de que esta seja motivada por uma finalidade pública, e, consequentemente, deverá ser devidamente justificada, com a demonstração de que se trata de objetivo que coaduna com o interesse da coletividade, isto é, de renúncia de receita legítima.[29] A renúncia fiscal, portanto, só pode se dar com o intuito de incentivar o desenvolvimento de determinados setores da economia, gerando importantes reflexos financeiros e sociais para o desenvolvimento do Estado.[30]

As condições dessa concessão de incentivos, por óbvio, deverão ser fixadas em lei. Aliás, não raramente se veem leis que, concomitantemente, autorizam ao Poder Executivo conceder incentivos fiscais e efetuar a outorga de doação com encargos de imóvel público (bem público dominical), a determinada empresa, fixando, como finalidade

---

[29] OLIVEIRA, Antônio Flávio de. Questões polêmicas sobre renúncia de receita na Lei de Responsabilidade Fiscal. **Fórum de Contratação e Gestão Pública**, Belo Horizonte, n. 93, ano 8, Setembro de 2009. Disponível em: <http://www.bidforum.com.br/bid/PDI0006.aspx?pdiCntd=62592>. Acesso em: 29 de abril de 2011.

[30] *Vide*, por exemplo, decisão proferida pelo Tribunal Regional Federal da 4ª Região, assim ementada: "EMENTA: TRIBUTÁRIO. CRÉDITO PRESUMIDO DE ICMS. EXCLUSÃO DA BASE DE CÁLCULO DAS CONTRIBUIÇÕES PIS E COFINS. RENÚNCIA FISCAL. 1. Os créditos presumidos de ICMS, concedidos pelos Estados-Membros, não constituem receita ou faturamento da empresa, base de cálculo das contribuições PIS e COFINS, nos termos do disposto no art. 195, inciso I, alínea "b", da Constituição Federal, mas verdadeira renúncia fiscal, com o intuito de incentivar o desenvolvimento de determinados setores da economia, gerando importantes reflexos financeiros e sociais para o desenvolvimento do Estado. 2. Admitir-se que tal subsídio ou subvenção sirva de base de cálculo para as contribuições PIS e COFINS, seria o mesmo que admitir a interferência da União na competência tributária privativa dos Estados, limitando a eficácia de benefícios fiscais por eles concedidos, importando em ofensa ao princípio federativo. 3. Sentença mantida. (TRF4, 2ª Turma, APELREEX nº 2007.70.00.025868-1 – Curitiba – Rel. Otávio Roberto Pamplona – Unânime – Data de Julgamento: 20.10.2009 – Data de Publicação: 18.11.2009)".

específica, o desenvolvimento socioeconômico, a realização de investimentos em infraestrutura etc.

Finalizada a questão que precede a doação em si, vale destacar que após a perfectibilização do ato administrativo complexo que é doar o bem público, incumbirá ao Poder Público verificar o adimplemento dos encargos impostos na doação. Isto é, deverá haver uma efetiva fiscalização em relação ao cumprimento das obrigações constantes no termo de doação com encargo. Para tanto, será necessário, por exemplo, a instituição de uma Comissão para realização de inspeção, vistorias no imóvel para que se garanta o implemento das condições que condicionaram a doação. Caso contrário, estará o Poder Público autorizado a revogar a doação e a proceder à reversão do bem. Confirmando esse entendimento, cite-se o seguinte julgado que bem ilustra o acima afirmado:

> ADMINISTRATIVO. Bragança Paulista. *Doação de imóvel pertencente ao Município para instalação de indústria, com vistas ao desenvolvimento econômico, fundado no interesse público. Inexecução dos encargos pela donatária. Reversão do bem ao patrimônio público, revogada a doação.* Previsão em lei. Ação procedente. Recurso desprovido. (TJSP – 6ª Câmara de Direito Público – Apelação nº 990.10.018829-1 – Bragança Paulista – Rel. Oliveira Santos – Unânime – Data do julgamento: 10.05.2010; Data de registro: 17.05.2010)

Com efeito, verifica-se, então, que o Poder Público não abdica de quaisquer ônus a partir do momento em que se efetiva a doação de determinado bem de seu patrimônio. Ao contrário, deverá fiscalizar o cumprimento dos requisitos exigidos, inclusive porque tal prerrogativa é inerente ao seu regime jurídico. De todo modo, importante lembrar que a doação onerosa de imóvel público ao particular somente se perfectibiliza com o atendimento das condições fixadas na respectiva escritura pública, sendo que inocorrência em relação a elas nenhum direito gera ao donatário quanto ao objeto da doação, bem como suspensos se encontram os prazos de prescrição que podem ocorrer na questão. Não se pode cogitar nem mesmo que o silêncio do ente público com relação ao atendimento dos encargos caracterize, de alguma forma, a sua renúncia ao mesmo, por se tratar de ato vinculado, cuja alteração exige a presença de autorização para tanto.

3 Doação com encargo e dever de licitar

Feitas todas essas observações, cabe aqui, por fim, traçar algumas questões acerca da necessidade de licitação para concretização da doação com encargos em tela. Tema esse que, embora aparentemente resolvido pela legislação vigente, merece algumas considerações. A normatização da matéria reside, basicamente, no disposto no artigo 17, parágrafo 4º, da Lei nº 8.666/93. Fixa o dispositivo:

> Art. 17. A alienação de bens da Administração Pública, subordinada à existência de interesse público devidamente justificado, será precedida de avaliação e obedecerá às seguintes normas:
>
> I - quando imóveis, dependerá de autorização legislativa para órgãos da administração direta e entidades autárquicas e fundacionais, e, para todos, inclusive as entidades paraestatais, dependerá de avaliação prévia e de licitação na modalidade de concorrência, dispensada esta nos seguintes casos: [...]
>
> §4º. A doação com encargo será licitada e de seu instrumento constarão, obrigatoriamente os encargos, o prazo de seu cumprimento e cláusula de reversão, sob pena de nulidade do ato, *sendo dispensada a licitação no caso de interesse público devidamente justificado*; (Redação dada pela Lei nº 8.883, de 1994)

Ainda que clara a permissão para dispensa de licitação, importante destacar que a expressão "relevante interesse público" é dotada de fluidez, e a sua demonstração, via de regra, pode implicar em contestações populares ou mesmo do Ministério Público. Por essas razões, no caso de doação com encargo, uma leitura sistêmica da lei com o texto constitucional leva à conclusão de que a dispensa só é autorizada em caso de demonstração de relevante interesse público, o que é difícil de conceituar, e, consequentemente, de comprovar. Sobre isso, Ivan Barbosa Rigolin fala até em prova documental de interesse público para que sustente uma dispensa de licitação em caso esse:

> Dentre tais condições é praticamente uniforme a previsão legislativa de que a doação de imóveis pela Administração pública a particulares deve ser precedida por lei autorizativa específica, licitação e contrato, sendo esse último a própria escritura por instrumento público, da qual deve figurar obrigatoriamente — essa costuma ser a regra local — ou todo o texto da lei ou ao menos os obrigatórios encargos do donatário. É regra pacificamente adotada a de que não pode haver doação de imóveis públicos sem a previsão de encargos de interesse público a serem cumpridos pelo donatário em prazo predeterminado em lei, pena de reversão ou retrocessão do bem ao poder público. A licitação, por sua vez, é amiúde dispensada na lei local disciplinadora, quando o interesse público puder ser documentalmente justificado na doação a entidade que vá desempenhar atividade de interesse da coletividade.

A escritura pública de doação, prevista no Código Civil, art. 541, é o instrumento pelo qual alguém se torna donatário, aperfeiçoando-se a doação de imóvel público com o cumprimento integral dos encargos pelo donatário.[31]

Dito isso, torna-se imperiosa a conclusão de que a realização de licitação se mostra como uma dupla garantia: de um lado garante-se a legalidade do procedimento, evitando-se eventuais contestações por parte do Ministério Público, por exemplo; de outro, garante-se que, por meio de uma seleção isonômica, a partir de uma concorrência pública, possa-se escolher um projeto que, de fato, seja o mais vantajoso ao interesse público e ao desenvolvimento econômico e urbano do local.

Nesse segundo aspecto, vale dizer que a exigência de licitação para a realização de negócios com os particulares, de uma maneira geral, não traduz apenas o desejo estatal de obter o melhor produto ou serviço com menores ônus. Implica, também, a obrigação de oferecer aos particulares, que se dispõem a fornecer o bem ou serviço, a oportunidade de disputar em igualdade de condições.

De todo modo, a possibilidade de dispensa de licitação vem sendo utilizada. Todavia, é longa a discussão acerca do tema (o que, inclusive, milita em favor da conclusão pela necessidade de licitação). Veja-se o seguinte julgado, que reconheceu a licitude de doação com encargo sem prévia licitação:

> APELAÇÃO CÍVEL. AÇÃO COMINATÓRIA. DOAÇÃO DE IMÓVEL PÚBLICO À PARTICULAR. OUTORGA DE ESCRITURA PÚBLICA. ENCARGOS CUMPRIDOS. SENTENÇA DE IMPROCEDÊNCIA AO ARGUMENTO DE NÃO TER SIDO OBSERVADO PROCESSO LICITATÓRIO. DOAÇÃO FUNDADA EM INTERESSE PÚBLICO JUSTIFICADO. POSSIBILIDADE DE DISPENSA DA LICITAÇÃO. OUTORGA DE ESCRITURA PÚBLICA DEVIDA. RECURSO PROVIDO. *A doação de bem público, através de lei específica, à empresa privada para atrair sua instalação, refletindo no incremento da economia e na melhoria das condições sociais, atende ao interesse público.* Verificado o cumprimento dos encargos, bem como o incremento no recolhimento de impostos e aumento das vagas no mercado de trabalho, *é possível a doação do imóvel sem prévia licitação.* (TJSC – 2ª Câmara de Direito Público – Apelação Cível nº 2006.038515-7 – Herval D'Oeste – Rel. Ricardo Roesler – Unânime – Data de julgamento: 16.02.2009 – Data de Publicação: 20.02.2009)

---

[31] RIGOLIN, Ivan Barbosa. Concessão, Permissão, Autorização, Cessão e Doação. Quais São as Diferenças? (Conclusão). **Fórum de Contratação e Gestão Pública**, Belo Horizonte, n. 35, ano 3, Novembro de 2004. Disponível em: <http://www.bidforum.com.br/bid/PDI0006.aspx?pdiCntd=9479>. Acesso em: 28 de abril de 2011.

Não bastasse isso, segundo Lucas Rocha Furtado, o artigo 24 da Lei de Licitações prevê as hipóteses em que a licitação é dispensável. Para o autor, ali foram "indicadas, de forma exaustiva, situações que legitimam a contratação direta sem licitação. As hipóteses previstas neste dispositivo não podem ser aumentadas pelo administrador".[32] Portanto, considerando que se trata de exceção, mesmo que se adote a dispensa, dever-se-á utilizar algum dos casos expressamente previstos na legislação pertinente.

Contudo, em que pese se tratar de alternativa jurídica válida, mostra-se também dotada de risco, pois o conteúdo do interesse público relevante é algo ambíguo e pode implicar em contestações populares ou mesmo do Ministério Público. Nessa toada, o Poder Judiciário já anulou doação feita sem licitação, seja sob o fundamento de "ausência de interesse público", seja por entender que só pode ser o certame dispensado quando a doação se der em favor da própria Administração:

> APELAÇÃO CÍVEL. AÇÃO ORDINÁRIA PARA OUTORGA DE ESCRITURA PÚBLICA. DOAÇÃO DE BEM PÚBLICO A PARTICULAR SEM PRÉVIA LICITAÇÃO. IMPOSSIBILIDADE. ATO NULO. INEXISTÊNCIA DA ALEGADA DOAÇÃO COM ENCARGO. AUSÊNCIA DE INTERESSE PÚBLICO. VIOLAÇÃO AOS PRINCÍPIOS DA MORALIDADE, IMPESSOALIDADE E DA RAZOABILIDADE. DECISÃO MANTIDA. RECURSO DESPROVIDO. (TJPR – 4ª C.Cível – Apelação Cível nº 406415-3 – São Miguel do Iguaçu – Rel. Maria Aparecida Blanco de Lima – Unânime – Data de Julgamento: 09.10.2007, Data da Publicação 26.10.2007)
>
> AGRAVO DE INSTRUMENTO DOAÇÃO DE BEM PÚBLICO A PARTICULAR SEM PRÉVIA LICITAÇÃO – IMPOSSIBILIDADE – ATO NULO – DECISÃO MANTIDA – RECURSO IMPROVIDO. 1 - O ato de doação de bens públicos a particular deve, necessariamente, ser precedido de licitação na modalidade concorrência, sendo dispensada, nos casos de doação, permitida exclusivamente para outro órgão ou entidade da Administração Pública, de qualquer esfera do governo. Decisão mantida. 2 - Recurso improvido. (TJES – 2ª Câmara Cível – Agravo de Instrumento nº 048059000421 – Serra – Rel. Alinaldo Faria De Souza – Unânime – Data de Julgamento: 24.01.2006, Data da Publicação: 02.03.2006)

Além disso, e para finalizar esse ponto, importante frisar, assim como faz Luciano Ferraz, a possibilidade de dispensa de licitação para

---

[32] FURTADO, Lucas Rocha. **Curso de licitações e contratos administrativos**. Belo Horizonte: Fórum, 2007. p. 70-71.

fins de concretização de uma doação com encargos a partir da compro-vação de interesse público é, em leitura simples e objetiva, indiscutível. Porém, além da justificativa substancial (interesse público), baseada na atração de investimentos, aumento de receita tributária e incremento na oferta de empregos, lembra o autor que há de ser demonstrada a conveniência de a Administração não realizar a licitação.[33]

4 Conclusão

A discussão apresentada neste estudo acerca da utilização da alienação com encargo no âmbito de políticas urbanas municipais, sobretudo em função do seu uso em detrimento de outros instru-mentos previstos nas normas urbanísticas, permite considerar que a Administração pode fazer doação onerosa de bens públicos, porém, tal faculdade deve ser tida como excepcional e atender ao interesse público compridamente demonstrado, mormente como instrumento de fomento a investimento em infraestrutura e concretização do direito ao desenvolvimento.

O ente público interessado deve observar, além do aspecto substancial (interesse público), os aspectos formais (estabelecimento de encargos, realização de licitação etc.) da operacionalização da doação onerosa. Qualquer violação a tais pressupostos espelha conduta ilegal e dilapidatória do patrimônio público. Embora não haja proibição cons-titucional para a doação de bens públicos, a Administração deve ter a *expertise* de, no caso concreto, substituí-la, se for o caso, pela concessão de direito real de uso, instituto pelo qual não há perda patrimonial no domínio estatal, ou outro instrumento urbanístico mais adequado às circunstâncias fáticas. Pode ocorrer que a legislação de determinada pessoa de direito público proíba a doação de bens públicos em qual-quer hipótese. Se tal ocorrer, deve o administrador observar a vedação instruída para os bens daquela pessoa específica.

De todo modo, em não havendo impedimento legal e sendo viável, conveniente e oportuno, são requisitos para a doação de bens públicos: a) autorização legal; b) avaliação prévia; c) interesse público justificado.

Ademais, evidente que não observado pela Administração o disposto na legislação vigente, com a realização de doação em benesse imerecida, em violação aos princípios da isonomia, da moralidade e da

---

[33] FERRAZ, Luciano. **Direito municipal aplicado**. Belo Horizonte: Fórum, 2009. p. 292-293.

impessoalidade, poder-se-á buscar a anulação do ato, restabelecendo o *statu quo ante* (propriedade do bem). Vale lembrar que os bens e os interesses públicos não se encontram entregues à livre disposição da vontade do gestor, cujo dever é administrá-los nos termos da finalidade legal a que estão adstritos.

Enfim, conclui-se pela viabilidade jurídica e conveniência de realização de doação com encargo, precedida de concorrência pública — como regra, de bem público imóvel, porém dispensada em certas circunstâncias, como visto acima. Trata-se da forma de proceder mais aconselhável para diversos casos, cabendo ao gestor público essa avaliação.

Conforme os demais procedimentos anteriormente menciona-dos, certamente o ente público terá em determinadas situações mais segurança sobre a juridicidade e legitimidade da opção administrativa relativa à realização da política pública referida ao imóvel, tanto em seu aspecto substancial (demonstração do interesse público concretizado), quanto em seu aspecto formal (autorização legislativa, ato administra-tivo regulamentador, estabelecimento de encargos, avaliação prévia, realização de concorrência pública e fiscalização executória).

Relembre-se, entretanto, que tal instrumento jurídico deve ser utilizado com a finalidade precípua de atender ao interesse público, compreendendo o desenvolvimento econômico, social e ambiental, visando o atendimento aos fundamentos (art. 1º e incisos, da Constitui-ção) e os objetivos da República Federativa do Brasil (art. 3º e incisos, da Constituição).

Referências

ARAÚJO, Edmir Netto de. **Curso de direito administrativo**. 4. ed. São Paulo: Saraiva, 2009.

CAMARGO, Juliana Werneck de. **O IPTU como instrumento de atuação urbanística**. Belo Horizonte: Fórum: 2008.

CARVALHO FILHO, José dos Santos. **Manual de direito administrativo**. 21. ed. Rio de Janeiro: Lumen Juris, 2009.

CARVALHO, Paulo Pires; OLIVEIRA, Aluísio Pires de. **Estatuto da Cidade**: anotações à Lei 10.257, de 10 de julho de 2001. Curitiba: Juruá, 2003.

FERRARI, Regina Maria Macedo Nery. **Direito municipal**. 2. ed. São Paulo: Revista dos Tribunais, 2005.

FERRAZ, Luciano. **Direito municipal aplicado**. Belo Horizonte: Fórum, 2009. p. 292-293.

FERREIRA, Daniel. Função social da licitação pública: o desenvolvimento nacional sustentável (no e do Brasil, antes e depois da MP nº 495/2010). **Fórum de Contratação e Gestão Pública**, Belo Horizonte, n. 107, ano 9, Novembro de 2010. Disponível em: <http://www.bidforum.com.br/bid/PDI0006.aspx?pdiCntd=70303>. Acesso em: 28 de abril de 2011.

FURTADO, Lucas Rocha. **Curso de licitações e contratos administrativos**. Belo Horizonte: Fórum, 2007.

GONÇALVES, Carlos Roberto. **Direito civil brasileiro**. v. 3. Contratos e atos unilaterais. 7. ed. São Paulo: Saraiva, 2010.

GRAU, Eros Roberto. **A Ordem Econômica na Constituição de 1988**. 14 ed. São Paulo: Malheiros, 2010.

LEAL, Rogério Gesta. **Direito urbanístico**: condições e possibilidades da constituição do espaço urbano. Rio de Janeiro: Renovar, 2003.

MACHADO, Paulo Afonso Leme. **Direito Ambiental Brasileiro**. 19 ed. São Paulo: Malheiros, 2011.

MANCUSO, Rodolfo de Camargo. Aspectos jurídicos da chamada pichação e sobre a utilização da ação civil pública para tutela do interesse difuso à proteção da estética urbana. **Revista dos Tribunais**, São Paulo, v. 81, n. 679, p. 69, 1992.

MARRARA, Thiago. **Bens públicos: domínio urbano: infra-estrutura**. Belo Horizonte: Fórum, 2007.

MATTOS, Liana Portilho. **A efetividade da função social da propriedade urbana à luz do estatuto da cidade**. Rio de Janeiro: Temas & Ideias Editora, 2003.

MEIRELLES, Hely Lopes. **Direito municipal brasileiro**. 16. ed. São Paulo: Malheiros, 2008.

OLIVEIRA, Antônio Flávio de. Questões polêmicas sobre renúncia de receita na Lei de Responsabilidade Fiscal. **Fórum de Contratação e Gestão Pública**. Belo Horizonte, n. 93, ano 8, Setembro de 2009. Disponível em: <http://www.bidforum.com.br/bid/PDI0006.aspx?pdiCntd=62592>. Acesso em: 29 de abril de 2011.

PIETRO, Maria Sylvia Zanella Di. **Direito administrativo**. 23. ed. São Paulo: Atlas, 2009.

RIGOLIN, Ivan Barbosa. Concessão, Permissão, Autorização, Cessão e Doação. Quais São as Diferenças? (Conclusão). *Fórum de Contratação e Gestão Pública Belo Horizonte*, n. 35, ano 3, Novembro de 2004. Disponível em: <http://www.bidforum.com.br/bid/PDI0006.aspx?pdiCntd=9479>. Acesso em: 28 de abril de 2011.

RISTER, Carla Abrantkoski. **Direito ao desenvolvimento**: antecedentes, significados e consequências. Rio de Janeiro: Renovar, 2007. p. 36.

ROCHA, Sílvio Luís Ferreira da. **Função social da propriedade pública**. São Paulo: Malheiros, 2005.

SARNO, Daniela Campos Libório Di. **Elementos de direito urbanístico**. Barueri: Manole, 2004.

SUNDFELD, Carlos Ari; CÂMARA, Jacintho de Arruda. Concessão de Direito real de uso de utilidade pública. **Revista de Direito Municipal**, Belo Horizonte, v. 11, n. 11, p. 14, p. 11-25, 2004.

TÁCITO, Caio. O direito de propriedade e o desenvolvimento urbano. In: **Temas de Direito Público**: Estudos e Pareceres. Rio de Janeiro: Renovar, 1997. v. 1.

TALLER, Adriana. El derecho urbano tiene vocación para habilitar el pleno ejercicio del derecho a la ciudad. In: BACELLAR FILHO, Romeu Felipe; GABARDO, Emerson; HACHEM, Daniel Wunder (Coord.). **Globalização, direitos fundamentais e Direito Administrativo**: novas perspectivas para o desenvolvimento econômico e socioambiental. Belo Horizonte: Fórum, 2011, p. 295-296.

VICHI, Bruno de Souza. **Política urbana**: sentido jurídico, competências e responsabilidades. Belo Horizonte: Fórum, 2007.

Informação bibliográfica deste texto, conforme a NBR 6023:2002 da Associação Brasileira de Normas Técnicas (ABNT):

ROCHA, Iggor Gomes. Doação onerosa de imóveis públicos: instrumento de política urbana e de fomento à infraestrutura. *In*: GONÇALVES, Guilherme de Salles; GABARDO, Emerson (Coord.). *Direito da Infraestrutura*: temas de organização do Estado, serviços públicos e intervenção administrativa. Belo Horizonte: Fórum, 2012. p. 73-96. ISBN: 978-85-7700-633-5.

CONCESSÃO DE SERVIÇO PÚBLICO E PARCERIA PÚBLICO-PRIVADA
DA GARANTIA AO EQUILÍBRIO ECONÔMICO-FINANCEIRO À PARTILHA CONTRATUAL DE RISCOS

IGGOR GOMES ROCHA

1 Introdução

O modelo de Estado contemporâneo tem passado por profundas transformações desde a crise do modelo do Estado do Bem-Estar Social. A partir do final do século XX, levantaram-se pelo mundo debates sobre os novos contornos e papéis do Estado. O movimento, por vezes intitulado "neoliberalizante", que se fortaleceu com os efeitos da globalização, ensejou a "superação" do modelo providencialista e ansiou pelo retorno do modelo econômico liberalizante do século XIX. Contudo, a hegemonia do culto extremado ao mercado encontra-se desacreditada, passando-se à revalorização do Estado como agente de incentivo, promoção e condução do desenvolvimento econômico e social. E, na medida em que a finalidade estatal contemporânea vem a se transformar-se em meio e instrumento indispensável para o desenvolvimento dos indivíduos e da sociedade, surgem novos modelos consensuais e novas formas contratuais no setor público. Trata-se, então, de uma nova dinâmica contratual pública, a qual não possui bases idênticas a dos modelos tradicionais do contrato administrativo e evidencia as mudanças que ocorrem no contratualismo administrativo clássico.[1]

Seguindo essa linha do tempo, a utilização do instrumento do contrato pela Administração Pública foi se tornando cada vez mais recorrente, ao ponto de doutrinadores chegarem a chamar o modelo estatal contemporâneo de Estado contratual. Isso porque, atualmente, a própria governança de um Estado está intimamente ligada à celebração de ajustes entre os entes públicos e, sobretudo, entre a Administração e os particulares.

Imersa nesse debate está a questão acerca da repartição dos riscos nos contratos firmados pela Administração Pública. A dogmática tradicional se limitava, em sua grande maioria, a identificar regras gerais e apriorísticas de partilha de risco, como aquela comumente empregada subdivisão entre as áleas ordinárias e extraordinárias, remediada a partir da garantia do equilíbrio econômico-financeiro.

Fato é que as relações jurídicas nas quais o Estado faz parte têm sofrido um inexorável processo de complexização, e, ao menos em primeiro momento reflexivo, percebe-se que o aumento exponencial nas modalidades de arranjos contratuais experimentados pela Administração Pública não foi acompanhada por uma atualização adequada dos modelos de distribuição e gerenciamento de riscos em tais contratos. Riscos esses, frise-se, cada vez maiores e cujo crescimento justifica-se, também, a partir do processo de complexização das relações jurídicas em que a Administração figura como contratante.

Necessário que se identifique quais as formas têm sido utilizadas — bem como aquelas ainda não devidamente utilizadas — para que se realize uma alocação e uma gestão adequada desses riscos, seja apenas remediando os danos deles decorrentes, ou a partir de um planejamento que os preveja. Enfim, há que se traçar um perfil dos mecanismos de alocação de riscos nos contratos públicos a partir de um viés descritivo dos principais modelos existentes (concessão comum de serviços públicos e parcerias público-privadas).

Será imprescindível, além disso, traçar um conceito jurídico operativo de risco para que se possa cumprir o objetivo proposto. Nesse quesito, há uma flagrante ausência no sistema jurídico pátrio da materialização de uma definição de risco. Há na legislação nacional diversas menções, em contextos distintos, aos riscos inerentes aos contratos

---

[1] OLIVEIRA, Gustavo Henrique Justino de. Parceria Público-Privada e Direito ao Desenvolvimento: uma abordagem necessária. Governet. **Boletim de Convênios e Parcerias**, v. 1, p. 76-95, 2011.

administrativos, entretanto, não há uma definição legal ou mesmo a estipulação de critérios normativos para a sua identificação. Tal empreitada fica a cargo da própria prática no direito contratual público, da jurisprudência, e, por óbvio, da doutrina.

E em estudo sobre o tema, Marcos Nóbrega identifica uma essência da noção de risco, que serve, a princípio, para continuarmos com as observações que seguem. Veja-se:

> A essência do risco, no entanto, é caracterizada por três aspectos fundamentais: o evento que significa a possível ocorrência de algo que poderia impactar o investimento; a probabilidade que significa a chance do evento de risco ocorrer em determinado período de tempo e, por fim, o impacto que corresponde ao valor financeiro resultante da incidência do risco.[2]

Além disso, o presente estudo se direciona à demonstração de que determinadas premissas do direito contratual público devem ser relidas, de modo que a identificação, a avaliação, a repartição e o monitoramento dos riscos atinentes aos contratos públicos sejam etapas sempre consideradas pela Administração.

De todo modo, a linha de raciocínio que se pretende seguir é, basicamente, temporal. A começar pelo instituto da concessão comum, cujas regras de distribuição de riscos são apriorísticas, será analisada a figura do equilíbrio econômico-financeiro, garantia legal de que o contratante privado, apesar de, em tese, prestar o serviço por sua conta e risco, terá para si mantida da equivalência entre as vantagens e os custos tal como calculados no momento de conclusão do contrato.

Em um segundo momento, será analisada a inovação legislativa trazida pelas parcerias público-privadas, contratos nos quais há mais espaço para autorregulação dos contratantes em matéria de alocação de riscos. Com isso, como se verá adiante, poder-se-ia dar mais dinâmica ao sistema — considerado estático — de assunção de riscos que vige nas concessões comuns.

Ao final, serão esboçadas conclusões a esse quadro problemático, baseadas, precipuamente, em uma nova interpretação dos institutos supramencionados.

---

[2] NÓBREGA, Marcos. Riscos em projetos de infraestrutura: incompletude contratual; concessões de serviço público e PPPs. **Revista Eletrônica de Direito Administrativo Econômico**, Salvador, Instituto Brasileiro de Direito Público, nº 22, maio/junho/julho, 2010. Disponível em: <http://www.direitodoestado.com/revista/REDAE-22-MAIO-2010-MARCOS-NOBREGA. pdf>. Acesso em: 12 de setembro de 2011.

2 Concessões de serviço público, áleas e equilíbrio econômico-financeiro

2.1 Noções introdutórias às concessões comuns de serviços públicos

Com a promulgação da Lei Federal nº 8.987/95, foram estabelecidas diversas normas disciplinadoras do regime de concessões no Brasil sem que, entretanto, conceituasse-se propriamente o instituto da concessão de serviço público. Além disso, e como bem anota Vera Monteiro, não há também um conceito constitucional de concessão, ficando tal tarefa, portanto, a cargo da doutrina.[3] Todavia, necessário que se faça, ainda que brevemente, uma escolha conceitual para os fins do trabalho. É o que se passa a expor.

Na dicção de Marçal Justen Filho, encontra-se importante conceituação do que viria a ser uma concessão de serviço público, já em um contexto pós-Constituição de 1988, e já promulgada a Lei Geral das Concessões:

> A concessão de serviço público consiste na delegação temporária da prestação de serviço público a um particular, que passa a atuar por conta e risco próprios (na acepção acima indicada). Portanto, a concessão de serviço público conduz a uma alternativa organizacional para a prestação dos serviços fundada na concepção de associação entre interesse público e iniciativa privada para atendimento a necessidades coletivas de grande relevância.[4]

O destaque nessa primeira conceituação diz respeito ao que autor chamou de "alternativa organizacional". Trata-se de interessante locução, dotada de grande profundidade, e que traduz o contexto em que o instituto da concessão fora concebido, de redução da máquina estatal em prol de um novo modelo de arranjo institucional da Administração. O mesmo Marçal Justen Filho, em outra e mais recente obra, trabalhou sua já bem elaborada definição e assim a escreveu:

> A concessão comum de serviço público é um contrato plurilateral de natureza organizacional e associativa, por meio do qual a prestação de um serviço é temporariamente delegada pelo Estado a um sujeito

---

[3] MONTEIRO, Vera. **Concessão**. São Paulo: Malheiros: 2010. p. 79.

[4] JUSTEN FILHO, Marçal. **Teoria Geral das Concessões de Serviço Público**. São Paulo: Dialética, 2003. p. 105.

privado que assume seu desempenho diretamente em face dos usuários, mas sob controle estatal e da sociedade civil, mediante remuneração extraída do empreendimento.[5]

Desse modo, o autor propõe um conceito mais analítico do que venha a ser o instituto da concessão comum de serviço público (diferenciando esta das chamadas concessões patrocinadas e concessões administrativas — adiante melhor explanadas). Salta aos olhos, em relação a sua primeira conceituação, a inclusão da expressão "contrato plurilateral", pois entende o autor que o contrato de concessão é pactuado entre o Poder Concedente, a sociedade, e o particular, em uma relação não mais bilateral (Poder Concedente – particular), como entendem outros autores. Tal aspecto é de suma importância para a compreensão do papel da sociedade civil nas concessões de serviço público, isto é, muito além de mera destinatária da prestação dos serviços públicos, estaria a sociedade imbuída no desempenho de funções de verdadeiro controle das concessões.

Todavia, há que se ressalvar um aspecto em tal conceituação. Trata-se da inclusão do elemento "remuneração" no próprio conceito de concessão, o que é questionável, pois, para excepcionar tal definição, lembre-se que aspecto marcante do serviço público de radiodifusão, e da sua concessão, é a ausência de recebimento de remuneração pelo concessionário por parte dos usuários, observação feita por Romeu Felipe Bacellar Filho.[6] Não obstante tal ressalva, há que se frisar que a própria reflexão acerca da definição supratranscrita traz consigo importantes ganhos teóricos e que, certamente, engrandecem o debate acerca do assunto.

Celso Antônio Bandeira de Mello ameniza tal controvérsia ao definir o instituto da concessão de serviço público como atribuição do exercício de um serviço público, pelo Estado, àquele que aceita realizar tal prestação por sua conta e risco, com a garantia de um equilíbrio econômico-financeiro em face do fato da execução do contrato se dar nas condições fixadas e alteráveis pelo Poder Público de forma unilateral, "remunerando-se pela própria exploração do serviço, em geral e basicamente mediante tarifas cobradas diretamente dos usuários

---

[5] JUSTEN FILHO, Marçal. **Curso de direito administrativo**. 4. ed. São Paulo: Saraiva, 2009. p. 591.

[6] BACELLAR FILHO, Romeu Felipe. **Direito administrativo**. 4. ed. São Paulo: Saraiva, 2008. p. 143.

do serviço".[7] Grifou-se a cautela do autor em não generalizar a todos os serviços públicos o elemento remuneração por parte dos usuários.

Destarte, repise-se que o elemento tarifa deve ser retirado do conceito de concessão de serviço público, focando-se, como faz Maria Sylvia Zanella Di Pietro, em outros aspectos, como do (i) serviço de titularidade do Estado, (ii) da transferência apenas da execução do serviço, e não da titularidade, (iii) e a necessidade de licitação.[8]

Feitas essas curtíssimas considerações conceituais, cabe aqui demarcar o foco do presente estudo. Foi assinalado anteriormente que o ponto de partida do trabalho seria a análise dos principais contratos firmados pela Administração Pública com particulares e como se dá, em cada um deles, o tratamento do elemento "risco".

Antes disso, algumas observações para fins de melhor delimitação do tema se fazem necessárias. Cumpre diferenciar o objeto do estudo — análise de como são sanadas as questões relativas aos riscos nos contratos administrativos — em relação aos chamados contratos de risco. Estes são, segundo Marcos Juruena Villela Souto, um composto entre a prestação de serviços, propriamente dita, e a transferência de tecnologia, ou, ainda, determinados contratos que envolvam a utilização de instrumentos indispensáveis ao exercício do poder de polícia, como uma opção ao aluguel ou à compra dos equipamentos (radares e balanças em rodovias etc.).[9] Tais instrumentos são dotados de características próprias, e tal temática, ainda que mereça diversos e interessantes apontamentos, não serão o objeto central do presente estudo.

Outro recorte a ser feito diz respeito à exclusão daqueles contratos privados firmados pela Administração Pública do foco desta pesquisa. Sabe-se que a Administração pode celebrar tanto contratos administrativos como contratos de direito privado: nestes últimos, a Administração se subordinaria aos preceitos do regime jurídico de direito privado não incompatíveis com o regime jurídico-administrativo. Já nos contratos administrativos propriamente ditos, a avença ficaria inteiramente sujeita ao regime jurídico-administrativo. O presente levantamento versa estritamente sobre os contratos administrativos propriamente ditos, nos quais, como leciona Carlos Ari Sundfeld, há a incidência do chamado princípio da autoridade; autoridade essa

---

[7] MELLO, Celso Antônio Bandeira de. **Curso de direito administrativo**. 27. ed. São Paulo: Malheiros, 2010, p. 701.

[8] PIETRO, Maria Sylvia Zanella Di. **Direito Administrativo**. 22. ed. São Paulo: Atlas, 2009. p. 294-295.

[9] SOUTO, Marcos Juruena Villela. **Direito administrativo das concessões**. 5. ed. Rio de Janeiro: Lumen Juris, 2005. p. 418-419.

desfrutada pela Administração Pública contratante em relação aos particulares, sob a justificativa de servir de instrumento à persecução do interesse público.[10] Feito tais recortes iniciais, necessário que se retome o exame da concessão de serviços públicos (a concessão comum), porém alterando-se o foco inicial: das noções gerais do instituto ao instrumento contratual que o concretiza.

Em primeiro lugar, importante ressaltar alguns pontos específicos do chamado contrato de concessão. Romeu Felipe Bacellar Filho é incisivo ao posicionar-se pela adoção daquela corrente segundo a qual o contrato de concessão é um contrato administrativo com todas as suas características, isto é, é uma espécie do gênero mais abrangente dos contratos de direito público, sendo, ainda, o "contrato administrativo por excelência".[11] Isso porque, dentre as mais diversas modalidades de contratos firmados pela Administração Pública (contrato de colaboração, contrato de fornecimento, contrato de obra pública, contrato de gestão, só para citar alguns), tem sido o contrato de concessão de serviço público, ao longo do tempo, o que mais despertou interesse, sobretudo da doutrina do direito público.

E tendo em vista que o contrato de concessão de serviço público é um verdadeiro contrato administrativo, necessário que se indique uma conceituação de contrato administrativo que se possa utilizar, ao menos nesse momento inicial do estudo. Nessa esteira, Celso Antônio Bandeira de Mello define o contrato administrativo como uma

> avença travada entre a Administração Pública e o terceiros na qual, por força de lei, de cláusulas pactuadas ou do tipo de objeto, a permanência do vínculo e as condições preestabelecidas assujeitam-se a cambiáveis imposições de interesse público, ressalvados os interesses patrimoniais do contratante privado.[12]

Ademais, lembre-se que há na legislação infraconstitucional brasileira, mais precisamente na Lei Federal nº 8.666/93, um conceito legal de contrato administrativo que, ainda que deva ser observado com ressalvas, merece atenção:

---

[10] SUNDFELD, Carlos Ari. **Licitação e Contratos Administrativos**. 2. ed. São Paulo: Malheiros, 1995. p. 204-205.

[11] BACELLAR FILHO, Romeu Felipe. **Direito administrativo...**, p. 142.

[12] MELLO, Celso Antônio Bandeira de. **Curso de direito administrativo...**, p. 701.

Art. 2º As obras, serviços, inclusive de publicidade, compras, alienações, concessões, permissões e locações da Administração Pública, quando contratadas com terceiros, serão necessariamente precedidas de licitação, ressalvadas as hipóteses previstas nesta Lei.

Parágrafo único. Para os fins desta Lei, considera-se contrato todo e qualquer ajuste entre órgãos ou entidades da Administração Pública e particulares, em que haja um acordo de vontades para a formação de vínculo e a estipulação de obrigações recíprocas, seja qual for a denominação utilizada.

Como o presente (e breve) estudo se dirige a um aspecto específico dos contratos administrativos, basta, por ora, que se trace um panorama geral dos caracteres que identificam um contrato como contrato administrativo. Nesse sentido, insta retomar a obra de Romeu Felipe Bacellar Filho, que enumera seis caracteres/elementos aptos a explicar o contrato administrativo, são eles: a bilateralidade, a consensualidade, a formalidade, a comutatividade, a onerosidade, e o fato de serem tais contratos *intuitu personae*, isto é, exigem a pessoa do contratado para o seu cumprimento.[13] Marçal Justen Filho, por sua vez, define o que chama de contrato administrativo em sentido estrito como

> um acordo de vontades destinado a criar, modificar ou extinguir direitos e obrigações, tal como facultado legislativamente e em que uma das partes, atuando no exercício da função administrativa, é investida de competências para inovar unilateralmente as condições contratuais e em que se assegura a intangibilidade da equação econômico-financeira original.[14]

De todas essas facetas distintivas dos contratos administrativos de concessão, importante serem fixados, para os fins do presente trabalho, três dados básicos sobre a origem e constituição dessas figuras: a presença do Poder Público titular (e potencial prestador) do serviço público, o particular dotado de capacidade para contratar, e o próprio serviço que, por suas peculiaridades, integra a esfera de competência administrativa e submete-se ao regime jurídico-administrativo.[15]

---

[13] BACELLAR FILHO, Romeu Felipe. **Direito administrativo**..., p. 130.

[14] JUSTEN FILHO, Marçal. **Curso de direito administrativo**..., p. 356.

[15] BACELLAR FILHO, Romeu Felipe. Contrato Administrativo. *In*: BACELLAR FILHO, Romeu Felipe (Coord.). **Direito Administrativo Contemporâneo**: Estudos em Memória ao Professor Manoel de Oliveira Franco Sobrinho. Belo Horizonte: Fórum, 2004. p. 320-321.

Enfim, a concessão é instrumento contratual através do qual se descentraliza a prestação de serviços públicos para particulares. É espécie de contrato administrativo por meio do qual se transfere a execução de serviço público para a iniciativa privada, por prazo certo e determinado. Acrescente-se a isso o que diz Alexandre dos Santos de Aragão, que o contrato de concessão de serviço público é instrumento que define o serviço concedido, delimita a área de abrangência, estabelece os direitos e obrigações dos contratantes e dos usuários do serviço, bem como fixa a forma e o tempo de sua exploração.[16] Portanto, o estudo do contrato, propriamente dito, é crucial para a compreensão da própria concessão.

Traçadas essas primeiras linhas teóricas, passemos à problemática da alocação de riscos no âmbito dos contratos administrativos de concessão.

2.2 Concessões, teoria das áleas e equilíbrio econômico-financeiro

Aspecto central do presente estudo diz respeito à figura do equilíbrio econômico-financeiro dos contratos de concessão e como tal instituto passou a significar um verdadeiro remédio às incompletudes contratuais, sobretudo em relação aos riscos que as partes assumem ao firmarem um contrato de concessão. Isso porque diante dos riscos (áleas) inerentes à contratação administrativa, a garantia da equação econômica dos contratos vem servindo como um mitigador de um problema maior cuja "solução" pode residir no próprio contrato, conforme se passa a explicar.

De início, antes de se adentrar em aspectos mais polêmicos acerca do instituto, algumas linhas gerais devem ser brevemente traçadas. Conforme dispõe a Lei nº 8.987, de 13 de fevereiro de 1995, que disciplina as concessões de permissões de serviços públicos, concessão de serviço público é a delegação de sua prestação, feita pelo Poder Concedente, mediante licitação, na modalidade de concorrência, à pessoa jurídica ou consórcio de empresas que demonstre capacidade para seu desempenho, por sua conta e risco e por prazo determinado.

A mesma lei, em outros momentos, explicita essa noção de que o concessionário é quem assume, na realidade, a maior parte dos riscos.

---

[16] ARAGÃO, Alexandre Santos de. **Direito dos Serviços Públicos**. Rio de Janeiro: Forense, 2007. p. 132.

Nesse panorama inicial a ser tratado, nos interessa, sobretudo, o disposto em seu art. 2º:

> Art. 2º Para os fins do disposto nesta Lei, considera-se:
>
> I - poder concedente: a União, o Estado, o Distrito Federal ou o Município, em cuja competência se encontre o serviço público, precedido ou não da execução de obra pública, objeto de concessão ou permissão;
>
> II - concessão de serviço público: a delegação de sua prestação, feita pelo poder concedente, mediante licitação, na modalidade de concorrência, à pessoa jurídica ou consórcio de empresas que demonstre capacidade para seu desempenho, *por sua conta e risco* e por prazo determinado;
>
> II - concessão de serviço público precedida da execução de obra pública: a construção, total ou parcial, conservação, reforma, ampliação ou melhoramento de quaisquer obras de interesse público, delegada pelo poder concedente, mediante licitação, na modalidade de concorrência, à pessoa jurídica ou consórcio de empresas que demonstre capacidade para a sua realização, *por sua conta e risco*, de forma que o investimento da concessionária seja remunerado e amortizado mediante a exploração do serviço ou da obra por prazo determinado;
>
> IV - permissão de serviço público: a delegação, a título precário, mediante licitação, da prestação de serviços públicos, feita pelo poder concedente à pessoa física ou jurídica que demonstre capacidade para seu desempenho, *por sua conta e risco*.

E, justamente, a partir dessa noção de que o concessionário age por sua conta e risco, a dogmática mais tradicional do direito contratual público passou a estabelecer uma classificação até hoje em voga. Para boa parte da doutrina, então, os riscos que os contratantes assumem ao celebrar o contrato se dividem em três: álea empresarial (ou risco normal), álea administrativa e álea econômica.

Maria Sylvia Zanella Di Pietro, bem como uma infinidade de outros autores, insere o debate sobre as áleas no âmbito do estudo acerca da mutabilidade dos contratos administrativos, e propõe a seguinte categorização: (i) álea ordinária ou empresarial, significando o risco existente em qualquer negócio, o que todo empresário corre em razão da flutuação de mercado; (ii) álea administrativa, que englobaria os riscos decorrentes do poder de alteração unilateral dos contratos administrativos pelo Estado, a álea relativa aos atos de autoridade (o fato do príncipe), bem como a álea identificada como fato da Administração; e (iii) a álea econômica, coligada à ideia de circunstâncias externas aos contratos, "estranhas à vontade das partes, imprevisíveis, excepcionais, inevitáveis, que causam desequilíbrio muito grande no contrato, dando lugar à aplicação da teoria da imprevisão".[17] Todos os riscos a serem enfrentados no curso do contrato deveriam, em tese, enquadrar-se em alguma das modalidades de álea. Os riscos previsíveis, ordinários, seriam suportados pelo agente privado contratado. Os imprevisíveis seriam suportados pelo contratado apenas se houvesse a revisão das condições do contrato, bem como os previsíveis, porém de consequências incalculáveis. Porém, como lembra Marçal Justen Filho, essa distinção (álea ordinária ou extraordinária) só se mostra simples quando se está diante de situações extremas, sendo impossível traçar um limite absoluto entre ambas.[18]

Dessa maneira, fácil concluir que nos contratos de concessão se relega ao contratante privado, historicamente, uma posição de maior sujeição. E essa sujeição se baseia, em grande medida, à noção tradicional de que o concessionário explorará o serviço concedido "por sua conta e risco".

Diante dessa conjuntura, a doutrina construiu a chamada teoria da imprevisão, permitindo a revisão dos contratos administrativos caso ocorressem circunstâncias imprevistas ao longo da execução dos contratos. Explica Mauro Roberto Gomes de Mattos que constatada a superveniência de fato inesperado, com reflexos no cumprimento das obrigações assumidas, tem-se a ocorrência da teoria da imprevisão, surgindo o direito do contratado de pleitear a recomposição do equilíbrio econômico-financeiro do contrato, isto é, o restabelecimento das condições pactuadas inicialmente.[19]

Certamente, portanto, qualquer estudo comprometido com o exame do risco nos contratos de concessão envolverá o exame acerca das formas de tutela do equilíbrio econômico-financeiro dos ajustes firmados pela Administração Pública. Importante destacar, nessa esteira, que a recomposição do equilíbrio econômico-financeiro do contrato não é uma medida que traz benefícios unilaterais apenas em favor do prestador de serviços contratado pela Administração afetado pelo fato imprevisto; antes, corresponde ao atendimento do próprio interesse público.[20] Na verdade, o debate em torno desses pontos (teoria

---

[17] DI PIETRO, Maria Sylvia Zanella. **Direito administrativo**..., p. 277-278.

[18] JUSTEN FILHO, Marçal. **Curso de direito administrativo**...p. 461.

[19] MATTOS, Mauro Roberto Gomes de. **O contrato administrativo**. 2. ed. Rio de Janeiro: América Jurídica, 2002. p. 62-66.

[20] Segundo Marçal Justen Filho: "A tutela ao equilíbrio econômico-financeiro dos contratos administrativos destina-se a beneficiar a própria Administração. Se os particulares tivessem

das áleas, teoria da imprevisão e equilíbrio econômico-financeiro) faz com que eles se confundam. O cerne da discussão sobre o equilíbrio econômico-financeiro está, assim, na presença de um risco (álea) propriamente dito, ou seja, fatos imprevisíveis, ou decorrentes de uma medida administrativa, "fato do príncipe" e "fato da Administração", ou decorrentes de caso fortuito ou força maior, abrindo a possibilidade para a revisão da tarifa ou outra forma de restabelecimento da equação econômico-financeira.

O importante é que se deixe claro que a Administração não se iguala ao particular quando com ele contrata. Maria Sylvia Zanella Di Pietro lembra que essa desigualdade é "compensada" justamente pela teoria do equilíbrio econômico financeiro, que funciona como balanceadora no âmbito dos contratos administrativos.[21] E ao passo que a própria lei atribui o risco do empreendimento ao concessionário, garante-se ao mesmo a intangibilidade da equação econômico-financeira do ajuste (*vide* Capítulo IV "Da Política Tarifária" da Lei nº 8.987/95, art. 9º ao art. 13),[22] a qual, na verdade, passa a funcionar como um remédio, uma correção de uma disparidade de posições.

---

de arcar com as conseqüências de todos os eventos danosos possíveis, teriam de formular propostas mais onerosas. A Administração arcaria com os custos correspondentes a eventos meramente possíveis — mesmo quando inocorressem, o particular seria remunerado por seus efeitos meramente potenciais. É muito mais vantajoso convidar os interessados a formular a menor proposta possível; aquela que poderá ser executada se não se verificar qualquer evento prejudicial ou oneroso posterior. Concomitantemente, assegura-se ao particular que, se vier a ocorrer o infortúnio, o acréscimo de encargos será arcado pela Administração. Em vez de arcar sempre com o custo de eventos meramente potenciais, a Administração apenas remunerará por eles se e quando efetivamente ocorrerem. Trata-se, então, de reduzir os custos de transação atinentes á contratação com a Administração Pública". Cf. JUSTEN FILHO, Marçal. **Comentários á Lei de Licitações e Contratos Administrativos**, p. 529.

[21] PIETRO, Maria Sylvia Zanella Di. Ainda existem os chamados contratos administrativos?. In: _____; RIBEIRO, Carlos Vinícius Alves. (Org.). **Supremacia do Interesse Público e outros temas relevantes do Direito Administrativo**. São Paulo: Atlas, 2010. p. 409.

[22] "Art. 9º A tarifa do serviço público concedido será fixada pelo preço da proposta vencedora da licitação e preservada pelas regras de revisão previstas nesta Lei, no edital e no contrato. §1º A tarifa não será subordinada à legislação específica anterior e somente nos casos expressamente previstos em lei, sua cobrança poderá ser condicionada à existência de serviço público alternativo e gratuito para o usuário. §2º Os contratos poderão prever mecanismos de revisão das tarifas, a fim de manter-se o equilíbrio econômico-financeiro. §3º Ressalvados os impostos sobre a renda, a criação, alteração ou extinção de quaisquer tributos ou encargos legais, após a apresentação da proposta, quando comprovado seu impacto, implicará a revisão da tarifa, para mais ou para menos, conforme o caso. §4º Em havendo alteração unilateral do contrato que afete o seu inicial equilíbrio econômico-financeiro, o poder concedente deverá restabelecê-lo, concomitantemente à alteração. Art. 10. Sempre que forem atendidas as condições do contrato, considera-se mantido seu equilíbrio econômico-financeiro. Art. 11. No atendimento às peculiaridades de cada serviço público, poderá o poder concedente prever, em favor da concessionária, no edital de licitação, a possibilidade de outras fontes provenientes de receitas alternativas, complementares, acessórias ou de projetos associados,

Novamente sobre o equilíbrio econômico-financeiro do contrato, lembre-se que a sua recomposição é um direito constitucional do particular nas contratações administrativas, e a Lei Federal nº 8.666/93 veio a reforçar essa necessidade de proteção da justa remuneração dos contratados pela execução de obra, serviço ou fornecimento, no âmbito de contratos administrativos. Para tanto, a citada lei prevê mecanismos para restabelecer a relação inicialmente pactuada entre encargos do contratado e a retribuição da Administração Pública. Como, por exemplo, transcrevem-se normas nela contidas que tutelam as cláusulas econômico-financeiras dos contratos administrativos para a justa remuneração do contratado pela Administração:

> Art. 58. O regime jurídico dos contratos administrativos instituído por esta Lei confere à Administração, em relação a eles, a prerrogativa de:
> I - modificá-los, unilateralmente, para melhor adequação às finalidades de interesse público, respeitados os direitos do contratado; [...]
> §1º As cláusulas econômico-financeiras e monetárias dos contratos administrativos não poderão ser alteradas sem prévia concordância do contratado.
> §2º Na hipótese do inciso I deste artigo, as cláusulas econômico-financeiras do contrato deverão ser revistas para que se mantenha o equilíbrio contratual. [...]
> Art. 65. Os contratos regidos por esta Lei poderão ser alterados, com as devidas justificativas, nos seguintes casos: [...]
> II - por acordo das partes: [...]
> d) para restabelecer a relação que as parte pactuaram inicialmente entre os encargos do contratado e a retribuição da Administração para a justa remuneração da obra, serviço ou fornecimento, objetivando a manutenção do equilíbrio econômico-financeiro inicial do contrato, na hipótese de sobreviverem fatos imprevisíveis, ou previsíveis porém de consequências incalculáveis, retardadores ou impeditivos da execução do ajustado, ou ainda, em caso de força maior, caso fortuito ou fato do príncipe, configurando álea econômica extraordinária e extracontratual.

Enfim, e segundo Marçal Justen Filho, afirmar o direito do contratado ao equilíbrio econômico-financeiro do contrato significa que

---

com ou sem exclusividade, com vistas a favorecer a modicidade das tarifas, observado o disposto no art. 17 desta Lei. Parágrafo único. As fontes de receita previstas neste artigo serão obrigatoriamente consideradas para a aferição do inicial equilíbrio econômico-financeiro do contrato. Art. 13. As tarifas poderão ser diferenciadas em função das características técnicas e dos custos específicos provenientes do atendimento aos distintos segmentos de usuários".

a Administração tem o dever de ampliar a remuneração devida ao particular proporcionalmente à majoração dos encargos, incumbências etc. Deve-se restaurar a situação originária, de modo que o particular não arque com encargos mais onerosos e perceba a remuneração originária prevista,[23] para que possa dar cumprimento às atribuições que lhe competem no contrato, e então executar o serviço concedido. Por essa razão, Eugenia Cristina Cleto Marolla destaca que, em verdade, a proteção do equilíbrio econômico-financeiro configura um instrumento de garantia do princípio da obrigatoriedade dos contratos, bem como a sua conformação com o princípio da continuidade e da melhor realização do serviço público.[24]

Também nessa esteira, Carlos Ari Sundfeld assevera que no regime jurídico dos contratos públicos existe, de forma inconteste, a regra da manutenção da equação econômico-financeira originalmente estabelecida, cabendo ao contratado o direito a uma remuneração sempre compatível com a equação, e a Administração contratante o dever de rever o valor quando, em decorrência de ato estatal, de fatos imprevisíveis ou da oscilação dos preços da economia, ele não mais permita a adequada retribuição da prestação assumida pela particular, de acordo com a equivalência estipulada pelas partes no contrato assinado.[25] Importante destacar nessa definição, e como bem o fez Antônio Carlos Cintra do Amaral, que o reequilíbrio da equação econômico-financeira que se tornou desbalanceada não é uma mera possibilidade, mas de um *dever* entre os contratantes.[26]

E o mesmo autor elenca o que considera "premissas" para o pedido de reequilíbro da equação econômico-financeira dos contratos de concessão. *In verbis*:

> Assim, não basta que ocorra o desequilíbrio econômico-financeiro do contrato. É necessário que ele resulte de um desses três fatos. Em outras palavras: é necessário que o desequilíbrio seja qualificado pelo ordenamento jurídico. Ele pode existir sem que daí decorra um dever do contratante de recompor a equação inicial do contrato, e um correspondente direito do contratado a essa recomposição. O desequilíbrio é

---

[23] JUSTEN FILHO, Marçal. **Comentários à Lei de Licitações e Contratos Administrativos...**, p. 775.

[24] MAROLLA, Eugenia Cristina Cleto. **Concessões de serviço público**: a equação econômica financeira dos contratos. São Paulo: Verbatim, 2011. p. 39-40.

[25] SUNDFELD, Carlos Ari. **Licitação e Contratos Administrativos...**, p. 239.

[26] AMARAL, Antônio Carlos Cintra do. **Licitação e contrato administrativo**: estudos, pareceres e comentários. 3. ed. Belo Horizonte: Fórum, 2010. p. 218.

sempre econômico-financeiro, mas pode decorrer do risco do negócio, hipótese em que a concessionária não tem direito à revisão contratual, para restabelecer a equação econômico-financeira inicial. O desequilíbrio econômico-financeiro é condição necessária, mas não suficiente para caracterizar o desequilíbrio jurídico.[27]

Todavia, por mais que o estudo acerca da garantia do equilíbrio econômico-financeiro seja objeto de diversos trabalhos, como visto, alguns aspectos permanecem em meio a debates. Senão vejam-se alguns exemplos.

Um dos riscos inerentes às concessões diz respeito à (des)valorização monetária. Muitos contratos envolvem insumos importados, ou, de outras formas, vinculam-se a alguma moeda específica e, em razão disso, estão sujeitas a variações no cenário econômico internacional. Sobre isso, Lucas Rocha Furtado exemplifica que mesmo em contratos de um ano de duração a expressiva valorização do dólar em face do real é motivo suficiente para fazer surgir o direito de requerer o reequilíbrio do ajuste, mesmo ausente cláusula nesse sentido.[28]

Outro exemplo reside no fato de que tradicionalmente o simples aumento salarial determinado por dissídio coletivo de categoria profissional é entendido pelos tribunais pátrios como acontecimento previsível e deve ser suportado pela empresa contratada, não havendo um falar sobre a aplicação da teoria da imprevisão para a recomposição do equilíbrio econômico-financeiro do contrato administrativo. Todavia, há casos em que a situação foge, significativamente, do acréscimo salarial dito previsível. Por vezes, não há como se enquadrar determinado aumento salarial no chamado risco negocial (álea ordinária), em razão, não só das alterações no mercado entre dois momentos: entrega da proposta e a emissão da ordem de serviço, por exemplo. Em outras palavras, quanto à questão relacionada ao reequilíbrio econômico-financeiro do contrato em decorrência de reajuste salarial amparado em convenção coletiva de trabalho ou instrumento congênere, a sua admissibilidade pode, em determinadas circunstâncias, ser reconhecida.

Tal afirmação se sustenta, pois, embora previsível nem sempre é possível conhecer, no momento da apresentação de uma proposta, o índice de reajuste salarial que será implementado para uma determinada

---

[27] AMARAL, Antônio Carlos Cintra do. O reequilíbrio econômico-financeiro dos contratos de concessão de rodovias. **Revista do Advogado**, São Paulo: Associação dos Advogados de São Paulo, v. 29, n. 107, p. 25-32, dez/2009.

[28] FURTADO, Lucas Rocha. **Curso de licitações e contratos administrativos**. 3. ed. Belo Horizonte: Fórum, 2010, p. 532-533.

categoria, o que, de fato, passa a configurar ocorrência de álea extraordinária, segundo o disposto no art. 65, inciso II, alínea "d", da Lei nº 8.666/93. Nesse sentido, assim já entendeu o Tribunal de Contas da União ao proferir a Decisão TCU nº 457/1995 – Plenário, entendimento esse também expresso no julgamento do TC nº 009.970/95-7:

> Quanto às ponderações, tanto da Unidade Técnica como do Ministério Público, no sentido da impossibilidade de alegação de desequilíbrio econômico-financeiro do contrato, entendo diferentemente dos pareceres. Embora sendo previsível, no caso, o reajuste salarial na data-base de cada categoria, não se conhecem antecipadamente os índices a serem aplicados, podendo ser considerado tal fato, a meu ver [Ministro-Relator Carlos Átila], de conseqüências incalculáveis, na forma do art. 65, inciso II, alínea d, da Lei nº 8.666/93.

Também ponto polêmico, lembre-se que o reequilíbrio da equação econômico-financeira do contrato poderá não ser apenas em favor do concessionário, como também em favor da Administração Pública. Isto é, tal garantia pode ser utilizada em favor da própria coletividade, quando observado que, por fatores econômicos ou por supressão de obrigações, a concessionária passe a obter lucros maiores que os previstos em sua proposta e/ou desproporcionais aos encargos por ela assumidos.

De qualquer forma, os mecanismos de reequilíbrio econômico-financeiro devem vir expressos no contrato e na lei, porém, evidente ser praticamente impossível que se deixe por escrito todas as situações em que o desequilíbrio pode ocorrer e as adequadas soluções para tanto.[29]

Em síntese: a partir da teoria da imprevisão e da teoria das áleas, um sem número de autores passou a visualizar a garantia do equilíbrio econômico-financeiro dos contratos de concessão como uma ferramenta essencial para a solução de problemas, bastando que fosse identificado se o evento desequilibrador se encaixasse na chamada álea extraordinária, a qual se divide, basicamente, em álea econômica e álea administrativa. A primeira pressupõe circunstâncias externas, imprevistas, imprevisíveis e alheias à vontade das partes. A segunda decorre de circunstâncias causadas pela Administração Pública, relacionando-se diretamente com o contrato, casos em que se invocará a teoria do fato da administração, ou indiretamente e, quando se aplicará a teoria do fato

---

[29] FURTADO, Lucas Rocha. **Curso de licitações e contratos administrativos...**, p. 531.

do príncipe. Em ambos os casos, a Administração Pública irá responder pela recomposição do equilíbrio econômico-financeiro.

Por outro lado, a álea ordinária (não passível de figurar como fundamento do pedido de reequilíbrio da equação econômica) constitui risco normal inerente à atividade empresarial, razão pela qual deve ser suportada pelo concessionário.

Feitas essas considerações acerca dos contratos de concessão de serviço público, continua-se a análise proposta a partir de um modelo diverso de contrato público, sendo necessário, antes disso, algumas observações preliminares.

3 Parcerias público-privadas e o compartilhamento de riscos

3.1 Noções introdutórias às parcerias público-privadas

Como bem lembra Marcos Juruena Villela Souto, os particulares nem sempre consideram os negócios de interesse público atrativos o suficiente para motivarem a alocação de capitais, como, por exemplo, a atividade relacionada à infraestrutura.[30] Nesse contexto, desenvolveram-se novas dinâmicas de ajuste entre privados e a Administração, em um regime de parceria, de esforços conjugados.

Deixado de lado um histórico conjuntural mais aprofundado, salta-se para o surgimento das chamadas parcerias público-privadas, as quais, no Brasil, foram regulamentadas pela Lei Federal nº 11.079 de 30 de dezembro 2004. Destaca Carlos Ari Sundfeld que a necessidade de criação de compromissos financeiros estatais firmes e de longa duração, com mais segurança aos contratantes privados, foi justamente uma das preocupações que motivaram a edição do referido diploma legal. Isto é, era necessário instituir um instrumento que atraísse de forma mais contundente os particulares, assegurando-lhes segurança e estabilidade, já que o parceiro privado, no âmbito de uma PPP, fará investimentos já na fase inicial da execução do projeto, e remunerado posteriormente, dois fins se verificam: impede-se que o administrador comprometa irresponsavelmente recursos futuros, e asseguram-se garantias que persuadam a iniciativa privada a investir.[31] Importante

---

[30] SOUTO, Marcos Juruena Villela. Parcerias Público-Privadas. In: _____. **Direito Administrativo das Parcerias**. Rio de Janeiro: Lumen Juris, 2005. p. 27.

[31] SUNDFELD, Carlos Ari. Guia jurídico das Parcerias Público-Privadas. In: _____ (Coord.). **Parcerias Público-Privadas**. São Paulo: Malheiros, 2005. p. 18.

destacar, a esse respeito, as definições legais trazidas pela supracitada Lei Federal nº 11.079/04:

> Art. 2º Parceria público-privada é o contrato administrativo de concessão, na modalidade patrocinada ou administrativa.
>
> §1º Concessão patrocinada é a concessão de serviços públicos ou de obras públicas de que trata a Lei nº 8.987, de 13 de fevereiro de 1995, quando envolver, adicionalmente à tarifa cobrada dos usuários contraprestação pecuniária do parceiro público ao parceiro privado.
>
> §2º Concessão administrativa é o contrato de prestação de serviços de que a Administração Pública seja a usuária direta ou indireta, ainda que envolva execução de obra ou fornecimento e instalação de bens.
>
> §3º Não constitui parceria público-privada a concessão comum, assim entendida a concessão de serviços públicos ou de obras públicas de que trata a Lei nº 8.987, de 13 de fevereiro de 1995, quando não envolver contraprestação pecuniária do parceiro público ao parceiro privado [...]

Veja-se, assim, que a lei concebe duas espécies de parcerias público-privadas: a concessão patrocinada e a concessão administrativa. A primeira, que sem se diferenciar profundamente em relação à concessão de serviço público, distingue-se pelo seu regime de remuneração, que mescla a tarifa cobrada do usuário a uma contraprestação financeira concedida pela Administração. Maria Sylvia Zanella Di Pietro vai além da forma da remuneração, ao afirmar outras distinções entre a concessão comum e a concessão patrocinada, sobretudo quanto à previsão de formas de garantias prestadas pelo Poder Público ao parceiro privado, e o compartilhamento de riscos e de ganhos econômicos[32] — tema adiante melhor tratado.

Já no que se refere à concessão administrativa, há que se fazer, primeiramente, uma distinção entre a chamada concessão administrativa de serviços públicos e a concessão administrativa de serviços ao Estado, ambos abarcados pelo referido instituto. A concessão administrativa de serviços públicos tem por objeto a prestação de serviços públicos propriamente ditos, nos termos do artigo 175 da Constituição Federal, de forma direta aos usuários sem a cobrança de qualquer espécie de tarifa, havendo a remuneração do concessionário por meio de contraprestação pecuniária do Poder Concedente, sendo permitida a percepção conjunta de receitas alternativas. A Administração é considerada, portanto, usuária indireta dos serviços, já que, embora prestados

---

[32] DI PIETRO, Maria Sylvia Zanella. **Parcerias na Administração Pública**. 5. ed. São Paulo: Atlas, 2005. p. 164.

diretamente aos particulares, recaem sobre o Poder Público os direitos e responsabilidades econômicas que competiriam aos cidadãos.[33] De outra banda, tem-se a concessão administrativa de serviços ao Estado, que não tem por objeto a prestação de serviços públicos, mas sim aqueles serviços referidos pelo artigo 6º da Lei Federal nº 8.666/93 (utilidades à própria Administração, usuária direta dos serviços).

De todo modo, e segundo Tarso Cabral Violin, a concessão administrativa, em ambas as "formas", não se confunde com a concessão de serviços públicos, pois se trata somente de uma contratação de serviços, caracterizada pelo fato de que a integralidade da remuneração advém da Administração Pública.[34]

Feitas essas brevíssimas conceituações, apenas para fins de situar a problemática trazida, avança-se no que representa o foco do presente estudo.

3.2 A repartição objetiva de riscos nos contratos de PPP

Chega-se aqui à questão axial a ser tratada no presente estudo em relação às parcerias público-privadas: o seu modelo de alocação de riscos. Há na Lei nº 11.079/04, como diretriz, a repartição objetiva de riscos entre as partes (artigo 4º, inciso VI). Além disso, há a previsão de que nos contratos de parcerias público-privadas deverá constar cláusula que preveja a repartição de riscos entre as partes, inclusive os referentes a caso fortuito, força maior, fato do príncipe e álea econômica extraordinária (artigo 5º, inciso III).

Maria Sylvia Zanella Di Pietro interpreta o artigo 5º, inciso III, da Lei Federal nº 11.079/04 da seguinte maneira: caso se tenha um desequilíbrio econômico-financeiro no contrato, cada um dos contratantes deverá assumir parte dos prejuízos, diferentemente da regra geral dos contratos administrativos, devendo a essa alocação dos riscos estar disciplinada previamente no contrato. Porém, a autora entende que tal regra só seria aplicável caso o desequilíbrio tivesse por origem um fato estranho à vontade dos parceiros, isto é, nas hipóteses de força maior e de álea econômica extraordinária.[35]

---

[33] SUNDFELD, Carlos Ari. Guia jurídico das Parcerias Público-Privadas..., p. 29.

[34] VIOLIN, Tarso Cabral. **Terceiro setor e as parcerias com a administração pública: uma análise crítica.** Belo Horizonte, Fórum, 2006. p. 233.

[35] PIETRO, Maria Sylvia Zanella Di. **Parcerias na administração pública...**, p. 170-171.

Já vê, desde longo, grande diferença em relação às concessões comuns. Naquelas, como visto, o risco é, em princípio, do agente privado, não se falando em riscos compartilháveis. Como contrapartida, tão somente os eventos imprevisíveis ou de responsabilidade do próprio Estado são assumidos pelo Poder Concedente por força do direito do concessionário ao reequilíbrio da equação econômico-financeira do contrato, conforme amplamente explicado.

As PPP's, por outro lado, permitem uma divisão de riscos mais ampla do que a meramente direcionada a fatos imprevisíveis ou de poder de império. Essa modelagem permite uma manutenção da equação econômico-financeira de forma diversa àquela tradicionalmente aplicável aos contratos públicos, mais estática, e afixada no momento inicial do contrato: passa-se a um modelo dinâmico de manutenção da equação econômico-financeira, que pode ser constantemente atualizada, a qual poderá incluir a previsão de demanda, variação dos custos com insumos e pessoal, elementos esses que não poderiam ser considerados como fatos imprevisíveis para efeito de reequilíbrio de uma equação estática.[36]

Na dicção de Fernando Vernalha Guimarães, a partilha objetiva de riscos vai além da mera garantia do equilíbrio econômico-financeiro. Para o autor, na verdade, a repartição de riscos será uma referência crucial na própria composição da cláusula econômico-financeira: a tutela a essa equação será delimitada pela partilha contratual dos riscos, ordinário e extraordinários, com aplicação apenas subsidiária da teoria da imprevisão.[37]

Como se vê, portanto, para a modelagem das parcerias público-privadas se previu uma nova forma de distribuição de riscos: a partilha objetiva. E quanto ao tema, verifica-se certo entusiasmo por parte da iniciativa privada em torno dessa nova possibilidade de arranjo contratual com o Poder Público, sobretudo em relação a investimentos em infraestrutura. Segundo Sonia Araújo e Douglas Sutherland, dentre as razões para que se atraia, cada vez mais, o envolvimento do setor privado nos investimentos relacionados à infraestrutura, estão: a *expertise* financeira, que pode vir a contribuir para uma melhor avaliação dos

---

[36] ARAGÃO, Alexandre Santos de. As Parcerias Público-Privadas – PPPs no Direito Positivo Brasileiro. **Revista Eletrônica de Direito Administrativo Econômico**, Salvador, Instituto de Direito Público da Bahia, nº. 2, maio-jun-jul, 2005. Disponível na Internet: <http://www.direitodoestado.com.br>. Acesso em: 25 de março de 2012.

[37] GUIMARÃES, Fernando Vernalha. **Parceria público-privada.** São Paulo: Saraiva, 2012. p. 297.

riscos inerentes do projeto e um melhor controle acerca dos esforços despendidos pelo parceiro privado; e a própria partilha de riscos. Entendem os autores que a maior incursão do setor privado em tais investimentos também pode levar a uma melhor gestão de risco, já que o setor privado pode, em tese, realizar um melhor exame acerca dos riscos envolvidos em um projeto, em razão da experiência etc. Nessa partilha, os riscos associados a um investimento podem, em princípio, ser repartidos livremente entre os parceiros privados e o Estado, cada qual arcando com o tipo de riscos para o qual esteja mais bem preparado.[38]

Rodrigo Nobre Fernandez e André Carraro, na mesma esteira, destacam que o princípio básico para gestão de risco é que cada agente deve gerir o risco que possui maior competência para fazê-lo. O contrato de PPP, ao fazer a gestão dos riscos, deve colaborar para um resultado no qual a sociedade receba o serviço com qualidade e, ao mesmo tempo, o valor da tarifa paga ao empresário garanta o equilíbrio econômico-financeiro do empreendimento.[39]

E ao utilizarem a expressão "gestão dos riscos", deve-se compreendê-la como diferente da simples distribuição dos riscos. Na verdade, o conceito de gestão do risco abrange o momento da alocação do risco, bem como outras etapas. Sobre isso, analisando especificamente o modelo de repartição objetiva de riscos, Vanice Lírio do Valle destaca importante ferramenta no âmbito do planejamento e modelagem de uma PPP, qual seja, o ciclo de gestão do risco, que envolve basicamente quatro etapas:

> Dedica-se a etapa de identificação dos riscos ao levantamento propriamente dito, de todas as variáveis que possam deitar efeitos (positivos ou não), segundo uma prospectividade possível, na concretização do ajuste contratual que se projeta. [...]
>
> Impõe-se ainda como etapa prévia a avaliação do risco — momento que se cogitará da plausibilidade da ocorrência de cada qual dos vetores, e ainda do dimensionamento de seus possíveis efetivos, ao longo de todo o intervalo de tempo assinalado como vigência da parceria. [...]

---

[38] ARAÚJO, Sonia; SUTHERLAND, Douglas. Public-Private Partnerships and Investment in Infrastructure. *In*: **OECD Economics Department Working Papers**, N. 803, OECD Publishing, 2010. Disponível em <http://dx.doi.org/10.1787/5km7jf6q8f0t-en>. Acesso em: 20.09.2011.

[39] FERNANDEZ, Rodrigo Nobre; CARRARO, André. A Teoria Econômica das Parcerias Público-Privadas: Uma análise microeconômica. *In*: **XIV Encontro de Economia da Região Sul, ANPEC – SUL**, Florianópolis, 2011. Disponível em <http://www.anpecsul2011.ufsc.br /?go=download&path=2&arquivo=4_974973041.pdf.>. Acesso em: 20 de setembro de 2011.

É na *atribuição dos riscos* que se buscará o alcance da difícil compatibilização entre os interesses desses parceiros, dando-se espaços para a já mencionada aplicação da expertise que é própria, potencializando a cada qual dos parceiros os benefícios, sem que se perca nunca de perspectiva, todavia, que se cuida de oferta de serviços públicos — e que, portanto, existem limites à atuação maximizadora de benefícios por parte, especialmente, do parceiro privado. [...]

Assim é que no plano ainda do objeto do contrato, e particularmente de suas condições de execução, é possível a *minimização de riscos* com a flexibilização do modelo originalmente previsto. Essa flexibilização compreenderia, a rigor, a diminuição da intensidade das exigências eventualmente dirigidas ao parceiro privado, cujos riscos se esteja cogitando ainda a ele assinalar. [...]

Mas não é só do ponto de vista de compatibilidade entre os resultados da parceria e gestão responsável que a etapa de *monitoramento e revisão de prognósticos* se revelar-se-á útil. Afinal, quando se tem em conta a indispensável interação entre os parâmetros de (boa) governança e os imperativos da democracia, ressalta o papel funcional da última em relação à primeira, e a indispensável oxigenação do agir estatal a partir da percepção de seus destinatários.[40] (destacou-se)

Entende-se, portanto, a gestão do risco como um ciclo, dentro do qual os mecanismos de identificação e distribuição dos riscos têm papel fundamental. E cabe aos gestores públicos, antes de qualquer contrato de concessão (comum, administrativa ou patrocinada), a realização de um planejamento que envolva necessariamente a gestão dos riscos que tal contrato envolve, um estudo mais sistemático visando identificar, avaliar, distribuir, minimizar, monitorar tais riscos. Ademais, o controle estratégico dos riscos e do seu gerenciamento levaria o Poder Público a possuir, certamente, um instrumento fundamental para um processo decisório eficiente.

Mas o que viria a ser, na prática, essa repartição objetiva de riscos? A lei que a prevê não trouxe, de forma mais precisa, qual a forma específica de alocação de riscos que caracterizaria as parcerias público-privadas. Fala-se apenas que o contrato deverá prever a repartição objetiva dos riscos entre as partes. Todavia, algumas observações podem levar a uma compreensão do que quis dizer o legislador.

As PPPs são, grosso modo, associações entre o poder público e a iniciativa privada para viabilizar o desenvolvimento econômico,

---

[40] VALLE, Vanice Lírio do. Traduzindo o Conceito de Gestão de Riscos para o Código do Direito: Exercício Indispensável à Modelagem das PPPs. **Interesse Público**, Porto Alegre: Notadez, v. 6, n. 34, p. 35-42, nov./dez. 2005.

grandes investimentos em infraestrutura etc. — como visto acima. E tais investimentos trazem consigo uma série de riscos, dentre os quais podem ser citados: riscos relacionados a problemas no projeto (em caso de construções), no cronograma da execução; risco de financiamento, como variações nas taxas de juros, de câmbio, e de outros fatores relevantes para a determinação dos custos financeiros; riscos de desempenho, mais diretamente coligados à continuidade e qualidade dos serviços ofertados etc.

Em um contrato de PPP, a Administração, direta ou indiretamente, abre a agentes privados a possibilidade de explorar algum bem ou serviço público, exigindo investimentos na infraestrutura, complementando a remuneração do operador privado em função da utilização e da qualidade dos serviços.

Em face desse cenário, previu-se a possibilidade de realização de uma repartição objetiva de riscos, na qual os mesmos serão compartilhados entre o parceiro público e o privado, de maneira prévia, no próprio contrato. Como concretização dessa ferramenta jurídica, fala-se na elaboração de uma *matriz de risco*, instrumento anexo ao contrato, constando os riscos a serem suportados, sua definição, alocação, impacto, probabilidade e como se dará sua mitigação no ajuste. Com a sua elaboração, poder-se-á catalogar os riscos inerentes ao contrato que se pretende firmar, tornando-se claros para os potenciais investidores.

Em relação especificamente à alocação, repise-se ser premissa central da engenharia contratual das PPPs a afirmação enfatizada por Fernando Vernalha Guimarães, para quem um contrato será eficiente quando cada parte arcar com os riscos que melhor condição tem de administrar, isto é, há que se alocar o risco, de acordo com a sua natureza, àquele capaz de reduzir as chances de que os prejuízos subjacentes venham a se concretizar, às expensas menores, ou suavizar os prejuízos resultantes. Em suma, deve suportar determinado risco aquele que detenha mais adequado controle sobre sua gestão ou sobre os resultados oriundos de sua materialização.[41]

E essa concretização do princípio da eficiência está intimamente ligada à gestão de riscos nos contratos públicos e ao seu controle. Conforme leciona Emerson Gabardo, a eficiência, enquanto princípio constitucional expresso, "tem a função de reforçar as preocupações da Administração, incrementando a mera reflexão estática sobre o adequado uso de suas prerrogativas".[42]

---

[41] GUIMARÃES, Fernando Vernalha. **Parceria público-privada...**, p. 297.

[42] GABARDO, Emerson. **Princípio constitucional da eficiência administrativa**. São Paulo: Dialética, 2002, p. 96.

Instituem-se, assim, princípios gerais de eficiência e economia relativos à repartição de riscos entre o parceiro público e o parceiro privado que permitam dotar a relação contratual subjacente de uma harmonia e equilíbrio ao nível da repartição dos encargos e da distribuição do risco.[43]

Nessa esteira, as tradicionais prerrogativas que detém a Administração nos contratos em que figura como parte, portanto, devem ser relidas[44] e interpretadas a partir da nova dinâmica do dito Estado contratual, comprometida com a eficiência administrativa e com a qualidade dos serviços prestados pelo Estado.

Destarte, o que se pretendia extrair dessas leituras é que um dos traços distintivos dessa engenharia contratual inaugurada pela Lei nº 11.079/04 é justamente a alocação eficiente de riscos entre os diversos participantes e interessados no empreendimento, alocação essa que contribui decisivamente para a consecução dos objetivos próprios do financiamento de projetos. De fato, sem uma alocação apropriada dos riscos associados ao empreendimento, dificilmente o potencial financiador aceitaria investir em empreendimento de grandes proporções.

A alocação de riscos entre as partes que melhor possam mitigá-los e a sua consequente remoção aos agentes que lhes sejam mais avessos ou sensíveis é, em geral, um objetivo considerado economicamente desejável e eficiente.[45] Por essa razão, os riscos devem ser apresentados no contrato de forma clara e precisa, desde o início da parceria (assinatura do contrato), cabendo ao parceiro público realizar a prévia avaliação, de forma objetiva, incluindo a sua descrição, as estratégias e a sua alocação, a fim de gerenciar de forma mais condizente o impacto na economia e no financiamento do projeto. Ao parceiro privado cabe também avaliar tais riscos e decidir sobre a realização do investimento ou não.

E mostra-se evidente que a Lei das Parcerias Público-Privadas, ao fazer expressa menção de que o compartilhamento de riscos poderá

---

[43] MARINS, Vinicius. Direito econômico das parcerias público-privadas. Biblioteca Digital **Fórum Administrativo – Direito Público – FA**, Belo Horizonte, ano 7, n. 72, fev. 2007. Disponível em: <http://www.bidforum.com.br/bid/PDI0006.aspx?pdiCntd=39199>. Acesso em: 9 março 2012.

[44] PEREIRA JÚNIOR, Jessé Torres; DOTTI, Marinês Restelatto. Alterações do contrato administrativo: releitura das normas de regência à luz do gerenciamento de riscos, em gestão pública comprometida com resultados. **Fórum de Contratação e Gestão Pública – FCGP**. Belo Horizonte, ano 8, n. 88, p. 11-13, abr. 2009.

[45] MARINS, Vinicius; OLIVEIRA, Rodrigo Reis de. As parcerias público-privadas e o problema da alocação de riscos: uma análise do caso da modernização do Estádio "Mineirão" para a Copa do Mundo de 2014. **Fórum de Contratação e Gestão Pública – FCGP**, Belo Horizonte, ano 10, n. 111, p. 31-55, mar. 2011.

se dar por caso fortuito, força maior, fato do príncipe e álea econômica extraordinária, pretendeu remediar, a partir da sua repartição objetiva e em favor do parceiro privado, as distorções da "teoria do risco da concessão comum" (teoria das áleas), a qual transfere ao mesmo o cumprimento de todos os princípios do artigo 37 da Constituição Federal, que dispõe sobre a Administração Pública,[46] ao mesmo tempo em que assume uma infinidade de riscos da contratação.

4 A utilização da lógica da partilha contratual de riscos nos contratos de concessão

Após todas essas colocações, pretendeu-se chegar à seguinte questão: se a teoria das áleas, juntamente com a garantia do restabelecimento do equilíbrio econômico-financeiro desfeito, mostra-se por vezes superada, há como se aplicar às concessões comuns (aos contratos administrativos de uma maneira geral) a lógica da repartição objetiva de riscos inaugurada pela Lei de PPPs? Antes de tentar responder, ou ao menos analisar o questionamento, alguns pontos têm de ficar claros.

Fernanda Schuhli Bourges lembra que a concessão em sua forma clássica traduz-se na associação do Estado ao liberalismo econômico, do século XIX, quando utilizada como instrumento de concretização de atividades que deveriam ser prestadas pelo Estado, porém executada por terceiros, sob a autoridade do Poder Público, possibilitando o lucro capitalista e o progresso econômico, e atribuindo-se ao concessionário os possíveis riscos financeiros do empreendimento. A autora verifica, entretanto, que a assunção irrestrita desse risco pelo concessionário, além de não ser atrativo para novos investidores, interferiria na formulação de propostas e passaria a ser integrado à tarifa: quanto maior o risco, mais elevada será a tarifa. Assim sendo, atribuir ao concessionário o dever de suportar todos os eventuais insucessos da avença, além da elevação das tarifas para compensar essa insegurança, implica na própria frustração do interesse público.[47]

Assim sendo, as concessões são, na ótica de potenciais investidores, oportunidades para alcançar retorno do capital investido em cifras superiores às praticadas em operações financeiras tradicionais, de

---

[46] POLTRONIERI, Renato. **Parceria público-privada e a atuação administrativa**. São Paulo: Juarez de Oliveira, 2005. p. 77.

[47] BOURGES, Fernanda Schuhli. **Serviços públicos concedidos: acesso e remuneração**. Curitiba, 2007, 230 f. Dissertação (Mestrado em Direito do Estado) – Pós-Graduação em Direito da Universidade Federal do Paraná. p. 68-161.

modo que os investimentos devem ser analisados como uma atividade econômica. Ao lado disso, assumem riscos a fim de que posteriormente essa atividade gere remuneração ao capital investido. Consequentemente, esses riscos acabam sendo "precificados" no corpo das propostas apresentadas ao Poder Púbico.

Fato é que determinados riscos são, naturalmente, suportados pelo particular que pretende a contratação, porquanto provenientes de qualquer atividade econômica. Porém, há riscos que podem ser divididos entre as partes, como aqueles totalmente imprevistos ou, conquanto previstos, de consequências incalculáveis.

Com base nisso, não se sustenta mais a prática da contratação pública baseada em modelos, costume no país. Há que se elaborar uma adequada identificação da matriz de risco do contrato a ser firmado. Isto é, compreender que cada ajuste requer uma matriz de risco específica adaptada à sua situação e ao seu contexto. Tarefa árdua, sem dúvida, mas que da qual não se pode fugir. Manoel de Oliveira Franco Sobrinho sempre destacou ser impraticável, nos contratos administrativos, mesmo prevendo cláusulas circunstanciais ou aleatórias, a realização de uma identificação precisa dos riscos estranhos à vontade das partes.[48]

Não se nega a afirmação, por óbvio, mas não se pode simplesmente assumir que a alocação dos riscos se dê apenas quando já iniciada a execução contratual, mas principalmente antes da sua assinatura. E para que isso seja feito, outra forma de realizar a distribuição dos riscos deve ser pensada no âmbito dos contratos de concessão de serviços públicos.

A teoria das áleas é, atualmente, o grande instrumento de alocação de riscos nos contratos de concessão comum. O que precisa ser feito é avançar a partir desse marco, verticalizando a análise dos problemas concretos nas concessões de serviço público e buscando alternativas que representem a sua efetiva solução, de modo a proporcionar maior segurança jurídica a quem contrata uma concessão.

Na verdade, e conforme visto, para a doutrina tradicional o equilíbrio econômico-financeiro e o sistema de distribuição de riscos contratuais estão proximamente ligados à garantia de manutenção das condições da proposta inicial. Fora isso, eventos ocorridos deverão se encaixar, de alguma forma, na classificação prévia das áleas. E aqui reside a grande crítica quanto a teoria das áleas, sobre a qual é de importância ímpar a afirmação de Vera Monteiro:

---

[48] FRANCO SOBRINHO, Manoel de Oliveira. **Contratos administrativos**. São Paulo: Saraiva, 1981. p. 81.

[...] a classificação genérica entre álea ordinária e álea extraordinária é pouco útil na concessão. As áleas precisam ser previamente identificadas e detalhadas, sendo natural que o contrato faça a alocação dos riscos a partir de uma lógica econômica.[49]

Ainda mais contundente ao criticar tal visão tradicional, Marcos Augusto Perez chega a sustentar que a teoria das áleas seria simplista, despreocupada com a formulação de soluções preventivas, e mesmo inepta a solucionar muitos dos problemas que surgem na tratativa dos riscos nas concessões de serviços públicos. Prossegue o autor asseverando que sem ser capaz de produzir uma solução concreta, a teoria das áleas, muitas vezes, chega a criar novos problemas.[50]

E a grande e irrestrita aceitação dessa teoria faz com que a manutenção do equilíbrio econômico-financeiro seja realizada com base em regras aprioristicas, afastando a possibilidade de conferir flexibilidade aos contratantes (agente privado e Poder Público) na distribuição de riscos.

Eugenia Cristina Cleto Marolla reconhece que a teoria das áleas tem sido utilizada constantemente para ao menos atenuar os problemas gerados pelos riscos atinentes às concessões de serviços públicos. Para a autora, a realização de um planejamento mais acurado, de estudos técnicos meticulosos, da elaboração de cláusulas contratuais mais claras, constituem "soluções" a tais problemas, visto que se poderá melhor determinar e quantificar os riscos da contratação. Todavia, importante frisar, como faz a autora, que tal planejamento não pretende a eliminação dos riscos, mas a sua previsão, o seu equacionamento, e a redução de conflitos entre as partes ao longo da execução do contrato de concessão.[51]

Some-se tais críticas ao já dito em relação à interpretação da expressão "por sua conta e risco", e fica configurado um panorama de muito debate, de carência de soluções jurídicas, o que acaba gerando um cenário de incerteza no campo doutrinário e de ineficiência no campo prático.

Egon Bockmann Moreira, que também milita em favor da releitura da expressão "por sua conta e risco", defende que seja feita uma "reconstrução" de seu significado a partir do reconhecimento da

---

[49] MONTEIRO, Vera. **Concessão**..., p. 170.
[50] PEREZ, Marcos Augusto. **O risco no contrato de concessão de serviço público**. Belo Horizonte: Fórum, 2006, p. 112-115.
[51] MAROLLA, Eugenia Cristina Cleto. **Concessões de serviço público**..., p. 123-125.

dificuldade na própria definição dos riscos envolvidos na concessão, e da necessidade de se distribuir a titularidade desses riscos entre os contratantes de forma prévia, nítida e eficiente.[52] Ou seja, deve-se rever a interpretação acrítica da Lei de Concessões, moderando-se seu teor quanto à submissão total do concessionário aos riscos envoltos no contrato de concessão. Logo, deve-se entender que não se transfere, de forma irretocável, todos os riscos para o concessionário, mas apenas aqueles, diante das especificidades do contrato, do contexto econômico, e com olhos ao ditame constitucional da eficiência administrativa, que forem mais bem suportados por ele.

Portanto, mesmo que não exista, em relação às concessões, previsão legal expressa acerca da repartição objetiva de riscos (como ocorre nas parcerias público-privadas), a realização de um planejamento adequado, a elaboração de estudos prévios à concessão, bem como a efetivação de uma nova interpretação da Lei nº 8.987/95 (segundo a qual o concessionário presta o serviço por sua conta e risco) já figuram como elementos cruciais para o estabelecimento de uma nova dinâmica contratual pública.

E em que pese essa impossibilidade de previsibilidade total dos riscos inerentes à concessão, Marcos Augusto Perez destaca a importância da descrição dos riscos, de sua divisão entre as partes, das garantias e das fórmulas para a solução de situações controvertidas. Para o autor:

> A solução desses problemas (afora evidentemente o acionamento dos controles típicos da administração pública) passa por uma atenção maior dos administradores em relação às formalidades contratuais da concessão. Melhor dizendo, o planejamento e demais estudos técnicos e econômicos efetuados na fase interna da licitação de uma concessão devem necessariamente reverter-se em cláusulas contratuais ou regulamentares, de modo a tornar absolutamente claro quais os riscos da contratação, como se encontram divididas entre partes do contrato e quais são os mecanismos desde logo previstos, para a solução das controvérsias eventualmente ocorrentes em razão dos riscos assumidos [...][53]

No tocante às concessões comuns de serviço público, Eugenia Cristina Cleto Marolla ressalta a importância desse planejamento, com a demarcação prévia de responsabilidade, identificação de quais fatos serão considerados como álea ordinária e extraordinária, sendo essencial a sua realização na determinação do processo de formação e

---

[52] MOREIRA, Egon Bockmann. **Direito das concessões de serviço público:** inteligência da Lei 8.987/95 (parte geral). São Paulo: Malheiros, 2010. p. 118.

[53] PEREZ, Marcos Augusto. **O risco no contrato de concessão de serviço público**..., p. 143.

recomposição do equilíbrio econômico financeiro, "seja porque deve prever e alocar os riscos a que a concessão está sujeita, definir os encargos do concessionário, o tempo de duração do contrato, antever índices de reajuste e a periodicidade das revisões contratuais ordinárias".[54]

A autora reconhece que nas parcerias público-privadas há maior liberdade no que concerne à alocação de riscos. Isso porque entende que na concessão comum a existência de previsão contratual de riscos tem por finalidade evidenciar e quantificar as áleas ordinárias. Justamente em razão disso que o planejamento deve ser realizado de forma cada vez mais rigorosa e detalhada, para que o concessionário tenha, desde o início, total conhecimento dos riscos ordinários que se sujeitará.[55]

Dessa forma, sustenta que a garantia da equação econômica financeira do contrato não se destina a afastar os riscos, mas preservação do binômio encargos-vantagens. Os contratantes, nessa visão, estão plenamente cientes da divisão dos riscos, e a responsabilidade por tais riscos deve obedecer à teoria das áleas.[56]

Além disso, há quem sustente, como o faz Fernando Vernalha Guimarães, que de uma interpretação sistemática da legislação vigente, pode-se aplicar o regramento da Lei nº 11.079/04, que autoriza expressamente a partilha contratual dos riscos nos contratos de PPP. Isso porque a afinidade entre esses contratos e as concessões comuns é muito maior do que em relação aos "contratos administrativos gerais", regulamentados basicamente pela Lei nº 8.666/93. Conclui o autor, a partir dessa análise, que não há nada na legislação que impeça a livre alocação de riscos, inclusive os extraordinários, no âmbito das concessões comuns.[57]

Enfim, o questionamento feito no início do tópico ("há como se aplicar, às concessões comuns (aos contratos administrativos de uma maneira geral) a lógica da repartição objetiva de riscos inaugurada pela Lei de PPPs?") parece ter então duas respostas aceitáveis.

Em primeiro lugar, pode-se responder afirmativamente. De fato, há espaço no ordenamento jurídico pátrio para que a partilha contratual de riscos seja realizada também no âmbito das concessões comuns. Esse espaço para autorregulação em matéria de alocação de riscos, ordinário e extraordinário, não encontra óbice nem no texto constitucional, nem na legislação infraconstitucional.[58]

---

[54] MAROLLA, Eugenia Cristina Cleto. **Concessões de serviço público**..., p. 128.
[55] MAROLLA, Eugenia Cristina Cleto. **Concessões de serviço público**..., p. 135.
[56] MAROLLA, Eugenia Cristina Cleto. **Concessões de serviço público**..., p. 134-135.
[57] GUIMARÃES, Fernando Vernalha. **Parceria público-privada**..., p. 309.
[58] GUIMARÃES, Fernando Vernalha. **Concessão de serviço público**. São Paulo: Saraiva, 2012. p. 255-256.

Em segundo lugar, e uma resposta que se dá com muito mais segurança, deixa-se de lado o debate sobre a aplicação da regra explícita de repartição contratual de riscos (art. 4º, VI e art. 5º, III da Lei nº 11.079/04) às concessões comuns, para se afirmar que hão de ser buscados critérios que possam ser utilizados pela Administração para que se tenha uma alocação e uma gestão eficiente dos riscos.

Ao inaugurar um novo regime de contratação pública, a Lei Federal das PPPs, dentre outras medidas mitigadoras do risco do parceiro privado, inovou em se tratando de repartição das áleas contratuais. E esse modelo deve ser mais explorado, independentemente da aplicação do dispositivo legal que o prevê.

Na verdade, o interessante é que essa lógica trazida pela lei seja observada. Atualmente, o que se tem visto nos contratos de concessão, em suma, é o instituto do equilíbrio econômico-financeiro como uma garantia com a finalidade de evitar as consequências perversas da mutabilidade dos contratos públicos. É, portanto, um instrumento para remediar a incompletude dos contraltos.

Por outro lado, com o advento da regulamentação das parcerias público-privadas no direito brasileiro, surge uma nova possibilidade de engenharia contratual: a alocação dos riscos feita de maneira prévia, no próprio contrato administrativo. Não há como se prever todos os riscos aos quais se sujeitarão os contratantes. Todavia, aqueles que podem ser previstos devem ser bem analisados e então previamente repartidos, como ocorre, por exemplo, nas chamadas matrizes de riscos, anexadas a alguns contratos.

A realização de um planejamento, de um estudo detalhado prévio, é plenamente recomendável a todos os contratos administrativos, sobretudo os contratos de concessão, de execução mais longa e de objeto mais complexo que diversos outros. Nesse sentido, a gestão dos riscos pode, e deve, ser levada em consideração nesse planejamento anterior à concessão, quando então se poderá buscar melhorar os resultados da própria concessão, em atendimento ao mandamento constitucional da eficiência administrativa: serviços públicos de maior qualidade, tarifas mais baixas (já que havia uma redução da "precificação" dos riscos), dentre outros ganhos ao interesse público.

Afirma-se repetidamente na doutrina pátria que o equilíbrio econômico-financeiro consiste na garantia da manutenção das condições de pagamento inicialmente estabelecidas no contrato, a fim de que se mantenha estável a relação entre as obrigações do contratado e a retribuição da Administração, para a justa remuneração da obra, serviço ou fornecimento.

O reequilíbrio econômico-financeiro do contrato se justifica, entretanto, apenas em casos que a própria lei elenca como "patológicos": fato imprevisível, ou previsível, porém de consequências incalculáveis, retardadores ou impeditivos da execução do que foi contratado; caso de força maior, caso fortuito ou fato do príncipe, configurando álea econômica (probabilidade de perda concomitante à probabilidade de lucro) extraordinária e extracontratual.

A resposta então se dirige ao estabelecimento de mecanismos de resguardo do equilíbrio econômico-financeiro complementares à matriz de riscos, à distribuição prévia de áleas (cuja ordinariedade ou extraordinariedade são difíceis de determinar) a partir da importação não de um único dispositivo legal, mas de uma lógica de eficiência sugerida pela Lei que disciplina as parcerias público-privadas. Só assim, aliás, poder-se-á fazer com que postulados jurídicos possam se harmonizar com regras econômicas, hoje muitas vezes deixadas de lado na elaboração de contratos públicos, deixando que postulados tradicionais (teoria das áleas e teoria da imprevisão) fundamentem soluções contingentes.

Porém, todo esse conjunto se postulados se baseia em uma forma bastante simplista da expressão "por sua conta e risco", prevista Lei nº 8.987/95, a partir da qual se dividem os riscos na concessão de serviço em ordinários e extraordinários, ficando a cargo do concessionário a assunção dos riscos ditos ordinários. Tal leitura tradicional, em que pese superficial, torna-se em verdade extremamente rígida, ao impor limitações à alocação eficiente dos riscos e, por conseguinte, põe em risco a própria prestação adequada do serviço, pois problema é saber como se concilia a ideia de equilíbrio econômico-financeiro com a ideia de que a execução do serviço, na concessão, se faz por conta e risco do concessionário.

E a grande possibilidade de solução para esse problema já se encontra prevista na legislação brasileira, porém na lei que disciplina especificamente as concessões administrativas e patrocinadas, e não as concessões comuns de serviço público. A repartição objetiva de riscos, a partir da qual se poderia atenuar a expressão "por sua conta e risco", compreendendo-a não como uma transferência ao concessionário de todos os riscos inerentes ao empreendimento, mas em um trespasse apenas dos riscos de acordo com o que foi estabelecido no contrato.

Os riscos devem ser avaliados, contrato a contrato, de acordem conformidade com as características de cada projeto e dos objetivos pretendidos pelo Estado. Isso deve se tornar uma prática, e não apenas teoria. Devem ser bem estudados e constarem do processo de contratação todas as categorias de riscos rastreados para aquela concessão específica: os riscos suportados integralmente por uma das partes, aqueles transferíveis para o concessionário privado, bem como os riscos compartilháveis entre os setores público e o privado. A identificação detalhada dos riscos pode ser feita (e é feita normalmente nos contratos de PPP) por intermédio de uma ferramenta de análise financeira, a matriz de riscos, na qual é apresentada uma lista exaustiva dos riscos do projeto e a repartição dos mesmos entre os diferentes parceiros, possibilitando a visualização completa dos riscos inerentes àquele contrato, e o conhecimento, por ambas as partes, de quem os arcará.

Enfim, o desígnio maior deste trabalho é a defesa da articulação de nova modelagem contratual, em que os riscos inerentes ao objeto do contrato administrativo sejam efetiva e detalhadamente identificados, avaliados, distribuídos, minimizados e monitorados de modo que se possa, objetivamente e de acordo com o norte constitucional previsto para tanto (princípio da eficiência), gerir esses riscos eficazmente do início ao fim da execução dos contratos públicos.

Ao lado disso, as disposições legais que garantem o equilíbrio econômico-financeiro devem ser aplicadas, em verdade, apenas quando o contrato não estabelecer algo diverso. Isto é, haverá de ser avaliado o desequilíbrio, e quem arcará com os prejuízos por ele causados, quando o mesmo não estiver abarcado, de alguma forma, no planejamento anterior à contratação. Como exemplo, falou-se da elaboração de uma matriz de risco específica adaptada ao contexto da concessão (comum, administrativa ou patrocinada), na qual serão elencados os riscos cuja previsão seja possível, ou ao menos estimada, suas mitigantes, e quem arcará com os mesmos, a partir do princípio de que quem o fará será aquele contratante que pode geri-lo da forma mais eficiente.

Nesse sentido, parte-se da premissa básica, sob a denominação de princípio, de que a atribuição do risco se faz a quem tem melhor capacidade de gerenciá-lo. Trata-se, portanto, de uma alocação eficiente dos riscos de cada forma de contratação. Deve-se refletir, já como conclusão à premissa, sobre a elaboração de arranjos contratuais que, a partir da construção de uma matriz de risco própria àquele ajuste, distribuam eficazmente o risco entre os contratantes.

Por fim, e precisamente quanto aos contratos de concessão, há que se rever a aplicabilidade acrítica da teoria das áleas ordinárias e extraordinárias, a qual, a partir dos postulados tradicionais, evidenciar--se-ia insuficiente para resolver, sozinha, a problemática atinente aos riscos verificados nas concessões de serviço público. Ademais, não há mais espaço para uma interpretação no sentido de alocar todos os riscos ao concessionário, o qual, na bem da verdade, acaba transferido o custo da insegurança em relação a esses riscos ao usuário, seja pela queda na qualidade do serviço, seja pelo aumento tarifário.

5 Conclusões

Como afirmado, o presente estudo se dirigiu à verificação da dinâmica das regras jurídicas e econômicas nos contratos públicos sob o viés, sobretudo, da alocação e gestão de riscos. Afinal, evidenciou-se a importância de que se reveja o tradicional hábito de a Administração Pública assinar contratos previamente tabulados, independentemente das circunstâncias de fato que permearão o implemento de suas avenças, sejam elas contratos de concessão, parceria público-privadas etc.

Uma investigação sobre as diferentes formas de arranjo contratual que a Administração Pública tem experimentado se justifica, então, em primeiro lugar, diante do cenário anteriormente narrado de multiplicação das formas contratuais utilizadas pelo Estado, o levantamento e a descrição dos principais arranjos contratuais existentes se torna imprescindível. Nesse quadro descritivo, os mecanismos possíveis de distribuição dos riscos entre os contratantes (público e privado) tiveram maior destaque, haja vista a necessidade de estabelecer um panorama das possibilidades que o administrador tem à sua frente quando pretende ver realizada determinada obra pública, delegar um serviço público etc.

Em segundo lugar, cumpre ressaltar que a alocação de risco entre os contratantes (seja na concessão de serviços públicos, seja nas parcerias público-privadas etc.) é central nas avenças firmadas pela Administração Pública, na medida em que influencia diretamente o volume de investimentos, a divisão de responsabilidades, e a própria qualidade dos resultados buscados. Assim, a sistematização dos modelos existentes, e um aprofundamento sobre as maneiras como o risco é partilhado em cada um desses modelos, tem papel central em todos os pontos que se adentrou no trabalho, mormente quando consideradas as transformações pelas quais vem passando o Estado, cada vez mais contratualizado.

Não fica difícil verificar, partindo dessas premissas, que a estipulação de modelos de gerenciamento de riscos traduz-se na implantação de mecanismos de controle preventivos. Por outro lado, a gestão dos riscos, com o seu monitoramento posterior à assinatura do ajuste, também é tarefa fundamental a ser empreendida pela Administração e pelo privado quando da execução de contratos. Portanto, e em que pese a importância da avaliação pré-contratual dos riscos, há que se ter em mente que os riscos são suscetíveis a mudanças continuamente a medida que a execução do contrato vai sendo realizada. Por óbvio, deve figurar como compromissos das partes contratantes — privados ou públicos — assegurar que os riscos sejam regularmente monitorados e revistos. A relevância do tema, considerada essa afirmação, vai se tornando ainda mais visível.

Antes da assinatura e durante a execução de contratos com os privados, importante que a Administração conheça de antemão, por exemplo, os riscos, suas possíveis implicações e seus mitigantes. Ocorre que diversas possibilidades de arranjos contratuais foram sendo desenvolvidos ao longo do tempo, sem que as regras gerais de distribuição de riscos fossem estabelecidas. Além disso, não bastasse o aumento na quantidade de contratos, houve um exponencial crescimento nas possibilidades de modelagens dos ajustes firmados pela Administração com os particulares.

E o resguardo ao equilíbrio econômico-financeiro dos contratos de concessão tem sido, na verdade, um remédio genérico para uma infinidade de situações, sobretudo aquelas não previstas no contrato de concessão. A dinâmica de riscos imposta pelo processo de complexização das relações contratuais do Estado não se coaduna com respostas paliativas e aprioristicas, e a sustentação dessa afirmação foi a linha condutora de praticamente todo o trabalho.

Em sendo assim, conclui-se o presente estudo com a provocação de que haja uma nova compreensão acerca dos contratos públicos, considerando o princípio da eficiência como fator imprescindível à governança pública. Evidenciar uma nova maneira de encarar o direito contratual público, mais aberto às repercussões econômicas das avenças, contribui para que, diante das lacunas legais existentes, sejam estabelecidos critérios para que se desenhem, nos contratos administrativos, cláusulas contratuais de repartição de risco direcionadas ao atendimento do interesse público, à qualificação do serviço etc. O que se pretende é demonstrar a veemente necessidade de que o arranjo contratual reflita certas características do objeto contratado, sob pena de perdas inexoráveis de eficiência. Essa concretização do princípio constitucional da eficiência administrativa deve dar o tom de todos os contratos públicos, mormente aqueles que envolvem grandes volumes de recursos, projetos complexos etc.

Referências

AMARAL, Antônio Carlos Cintra do. **Licitação e contrato administrativo**: estudos, pareceres e comentários. 3. ed. Belo Horizonte: Fórum, 2010.

_____. O reequilíbrio econômico-financeiro dos contratos de concessão de rodovias. **Revista do Advogado**, São Paulo: Associação dos Advogados de São Paulo, v. 29, n. 107, p. 25-32, Dez. 2009.

ARAGÃO, Alexandre Santos de. **Direito dos Serviços Públicos**. Rio de Janeiro: Forense, 2007.

_____. As Parcerias Público-Privadas – PPP's no Direito Positivo Brasileiro. **Revista Eletrônica de Direito Administrativo Econômico**, Salvador, Instituto de Direito Público da Bahia, nº. 2, maio-jun-jul, 2005. Disponível em: <http://www.direitodoestado.com.br>. Acesso em: 25 de março de 2012.

ARAÚJO, Sonia; SUTHERLAND, Douglas. Public-Private Partnerships and Investment in Infrastructure. *In*: **OECD Economics Department Working Papers**, N. 803, OECD Publishing, 2010. Disponível em <http://dx.doi.org/10.1787/5km7jf6q8f0t-en>. Acesso em: 20.09.2011.

BACELLAR FILHO, Romeu Felipe. Contrato Administrativo. *In*: BACELLAR FILHO, Romeu Felipe (Coord.). **Direito Administrativo Contemporâneo**: Estudos em Memória ao Professor Manoel de Oliveira Franco Sobrinho. Belo Horizonte: Fórum, 2004.

_____. **Direito administrativo**. 4. ed. São Paulo: Saraiva, 2008.

BLANCHET, Luiz Alberto. **Concessão e permissão de serviços públicos**. Curitiba: Juruá, 1995.

BOURGES, Fernanda Schuhli. **Serviços públicos concedidos: acesso e remuneração**. Curitiba, 2007, 230 f. Dissertação (Mestrado em Direito do Estado) – Pós-Graduação em Direito da Universidade Federal do Paraná.

DI PIETRO, Maria Sylvia Zanella. **Direito administrativo**. 23. ed. São Paulo: Atlas, 2010.

_____. **Parcerias na Administração Pública**. 5. ed. São Paulo: Atlas, 2005.

FERNANDEZ, Rodrigo Nobre; CARRARO, André. A Teoria Econômica das Parcerias Público-Privadas: Uma análise microeconômica. *In*: **XIV Encontro de Economia da Região Sul, ANPEC – SUL**, Florianópolis, 2011. Disponível em <http://www.anpecsul2011.ufsc.br/?go=download&path=2&arquivo=4_974973041.pdf>. Acesso em: 20.09.11.

FRANCO SOBRINHO, Manoel de Oliveira. **Contratos administrativos**. São Paulo: Saraiva, 1981.

FURTADO, Lucas Rocha. **Curso de licitações e contratos administrativos**. 3. ed. Belo Horizonte: Fórum, 2010.

GABARDO, Emerson. **Princípio constitucional da eficiência administrativa**. São Paulo: Dialética, 2002.

GUIMARÃES, Fernando Vernalha. **Parceria público-privada**. São Paulo: Saraiva, 2012.

_____. **Concessão de serviço público**. São Paulo: Saraiva, 2012.

JUSTEN FILHO, Marçal. **Comentários à Lei de Licitações e Contratos Administrativos**. 14 ed. São Paulo: Dialética, 2010.

GUILHERME DE SALLES GONÇALVES, EMERSON GABARDO (COORD.)
DIREITO DA INFRAESTRUTURA

_____. **Curso de direito administrativo**. 4. ed. São Paulo: Saraiva, 2009.

_____. **Teoria Geral das Concessões de Serviço Público**. São Paulo: Dialética, 2003.

MARINS, Vinicius. Direito econômico das parcerias público-privadas. Biblioteca Digital **Fórum Administrativo** – Direito Público – FA, Belo Horizonte,ano 7, n. 72, fev. 2007. Disponível em: <http://www.bidforum.com.br/bid/PDI0006.aspx?pdiCntd=39199>. Acesso em: 9 março 2012.

MARINS, Vinicius; OLIVEIRA, Rodrigo Reis de. As parcerias público-privadas e o problema da alocação de riscos: uma análise do caso da modernização do Estádio "Mineirão" para a Copa do Mundo de 2014. **Fórum de Contratação e Gestão Pública** – FCGP, Belo Horizonte, ano 10, n. 111, p. 31-55, mar. 2011.

MAROLLA, Eugenia Cristina Cleto. **Concessões de serviço público:** a equação econômica financeira dos contratos. São Paulo: Verbatim, 2011.

MATTOS, Mauro Roberto Gomes de. **O contrato administrativo**. 2. ed. Rio de Janeiro: América Jurídica, 2002,

MELLO, Celso Antônio Bandeira de. **Curso de direito administrativo**. 27. ed. São Paulo: Malheiros, 2010.

MONTEIRO, Vera. **Concessão**. São Paulo: Malheiros, 2010.

MOREIRA, Egon Bockmann. **Direito das concessões de serviço público:** inteligência da Lei 8.987/95 (parte geral). São Paulo: Malheiros, 2010.

NÓBREGA, Marcos. Riscos em projetos de infraestrutura: incompletude contratual; concessões de serviço público e PPPs. *In*: **Revista Eletrônica de Direito Administrativo Econômico**, Salvador, Instituto Brasileiro de Direito Público, nº 22, maio/junho/julho, 2010. Disponível em: <http://www.direitodoestado.com/revista/REDAE-22-MAIO-2010-MARCOS-NOBREGA.pdf>. Acesso em: 12 de setembro de 2011.

OLIVEIRA, Gustavo Henrique Justino de. Parceria Público-Privada e Direito ao Desenvolvimento: uma abordagem necessária. Governet. **Boletim de Convênios e Parcerias**, v. 1, p. 76-95, 2011.

PEREIRA JÚNIOR, Jessé Torres; DOTTI, Marinês Restelatto. Alterações do contrato administrativo: releitura das normas de regência à luz do gerenciamento de riscos, em gestão pública comprometida com resultados. **Fórum de Contratação e Gestão Pública – FCGP**. Belo Horizonte, ano 8, n. 88, p. 11-13, abr. 2009.

PEREZ, Marcos Augusto. **O risco no contrato de concessão de serviço público**. Belo Horizonte: Fórum, 2006.

PIETRO, Maria Sylvia Zanella di. Ainda existem os chamados contratos administrativos. In: _____; RIBEIRO, Carlos Vinícius Alves. (Org.). **Supremacia do Interesse Público e outros temas relevantes do Direito Administrativo**. São Paulo: Atlas, 2010.

_____. **Direito Administrativo**. 22. ed. São Paulo: Atlas, 2009.

_____. **Parcerias na administração pública:** concessão, permissão, franquia, terceirização, parceria público-privada e outras formas. 5. ed. São Paulo: Atlas, 2005.

POLTRONIERI, Renato. **Parceria público-privada e a atuação administrativa**. São Paulo: Juarez de Oliveira, 2005.

SOUTO, Marcos Juruena Villela. **Direito administrativo das concessões**. 5. ed. Rio de Janeiro: Lumen Juris, 2005.

_____. Parcerias Público-Privadas. In: _____. **Direito Administrativo das Parcerias.** Rio de Janeiro: Lumen Juris, 2005.

SUNDFELD, Carlos Ari. Guia jurídico das Parcerias Público-Privadas. In: _____ (Coord.). **Parcerias Público-Privadas.** São Paulo: Malheiros, 2005.

SUNDFELD, Carlos Ari. **Licitação e Contratos Administrativos.** 2. ed. São Paulo: Malheiros, 1995.

VALLE, Vanice Lírio do. Traduzindo o Conceito de Gestão de Riscos para o Código do Direito: Exercício Indispensável à Modelagem das PPPs. **Interesse Público,** Porto Alegre: Notadez, v. 6, n. 34, p. 35-42, nov./dez. 2005.

VIOLIN, Tarso Cabral. **Terceiro setor e as parcerias com a administração pública: uma análise crítica.** Belo Horizonte: Fórum, 2006.

Informação bibliográfica deste texto, conforme a NBR 6023:2002 da Associação Brasileira de Normas Técnicas (ABNT):

ROCHA, Iggor Gomes. Concessão de serviço público e parceria público-privada: da garantia ao equilíbrio econômico-financeiro à partilha contratual de riscos. *In*: GONÇALVES, Guilherme de Salles; GABARDO, Emerson (Coord.). *Direito da Infraestrutura*: temas de organização do Estado, serviços públicos e intervenção administrativa. Belo Horizonte: Fórum, 2012. p. 97-133. ISBN: 978-85-7700-633-5.

REFORMA ADMINISTRATIVA, INFRAESTRUTURAS E INSTRUMENTOS DE GESTÃO INTERFEDERATIVA DE SERVIÇOS PÚBLICOS

MARCELO AUGUSTO BIEHL ORTOLAN

1 Introdução

Conforme classificação proposta por José Afonso da Silva, o sistema brasileiro de serviços públicos é, como nos Estados Unidos, o de *execução imediata*, segundo o qual "a União, Estados, Distrito Federal e Municípios mantêm, cada qual, seu corpo de servidores públicos, destinados a executar os serviços das respectivas administrações (arts. 37 e 39)".[1] Isso quer dizer que, na federação brasileira, a União, os Estados, o Distrito Federal e os Municípios, cada um com administração própria e autônoma (direta ou indireta), através de seu próprio quadro de funcionários, fica responsável pela execução das competências que lhes foram constitucionalmente atribuídas.

Principiar o presente estudo destacando essa característica do sistema constitucional de repartição de competências administrativas adotada pela federação brasileira é de grande relevância, pois a forma

---

[1] SILVA, José Afonso da. **Curso de Direito Constitucional Positivo**. 29 ed. rev. e atual. São Paulo: Malheiros, 2007. p. 482.

de execução dos serviços públicos nelas previstas é por ela diretamente influenciada. Nesse sentido, assevera Dinorá Adelaide Musetti Grotti que:

> É inquestionável a existência de uma relação entre os modelos de Estado e as teorias das formas de atuação da Administração Pública, pois aquele modelo adotado em certo momento e em certo local, guarda estreita relação com as funções pertinentes à respectiva Administração Pública.[2]

De fato, deve-se observar que além do enfoque subjetivo que vincula o conceito de Administração Pública a um conjunto de bens e direitos que estruturam os órgãos que exercitam a atividade administrativa, há um enfoque funcional pelo qual, na lição de Marçal Justen Filho, "a Administração Pública é uma espécie de atividade, caracterizada pela adoção de providências de diversa natureza, visando à satisfação imediata dos direitos fundamentais".[3] Nesse sentido, anota Cesar Augusto Guimarães Pereira que um serviço público pressupõe além de uma decisão legislativa (que configura sua existência e características), também uma atuação material dos órgãos administrativos.[4]

A partir dessas constatações, não se deve perder de vista que a forma de disponibilização aos cidadãos de relevantes serviços públicos dependerá diretamente do modelo de atuação administrativa adotado pela federação brasileira.[5] Nesse contexto, destaque-se que a Constituição Federal de 1988 buscou aproximar a federação brasileira do modelo do federalismo cooperativo, cujas principais fontes de "inspiração cooperativa" encontram-se, no plano nacional, na Constituição de 1934 e 1946,[6] e, no plano internacional, na federação alemã.

Sobre o assunto, Alessandra Aparecida Souza da Silveira sustenta que a Constituição de 88, com o objetivo de imprimir um traço mais

---

[2] GROTTI, Dinorá, Adelaide Musetti. **O serviço público e a Constituição brasileira de 1988.** São Paulo: Malheiros, 2003. p. 62.

[3] JUSTEN FILHO, Marçal. **Curso de Direito Administrativo.** 4. ed. rev. e atual. São Paulo: Saraiva, 2009. p. 166.

[4] PEREIRA, Cesar A. Guimarães. **Usuários de serviços públicos:** usuários, consumidores e os aspectos econômicos dos serviços públicos. São Paulo: Saraiva, 2006. p. 247-248.

[5] A este respeito, ressalta Marçal Justen Filho que: "A federação é uma técnica de limitação do poder político, consistente na multiplicação de entes governantes... A existência da federação amplia, de modo marcante, a complexidade do regime de direito administrativo. Pode-se dizer que, dentre as três funções estatais, é a administrativa aquele que enfrenta maiores dificuldades para receber uma organização sistemática numa federação". JUSTEN FILHO, Marçal. Obra citada, p.112.

[6] ALMEIDA, Fernanda Dias Menezes de. **Competências na Constituição de 1988.** 4 ed. São Paulo: Atlas, 2007. p. 60.

cooperativo ao sistema federativo brasileiro, formalizou várias "sugestões cooperativas" em seu texto: como as competências legislativas concorrentes, no artigo 24; as competências administrativas comuns, no artigo 23, e, em seu parágrafo único, a previsão da elaboração de leis complementares para regular o exercício dessas competências, com vistas ao equilíbrio do desenvolvimento e do bem-estar em âmbito nacional; no artigo 25, §3º, a figura das regiões metropolitanas, aglomerações urbanas e microrregiões, para integrar a organização, o planejamento e a execução de funções públicas de interesse comum; no artigo 43, a previsão de elaboração de planos para integração das regiões da federação, visando seu desenvolvimento e redução das desigualdades sociais; a figura da compensação financeira do artigo 161, II, a fim de garantir o equilíbrio socioeconômico entre os entes federados; e no artigo 241, a previsão dos instrumentos dos consórcios públicos e dos convênios de cooperação para a gestão associada de tarefas e serviços públicos.[7]

Ocorre que, apesar de constituir-se em aspecto amplamente ignorado pela literatura constitucional, o *modelo federativo administrativo* brasileiro, pela falta de concretização de tais instrumentos de cooperação pelo legislador ordinário, continuou a seguir os moldes do federalismo estadunidense. Na prática, a execução das tarefas e serviços públicos decorrentes das competências administrativas constitucionalmente outorgadas à União, Estados e Municípios ocorre de maneira autônoma, independente e isolada dentro do âmbito territorial de cada esfera governamental.

Essa situação, contudo, alterou-se com a implementação da chamada Reforma Administrativa através da Emenda Constitucional nº 19/1998, que conferiu nova redação ao artigo 241 da Constituição Federal, autorizando a gestão associada de serviços públicos entre os entes da federação.[8] Atualmente a gestão interfederativa de serviços públicos ganha renovado enfoque em virtude da urgente necessidade

---

[7] SILVEIRA, Alessandra Aparecida Souza da. A cooperação intergovernamental no Estado composto brasileiro: análise jurídico-constitucional. **Anais VII Congresso Internacional del CLAD sobre la Reforma del Estado y de la Administración Pública**. Lisboa, Portugal, 8-11 Oct. 2002. p. 16-17.

[8] Conforme redação dada pela Emenda Constitucional nº 19, de 1998: "Art. 241. A União, os Estados, o Distrito Federal e os Municípios disciplinarão por meio de lei os consórcios públicos e os convênios de cooperação entre os entes federados, autorizando a gestão associada de serviços públicos, bem como a transferência total ou parcial de encargos, serviços, pessoal e bens essenciais à continuidade dos serviços transferidos". A antiga redação (revogada) do artigo 241 era: "Art. 241. Aos delegados de polícia de carreira aplica-se o princípio do art. 39, §1º, correspondente às carreiras disciplinadas no art. 135 desta Constituição".

de implementação de grandes infraestruturas, pois, como bem explica Thiago Marrara:

> Na realidade, toda e qualquer grande infraestrutura sempre assume inegável papel social, uma vez que, seus efeitos diretos ou indiretos, condiciona o exercício de direitos fundamentais básicos pelos cidadãos. [...] [Assim,] do ponto de vista administrativo, as infraestruturas surgem como condição fática para a distribuição de serviços públicos de natureza econômica e industrial, serviços públicos sociais e atividades econômicas monopolizadas pelo Estado.[9]

Em face do exposto, passa-se a investigar as principais alterações trazidas ao modelo federativo administrativo brasileiro, bem como o regime jurídico dos novos instrumentos administrativos que poderão ser utilizados para implementar a gestão cooperativa dos chamados serviços públicos de infraestrutura, como transporte coletivo público e saneamento.

2 O sistema constitucional de competências administrativas comuns e reforma administrativa

A Constituição de 1988 estabeleceu um catálogo de competências administrativas privativas à União (art. 21), enumerou algumas competências pontuais para os Estados (art. 25, §2º) e também para os Municípios (art. 30, V), e estabeleceu uma lista de competências administrativas comuns entre os entes federativos. Na lista de competências administrativas comuns foram condensadas matérias não exclusivas, paralelas ou cumulativas, que podem ser implementadas em condições de igualdade e de maneira plena pela União, Estados, Distrito Federal e Municípios. De acordo com José Afonso da Silva, competência comum significaria:

> a faculdade de legislar ou praticar certos atos, em determinada esfera, juntamente e em pé de igualdade, consistindo, pois, num campo de atuação comum às várias entidades, sem que o exercício de uma venha a excluir a competência de outra, que pode assim ser exercida cumulativamente.[10]

---

[9] MARRARA, Thiago. Regulação sustentável de infraestruturas. **Revista Brasileira de Infraestrutura – RBINF,** Belo Horizonte, ano 1, n. 1, p. 95-120, jan./jun. 2012, p. 98.

[10] SILVA, José Afonso da. **Curso de Direito Constitucional Positivo...,** p. 481.

É consenso na doutrina a afirmação de que a incorporação desse instituto de codecisão administrativa foi empreendida com a intenção de aproximar a federação brasileira ao modelo do federalismo cooperativo alemão,[11] e, por consequência, afastar o modelo de gestão centralizada no governo federal das políticas públicas, que caracterizou a "federação" do regime militar. A esse respeito, a cientista política Marta Arretche destaca que nos anos 70 e 80 a democratização do processo decisório veio associada à crença de que a descentralização das políticas públicas traria a tão almejada eficiência na gestão pública:

> Uma das reivindicações democráticas dos anos de 1970 e 1980 consistia na descentralização das políticas públicas. A avaliação unânime de que a excessiva centralização decisória do regime militar havia produzido ineficiência, corrupção e consenso — que reunia, na verdade, correntes políticas à esquerda e à direita — em torno das virtudes da descentralização. Esta última — esperava-se — produziria eficiência, participação, transparência, *accountability*, entre outras virtudes da gestão pública. Assim, no Brasil dos anos de 1980, centralização e autoritarismo eram ambos encarados como filhos da ditadura, ao passo que descentralização, democratização do processo decisório e eficiência na gestão pública andariam automaticamente juntas.[12]

Nesse sentido, a superposição de tarefas prevista pela competência administrativa comum foi idealizada com o grande objetivo de ampliar a possibilidade de execução daquelas tarefas públicas a qualquer ente federativo (União, Estado, Distrito Federal ou Município ou todos cumulativamente), com ganhos para a descentralização administrativa.[13]

A história demonstrou que a superposição das tarefas administrativas previstas no artigo 23, Constituição Federal, conduziu, de fato, à perseguida descentralização administrativa. Nas palavras de Marta Arretche, "já nos anos de 90 e já completada a institucionalização do Estado federativo, implementou-se um extensivo programa de descentralização na área das políticas sociais".[14] Ocorre, contudo, que

---

[11] KRELL, Andreas J. **Leis de Normas Gerais, Regulamentação do Poder Executivo e Cooperação Intergovernamental em Tempos de Reforma Federativa**. Belo Horizonte: Fórum, 2008, p. 49.

[12] ARRETCHE, Marta. Relações Federativas nas Políticas Sociais. **Revista Educ. Soc.**, Campinas, v. 23, n.80, setembro/2002, p. 25. Disponível em <http://www.cedes.unicamp.br>.

[13] KRELL, Andreas J. **Leis de Normas Gerais, Regulamentação do Poder Executivo e Cooperação Intergovernamental em Tempos de Reforma Federativa...**, p. 52-53.

[14] ARRETCHE, Marta. Relações Federativas nas Políticas Sociais. **Revista Educ. Soc....**, p. 27.

a descentralização que se viu ocorrer na federação brasileira foi uma *descentralização descoordenada*, justamente em razão da falta de previsão de meios de coordenação desse processo. A respeito desse lento processo de descentralização descoordenada, denominada pelos estudiosos de *descentralização por ausência*, asseverou Gilberto Bercovici que:

> Após a Constituição de 1988, de modo lento, inconstante e descoordenado, os Estados os Municípios vêm substituindo a União em várias áreas de atuação (especialmente nas áreas da saúde, educação, habitação e saneamento), ao mesmo tempo em que outras esferas estão sem qualquer atuação governamental graças ao abandono promovido pelo Governo Federal. Política esta, de abandono de políticas sociais por parte do Governo Federal, denominada, por Maria Hermínia Tavares de Almeida e Marta Arretche, de *descentralização por ausência*. Esta transferência não planejada e descoordenada de encargos contradiz o lugar-comum de que os entes federados receberam apenas verbas e não encargos com a nova ordem constitucional. As políticas sociais não sofreram mudanças qualitativas ou se deterioraram não pela sua concentração na esfera federal, mas pela total falta de planejamento, coordenação e cooperação no processo de descentralização.[15]

Pois bem, aqui reside o principal foco de críticas quanto ao atual sistema de repartição de competências brasileiro. Em razão da falta de previsão de meios de coordenação intergovernamental, a prática administrativa brasileira, até os dias de hoje, continua marcada pela execução descoordenada e não cooperativa de suas competências administrativas, o que multiplica os esforços e os custos necessários para a execução dessas tarefas públicas e leva à omissão governamental, pela confusão das responsabilidades políticas por sua efetivação.[16] Nesse sentido, argumenta Joachim Krell que:

---

[15] BERCOVICI, Gilberto. **Desigualdades Regionais, Estado e Constituição**. São Paulo: Max Limonad, 2003, p. 180.

[16] De maneira semelhante, escreve Regina Marina Macedo Nery Ferrari que: "O art. 23 da Constituição Federal trata do que denomina competência comum... São na verdade normas programáticas, de conteúdo administrativo, que dependerão de lei complementar nacional para fixar as condições de cooperação entre os entes federativos, visando ao 'equilíbrio do desenvolvimento e do bem-estar em âmbito nacional'. É aqui que se localiza o grande problema, vale dizer: se todos os entes federativos possuem, em comum, competência administrativa para atuar, a quem cabe, por primeiro tal tarefa?" FERRARI, Regina Maria Macedo Nery. Divisão de Competências Administrativas na Federação Brasileira e o Papel dos Municípios. In: BACELLAR FILHO, Romeu Felipe (Coord.). **Direito Administrativo e Integração Regional**: Anais do V Congresso da Associação de Direito Público do Mercosul e do X Congresso Paranaense de Direito Administrativo, 2010. p. 75.

Não há dúvida de que uma das maiores razões pela falta de efetividade social das políticas públicas sempre residiu na falta de clareza no que diz respeito às competências e responsabilidades de cada nível de governo [...]. Como a Carta de 1988 tinha o objetivo de delimitar mais precisamente as competências dos entes federativos, para acabar com a tendência centralizadora anterior, o seu art. 23 estabeleceu nada menos do que 30 funções concorrentes entre os diferentes níveis; entretanto, não se definiu nenhuma hierarquia cooperativa dentro da Federação. Até hoje, essa indefinição das fronteiras das competências comuns "dificulta a responsabilização das instâncias subnacionais pelas políticas públicas" e causa "a duplicação de esforços e um aumento no custo dos serviços públicos, sem que necessariamente haja um aumento de eficiência".[17]

Deve-se ressaltar, contudo, que o parágrafo único do artigo 23, da Constituição Federal, sempre trouxe a previsão de fixação de normas para a cooperação entre os entes federados na execução dessas tarefas, com vistas ao "equilíbrio do desenvolvimento e do bem-estar em âmbito nacional", através de *leis complementares* (no plural — conforme nova redação dada pela EC nº 56/2006). Essas leis, contudo, não foram promulgadas até hoje.

Essas circunstâncias corroboram, a toda evidência, a conclusão de que o modelo de repartição das competências administrativas, assumido pela federação brasileira, ainda guarda estreita relação com o modelo federativo estadunidense, sendo caracterizado pela insuficiência de instrumentos de coordenação e cooperação administrativas na execução dos serviços e tarefas públicas, porquanto todavia não houve a preocupação do legislador ordinário em estabelecer formas de racionalizar a distribuição das competências administrativas comuns.

Em outras palavras, o federalismo brasileiro apostou na descentralização administrativa, mas não se preocupou em estabelecer instrumentos de coordenação e cooperação que garantissem a eficiência e a efetividade da prestação descentralizada dos serviços públicos. Nesse sentido, a descentralização, amplamente defendida na doutrina constitucional, passou a ser um fim em si mesmo. Daí o acerto de Thiago Marrara quando defende que um federalismo efetivamente cooperativo só será alcançado através de um *direito administrativo cooperativo*:

Ainda assim, em muitos setores extremamente relevantes para o país e em que as infraestruturas exercem um papel estratégico, nota-se certo

---

[17] KRELL, Andreas J. **Leis de Normas Gerais, Regulamentação do Poder Executivo e Cooperação Intergovernamental em Tempos de Reforma Federativa...**, p. 51-52.

isolamento normativo-organizacional das entidades federativas, sobretudo as federais, em relação aos interesses e anseios dos outros entes. [...] É preciso, contudo, superar essas deficiências para que se efetive, no Brasil, um verdadeiro federalismo cooperativo. Cooperação federativa não é algo que decorre de uma mera citação constitucional. A cooperação e a coordenação federativa exigem uma transformação do direito administrativo organizacional no sentido de se obrigar crescentemente as entidades e os órgãos públicos a agirem com respeito e consideração aos anseios, interesses e peculiaridades de todos os entes da federação. Não há federalismo cooperativo sem direito administrativo cooperativo.[18]

Nesse particular, deve-se reconhecer que a chamada Reforma Administrativa deu alguns passos no sentido de tornar o direito administrativo mais cooperativo, instituindo, no artigo 241 da Constituição, os consórcios públicos e os convênios de cooperação como instrumentos gerais de cooperação entre União, Estados, Distrito Federal e Municípios para a gestão associada de serviços públicos, transferência de encargos, serviços, pessoal e bens.[19]

Tendo isso em vista, entende-se por correta a percepção de Andreas Krell de que, "certamente, a forma sistematicamente mais adequada de inserção deste dispositivo no texto da Lei Maior teria sido a sua denominação como 'art.23-A'",[20] visto que voltado ao fomento da gestão interfederativa (ou comum) de relevantes serviços públicos.

Dentre todos os projetos de leis que tramitaram, ou que continuam em tramitação nas Câmaras Federais,[21] convém chamar a atenção que apenas uma lei veio a ser recentemente aprovada e promulgada com

---

[18] MARRARA, Thiago. Regulação sustentável de infraestruturas. **Revista Brasileira de Infraestrutura – RBINF...**, p. 98.

[19] "A nosso sentir, a iniciativa que se pretende a partir desta norma constitucional é evidente. De um lado o fomento das relações de cooperação como meio de assegurar a eficiência administrativa. De outro, uma razoável uniformidade dos acordos de cooperação, que assegure sua adequação técnica do ponto de vista jurídico e administrativo. Propugna-se, igualmente a descentralização da atuação administrativa... num regime de ampla coordenação". MIRAGEM, Bruno Nubens Barbosa. Convênios e consórcios administrativos: instrumentos jurídicos do federalismo brasileiro. **Jus Navegandi**, Teresina, ano 4, n. 46, out.2000. Disponível em: <http://jus2.uol.com.br/doutrina/texto.asp?id=457>. Acesso em: 29 set. 2009, p. 6.

[20] KRELL, Andreas J. **Leis de Normas Gerais, Regulamentação do Poder Executivo e Cooperação Intergovernamental em Tempos de Reforma Federativa...**, p. 57.

[21] De acordo com Andreas Krell, todas as proposições de regulamentação do parágrafo único do art. 23 da CF que tramitavam na Câmara dos Deputados se referiam, tão somente, à prestação de serviços públicos de saneamento básico, sendo que todas foram arquivadas (PLP nº 72/1999, nº 234/1998, nº 118/2000, nº 145/2000, nº 159/2000). KRELL, Andreas J. **Leis de Normas Gerais, Regulamentação do Poder Executivo e Cooperação Intergovernamental em Tempos de Reforma Federativa...**, p. 51.

o objetivo de normatizar o artigo 241 da Constituição, qual seja, a Lei nº 11.107 de 06.04.2005 (Lei dos Consórcios Públicos). A referida lei, contudo, que não se trata de uma das leis complementares previstas no artigo 23, regula de maneira minuciosa apenas o instituto dos consórcios públicos e não o dos convênios de cooperação. Em complementação à Lei nº 11.107/2005, e atendendo ao disposto em seu artigo 20, o Presidente da República promulgou o Decreto nº 6.017 em 17.01.2007, que dispôs sobre as "normas gerais de contratação dos consórcios públicos".

Em face de sua importância para o desenvolvimento das relações de cooperação intergovernamental na federação brasileira e, atualmente, para a gestão interfederativa dos serviços públicos decorrentes da construção de grandes infraestruturas, bem como serviços de infraestrutura, a seguir busca-se compreender as principais características do novel regime jurídico dos referidos instrumentos de cooperação administrativa.

3 A evolução do regime constitucional dos consórcios e convênios administrativos

A iniciar pelos institutos dos convênios e consórcios, deve-se observar que o instituto do convênio fora inicialmente previsto no artigo 13, §3º, da Constituição de 1967, nos seguintes termos: "a União, os Estado e os Municípios poderão celebrar *convênios* para a execução de suas leis, serviços ou decisões, por intermédio de funcionários federais, estaduais ou municipais". Daí ver-se que o convênio, desde sua origem, sempre foi um instrumento voltado ao ajuste de vontades entre entes públicos, ou entre estes e privados, para a realização de objetivos comuns.

A Constituição 1988 não repetiu esse dispositivo em seu texto original, não obstante ter se referido ao instituto do convênio em outros dispositivos como, por exemplo, no artigo 71, inciso VI,[22] e no art. 199, §1º.[23] Maria Sylvia Zanella Di Pietro ressalta, contudo, que não obstante

---

[22] "CF 88, Art. 71. O controle externo, a cargo do Congresso Nacional, será exercido com o auxílio do Tribunal de Contas da União, ao qual compete: VI - fiscalizar a aplicação de quaisquer recursos repassados pela União mediante *convênio*, acordo, ajuste ou outros instrumentos congêneres, a Estado, ao Distrito Federal ou a Município". (destacou-se)

[23] "CF 88, Art. 199. A assistência à saúde é livre à iniciativa privada. §1º - As instituições privadas poderão participar de forma complementar do sistema único de saúde, segundo diretrizes deste, mediante contrato de direito público ou *convênio*, tendo preferência as entidades filantrópicas e as sem fins lucrativos". (destacou-se)

GUILHERME DE SALLES GONÇALVES, EMERSON GABARDO (COORD.)
DIREITO DA INFRAESTRUTURA

a lacuna constitucional, "na realidade, a possibilidade de cooperação por meio de convênios ou consórcios já decorria, implicitamente, do art. 23, para as atividades de competência concorrente, como saúde, assistência social, proteção dos deficientes, proteção dos documentos, obras e outros de valor histórico, preservação das florestas etc."[24] Ou seja, os convênios e consórcios administrativos nunca deixaram de ser utilizados pelo Poder Público, na prática administrativa, para a consecução de objetivos comuns com outras entidades. Em verdade, não se pode olvidar que no plano infraconstitucional, sempre foi farta a previsão do instituto do convênio, como instrumento de cooperação, na legislação administrativa. Sobre o assunto, faz-se oportuno transcrever a excelente relação de legislação elaborada por Dinorá Adelaide Musetti Grotti:

> Ainda o convênio é indicado no Decreto-Lei 200, de 25.2.1967, que dispõe sobre a organização da Administração Federal, como instrumento de descentralização das atividades federais (art. 10, §§1º "b" e 5º, §2º do art. 156; art. 160 e art. 166). O Decreto federal 93.872, de 23.12.1986, contém preceitos sobre convênios de que participam a União ou entidades federais (arts. 48 a 57). O Código Tributário Nacional também prevê convênios entre Estados e Municípios com a União em matérias tributária (arts. 83 e 100, inc. IV). Posteriormente, a Lei 8.666, de 21.6.1993, que institui normas para licitações e contratos da Administração Pública, disciplinou essa matéria no art. 116. A Lei 9.074, de 7.7.1995, no artigo 36, previu a possibilidade de convênio de cooperação tendo por objeto o credenciamento de Estados e Distrito Federal, pelo poder concedente, para a realização de atividades complementares de fiscalização e controle dos serviços prestados no âmbito de seus territórios. A Lei 9.277, de 10.5.1996, autoriza a União a delegar aos Municípios, Estados da federação ou ao Distrito federal, ou a consórcio entre eles, a administração e exploração de rodovias, ou obras rodoviárias federais e a exploração de portos federais, mediante convênio. A Lei 9.427, de 26.12.1996, estipula, entre as competências da Agência Nacional de Energia Elétrica, a celebração de convênios com órgãos estaduais para fiscalizar as concessões e a prestação dos serviços de energia elétrica (art. 3º, inc. IV).[25]

---

[24] DI PIETRO, Maria Sylvia Zanella. **Parcerias na Administração Pública**. 5. ed. São Paulo: Atlas, 2005. p. 248.

[25] GROTTI, Dinorá Adelaide Musetti. **O serviço público e a Constituição Brasileira de 1998**..., p. 205-206.

A respeito da natureza jurídica do convênio, o debate na doutrina pátria sempre se fez no sentido de contrapô-lo aos contratos administrativos. Sua característica distintiva estaria no fato de que os convênios consistiriam antes em ajustes ou acordos eminentemente administrativos (não em um contrato comutativo e, por isso, de menor formalidade), entre partícipes desprovidos de qualquer interesse especulativo, para a persecução de competências ou interesses comuns. Nesse sentido, preleciona Hely Lopes Meirelles:

> Convênio é acordo, mas não é contrato. No contrato, as partes têm interesses diversos e opostos; no convênio, os partícipes têm interesses comuns e coincidentes. Por outras palavras: no contrato há sempre duas partes (podendo ter mais de dois signatários); uma, que pretende o objeto do ajuste (a obra, o serviço, etc.); outra, que pretende a contraprestação correspondente (o preço, ou qualquer outra vantagem), diversamente do que ocorre no convênio em que não há partes, mas unicamente partícipes com as mesmas pretensões. Por esta razão, no convênio, a posição jurídica dos signatários é uma só idêntica para todos, podendo haver, apenas, diversificação na cooperação de cada um, segundo as possibilidades para a consecução do objetivo comum, desejado por todos.[26]

Afirmando a distinção dos convênios para com os contratos administrativos comuns, Marçal Justen Filho explica que "o convênio é um contrato associativo, de cunho organizacional. Isso significa que a prestação realizada por uma das partes não se destina a ser incorporada no patrimônio da outra. As partes do convênio assumem direitos e obrigações visando à realização de um fim comum". É por essa razão que, "ao contrário do que pensam alguns, o convênio produz efeitos vinculantes para as partes, ainda que se admita a possibilidade de sua extinção a qualquer tempo por vontade unilateral".[27] Além disso, pondera que:

> outra distinção reside em que os contratos administrativos comportam, usualmente, apenas duas partes. Já os convênios podem ser integrados por um número superior de partes, à semelhança do que se passa com os contratos associativos conhecidos no direito privado. [...] Uma terceira diferença se relaciona à questão da licitação. [...] A regra geral é a

---

[26] MEIRELLES, Hely Lopes. **Direito Administrativo brasileiro**. 16. ed. São Paulo: Revista dos Tribunais, 1991. p. 350-351.

[27] JUSTEN FILHO, Marçal. **Curso de Direito Administrativo**. 4 ed. São Paulo: Saraiva, 2009. p. 355.

146 GUILHERME DE SALLES GONÇALVES, EMERSON GABARDO (COORD.)
DIREITO DA INFRAESTRUTURA

ausência de licitação para a realização de um convênio, contrariamente ao que se passa com os contratos administrativos comuns.[28]

Em estudo sobre o assunto, Maria Sylvia Zanella Di Pietro resume as seguintes características fundamentais dos convênios: a persecução de objetivos institucionais comuns pelos entes conveniados no âmbito de suas competências institucionais comuns; a mútua colaboração entre os entes conveniados, que pode assumir várias formas, como repasse de verbas, uso de equipamentos, de recursos humanos e materiais, de imóveis, de *know-how* e outros; a soma de vontades (não sua oposição, como nos contratos administrativos) para alcançar interesses e objetivos comuns; a existência de partícipes com as mesmas pretensões (não de partes, como nos contratos); e a ausência de vinculação contratual, sendo inadmissível cláusula de permanência obrigatória.[29]

Por outro lado, sobre o instituto dos consórcios administrativos, a doutrina administrativista brasileira sempre aproximou seu regime jurídico da figura dos convênios.[30] Nesse sentido, de acordo com Dinorá Adelaide Musetti Grotti, os autores em geral têm definido consórcio administrativo, com ligeiras variações, como um "acordo firmado entre entidades estatais da mesma natureza ou do mesmo nível, para a realização de fins comuns".[31]

4 Consórcios públicos e convênios de cooperação

Esse quadro se alterou com a Emenda Constitucional nº 19/1998, que, ao dar nova redação ao artigo 241 da Constituição, introduziu as novas figuras dos *consórcios públicos* e dos *convênios de cooperação* para a gestão associada de serviços públicos. Com o objetivo de normatizar o artigo 241 da Constituição, foi aprovada a Lei Federal nº 11.107 de 2005, que regulou de maneira minuciosa apenas o instituto dos consórcios públicos (sendo denominada de "Lei dos Consórcios Públicos"). Ao

---

[28] JUSTEN FILHO, Marçal. **Curso de Direito Administrativo**..., p. 355.

[29] DI PIETRO, Maria Sylvia Zanella. **Parcerias na Administração Pública**..., p. 247-248.

[30] "Fortemente inspirada em conceitos elaborados por Hely Lopes Meirelles, a doutrina brasileira sempre aproximou os consórcios da figura dos convênios". MEDAUAR, Odete; OLIVEIRA, Gustavo Justino de. **Consórcios públicos:** comentários à Lei 11.107/2005. São Paulo: Revista dos Tribunais, 2006, p. 14.

[31] GROTTI, Dinorá Adelaide Musetti. **O serviço público e a Constituição Brasileira de 1998**..., p. 206. A respeito dos autores que se filiam à citada definição de consórcio administrativo, Dinorá Grotti, na nota de rodapé de nº 90, cita: "Hely Lopes Meirelles, Diógenes Gasparini, José Afonso da Silva, Maria Sylvia Zanella Di Pietro e Marcos Juruena Villela Souto".

instituto dos convênios de cooperação relegou nada mais que algumas pontuais passagens.[32] Em seguida, editou-se o Decreto nº 6.017, de 17 de janeiro de 2007, que regulamentou a Lei dos Consórcios Públicos, definindo regras mais específicas sobre o regime jurídico desse instrumento. O delineamento normativo dado ao consórcio público pela Lei nº 11.107 de 2005 rompeu com a tradição até então corrente na doutrina administrativista brasileira, na medida em que o legislador passou a imprimir a esses a disciplina jurídica de contrato administrativo.[33] Conforme ressaltado, antes da alteração constitucional, os consórcios eram equiparados aos convênios administrativos no sentido de considerá-los como meros ajustes ou acordos administrativos, mas nunca contratos administrativos.

Ao lado disso, o grande traço inovador atribuído aos consórcios públicos foi de que agora, por previsão expressa no artigo 1º, §1º da referida lei, eles sempre adquirirão personalidade jurídica.[34] Logo, o consórcio público seria um ente representante dos membros consorciados, dotado de personalidade jurídica, que, de acordo com o artigo 6º da lei, poderá ser: "I – de direito público, no caso de constituir associação pública, mediante a vigência das leis de ratificação do protocolo de intenções"; ou "II – de direito privado, mediante o atendimento dos requisitos da legislação civil".

Constituindo-se em pessoa jurídica de direito público, o consórcio será, nos termos da lei, uma "associação pública", que poderá ser formada pela união de entes federativos, como pessoas jurídicas que se organizem para a realização de objetivos de interesse comum. E na qualidade de associação pública, integrará a administração indireta de todos os entes federados consorciados.[35]

Adquirindo personalidade jurídica de direito privado, o consórcio será denominado de "associação civil", caso em que, apesar de seguir o regime jurídico de direito privado, não poderá deixar de observar inúmeras normas de direito público, previstas no §2º do artigo 6º da lei: "as normas de direito público no que concerne à realização de licitação, celebração de contratos, prestação de contas e admissão de

---

[32] MEDAUAR, Odete; OLIVEIRA, Gustavo Justino de. **Consórcios públicos**..., p. 63.

[33] Nesse sentido: HARGER, Marcelo. **Consórcios Públicos na Lei nº 11.107/05**. Belo Horizonte: Fórum, 2007, p.69; MEDAUAR, Odete. **Direito Administrativo Moderno**. 14. ed., São Paulo: RT, 2010. p. 227.

[34] "Lei nº 11.107 de 2005, Art. 1º, §1º - O consórcio público constituirá associação pública ou pessoa jurídica de direito privado".

[35] MEDAUAR, Odete; OLIVEIRA, Gustavo Justino de. **Consórcios públicos**..., p. 74.

pessoal, que será regido pela CLT".[36] Por isso, de acordo com seu atual regime jurídico, os consórcios públicos não devem ser confundidos com regiões metropolitanas, aglomerações urbanas, microrregiões, regiões administrativas ou de desenvolvimento ou com operações urbanas consorciadas. Também não se confundem com o contrato de rateio e o contrato de programa, instituídos, respectivamente, nos artigos 8º e 13 da Lei nº 11.107/2005.

Conforme explicam Medauar e Oliveira, o contrato de rateio é celebrado entre as entidades federativas que integram o próprio consórcio público, com o fim específico de estipular e regulamentar as obrigações financeiras decorrentes do consórcio. Já o contrato de programa tem o objetivo de constituir e regulamentar as obrigações entre entes federados ou destes com um consórcio público, para a consecução de seus objetivos.[37]

Outra característica a ser ressaltada é que a formação dos consórcios públicos exige a subscrição ou posterior ratificação do protocolo de intenções mediante a publicação de lei por cada ente federativo contratante (art. 5º da Lei dos Consórcios Públicos), o que demonstra a necessidade de participação do Legislativo para sua formação. Após a constituição do consórcio público, só serão válidas as obrigações que um ente da federação assumir para com outro ou para com o próprio consórcio público através da celebração de contrato de programa (art. 13 da Lei dos Consórcios Públicos).

> Art. 5º O contrato de consórcio público será celebrado com a ratificação, mediante lei, do protocolo de intenções.
>
> §1º O contrato de consórcio público, caso assim preveja cláusula, pode ser celebrado por apenas 1 (uma) parcela dos entes da Federação que subscreveram o protocolo de intenções.
>
> §2º A ratificação pode ser realizada com reserva que, aceita pelos demais entes subscritores, implicará consorciamento parcial ou condicional.
>
> §3º A ratificação realizada após 2 (dois) anos da subscrição do protocolo de intenções dependerá de homologação da assembléia geral do consórcio público.
>
> §4º É dispensado da ratificação prevista no caput deste artigo o ente da Federação que, antes de subscrever o protocolo de intenções, disciplinar por lei a sua participação no consórcio público. [...]

---

[36] MEDAUAR, Odete; OLIVEIRA, Gustavo Justino de. **Consórcios públicos...**, p. 74.
[37] MEDAUAR, Odete; OLIVEIRA, Gustavo Justino de. **Consórcios públicos...**, p. 68.

Art. 13. Deverão ser constituídas e reguladas por contrato de programa, como condição de sua validade, as obrigações que um ente da Federação constituir para com outro ente da Federação ou para com consórcio público no âmbito de gestão associada em que haja a prestação de serviços públicos ou a transferência total ou parcial de encargos, serviços, pessoal ou de bens necessários à continuidade dos serviços transferidos.

O objeto dos consórcios públicos, contudo, não pode exceder as competências constitucionais atribuídas a cada ente federado consorciado, ou seja, o limite para a gestão associada de serviços públicos é a repartição constitucional de competências.[38] E por "gestão associada de serviços públicos", o Decreto nº 6.017 de 2007, que regulamentou a Lei dos Consórcios Públicos, define, em seu artigo 2º, IX, que se compreende o exercício das atividades de planejamento, regulação ou fiscalização dos serviços públicos.

> IX - *gestão associada de serviços públicos*: exercício das atividades de *planejamento, regulação* ou *fiscalização* de serviços públicos por meio de consórcio público ou de convênio de cooperação entre entes federados, acompanhadas ou não da prestação de serviços públicos ou da transferência total ou parcial de encargos, serviços, pessoal e bens essenciais à continuidade dos serviços transferidos [...] (destacou-se)

Por fim, quanto aos sujeitos contratantes, chama-se a atenção para o fato de que os consórcios públicos poderão ser formados exclusivamente por entes da federação, ou seja, exclusivamente pela União, Estados, Distrito Federal e Municípios. De acordo com o artigo 2º, inciso I, do referido Decreto:

> Art. 2º Para os fins deste Decreto, consideram-se:
>
> I - *consórcio público*: *pessoa jurídica formada exclusivamente por entes da Federação*, na forma da Lei nº 11.107, de 2005, para estabelecer relações de cooperação federativa, inclusive a realização de objetivos de interesse comum, constituída como associação pública, com personalidade jurídica de direito público e natureza autárquica, ou como pessoa jurídica de direito privado sem fins econômicos [...] (destacou-se)

Assim, deve-se atentar para o fato do consórcio público não poder ser formado por pessoas jurídicas da administração indireta dos

---

[38] MEDAUAR, Odete; OLIVEIRA, Gustavo Justino de. **Consórcios públicos...**, p. 66-68.

entes federados. Contudo, uma vez constituído, o consórcio público poderá ser contratado por qualquer ente consorciado, ou por entidade que integra a administração indireta deste último (art. 18 do referido Decreto) sendo dispensada a licitação nesses casos (nos termos do art. 2º, inciso III, da Lei nº 11.107, de 2005).

No tocante ao instituto dos convênios de cooperação, relembre-se que a Lei nº 11.107 de 2005 regulou de maneira minuciosa apenas os consórcios públicos, relegando aos convênios de cooperação, nada mais que algumas passagens pontuais, precisamente, nos §§4º, 5º e 6º do artigo 13 e artigos 26 e 27 da lei.[39] Assim, atentando para esse fato, os administrativistas Odete Medauar e Gustavo Justino de Oliveira levantam a seguinte questão:

> Poderiam as entidades federativas se associar entre si, optando pelo ajuste de um convênio de cooperação, em detrimento de um contrato de consórcio? Os convênios de cooperação submetem-se às mesmas regras e procedimentos imanentes à celebração de um contrato de consórcio?[40]

Em face da ausência de regras específicas, a resposta encontrada pelos autores, em seu estudo publicado em 2006, foi de que o legislador pretendeu dar tratamento jurídico distinto a cada instituto, concluindo que "parece que o legislador entendeu que esses instrumentos poderiam ser firmados pelas entidades federativas *sem a atenção aos requisitos exigidos para a celebração do contrato de consórcio*".[41] Assim, concluíram que para o instituto dos convênios de cooperação teria continuado válido o entendimento jurisprudencial sobre a inconstitucionalidade da exigência de autorização legislativa para sua celebração. Esse quadro, porém, foi alterado com o referido Decreto nº 6.017 de 2007, que em seu artigo 2º, inciso VIII, definiu o convênio de cooperação nos seguintes termos:

> VIII - *convênio de cooperação entre entes federados*: pacto firmado exclusivamente por entes da Federação, com o objetivo de autorizar a gestão associada de serviços públicos, *desde que ratificado ou previamente disciplinado por lei editada por cada um deles* [...] (destacou-se)

---

[39] MEDAUAR, Odete; OLIVEIRA, Gustavo Justino de. **Consórcios públicos**..., p. 63.

[40] MEDAUAR, Odete; OLIVEIRA, Gustavo Justino de. **Consórcios públicos**..., p. 109.

[41] MEDAUAR, Odete; OLIVEIRA, Gustavo Justino de. **Consórcios públicos**..., p. 109. Não obstante isso, os autores fazem a ressalva da questão ser ainda incontroversa, pois a mesma Lei nº 11.107/2005 acrescentou um inciso no art. 10 da Lei de Improbidade Administrativa, passando a considerar como ato de improbidade "celebrar contrato ou outro instrumento que tenha por objeto a prestação de serviços públicos por meio de gestão associada *sem observar as formalidades prevista na lei*".

Da análise do conceito atribuído ao convênio de cooperação, depreende-se que o Decreto introduziu verdadeira inovação à Lei ao passar a exigir, para a formação do convênio de cooperação, que ele seja ratificado ou previamente disciplinado por lei editada por cada ente da federação envolvido.

Tendo isso em vista, e considerando que a consolidada jurisprudência do Supremo Tribunal Federal considera inconstitucional a exigência da autorização legislativa para a celebração de convênios, deve-se destacar que Marcelo Harger alerta para a inconstitucionalidade dessa exigência, instituída pelo art. 2º, inciso VIII, do Decreto, quando define convênio de cooperação:

> Em que pese a correção da interpretação ora apontada, é necessário ressaltar que o inciso VIII do art. 2º do Decreto nº 6.017/07 condiciona a celebração de um convênio à ratificação por lei editada pelo ente federado. [...] Esse dispositivo, contudo, é inconstitucional. Faz-se essa afirmação em virtude da existência de jurisprudência consolidada do Supremo Tribunal Federal determinando que a exigência de autorização prévia do Legislativo, por ocasião da celebração de convênios, fere o princípio da independência dos poderes, conforme já se expôs no tópico 4.1.5.1.[42]

Ou seja, o Decreto introduziu requisito não previsto em lei para os convênios de cooperação, passando a exigir sua ratificação legislativa, e, com isso, assemelhou o tratamento jurídico do convênio de cooperação ao do consórcio público. Agora, uma vez estabelecida a parceria, será necessária a elaboração de leis da iniciativa de cada ente público local a fim de subscrever ou ratificar posteriormente o respectivo protocolo de intenções, e, após a constituição do consórcio público, a validade das respectivas obrigações dependerá da celebração de contrato de programa, assim como ocorre nos consórcios públicos (arts. 30 e 31 do Decreto).

Ademais, cumpre destacar que o artigo 31, §4º, do Decreto, prevê que "o convênio de cooperação não produzirá efeitos entre os entes da federação cooperantes que não o tenham disciplinado por lei". Ou seja, os convênios de cooperação não poderão ser celebrados enquanto não editada lei ou leis pelo governo federal e/ou estaduais, que discipline os contornos gerais de seu regime jurídico. Por essa razão, o instituto dos convênios de cooperação está a requerer uma melhor regulamentação específica para sua utilização.

---

[42] HARGER, Marcelo. **Consórcios Públicos na Lei nº 11.107/05...**, p. 182.

Por fim, uma vez que agora tanto os consórcios públicos quanto os convênios de cooperação serão formados exclusivamente por entes da federação, não poderão mais ser integrados por entidades da administração indireta ou por pessoas privadas.

Considerando as desigualdades técnicas, financeiro-econômicas e administrativas entre os entes federados, principalmente entre os Municípios, na grande federação brasileira, conclui-se que o instituto do consórcio público pode servir como importante instrumento para coordenação e cooperação na execução de tarefas e serviços públicos de interesse comum entre os entes federados. Por isso, o consórcio público, juntamente com o convênio de cooperação, podem ser classificados como instrumentos contratuais de cooperação administrativa que se harmonizam com a nova visão de uma Administração Pública Consensual.[43]

Ainda, relembre-se que a Lei dos Consórcios Públicos não se trata de uma das leis complementares a que se refere o parágrafo único do artigo 23, da Constituição Federal. Por isso, não se pode perder de vista que a federação, todavia carece de elaboração de leis complementares para regular a cooperação entre a União e os Estados, o Distrito Federal e os Municípios na execução das matérias de competência comum (art. 23, CF).

5 Convênios administrativos

Uma vez assentadas as principais características distintivas dos consórcios públicos e dos convênios de cooperação, não restam dúvidas de que esses institutos tratam-se de convênios e consórcios especiais, dotados de um regime jurídico diferenciado, que envolvem a transferência de competências.

Por óbvio, a criação dessas novas figuras não implicou na extinção dos convênios e consórcios administrativos tradicionais, desde há muito tempo utilizados na cotidiana prática administrativa e

---

[43] Nesse contexto, cita-se relevante passagem de Gustavo Justino de Oliveira: "a linguagem do contrato — entendida como o reiterado emprego de instrumentos negociais no transcurso da ação pública — visa representar uma mudança paradigmática no desenvolvimento da ação administrativa. O discurso do contrato permeia os mais recentes (e diversos) processos de reforma administrativa, intentando (i) demonstrar o florescimento da denominada Administração Pública consensual e (ii) retratar a conseqüente mudança do eixo do direito administrativo, o qual passa a ser orientado pela lógica da autoridade permanentemente flexionada pela lógica do consenso". OLIVEIRA, Gustavo Justino de. **O contrato de gestão na administração pública brasileira**. Tese de doutorado, Faculdade de Direito da Universidade de São Paulo – USP, 2005. p. 159.

fartamente previstos na legislação infraconstitucional. Nesse sentido, convém registrar o entendimento de José dos Santos Carvalho Filho:

> Merece registro o fato de que a instituição dos novos consórcios públicos *não ensejou*, por si só, *a extinção dos consórcios administrativos tradicionais*, como se poderia supor à primeira vista. Várias razões podem ser apontadas. Primeiramente, a lei não dispôs a respeito. Além disso, são rigorosos e, por que não dizer, complicados os requisitos exigidos para a criação dos novos consórcios. Por último, os consórcios tradicionais espelham acordos de cooperação sem que seja exigida grande complexidade para sua instituição [...].[44]

O mesmo autor, filiando-se à posição de Celso Antônio Bandeira de Mello — que não vê mais sentido na distinção entre os tradicionais convênios e consórcios administrativos —, segue afirmando que quando os entes federativos ajustam suas vontades com o fim de reunir esforços para buscar objetivos comuns, sem a constituição de pessoa jurídica, estarão firmando um convênio administrativo, independentemente do nome atribuído ao acordo:

> Em suma, pode afirmar-se que os consórcios administrativos clássicos, agora mais do que nunca, se enquadram na categoria dos *convênios administrativos* — categoria, aliás, da qual nunca se destacaram verdadeiramente, conforme registramos em passagem anterior. O que se pode consignar atualmente é que, se os entes federativos ajustam esforços comuns sem a formação de pessoa jurídica, firmarão um *convênio administrativo* (independentemente da esfera a que pertencer o ente ou da terminologia que se adote), e se, ao contrário, vierem a constitui pessoa jurídica, virá a lume o *consórcio público*.[45] (destacou-se)

A essas ponderações acrescenta-se a circunstância de que a própria Lei nº 11.107 de 2005 previu, em seu art. 1º, §1º, I, que o consórcio público, que sempre será uma pessoa jurídica, poderá firmar "convênios" para cumprir seus objetivos, que se tratam, por óbvio, de convênios administrativos tradicionais, e não dos convênios de cooperação do artigo 241 da Constituição. Nos termos da Lei:

> Art. 1º, §1º Para o cumprimento de seus objetivos, o consórcio público poderá: I – firmar *convênios*, contratos, acordos de qualquer natureza,

---

[44] CARVALHO FILHO, José dos Santos. **Consórcios Públicos**. Rio de Janeiro: Lumen Juris, 2009. p. 9.

[45] CARVALHO FILHO, José dos Santos. **Consórcios Públicos**..., p. 9.

GUILHERME DE SALLES GONÇALVES, EMERSON GABARDO (COORD.)
DIREITO DA INFRAESTRUTURA

receber auxílios, contribuições e subvenções sociais ou econômicas de outras entidades e órgãos do governo [...] (destacou-se)

Tendo isso em vista, não merecem reparo as ponderações de José dos Santos Carvalho Filho, quando afirma a inocuidade da distinção entre consórcios simples e convênios administrativos, visto que ambos são ajustes de idêntico contorno jurídico, conteúdo e efeitos. Ademais, ressalta o autor que se tornou comum, na prática administrativa, que pessoas da mesma espécie (como Municípios de uma região metropolitana) busquem a realização de objetivos comuns através de *convênios administrativos*. Em suas palavras:

> Há autores que se referem ainda aos *consórcios administrativos*, distinguindo-os dos convênios pelo fato de serem aqueles ajustados sempre entre entidades estatais, autárquicas e paraestatais da mesma espécie, ao passo que estes o seriam entre pessoas de espécies diferentes. Com a vênia devida aos que assim pensam, parece-nos inócua a demarcação distintiva, porquanto em ambos os ajustes são idênticos os contornos jurídicos, o conteúdo e os efeitos. E a prática administrativa tem demonstrado, não raras vezes, que pessoas da mesma espécie (por exemplo, Municípios de determinada região) têm buscado objetivos comuns através da celebração de *convênios*. Pensamos, pois, que o termo *convênio* atualmente é o adequado para os regimes de cooperação entre pessoas, só cabendo distingui-los, como se fez acima, da figura tradicional dos contratos.[46] (destacou-se)

E, em se tratando de convênios administrativos, o pacífico e reiterado posicionamento do Supremo Tribunal Federal é pela inconstitucionalidade de qualquer norma que estabeleça a exigência de ratificação legislativa para sua celebração, por ofensa ao princípio da independência e harmonia dos poderes. Nesse sentido, cite-se os seguintes julgados da Suprema Corte: ADI nº 342/PR, *DJU* 11.04.03; ADI nº 1.857/SC, *DJU* 07.03.03; ADI nº 1.865/SC, *DJU* 12.03.99; ADI nº 676-2/RJ, *DJU* 29.11.96. Comentando o assunto, Andreas Joachim Krell anota que:

> Em 2003, o STF declarou a inconstitucionalidade do art.54, XXI, da Carta estadual do Paraná, segundo o qual competia à Assembléia Legislativa *autorizar convênios* a serem celebrados pelo Governo do Estado com entidades de Direito Público ou Privado (ADIn nº 345/PR, rel. Min.

---

[46] CARVALHO FILHO, José dos Santos. **Manual de Direito Administrativo**..., p. 241.

Sidney Sanches, j. 6.2.2003), e, igualmente, de normas da Constituição do Estado de Santa Catarina (arts. 20; 40, III; 71, XIV), por subordinarem *convênios, ajustes, acordos, convenções e instrumentos congêneres* firmados pelo Poder Executivo do Estado-membro, inclusive com outros entes federativos, à apreciação e à aprovação da Assembléia (ADIn nº 1.857/ SC, rel. Min. Moreira Alves, j. 05.02.2003).[47]

Daí a conclusão de que hoje, no ordenamento jurídico brasileiro, os convênios administrativos ainda continuam sendo, por excelência, instrumentos de feições eminentemente administrativas, vale dizer, submetidos apenas ao juízo de oportunidade e conveniência da Administração Pública, e, por isso, estranhos às atribuições do Poder Legislativo. Também por essa característica, os convênios administrativos são considerados pela jurisprudência como instrumentos precários, que não geram direito adquirido de continuidade do acordo a seus beneficiários.[48]

O máximo que se pode exigir do Executivo, por previsão expressa no art. 116, §2º, da Lei nº 8.666/1993,[49] é que, quando o convênio implicar na transferência de recursos, seja dada ciência de sua celebração ao Legislativo. O entendimento é de que, havendo prévia aprovação dos recursos a serem repassados em lei orçamentária, faz-se de todo descabida (além de inconstitucional) a exigência de nova autorização legislativa.

Em suma, o convênio é um ajuste administrativo (não em um contrato comutativo e, por isso, de menor formalidade), entre partícipes desprovidos de qualquer interesse especulativo, para a persecução de interesses comuns. Assumindo as considerações acima assentadas, conclui-se que no sistema jurídico atual, até que seja elaborada lei para regulamentar o chamado convênio de cooperação, ou o Poder Público estará a celebrar um convênio administrativo (aí incluído o já ultrapassado conceito de consórcio administrativo), que não demanda em nenhuma hipótese ratificação legislativa, ou o Poder Público estará a celebrar um consórcio público, que sempre instituirá uma nova

---

[47] KRELL, Andreas J. **Leis de Normas Gerais, Regulamentação do Poder Executivo e Cooperação Intergovernamental em Tempos de Reforma Federativa...**, p. 58 (nota de rodapé nº 129).

[48] Medauar e Oliveira indicam arresto do STF em sua obra segundo o qual, "consequentemente, pela sua precariedade, os beneficiários do convênio administrativo não tem direito à sua manutenção, nem muito menos direito adquirido a ela" (1.a T., RE nº 119.256/SP, rel. Min. Moreira Alves, j. 14.04.1992, DJU 29.05.1992)". MEDAUAR, Odete; OLIVEIRA, Gustavo Justino de. **Consórcios públicos...**, p. 110.

[49] "Lei 8.666/1993, Art.116 §2º - Assinado o convênio, a entidade ou órgão repassador *dará ciência* do mesmo à Assembléia Legislativa ou à Câmara Municipal respectiva". (destacou-se)

pessoa jurídica para a gestão associada de serviços públicos. Por isso, atualmente, os instrumentos dos consórcios públicos e dos convênios administrativos constituem-se nas principais formas de cooperação entre os entes federados.

6 Conclusões

Em face do exposto, pode-se concluir que não obstante a incorporação de várias "sugestões cooperativas" na Constituição Federal de 1988, o modelo federativo administrativo brasileiro, na prática, ainda guarda estreita relação com o modelo federativo estadunidense, sendo caracterizado pela insuficiência de instrumentos de coordenação e cooperação administrativas na execução dos serviços e tarefas públicas. Os entes federados continuam a executar suas tarefas e serviços públicos predominantemente de maneira independente e isolada em seu âmbito territorial.

Talvez uma causa agravante desse quadro sintomático resida no fato de que, apesar do modelo de divisão de competências administrativas da federação brasileira ter se inspirado no modelo estadunidense, curiosamente, a doutrina administrativa brasileira inspirou-se no direito europeu continental, principalmente, no direito administrativo francês, incorporando muitas de suas doutrinas e elaborações jurisprudenciais (relembrando que na França vige um Estado Unitário).[50] Assim, muito se demorou até que novos instrumentos de cooperação intergovernamental fossem incorporados pelo sistema federativo brasileiro.

Alterando esse quadro, a Emenda Constitucional nº 19/98, conhecida como Reforma Administrativa, deu importante passo na concretização de uma federação de modelo cooperativo, instituindo verdadeiros instrumentos administrativos para a gestão de tarefas e serviços públicos de maneira associada.

O grande destaque da atualidade é que os instrumentos dos consórcios públicos, convênios de cooperação e os convênios administrativos, hoje, têm importante papel a cumprir no fomento da atuação

---

[50] Nesse sentido, ressalta Maria Sylvia Di Pietro que: "No direito brasileiro, praticamente tudo está no direito positivo; o direito administrativo está quase inteiramente preso à Constituição... Como resultado, o direito administrativo está passando na frente do direito constitucional. A Administração Pública copia um modelo do direito estrangeiro e começa a aplicá-lo, muitas vezes, com afronta direta e flagrante à Constituição; depois é que vem a lei e, finalmente, a alteração da Constituição (quando vem)". DI PIETRO, Maria Sylvia Zanella. **Parcerias na Administração Pública**..., p. 40.

conjunta entre os entes federativos para a implementação de relevantes serviços públicos decorrentes da construção de grandes infraestruturas, bem como dos chamados serviços de infraestrutura, como transporte coletivo público e saneamento.

Como visto, há, contudo, ainda muitos instrumentos de cooperação, já previstos na própria Constituição de 1988, que ainda podem ser desenvolvidos e explorados pelo Legislativo e Executivo. Dentre esses, pode-se destacar a necessidade de edição de *leis complementares* para regular o exercício das competências do artigo 23; a possibilidade de maior utilização da figura das regiões metropolitanas, aglomerações urbanas e microrregiões, para integrar a organização, o planejamento e a execução de funções públicas de interesse comum, previstas no artigo 25, §3º; a elaboração de planos para integração das regiões da federação, visando seu desenvolvimento e redução das desigualdades sociais, inscrita no artigo 43; o aprimoramento do instituto da compensação financeira do artigo 161, II, com o fim de garantir o equilíbrio socioeconômico entre os entes federados etc.

Em face do exposto, depreende-se que a preocupação com o desenvolvimento da federação brasileira, em particular, com o aprimoramento do sistema federativo administrativo tem-se reavivado entre a literatura constitucional e administrativa, porquanto diretamente ligado com a própria eficiência e efetividade na prestação de serviços públicos fundamentais aos cidadãos. Com efeito, a percepção de que ainda há muito que fazer é o primeiro passo para que o sonho de uma federação de matiz cooperativa possa vir a se concretizar.

Referências

ALMEIDA, Fernanda Dias Menezes de. **Competências na Constituição de 1988**. 4 ed. São Paulo: Atlas, 2007.

ARRETCHE, Marta. **Estado federativo e políticas sociais**: determinantes da descentralização. Rio de Janeiro: Revan, São Paulo: FAPESP, 2000.

_____. Relações Federativas nas Políticas Sociais. **Revista Educ. Soc.**, Campinas, v. 23, n. 80, setembro/2002. Disponível em: <http://www.cedes.unicamp.br>.

BERCOVICI, Gilberto. **Desigualdades Regionais, Estado e Constituição**. São Paulo: Max Limonad, 2003.

CARVALHO FILHO, José dos Santos. **Consórcios Públicos**. Rio de Janeiro: Lumen Juris, 2009.

_____. **Manual de Direito Administrativo**. 19. ed. Rio de Janeiro: Lumen Juris, 2008.

DI PIETRO, Maria Sylvia Zanella. **Parcerias na Administração Pública**. 5 ed., São Paulo: Atlas, 2005.

FERRARI, Regina Maria Macedo Nery. Divisão de Competências Administrativas na Federação Brasileira e o Papel dos Municípios. In: BACELLAR FILHO, Romeu Felipe (Coord.). **Direito Administrativo e Integração Regional**: Anais do V Congresso da Associação de Direito Público do Mercosul e do X Congresso Paranaense de Direito Administrativo, 2010.

GROTTI, Dinorá Adelaide Musetti. **O serviço público e a Constituição Brasileira de 1998**. São Paulo: Malheiros, 2003.

HARGER, Marcelo. **Consórcios Públicos na Lei nº 11.107/05**. Belo Horizonte: Fórum, 2007.

JUSTEN FILHO, Marçal. **Curso de Direito Administrativo**. 4. ed., São Paulo: Saraiva, 2009.

KRELL, Andreas J. **Leis de Normas Gerais, Regulamentação do Poder Executivo e Cooperação Intergovernamental em Tempos de Reforma Federativa**. Belo Horizonte: Fórum, 2008.

MARRARA, Thiago. **Regulação sustentável de infraestruturas**. Revista Brasileira de Infraestrutura – RBINF, Belo Horizonte, ano 1, n. 1, p. 95-120, jan./jun. 2012.

MEDAUAR, Odete; OLIVEIRA, Gustavo Justino de. **Consórcios públicos**: comentários à Lei 11.107/2005. São Paulo: Revista dos Tribunais, 2006.

MEIRELLES, Hely Lopes. **Direito Administrativo brasileiro**. 16. ed., São Paulo: Revista dos Tribunais, 1991.

MIRAGEM, Bruno Nubens Barbosa. **Convênios e consórcios administrativos**: instrumentos jurídicos do federalismo brasileiro. Jus Navegandi, Teresina, ano 4, n. 46, out. 2000. Disponível em: <http://jus2.uol.com.br/doutrina/texto.asp?id=457>. Acesso em: 29 set. 2009.

OLIVEIRA, Gustavo Justino de. **O contrato de gestão na administração pública brasileira**. Tese de doutorado, Faculdade de Direito da Universidade de São Paulo – USP, 2005.

PEREIRA, Cesar A. Guimarães. **Usuários de serviços públicos: usuários, consumidores e os aspectos econômicos dos serviços públicos**. São Paulo: Saraiva, 2006.

SILVA, José Afonso da. **Curso de Direito Constitucional Positivo**. 29 ed. rev. e atual. São Paulo: Malheiros, 2007.

SILVEIRA, Alessandra Aparecida Souza da. **A cooperação intergovernamental no Estado composto brasileiro**: análise jurídico-constitucional. Anais VII Congreso Internacional del CLAD sobre la Reforma del Estado y de la Administración Pública. Lisboa, Portugal, 8-11 Oct. 2002.

Informação bibliográfica deste texto, conforme a NBR 6023:2002 da Associação Brasileira de Normas Técnicas (ABNT):

ORTOLAN, Marcelo Augusto Biehl. Reforma administrativa, infraestruturas e instrumentos de gestão interfederativa de serviços públicos. *In*: GONÇALVES, Guilherme de Salles; GABARDO, Emerson (Coord.). *Direito da Infraestrutura*: temas de organização do Estado, serviços públicos e intervenção administrativa. Belo Horizonte: Fórum, 2012. p. 135-158. ISBN: 978-85-7700-633-5.

COMBATE À CORRUPÇÃO NAS LICITAÇÕES E CONTRATOS PÚBLICOS QUESTÕES CENTRAIS DO PROJETO DE LEI Nº 6.826/2010

MARCELO AUGUSTO BIEHL ORTOLAN
IGGOR GOMES ROCHA
FELIPE ANDRES PIZZATO REIS

1 Introdução

Após as recentes denúncias de esquema de corrupção nas licitações da rede de seis hospitais federais do Rio de Janeiro, veiculadas em março de 2012 no programa *Fantástico*, da TV Globo, retomou-se a discussão acerca da necessidade de se encontrar meios que habilitem o Poder Público a combater com eficiência os imensos danos ao erário decorrentes da consciência da impunidade aliada à "ética" generalizada de pagamento de propina para fraudar licitações públicas.[1]

Nesse quadro, tem ganhado renovada atenção o Projeto de Lei nº 6.826/2010, encaminhado pela Chefia do Poder Executivo Federal para a Câmara dos Deputados em 2010, que "dispõe sobre a

---

[1] Disponível via internet em: <http://g1.globo.com/rio-de-janeiro/noticia/2012/03/fantastico-mostra-como-e-desvio-de-dinheiro-em-um-hospital-publico.html>. Acesso em: 23 de março de 2012.

responsabilização administrativa e civil de pessoas jurídicas pela prática de atos contra a administração pública, nacional ou estrangeira e dá outras providências". Tal projeto encontra sua inspiração principalmente na Lei nº 8.666/93 (Lei de Licitações), no que se refere à tipificação dos atos lesivos à Administração Pública, e Leis nº 8.429/92 (Lei da Improbidade Administrativa) e nº 8.884/94 (Lei do CADE), das quais se retiraram as sanções e meios específicos para penalização dos respectivos atos.

Atualmente essa proposição de inovação legislativa encontra-se sendo discutida em uma Comissão Especial presidida pelo Deputado João Arruda (PMDB/PR), cuja relatoria foi atribuída ao Deputado Carlos Zarattini (PT/SP), tendo a minuta inicial já recebido mais de quarenta emendas parlamentares além das contribuições da sociedade civil. Considerando que já se encerraram as audiências públicas e seminários de discussão do projeto e que o Relatório Final do relator foi publicado no primeiro semestre de 2012, aguarda-se o encerramento dos trabalhos da comissão para o próximo semestre.

Acerca da participação da sociedade civil no evento, destaque-se que na reunião realizada no dia 19 de outubro de 2011, foi aprovado o Requerimento nº 1/11 do presidente da Comissão Especial do Projeto de Lei nº 6.826 de 2010, Deputado João Arruda, que designou o Prof. Dr. Emerson Gabardo como consultor especial — na condição de colaborar, sem vínculo empregatício, com a Câmara dos Deputados — para análise e elaboração de parecer jurídico sobre o Projeto de Lei.

Dando consecução a esses trabalhos, o professor Emerson Gabardo conjuntamente com o professor Guilherme de Salles Gonçalves reuniram um grupo de pesquisadores integrantes do Núcleo de Investigações Constitucionais em Teorias da Justiça, Democracia e Intervenção (NINC/UFPR) e advogados especialistas em Direito Público da Sociedade de Advogados Guilherme Gonçalves & Sacha Reck que, sob sua direção, acompanharam as audiências públicas realizadas em Brasília, São Paulo e Curitiba e contribuíram para a análise do Projeto de Lei e, ao final dessas audiências, apresentaram propostas de emendas modificativas ao Projeto de Lei, as quais se divulgam neste estudo.

De início, convém ressaltar que o Projeto de Lei nº 6.826/2010 encontra sua inspiração principalmente na Lei nº 8.666/93 (Lei de Licitações), no que se refere à tipificação dos atos lesivos à Administração Pública, e Leis nº 8.429/92 (Lei da Improbidade Administrativa) e nº 8.884/94 (Lei do CADE), das quais se retiraram as sanções e meios específicos para penalização dos respectivos atos.Tomando por base estes documentos legais e colmatando suas lacunas, o referido Projeto de Lei visa conferir ao poder público mecanismos administrativos eficazes e céleres para responsabilizar, educar e obter o ressarcimento do erário público em face de atos de corrupção e fraudes praticadas por pessoas jurídicas e seus agentes, especialmente nas licitações públicas e na execução dos contratos, contra a Administração Pública nacional e estrangeira, atendendo a compromissos internacionais assumidos em convenções da ONU, OEA e OCDE.

A fim de garantir a eficácia do Projeto de Lei, adotou-se o marco da responsabilização objetiva das pessoas jurídicas por atos lesivos contra a Administração Pública nacional e estrangeira, praticados por seus agentes em seu benefício ou, ainda, que não proporcione a ela vantagem efetiva. Seu âmbito de aplicação é bastante amplo e abrange qualquer tipo de pessoa jurídica, independente de sua forma de organização, inclusive OSs e OSCIPs. Previu-se, ademais, a possibilidade de desconsideração administrativa da personalidade jurídica sempre que utilizada para a prática dos atos lesivos tipificados na lei, ou com abuso de direito ou confusão patrimonial.

Apenas por essas características, já se pode concluir que o PL nº 6.826/2010 traz relevantes inovações para a legislação atual, reforçando os meios jurídicos pelos quais a Administração Pública poderá alcançar a efetiva responsabilização das pessoas jurídicas corruptoras. Acredita-se, contudo, que existem pontos do Projeto de Lei passíveis de críticas, que podem comprometer inclusive a efetividade da futura lei.

Com este fim, o presente estudo analisa os pontos mais polêmicos do referido Projeto de Lei e, com o objetivo de contribuir para a elaboração de uma lei tecnicamente adequada, cuja normatividade dela extraída seja a mais justa e eficaz possível, expõe apenas as principais propostas de emendas modificativas à minuta inicial do Projeto de Lei apresentadas à sua Comissão Especial da Câmara dos Deputados.

2   A discussão a respeito da possibilidade de responsabilização objetiva de pessoa jurídica privada

2.1. Fundamentos

O presente Projeto de Lei adota como marco político a responsabilidade objetiva da pessoa jurídica com o objetivo de colocar à disposição da Administração Pública meios céleres e eficazes para se responsabilizar pessoas jurídicas corruptoras e, assim, colmatar lacuna em nosso ordenamento jurídico, pois a legislação atual — dentre a qual cita-se a Lei de Licitações (nº 8.666/93) e a Lei da Improbidade

Administrativa (nº 8.429/92) — prevê apenas meios de responsabilização subjetiva das pessoas jurídicas, o que demanda a persecução da responsabilização dos agentes corruptores através de morosos processos judiciais e a difícil comprovação do dolo ou má-fé desses agentes.

Assim, pela legislação atual, além do processo de responsabilização dos agentes corruptores ser demorado e de difícil comprovação, via de regra, o patrimônio da pessoa jurídica resta ileso e intocável, não recebendo qualquer penalização, mesmo que tenha se beneficiado com os efeitos econômicos decorrentes de ilícito perpetrado.

Há de se investigar, contudo, se a previsão de responsabilização objetiva da pessoa jurídica implicaria em afronta aos artigos 1º, inciso III, 5º, incisos XLV, XLVI e LIII da Constituição Federal.

Sobre o assunto, convém trazer à baila o estudo de Fábio Medina Osório, que após detalhada investigação sobre o assunto conclui que a Constituição Federal e demais leis não estabelecem qualquer impedimento para a instituição de responsabilidade objetiva à pessoa jurídica. Sustenta também não haver impedimento para se estabelecer a responsabilidade com base em outros critérios, como a responsabilidade subjetiva por culpa *in vigilando* ou culpa *in eligendo*. Isso porque, ainda de acordo com o autor, a Constituição brasileira não estabelece um regime unitário de responsabilização para pessoas físicas e jurídicas, havendo uma clara ruptura no requisito da culpabilidade entre o Direito Penal e o Direito Administrativo Sancionador:

> Nem se diga que a sanção contra a pessoa jurídica quebraria a pessoalidade da pena, na medida em que atingiria seus sócios. Trata-se de um raciocínio equivocado, porque os sócios só são atingidos pelos efeitos fáticos e jurídicos da condenação [...]. Isso decorre da própria personalidade jurídica dos "entes morais" e da clara e inequívoca separação entre as figuras da pessoa jurídica e de seus integrantes. [...] *O Direito Administrativo Sancionador não possui, portanto, um regime jurídico unitário para pessoas físicas e jurídicas, porque há uma clara ruptura dessa suposta unidade no requisito da culpabilidade* [...].[2] (destacou-se)

Nesse passo, convém ressaltar que a teoria da responsabilidade objetiva foi reconhecida desde a Constituição Federal de 1946 e hoje se encontra prevista no artigo 37, §6º da Constituição Federal de 1988, acarretando o dever do Estado de indenizar em razão da prática de ato

---

[2] OSÓRIO, Fábio Medina. **Direito Administrativo Sancionador**. São Paulo: RT, 2009. p. 380-381.

ilícito, ou até mesmo de ato lícito, que produza lesão na esfera juridicamente protegida de outrem.

No âmbito privado, o novo Código Civil de 2002 estabeleceu, no parágrafo único de seu artigo 927, que "haverá obrigação de reparar o dano, independentemente de culpa, nos casos especificados em lei, ou quando a atividade normalmente desenvolvida pelo autor do dano implicar, por sua natureza, risco para os direitos de outrem". Não haveria, portanto, impeditivos constitucionais para a instituição de responsabilização civil-administrativa de pessoa jurídica por prática de ato ilícito, na forma de responsabilidade objetiva, pela qual se substitui a ideia de culpa pela de nexo de causalidade.

Isso porque, conforme alguns estudiosos do tema, o conceito constitucional de culpabilidade para pessoas físicas não tem o mesmo alcance para com as pessoas jurídicas. Nesse sentido, Fábio Medina Osório defende que o conceito de culpabilidade para pessoas jurídicas representa uma exigência mais genérica, vinculada à evitabilidade do fato e aos deveres de cuidado objetivos exigíveis das pessoas jurídicas. A culpabilidade não deixa de existir, contudo estaria mais fortemente vinculada ao conceito de "causalidade do ato ilícito":

> Quer dizer, então, que a culpabilidade não é exigência constitucional necessária para todo e qualquer agente que se enquadre no Direito Administrativo Sancionador? [...]
>
> No plano do Direito Administrativo Sancionador, pode-se dizer que a culpabilidade é uma exigência genérica, de caráter constitucional, que limita o Estado na imposição de sanções a pessoas físicas. Não se trata de exigência que alcance também as pessoas jurídicas, com o mesmo alcance. Pode-se sinalizar que a culpabilidade das pessoas jurídicas remete à evitabilidade do fato e aos deveres de cuidado objetivos que se apresentam encadeados na relação causal. É por aí que passa a culpabilidade. Poder-se-ia dizer, quem sabe, como ponderamos anteriormente, que haveria uma "culpabilidade" distinta para as pessoas jurídicas. [...]
>
> *Nada impede, todavia, que a lei ou as normas contratuais estabeleçam sistemas de responsabilidade fundados na teoria do risco da atividade ou de outros critérios que embasem responsabilidade objetiva, especialmente, dentro da liberdade de configuração legislativa.*
>
> Se há obrigações de a pessoa jurídica alcançar determinados resultados ou evitar certos efeitos ou atos, resulta possível sancionar as omissões ou ações violadoras desses preceitos de forma objetiva, desde que tal perspectiva derive, implícita ou expressamente, da norma aplicável ao caso concreto. *Não há, e isso é importante enfatizar, nenhum exigência constitucional específica de culpabilidade de pessoas jurídicas, especialmente*

no Direito Administrativo Sancionador, é dizer, exigência que delimite, "a priori", os conteúdos necessários.[3] (destacou-se)

A tese não é pacífica, pois há autores como Rafael Munhoz de Mello e Alejandro Nieto, que sustentam que a incidência do princípio da culpabilidade afastaria a possibilidade de incidência da responsabilidade objetiva no direito administrativo sancionador:

> A incidência do princípio da culpabilidade afasta do direito administrativo sancionador a responsabilidade objetiva, como bem anota Alejandro Nieto: *"el primer corolário de la exigência de la culpabilidad es la exclusión de la responsabilidad objetiva"*. A responsabilidade objetiva independe da culpa do agente: impõe-se a sanção pela ocorrência concreto do evento típico, sem que seja relevante o elemento subjetivo de quem pratica a conduta proibida. [...] Importa o resultado, o elemento objetivo que corresponde à figura típica. Para a imposição de sanção basta a "pura e simples descoincidência objetiva entre um dever previsto abstratamente na norma jurídica e a atuação material de um certo sujeito", nas palavras de Marçal Justen Filho. A adoção do princípio da culpabilidade afasta tal possibilidade.[4]

Não obstante a ponderação do argumento, acredita-se que a Constituição brasileira não exige ou estabeleceu uma forma de culpabilidade *"a priori"* para as pessoas jurídicas e considerando a liberdade de inovação do legislador, conclui-se não haver qualquer impedimento para a previsão inovadora de responsabilidade objetiva para a pessoa jurídica, aplicável em âmbito administrativo. De fato, nesses casos, a resposta mais adequada se encontraria no Direito Administrativo Sancionador e não no Direito Penal (que demanda a comprovação do elemento subjetivo da conduta), já que as pessoas jurídicas, ao protagonizarem atos ilícitos, acobertam estruturas humanas atrás de um ente fictício, com personalidade e patrimônio distinto das pessoas físicas que a integram, o que torna deveras difícil a comprovação do dolo ou culpa de sua conduta. Nesse sentido, afirma o citado autor que:

> Se as pessoas jurídicas somente atuam com suporte em vontades e comportamentos humanos, ocultos ou não, não se está a desprezar por completo, mas apenas parcialmente, as bases subjetivas do Direito Penal.

---

[3] OSÓRIO, Fábio Medina. **Direito Administrativo Sancionador**..., p. 376-379.

[4] MELLO, Rafael Munhoz de. **Princípios constitucionais de direito administrativo sancionador**. São Paulo: Malheiros Editores, 2006. p. 186-187.

Isto equivale a dizer que o sistema punitivo pode enfrentar criminalidade protagonizada por pessoas jurídicas, que acobertam estruturas humanas invisíveis, e que mantém relações autônomas no mundo negocial. *A resposta punitiva mais direta e óbvia seria a do Direito Administrativo Sancionador, fora de dúvida.*[5] (destacou-se)

Assim, pela teoria da responsabilidade objetiva, sendo a ideia de culpa substituída pela de nexo de causalidade, basta que sejam demonstrados: a) a prática de ato ilícito; b) por agente da pessoa jurídica; c) nexo de causalidade entre a conduta e o dano; d) e o dano. Assim, na ausência de qualquer destes elementos resta afastada a responsabilidade da pessoa jurídica.

E uma vez deslocada a questão para o plano da causalidade, também incidem todas as hipóteses excludentes e atenuantes da responsabilidade, a saber: (i) caso fortuito ou força maior; (ii) culpa da vítima; (iii) culpa de terceiros; e (iv) exercício regular de direito;[6] além de que "aos tribunais se permite exclusão ou atenuação daquela responsabilidade do Estado quando fatores outros, voluntários ou não, tiverem prevalecido ou concorrido como causa na verificação do dano injusto".[7] Logo, se o ato lesivo foi causado por ato imputável à Administração Pública ou, de qualquer forma, por ato que não guarde nexo de causalidade com a pessoa jurídica, ela não será responsabilizada.

Isso demonstra que a instituição de responsabilidade objetiva para a pessoa jurídica, não importa em "absolutização" de sua culpabilidade. Em verdade, ocorre uma "objetivização" do elemento subjetivo da culpabilidade em favor da ideia de causalidade entre conduta e dano, o que se revela como a proposta mais adequada de responsabilização destes entes fictícios, destituídos de consciência e vontade própria.

Entende-se, contudo, que seria necessária a previsão de excludentes adicionais de culpabilidade em favor da pessoa jurídica. Neste particular, acredita-se que a emenda proposta pelo Deputado Duarte Nogueira é adequada para esse fim, ao estabelecer que:

> Salvo o dever de reparar danos, a pessoa jurídica não será apenada por atos praticados por dirigentes ou administradores dentre de suas atribuições, com culpa ou dolo, ou em violação aos poderes e atribuições

---

5 OSÓRIO, Fábio Medina. **Direito Administrativo Sancionador**..., p. 376.

6 JUSTEN FILHO, Marçal. **Curso de Direito Administrativo**. São Paulo: Saraiva, 2009. p. 1087.

7 CAHALI, Yussef Said. **Responsabilidade Civil do Estado**. São Paulo: Malheiros, 1995 p. 40 apud DI PIETRO, Maria Sylvia. **Direito Administrativo**. São Paulo: Atlas, 2011. p. 647.

que lhes foram conferidos, desde que adote as medidas pertinentes para coibir e punir a prática de tais atos imediatamente após tomar conhecimento dos mesmos.

2.2 A responsabilidade subjetiva por omissão como alternativa à responsabilidade objetiva

Não obstante o exposto, pensa-se que há uma distinção a ser considerada. A doutrina administrativista da responsabilidade objetiva do Estado encontra seu fundamento na teoria do risco, pela qual se defende que tanto os benefícios quanto os prejuízos da atuação estatal devem ser repartidos. Assim, "quando uma pessoa sofre um ônus maior do que o suportado pelas demais (por conta de uma ação lícita ou ilícita ou omissão ilícita estatal), rompe-se o equilíbrio que necessariamente deve haver entre os encargos sociais; para restabelecer esse equilíbrio, o Estado deve indenizar o prejudicado, utilizando recursos do erário".[8]

Ocorre que a responsabilidade objetiva do Direito Administrativo para o Estado, tem fundamento no dever de indenizar dano injustamente suportado por particular. Logo, a indenização ocorre na forma de uma contraprestação ao dano, limitando-se à sua dimensão (tanto material quanto imaterial — danos morais).

O presente Projeto de Lei, contudo, visa instituir a responsabilização objetiva da pessoa jurídica para, além de contraprestação a dano injusto causado à Administração Pública, também como forma de sanção por ato lesivo praticado.

Nesse sentido, e não contradizendo o já afirmado, dada a liberdade criativa do legislador e a inexistência de vedação constitucional ou legal para tanto, poderia se cogitar no estabelecimento de uma responsabilidade subjetiva na forma da "responsabilidade administrativa por omissão", pela qual, além de uma ação ilícita da pessoa jurídica, do nexo de causalidade e dano, também se exige a comprovação da culpa.

E nesse aspecto, considerando a inexistência de unidade entre o conceito de culpabilidade das pessoas físicas e jurídicas e o dever atribuído à pessoa jurídica pelo Projeto de Lei, de coibir a corrupção e demais atos lesivos praticados por seus agentes, poderia se considerar que ela foi omissa quanto ao seu dever legal de coibir tais práticas.

Assim, comprovado que o agente da pessoa jurídica praticou ato lesivo à Administração, por negligência, imprudência ou imperícia sua,

---

[8] DI PIETRO, Maria Sylvia. **Direito Administrativo**..., p. 646.

violando, portanto, os deveres objetivos de conduta estabelecidos no Projeto de Lei (condutas tipificadas), configurado estaria o ato ilícito e a aplicação das sanções civil-administrativas cabíveis.

Essa teoria teria o bônus de elidir futuras alegações de violação à Constituição por ofensa ao princípio da culpabilidade criando maior segurança jurídica. Da mesma forma, o que poderia aparentar um ônus dessa proposta em relação à anterior (necessidade de demonstração da culpa da pessoa jurídica) não ocorre na prática. Isso porque a culpa da pessoa jurídica não ocorre da mesma forma que a da pessoa física, verificando-se na forma genérica de "lesão aos deveres objetivos de cuidado".

Apesar de não ocorrer uma inversão do ônus probatório, na prática, será a pessoa jurídica aquela mais interessada em elidir sua culpa, demonstrando que agiu com diligência e utilizou os meios adequados e disponíveis para coibir a prática dos atos lesivos tipificados no Projeto de Lei por parte de seus agentes, como, por exemplo, adotando programas efetivos de *compliance*.

2.3 A inconstitucionalidade da penalização de pessoa jurídica por atos de terceiros

A redação original do Projeto de Lei, no §2º do art. 3º,[9] prevê a responsabilização objetiva da pessoa jurídica por atos lesivos praticados em seu benefício ou interesse por qualquer de seus agentes *"ainda que tenham agido sem poderes de representação ou sem autorização superior"* e *"mesmo que o ato praticado não proporcione a ela vantagem efetiva ou que eventual vantagem não a beneficie direta ou exclusivamente"*.

A responsabilização da pessoa jurídica por ato de agente que tenha agido *"sem poderes de representação ou sem autorização superior"* somente poderia ocorrer com a comprovação da efetiva culpa da pessoa jurídica. Do contrário, estar-se-ia responsabilizando objetivamente a pessoa jurídica por ato de terceiro, o que é flagrantemente inconstitucional.

Isso porque até mesmo a responsabilidade objetiva demanda a demonstração de nexo de causalidade entre a conduta do agente e o dano. Não sendo comprovado o nexo, não há como se falar em responsabilização, pois, especificamente, um agente *"sem poderes de representação"* não

---

[9] "Art. 3º. [...] §2º - A pessoa jurídica responderá objetivamente pelos atos ilícitos praticados em seu benefício ou interesse por qualquer de seus agentes, ainda que tenham agido sem poderes de representação ou sem autorização superior, mesmo que o ato praticado não proporcione a ela vantagem efetiva ou que eventual vantagem não a beneficie direta ou exclusivamente".

guarda qualquer *relação objetiva* com uma pessoa jurídica. Sua relação com a pessoa jurídica somente poderá ser comprovada se analisado o nexo de causalidade entre a conduta do agente e o "querer" da pessoa jurídica.

Disso segue-se a conclusão de que, se se pretende punir tais espécies de casos, a responsabilização não poderá ser objetiva, mas deverá ser subjetiva, comprovando-se, ao menos, a culpa da pessoa jurídica.

Por fim, apesar do Projeto de Lei prever a responsabilização da pessoa jurídica *"mesmo que o ato praticado não proporcione a ela vantagem efetiva ou que eventual vantagem não a beneficie direta ou exclusivamente"*, isso não significa que o dano, algumas vezes, não precisará ser comprovado. Ao contrário, o dano deverá sempre ser demonstrado para fins de responsabilizar uma pessoa jurídica por conduta lesiva à Administração Pública.

Por isso, sugere-se, como emenda ao Projeto de Lei, que a pessoa jurídica responda objetivamente apenas pelos atos ilícitos praticados em seu benefício ou interesse *"por seus agentes com poderes efetivos de representação"*.

2.4 Desconsideração da personalidade jurídica para fins de responsabilização dos sócios por atos lesivos

Ressalte-se, desde já, a inadequação de se estabelecer a responsabilidade solidária de todas as pessoas físicas integrantes do quadro societário (sócios) por ato lesivo praticado pela pessoa jurídica, sob pena de subverter-se a própria finalidade e natureza jurídica do instituto da personalidade jurídica, que tem por objetivo instituir uma entidade que possua autonomia patrimonial daquelas pessoas naturais que a integram. Isso porque a responsabilidade solidária permite a cobrança integral do débito direto das pessoas físicas, sem antes tentar-se excutir o patrimônio da pessoa jurídica. Nesse sentido, andou bem o Projeto de Lei ao não inserir tal dispositivo.

Nesse sentido, a fim de superar a autonomia patrimonial da personalidade jurídica e ressalvar a possibilidade de responsabilização individual dos dirigentes, administradores ou de outros sócios coautores ou partícipes do ato lesivo, o Projeto de Lei abriu a possibilidade de desconsideração da pessoa jurídica em âmbito administrativo sempre que utilizada para a prática dos atos lesivos tipificados, com abuso de direito ou com confusão patrimonial, o que implica em ótimo avanço legislativo.

Ao lado disso, o Projeto de Lei previu, em seu art. 5º, a responsabilização solidária das entidades integrantes de grupo econômico, sejam de fato ou de direito, pela prática dos atos previstos na lei.

3 O âmbito de aplicação da lei

De acordo com o artigo 2º, parágrafo único,[10] do Projeto de Lei, ele vale para todos os Poderes (Executivo, Legislativo e Judiciário) de todas as esferas federativas (União, Estados, Distrito Federal e Municípios) e se aplicará para todas as pessoas jurídicas, independente de sua forma de organização, abrangendo inclusive as organizações sociais, OSCIPs e ONGs que pratiquem atos lesivos contra a Administração Pública nacional e estrangeira.

Justamente pelo âmbito de aplicação da lei ser tão amplo, deve-se tomar especial cuidado com as disposições relativas ao processo legislativo, pois a capacidade administrativa e técnica entre o governo federal e os governos municipais são enormes. Constata-se, contudo, que tal cuidado não foi levado em consideração pelo Projeto de Lei.

Por essas razões, acredita-se que o grande desafio do legislador será encontrar uma solução que concilie a abissal diferença entre a capacidade administrativa e técnica do governo federal e a dos governos municipais. E afaste a elevada insegurança jurídica que seria gerada pela aplicação não uniforme da lei por um sem número de órgãos ou entidades administrativas, notadamente em face do presente Projeto de Lei, que deixa grande margem de discricionariedade ao julgador na escolha da sanção aplicável ao ato lesivo cometido.

4 Questões polêmicas relativas às condutas tipificadas e às sanções aplicáveis

4.1 Das condutas tipificadas no Projeto de Lei

Apesar do Projeto de Lei, de acordo com os fundamentos de sua exposição de motivos, visar implementar compromissos assumidos pelo Brasil com a ONU, OEA e, principalmente, com a OCDE, tipificando

---

[10] "Art. 2º. [...] Parágrafo único. Aplica-se esta Lei às sociedades empresariais e às sociedades simples, personificadas ou não, independentemente da forma de organização ou modelo societário adotado, bem como a quaisquer fundações, associações de entidades ou pessoas, ou sociedades estrangeiras, que tenham sede, filial ou representação no território brasileiro, constituídas de fato ou de direito, ainda que temporariamente".

atos de corrupção praticados contra a Administração Pública nacional e também estrangeira, convém chamar a atenção para o fato do Projeto de Lei trazer apenas um inciso[11] visando combater atos de corrupção de funcionários públicos estrangeiros em transações comerciais internacionais (adotando redação semelhante ao tipo penal de corrupção, previsto no Código Penal). Assim, entende-se que poderiam ser retiradas importantes contribuições do FCPA (*Foreign Corrupt Practices Act*) estadunidense e do *Bribery Act* britânico, a fim de reforçar o presente projeto com tipos mais específicos voltados ao combate da corrupção no âmbito das transações internacionais.

Posto isso, destaque-se que o grande foco das condutas tipificadas no projeto volta-se ao combate de atos de *fraude e corrupção praticados no curso de licitações e contratos administrativos* contra o Poder Público, pelo que o projeto ganha em destaque por sua atual importância pragmática. As condutas administrativamente puníveis previstas no projeto de lei se assemelham aos tipos penais inscritos na Lei nº 8.666/93 (Lei de Licitações), e a grande novidade é a possibilidade de sancionamento de tais condutas sem a comprovação do elemento subjetivo (dolo), por conta do marco da responsabilização objetiva, que exige apenas a comprovação do nexo da causalidade.

A esse respeito, afora a possibilidade de incremento do artigo com novas formas de condutas puníveis, critica-se o tipo previsto no art. 6º, IX: "obter vantagem ou benefício indevidos de modificações ou prorrogações de contratos celebrados com a administração pública, sem autorização em lei, no ato convocatório da licitação pública ou nos respectivos instrumentos contratuais". Propõe-se a reformulação do inciso a fim de afastar a ambiguidade que poderia conduzir a errônea interpretação de que a pessoa jurídica possa ser penalizada mesmo nas situações em que a própria Administração Pública agiu de ofício (sem que tenha havido requerimento do particular), concedendo-lhe modificação ou prorrogação indevida.

4.2 Das sanções administrativas aplicáveis

As sanções previstas pela prática de atos lesivos à Administração atingem sua finalidade repressiva e preventiva, vez que são deveras adequadas e eficientes para punir e educar as pessoas jurídicas corruptoras.

---

[11] "Art. 6º - Constituem atos lesivos à administração pública, nacional ou estrangeira, para os fins desta Lei, [...], assim definidos: I - prometer, oferecer ou dar, direta ou indiretamente, vantagem indevida a agente público, ou a terceira pessoa a ele relacionada;"

Neste particular, contudo, destacamos que o artigo referente às sanções administrativas encontra-se eivado de má técnica legislativa, não havendo razão para se separar os títulos das sanções (previstos nos incisos do artigo) das definições de seu conteúdo (previstas individualmente em parágrafos separados no mesmo artigo). Melhor seria se tanto o título quanto a definição de cada sanção fossem unificadas em um único dispositivo, da seguinte forma:

> Art. 7º Na esfera administrativa, serão aplicadas às pessoas jurídicas consideradas responsáveis pelos atos ilícitos previstos nesta Lei as seguintes sanções:
>
> I - multa, no valor de um a trinta por cento do faturamento bruto do último exercício da pessoa jurídica, excluídos os tributos, *ou, não sendo possível sua estimativa, a multa será de R$6.000,00 (seis mil reais) a R$6.000.000,00 (seis milhões de reais).*
>
> II - declaração de inidoneidade *para licitar ou contratar ~~e manter contratos~~ com a Administração Pública* pelo prazo *de até três* anos, e valerá em âmbito nacional, aplicável aos Poderes Executivo, Legislativo e Judiciário de todas as esferas de governo.
>
> III - reparação integral do dano causado;
>
> IV - publicação extraordinária da decisão condenatória, que ocorrerá na forma de extrato de sentença, a expensas da pessoa jurídica, em meios de comunicação de grande circulação na área da prática da infração e de atuação da empresa ou, na sua falta, em publicação de circulação nacional, bem como por meio de afixação de edital, pelo prazo *de até sessenta dias,* no próprio estabelecimento ou no local de exercício da atividade, de modo visível ao público, e no sítio eletrônico na rede mundial de computadores.
>
> V - proibição de ~~contratar,~~ receber incentivos, subsídios, subvenções, doações ou empréstimos de órgãos públicos e de instituições financeiras públicas ou controladas pelo poder público, pelo prazo *de até três* anos.
>
> VI - *extinção de concessão, permissão ou autorização,* cassação de licença ou rescisão de contrato celebrado com a administração pública.
>
> §1º *(incorporado ao caput do artigo 9º)*
>
> §2º *(incorporado ao inciso I)*
>
> §3º *(incorporado aos incisos do artigo 9º)*
>
> §4º *(incorporado ao inciso II)*
>
> §5º *(incorporado ao inciso IV)*
>
> §6º *(incorporado ao inciso V)*

Especificamente em relação à pena de *declaração de inidoneidade para licitar ou contratar "e manter contratos" com a Administração Pública,* deve-se suprimir a expressão "e manter contratos", pois tal previsão induz à conclusão errônea de que a sanção teria como consequência a rescisão automática dos contratos em vigor com a Administração Pública, hipótese já afastada pela jurisprudência.

Também o *prazo máximo de 10 anos* previsto para a proibição de contratação com a Administração Pública deve ser revisto, pois não guarda proporcionalidade com a legislação atual. Relembre-se que a Lei de Improbidade Administrativa prevê a mesma sanção de proibição de contratação com o poder público pelo prazo máximo de 10 anos para os gravíssimos casos de atos de improbidade administrativa que importam enriquecimento ilícito. Assim, considerando que a responsabilização da pessoa jurídica ocorrerá de forma objetiva, propõe-se que se utilize o prazo máximo de 3 anos, que equivale à sanção aplicável nos casos de atos de improbidade administrativa que atentam contra os princípios da Administração Pública.

No artigo 10 do Projeto de Lei há a previsão de que a pena de proibição de participar de licitações e de contratar com a Administração Pública se estende a eventual nova pessoa jurídica constituída pelos "administradores ou sócios" de outra anteriormente condenada por atos previstos na lei. Ao referir-se de maneira genérica aos "administradores e sócios" o artigo faz crer que todos os sócios, independentemente de sua condição societária, poderiam ser responsabilizados. Ocorre, contudo, que, para assegurar a constitucionalidade do dispositivo, só se poderia estender as sanções da pessoa jurídica aos administradores e aos *sócios com poderes de administração*", conforme corretamente previsto no artigo 17 desse Projeto de Lei, para os casos de desconsideração da personalidade jurídica.

Ao lado disso, uma das principais críticas refere-se à elevada discricionariedade do julgador na aplicação das sanções previstas, em virtude da *absoluta inexistência de vinculação objetiva entre os tipos de sanções aplicáveis a cada ato lesivo tipificado*. Ademais, há o problema de que muitos dos critérios previstos para o julgador levar em conta no momento da aplicação das sanções são inoportunos ou até mesmo repetidos.

Diante desse quadro e a fim de garantir uma maior objetividade na aplicação das sanções, acredita que alguns critérios devam ser suprimidos, por se tratarem de repetição da mesma coisa, como o "IV - o grau de lesão, ou perigo de lesão;" e o "V - o efeito negativo produzido pela infração;" que, a rigor, poderiam ser subsumidos ao seguinte inciso: "I - a gravidade da infração;".

Nesse caminho, também se sustenta que critérios adicionais devem ser levados em conta no momento da "dosimetria da sanção", dentre os quais destacamos: "III – o histórico de condutas semelhantes, incluindo condenações penais, cíveis e de natureza administrativa contra a pessoa jurídica;" e "VII – a proporcionalidade e razoabilidade da sanção em relação ao dano". A fim de aperfeiçoar os critérios de julgamento das sanções, propõe-se a seguinte redação ao artigo:

> Art. 9º As sanções serão aplicadas fundamentadamente pela autoridade competente, isolada ou cumulativamente, *levando em consideração os seguintes critérios:*
>
> I - a gravidade da infração;
>
> II - a vantagem auferida pelo infrator;
>
> *III - o histórico de condutas semelhantes, incluindo condenações penais, cíveis e de natureza administrativa contra a pessoa jurídica;*
>
> *IV - a situação econômica do infrator;*
>
> V - a cooperação na apuração das infrações, por meio de práticas como a comunicação do ato ilegal às autoridades públicas competentes antes da instauração do processo e a celeridade na prestação de informações no curso das investigações;
>
> VI - a existência de mecanismos e procedimentos internos de integridade, auditoria e incentivo à denúncia de irregularidades e a aplicação efetiva de códigos de ética e de conduta no âmbito da pessoa jurídica; e
>
> *VII - proporcionalidade e razoabilidade da sanção em relação ao dano.*

Por fim, faz importante destacar a particular efetividade que a aplicação administrativa das penas de (i) multa no valor de um a trinta por cento do faturamento bruto do último exercício da pessoa jurídica, excluídos os tributos, e (ii) de declaração de inidoneidade para participar de licitação e contratar com o poder público por período determinado de tempo, podem ter para punir pessoas jurídicas corruptoras e educá-las, desestimulando a prática de tais atos. Não se pode perder de vista, contudo, que a efetividade da lei está diretamente relacionada com a efetividade do processo administrativo sancionador previsto.

4.3 A problemática da independência das instâncias e o princípio da vedação ao *bis in idem*

A Constituição Federal de 1988 consagra em seu artigo 37, §4º,[12] a independência das instâncias penal, administrativa e civil na

---

[12] "Art. 37 (...) §4º - Os atos de improbidade administrativa importarão a suspensão dos direitos políticos, a perda da função pública, a indisponibilidade dos bens e o ressarcimento ao erário, na forma e gradação previstas em lei, *sem prejuízo da ação penal cabível*".

responsabilização de agentes pela prática de ilícitos. Nas palavras de Fábio Medina Osório:

> Há um dispositivo constitucional que prevê essa hipótese, repudiando interferências recíprocas entre Direito Penal, Direito Administrativo e até mesmo Direito das Responsabilidades Civis. Conforme referi, o art. 37, §4º, da Magna Carta, apresenta a singular perspectiva de apartar as sanções aos atos de improbidade da esfera penal, tornando-as independentes. [...] E se essa autonomia se dá perante o mais grave dos ramos jurídicos, certamente também se dará perante outras ramificações do Direito, nomeadamente as responsabilidades civil e administrativa *stricto sensu*.[13]

Impera, portanto, a independência entre a responsabilização penal por crime e civil-administrativa por atos de improbidade administrativa em relação aos mesmos fatos. Há inclusive pronunciamentos do Supremo Tribunal Federal ressaltando a independência entre a esfera de contas (administrativa) e a esfera judicial penal:

> 2ª Turma indeferiu *habeas corpus* em que pleiteado o trancamento de inquérito policial instaurado para apurar suposta existência de desvios de verba pública na Empresa Brasileira de Infra-Estrutura Aeroportuária – INFRAERO, e a prática dos delitos de formação de quadrilha, corrupção ativa e passiva, estelionato e peculato, bem como de crimes contra a ordem econômica (Lei 8.137/90, art. 4º), de improbidade administrativa e dos tipificados nos artigos 89, 90, 93 e 96 da Lei 8.666/93. Sustentava a impetração, com base em analogia com os crimes contra a ordem tributária, a necessidade de encerramento da via administrativa da constituição do débito tributário como condição de procedibilidade. *Entendeu-se que não mereceria reparo a conclusão do STJ, segundo a qual o fato do Tribunal de Contas da União, eventualmente, aprovar as contas a ele submetidas, não obstaria, em princípio, a persecução penal promovida pelo Ministério Público. Explicitou-se que a jurisprudência do STF seria no sentido da independência entre as esferas de contas e a judicial penal, de sorte a ser desnecessário que o inquérito policial ou a denúncia aguardem a conclusão do processo de contas em qualquer das instâncias dos Tribunais de Contas.* HC 103725/DF, rel. Min. Ayres Britto, 14.12.2010. (HC-103725)

Nesse particular, deve-se ressaltar que o Projeto de Lei nº 6.826/2010 também adota semelhante tratativa em seu artigo 18, ao prever que "na esfera administrativa, a responsabilidade da pessoa jurídica não afasta a possibilidade de sua responsabilização na esfera judicial".

---

[13] OSÓRIO, Fábio Medina. **Direito Administrativo Sancionador**..., p. 322.

A Carta Magna de 1988, contudo, também estabelece o princípio da vedação de cumulação de sanções ou princípio do *non bis in idem*, que decorre do princípio constitucional da proporcionalidade e estabelece que ninguém pode ser condenado duas ou mais vezes por um mesmo fato. Esse axioma é de reconhecimento internacional, sendo objeto de diversos tratados firmados pelo Brasil como o Pacto Internacional de Direitos Civis e Políticos e o Pacto de San José da Costa Rica.[14]

O problema surge quando se comparam as sanções cíveis-administrativas previstas nesse Projeto de Lei, com aquelas sanções cíveis-administrativas previstas na Lei de Improbidade, pois as penas (i) de ressarcimento integral do dano, (ii) de multa civil, (iii) de proibição de contratar com o Poder Público e (iv) de proibição de receber benefícios ou incentivos fiscais ou creditícios, direta ou indiretamente, do Poder Público, se repetem.

Destarte, torna-se necessário discutir se a responsabilização de pessoas jurídicas em diferentes searas jurídicas pelos mesmos fatos e fundamentos incorreria em violação ao *non bis in idem* ou seria mera decorrência da independência das instâncias.

O Pretório Excelso abordou a questão diretamente em 1985, no julgamento do HC nº 62.196 MG, posicionando-se no sentido de que uma mesma conduta, caracterizada tanto como ilícito administrativo quanto contravencional penal, poderia ser objeto de sanções em ambas as vias. O julgamento se pautou no argumento de que as diferentes disciplinas legais do feito tinham diferentes embasamentos — o ilícito administrativo teria correção proveniente de exercício do poder de polícia, enquanto a contravenção receberia medida punitiva jurisdicional — de modo que sua aplicação simultânea não resultaria em *bis in idem*.[15]

Desde então, vários outros Tribunais já foram instados a se manifestar a respeito e, seguindo a posição adotada pelo STF, assentaram duas premissas fundamentais em seu favor: (i) prevalência do princípio da independência das instâncias; e (ii) maior redução de impunidade pela multiplicidade de âmbitos processuais simultâneos.[16]

Em relação à primeira premissa, deve-se observar que, atualmente, com base em novas lições doutrinárias e estudos de direito comparado, há autores que têm sustentado refletida contraposição a

---

[14] Ver art. 14.7 do Pacto Internacional de Direitos Civis e Políticos e art. 8º, n. 4 do Pacto de San José da Costa Rica.

[15] Julgamento do HC nº 62.196-MG, proferido em 26.02.85, 1ª Turma, rel. Min. Rafael Mayer.

[16] STJ, 5ª Turma, Min. Laurita Vaz, MS nº 4.736, julgado em 27.05.03 e TRF da 4ª Região, 3ª Turma em julgamento do Agravo de Instrumento nº 123.023, proc. 200204010575245 PR.

tal entendimento. Nesse caminho, questionando a atual conformação do pressuposto da prevalência da independência das instâncias, Fábio Medina Osório defende que:

> *É inviável construir e sustentar a independência das instâncias com base numa estreita visão, já superada na Teoria Política, em torno ao princípio da separação de poderes, onde as Instituições e os Poderes atuam isoladamente*, sem comunicações recíprocas e sem responsabilidades que transcendam suas esferas de intervenção. Sabe-se, vale insistir, que, no lugar da separação, a Teoria Política originária de Montesquieu permitia a leitura em torno à *divisão harmônica de Poderes*, não tendo sido agasalhada na Revolução Francesa por desconfianças em relação à origem aristocrática do filósofo, [...]. *Daí a radicalização do princípio da separação em detrimento do princípio da divisão.*[17] (destacou-se)

Ou seja, uma proteção da independência das instâncias não pode ser absoluta, sob pena de resultar em um isolacionismo que seria, na realidade, contrário ao seu fundamento na divisão dos Poderes. Uma dimensão de relativização da independência das searas jurídicas deve-se à imperatividade de toda atuação estatal observar critérios de segurança e coerência o que passa a justificar uma vinculação relativa entre as instâncias.

Em segundo lugar, quanto à premissa de que a desconsideração da vedação do *bis in idem* levaria a uma redução da impunidade, o mesmo autor sustenta que a impunidade não resulta da insuficiência de instituições de controle e repressão apurando irregularidades, mas de um déficit de eficiência sobre o qual o esvaziamento da interdição do *bis in idem* só resulta em supressão de direitos e garantias, não em melhora de atuação. Em suas palavras:

> Não se pode pretender, através da independência ou do isolamento entre as instâncias, assegurar imparcialidade e independência às autoridades controladoras. [...] Tampouco resulta possível imaginar que tais instâncias, por atuarem de modo concomitante ou simultâneo, abririam um leque mais amplo de alternativas acusatórias e condenatórias, reduzindo barreiras às responsabilidades. [...] Não se pode diagnosticar a impunidade, ou sua redução, a partir do princípio da independência das instâncias. Estas, se interligadas, poderiam, teoricamente, atuar de modo mais eficiente, se considerarmos que a suposta independência tem conduzido mais ao isolacionismo e à irresponsabilidade do que propriamente à unidade estatal.[18]

---

[17] OSÓRIO, Fábio Medina. **Direito Administrativo Sancionador**..., p. 238.

[18] OSÓRIO, Fábio Medina. **Direito Administrativo Sancionador**..., p. 282-283.

Em face do exposto, e considerando a atual concepção de independência das instâncias, coloca-se a questão: em razão de um mesmo fato, poderá ser aplicada à pessoa jurídica duas sanções de natureza idêntica (por exemplo, proibição de contratar com o poder público por 3 anos), contudo, uma com fundamento nessa lei e outra com fundamento da lei de improbidade?

A resposta não é clara, contudo, defende-se que o princípio do *non bis in idem* não pode importar em óbice prévio, inviabilizando a tramitação concomitante de diferentes processos punitivos. Entretanto, no plano material, é possível e recomendável um enfoque permitindo compensações e atenuações de penas, a partir de uma visão unificatória das sanções e do Direito Punitivo.

É certo que a Constituição assegura que a aplicação das sanções previstas nessa Lei, via de regra, não impede a responsabilização dos agentes pela prática de improbidade administrativa. Contudo, quando do sobre os mesmos fatos puderem incidir duas sanções idênticas (de mesma natureza civil-administrativa), a serem suportadas pela mesma pessoa jurídica, entende-se que aí se estaria a haver uma cumulação inconstitucional de penas (por ofensa aos princípios da proporcionalidade e do *non bis in idem*).

Deve-se ressaltar que a Corte Constitucional da Espanha, na Sentença (STC) nº 177/99, decidiu que o suporte fático já processado e sancionado por uma instância perfeitamente adequada à sua teleologia encerra impedimento à cumulação de sanções provenientes de outras searas.[19] Também na doutrina nacional, colhemos opiniões favoráveis a essa tese. Nesse sentido, de acordo com Rafael Munhoz de Mello:

> [...] o princípio do *non bis in idem* volta-se contra a cumulação de sanções. A ocorrência da conduta típica autoriza a imposição da sanção prevista no ordenamento jurídico, considerada pelo legislador como a única medida sancionadora adequada e proporcional ao atendimento da finalidade preventiva. *Aplicar de modo cumulativo a sanção definida pelo legislador representa excesso evidentemente ofensivo ao princípio da proporcionalidade.*[20] (destacou-se)

---

[19] Na STC nº 177/99, enfrentou-se o sancionamento de um crime ambiental que já havia sido castigado na esfera administrativa. Julgou-se que os aspectos que especializavam a norma penal seriam irrelevantes para o efeito de distinguir as razões da punição administrativa já aplicada.

[20] MELLO, Rafael Munhoz de. **Princípios constitucionais de direito administrativo sancionador...**, p. 210.

Diante disso, com o fim de afastar a cumulação desproporcional de sanções pela aplicação de diferentes disciplinas legais com irrelevantes diferenças de fundamentos sancionatórios e buscar a compensação de duas penas de mesma natureza aplicadas em face da mesma pessoa jurídica, propõe-se a inserção de um parágrafo único no art. 18, a fim de deixar clara a "proibição de aplicação cumulativa de sanções de mesma natureza, pelos mesmos atos, em face da mesma pessoa jurídica".

4.4 As sanções judiciais complementares previstas

O Projeto de Lei estabelece a complementação das sanções administrativas mediante a previsão de sanções judicialmente demandáveis pelas pessoas jurídicas de direito público (nacional e estrangeiras) lesadas em razão da prática dos atos tipificados, quais sejam:

Art. 19. Em razão da prática de atos previstos no art. 6º desta Lei, o Ministério Público e as pessoas jurídicas de direito público interessadas poderão ajuizar ação com vistas à aplicação das seguintes sanções às pessoas jurídicas infratoras:

I - perdimento dos bens, direitos ou valores que representem vantagem ou proveito direta ou indiretamente obtidos da infração, ressalvado o direito do lesado ou de terceiro de boa-fé;

II - suspensão ou interdição parcial de suas atividades;

III - dissolução compulsória da pessoa jurídica.

§1º A dissolução compulsória da pessoa jurídica será determinada quando comprovado:

I - ter sido a personalidade jurídica utilizada para facilitar ou promover a prática de atos ilícitos; ou

II - ter sido constituída para ocultar ou dissimular interesses ilícitos ou a identidade dos beneficiários dos atos praticados.

§2º As sanções poderão ser aplicadas de forma isolada ou cumulativa.

Art. 20. Nas ações ajuizadas pelo Ministério Público, poderão ser aplicadas as sanções previstas no art. 7º, sem prejuízo daquelas previstas neste Capítulo, desde que constatada a omissão das autoridades competentes para promover a responsabilização administrativa.

Considerando que pela presente proposta há atribuição ao Ministério Público de legitimação concorrente para requerer a instauração de processo administrativo de responsabilização pelo Tribunal de Contas, não há mais necessidade previsão de ação judicial subsidiária de competência do Ministério Público buscando a responsabilização da pessoa jurídica, razão pela qual o art. 20 do projeto deve ser suprimido. Em relação à falta de definição do rito que deveria ter a ação de responsabilização judicial pelos atos previstos nessa lei, propõe-se que seja adotado o rito da Ação Civil Pública, adicionando um parágrafo ao art. 19 do projeto com esse fim.

Por fim, destaque a necessidade da previsão específica de meios expedidos para que, havendo comprovação de atos de dilapidação patrimonial, o juiz possa determina o bloqueio de bens do réu, a fim de garantir o futuro ressarcimento ao erário público.

5 O processo administrativo de aplicação das sanções e suas críticas

5.1 Da necessidade de condução do processo administrativo punitivo por órgão central

Inicialmente, reitere-se que o Projeto de Lei representa significativa inovação no ordenamento jurídico brasileiro, suprindo lacuna relativa à dificuldade de responsabilização de pessoas jurídicas por atos lesivos à Administração Pública, e trazendo disposições que atendem a compromissos internacionalmente assumidos pelo país, notadamente em face da Convenção da OCDE.[21]

Contudo, as disposições relativas ao processo administrativo para responsabilização da pessoa jurídica previstas pelo Projeto de Lei pecam por sua injustificada simplicidade e pela falta de especificidade na definição dos procedimentos, o que compromete a aplicabilidade prática e a própria eficácia da lei. Apesar de já referido, é interessante destacar que em todas as Audiências Públicas realizadas para a discussão do Projeto de Lei (por iniciativa da Comissão Especial da Câmara dos Deputados) uma das maiores preocupações compartilhadas pelos participantes em relação ao Projeto de Lei referiu-se justamente ao processo administrativo previsto.

Nos termos iniciais do projeto, a competência para a instauração e julgamento do processo administrativo de apuração da responsabilidade de pessoa jurídica foi entregue à *autoridade máxima de cada órgão*

---

[21] OCDE (Organização para a Cooperação Econômica e o Desenvolvimento). **Convenção sobre o Combate da Corrupção de Funcionários Públicos Estrangeiros em Transações Comerciais Internacionais.** Disponível via internet em: <http://www.cgu.gov.br/ocde/publicacoes/arquivos/textoConvencao.pdf.> Acesso em: 26.12.2011.

ou entidade da Administração Pública dos Poderes Executivo, Legislativo e Judiciário, que deverá agir de ofício ou mediante provocação, observados o contraditório e a ampla defesa, sendo que a competência para a instauração poderá ser delegada.[22] Contudo, no âmbito do Poder Executivo Federal, a Controladoria-Geral da União terá competência concorrente para instaurar processos administrativos de responsabilização de pessoas jurídicas e, na conformidade das competências atribuídas ao órgão pelo art. 18, §1º, da Lei nº 10.683, de 28 de maio de 2003, e art. 1º, III, de seu Regimento Interno, poderá avocar os processos instaurados por órgãos e entidades com fundamento nessa Lei, para corrigir-lhes o andamento. A Lei, contudo, silencia sobre a existência de competência concorrente para eventuais órgãos de controle interno existentes nos Estados, Distrito Federal ou Municípios.[23]

Uma vez instaurado pelo chefe dos respectivos Poderes, o processo administrativo passará a ser conduzido por comissão designada pela autoridade instauradora e composta por dois ou mais servidores estáveis, que deverá concluir o processo no prazo prorrogável de cento e oitenta dias, apresentando relatórios sobre os fatos apurados e eventual responsabilidade da pessoa jurídica e sugerindo de forma motivada as sanções a serem aplicadas.[24] Importa ressaltar que o Projeto de Lei estabelece que deverá ser concedido à pessoa jurídica o prazo de quinze dias para a defesa a partir da intimação. Contudo, não se determinou em que momento a intimação deverá ser feita, circunstância que certamente gerará discussões a respeito do momento adequado para intimação.[25]

---

[22] Art. 11 - A instauração e julgamento de processo administrativo para apuração da responsabilidade de pessoa jurídica cabe à autoridade máxima de cada órgão ou entidade da administração pública dos Poderes Executivo, Legislativo e Judiciário, que agirá de ofício ou mediante provocação, observados o contraditório e a ampla defesa. §1º - A competência para a instauração do processo administrativo de apuração de responsabilidade da pessoa jurídica poderá ser delegada.

[23] Art. 11 [...] §2º - No âmbito do Poder Executivo Federal, a Controladoria-Geral da União terá competência concorrente para instaurar processes administrativos de responsabilização de pessoas jurídicas, bem como poderá avocar os processes instaurados por órgãos e entidades com fundamento nesta Lei, para corrigir-lhes o andamento.

[24] Art. 13 - O processo administrativo para apuração da responsabilidade de pessoa jurídica será conduzido por comissão designada pela autoridade instauradora e composta por dois ou mais servidores estáveis. [...] §3º - A comissão deverá concluir o processo no prazo de cento e oitenta dias, contados da data da publicação do ato que a instituir, e, ao final, apresentar relatórios sobre os fatos apurados e eventual responsabilidade da pessoa jurídica, sugerindo de forma motivada as sanções a serem aplicadas. §4º - O prazo previsto no §3º poderá ser prorrogado, mediante ato fundamentado da autoridade instauradora.

[25] Art. 14 - No processo administrativo para apuração de responsabilidade, será concedido à pessoa jurídica prazo de quinze dias, para defesa, contados a partir da intimação.

Seja como for, o processo administrativo, com o relatório da comissão, deverá ser remetido à autoridade instauradora para julgamento final e, se for o caso, aplicação das sanções previstas.[26] Neste particular, deve-se chamar a atenção para a ausência de previsão do procedimento para a liquidação de eventual pena pecuniária.[27] Em face disso, do modo como as disposições referentes ao procedimento de responsabilização das pessoas jurídicas encontram-se redigidas, muitas críticas podem ser feitas, dentre as quais se destacam as seguintes:

1 Falta de especificação dos órgãos ou entidades que efetivamente ficarão responsáveis pela instauração e julgamento do processo administrativo, em razão do amplo âmbito de aplicação da lei, que valerá para todos os Poderes (Executivo, Legislativo e Judiciário) em todos os entes federados (União, Estados, DF e Municípios);

2 Inadequação da competência atribuída à "*autoridade máxima de cada órgão ou entidade da administração pública dos Poderes Executivo, Legislativo e Judiciário*" para o julgamento do processo administrativo, pois o julgador poderá estar diretamente ou indiretamente envolvido com o caso;

3 Inadequação da previsão de condução do processo administrativo por Comissão Julgadora designada pela autoridade instauradora do processo e composta por dois ou mais servidores estáveis, o que não estabelece qualquer garantia de que os membros da comissão tenham capacidade técnica e imparcialidade para a condução do processo (favorecendo ou até propiciando, inclusive, casos de corrupção em face ao amplo poder de decisão econômica atribuído);

4 Previsão de que os membros da comissão poderão formular pedidos judiciais, sem o cuidado de que tenham capacidade para postular em juízo;

5 Inexistência de dispositivo que preveja a prescrição intercorrente pelo decurso do prazo para a conclusão do processo administrativo em razão de demora imputável ao Poder Público;

---

[26] Art. 15 - O processo administrativo, com o relatório da comissão, será remetido à autoridade instauradora, na forma do art. 11, para julgamento.

[27] Art. 16 - Após o julgamento, caso seja aplicada a sanção de reparação integral do dano, a autoridade competente, conforme o art. 11, determinará a instauração de processo específico para sua quantificação, de forma que as demais sanções poderão ser imediatamente aplicadas.

6 Omissão quanto à possibilidade de interposição de recurso administrativo bem como do órgão competente para julgamento;

7 Estabelecimento de imprescritibilidade para as ações de ressarcimento ao erário, mediante a adoção de uma interpretação constitucional que vem sendo ultrapassada pela doutrina e jurisprudência nacionais, apesar da atual posição do Superior Tribunal de Justiça sobre o assunto;

8 Omissão quanto ao procedimento a ser aplicado, após o julgamento, a fim de quantificar o valor específico da sanção a ser aplicada.

Da análise conjunta dos dispositivos referentes ao processo administrativo, conclui-se que a escolha da condução do processo por uma Comissão Julgadora, constituída sempre *ad hoc* e unicamente por servidores estáveis, e a escolha da autoridade máxima de cada poder como entidade instauradora e julgadora dos processos constituem-se em escolhas legislativas equivocadas, que tem o efeito de fulminar a própria eficácia da lei, por retirar-lhe sua aplicabilidade prática. Isso porque, apesar desse procedimento poder até vir a ser operacionalizado no âmbito federal e seus respectivos Poderes — que poderão, até mesmo, instituir órgãos permanentes compostos por pessoa com *expertise* técnica e competência específica para o julgamento desses casos —, essa não é a realidade da grande maioria dos municípios brasileiros, que sequer contam com órgãos idôneos de controle interno.

Não se pode olvidar que a federação brasileira é marcada por desigualdades regionais. A exemplo disso, destaca-se que no Brasil existem mais de 5.500 municípios, sendo que quase 80% de toda população brasileira se concentra em não mais que 10% desses municípios. Assim, logo se percebe que a avassaladora maioria dos municípios brasileiros não possui ainda condições financeiras, administrativas e técnicas para garantir a adequada e eficaz aplicação da lei.[28] Ademais disso, a aplicação da lei por um sem número de órgãos ou entidades administrativas, em todos os poderes de todas as esferas federativas, teria o nefasto efeito de pulverizar e multiplicar os entendimentos sobre a aplicabilidade da lei sobre casos idênticos, gerando decisões contraditórias e elevada insegurança jurídica, notadamente em face do

---

[28] IBGE. **Pesquisa de Informações Básicas Municipais**: Perfil dos Municípios - Gestão pública 2001. Rio de Janeiro, 2003. Disponível via internet em: http://www.ibge.gov.br/home/estatistica/economia/perfilmunic/2001/munic2001.pdf. Acesso em: 22.12.2012.

presente Projeto de Lei, que deixa grande margem de discricionariedade ao julgador na escolha da sanção aplicável ao ato lesivo cometido.

Por todas essas razões, revela-se consensual a necessidade de reelaboração de todo o procedimento relativo ao processo administrativo aplicável, de forma a buscar uma solução que concilie a abissal diferença entre a capacidade administrativa e técnica do governo federal e a dos governos municipais, e confira maior segurança jurídica e efetividade à lei, evitando futuras discussões doutrinárias e judiciais a respeito do adequado procedimento a ser aplicado.

Da experiência estadunidense, noticiada no relatório apresentado pelo IBRADEMP, depreende-se que a apuração de atos de corrupção previstos no FCPA (*Foreign Corrupt Practices Act*) e a aplicação de sanções ocorre de maneira centralizada, predominantemente pela *U.S. Securities & Exchange Commission* (SEC) e pelo Ministério da Justiça americano (*Department of Justice – DOJ*). Outro dado relevante mencionado no estudo diz respeito ao valor total das arrecadações decorrentes das sanções aplicadas pelas autoridades estadunidenses por violações ao FCPA, que em 2010 foi superior a US$1,7 bilhões, o que revela que a condução centralizada do processo além de garantir a eficiência da lei, também traz consigo relevantes reflexos financeiros aos cofres públicos.[29]

Além disso, se há a pretensão de realmente conferir tratamento diferenciado para pessoas jurídicas que adotem programas efetivos de *compliance*, contribuindo para a prevenção da "corrupção corporativa" (conforme explicitado na exposição de motivos do projeto) e, mais, se for adotada a proposta do IBRADEMP (com a qual se está de pleno acordo) de inclusão de dispositivos legais que permitam a celebração de acordos de leniência e compromissos de cessação entre a Administração Pública e as pessoas jurídicas corruptoras, também haverá a necessidade de instituir-se um órgão central que fiscalize e monitore essas pessoas jurídicas.

Deve-se atentar, contudo, que dentro da organização administrativa brasileira já existe um órgão que possui a estrutura administrativa, *expertise* técnica e a imparcialidade de julgamento necessária para superar os inúmeros problemas relativos à condução e ao julgamento do processo administrativo previsto no Projeto de Lei e garantir a eficácia da lei: os Tribunais de Contas das respectivas esferas da federação.

---

[29] IBRADEMP (Instituto Brasileiro de Direito Empresarial). **Comentários ao Projeto de Lei nº 6.826/2010.** Apresentado em Audiência Pública na Câmara dos Deputados em novembro de 2011. Disponível em: <http://www.ibrademp.org.br/index.php?option=com_content&v iew=article&id=207&Itemid=505> Acesso em: 20.11.2011.

Neste particular, convém ressaltar que o Deputado João Dado (PDT/SP) apresentou proposta de emenda ao Projeto de Lei nesse sentido, atribuindo a competência para julgar os processos dos quais trata a presente lei aos Tribunais de Contas, com a qual se está de pleno acordo. Contudo, acredita-se que as disposições relativas ao processo administrativo merecem melhor definição e especificação, razão pela qual, a seguir, apresenta-se um processo administrativo mais adequado ao julgamento pelos Tribunais de Contas.

Por todos esses motivos, conclui-se não ser adequado aplicar a lógica do funcionamento do processo administrativo disciplinar para esse Projeto de Lei. Em vez disso, entende-se que os Tribunais de Contas dos respectivos entes federativos podem assumir tranquilamente essa função, pois já dispõem da necessária estrutura administrativa, qualificação técnica e imparcialidade de julgamento, de modo que a constituição de uma nova entidade para tanto se mostraria ineficiente.

5.2 Proposta de atribuição da competência para julgamento aos Tribunais de Contas como alternativa ao modelo de processo administrativo previsto no PL nº 6.826/2010

De acordo com o texto da Constituição Federal de 1988, os Tribunais de Contas são órgãos técnicos que integram, juntamente com o Poder Legislativo (e não subordinadamente), o sistema de controle externo da Administração Pública, não pertencendo ao Poder Judiciário, apesar da denominação *tribunal*. A cargo do Tribunal de Contas está a fiscalização da contabilidade, das movimentações financeiras, orçamentárias, patrimoniais e operacionais da Administração Pública. Esse controle externo, de cunho mais técnico, não pode ser deixado de lado ou inferiorizado, pois certamente pode-se dizer que sequer poderá se chamar *país democrático* aquele não dotado de um órgão de controle com a incumbência de fiscalizar e garantir à sociedade a boa gestão do dinheiro público.

Conforme o *caput* do artigo 71 da Constituição de 1988, os Tribunais de Contas auxiliam o Poder Legislativo no exercício do controle externo sem, entretanto, dizer que tais instituições se confundam. Até porque, como explica Rodrigo Valgas dos Santos, "diante das garantias de independência das cortes de contas, não há como caracterizá-lo em subordinação ao Poder Legislativo, ou mesmo incluído naquela estrutura".[30] Marcus Vinicius Paixão Lages defende igualmente o espaço ocupado pelos Tribunais de Contas no ordenamento constitucional brasileiro. Para o autor:

> O Tribunal de Contas é órgão de *status* Constitucional. No nível funcional, é um dos responsáveis pela função de controle externo do Estado; no nível institucional, não se subordina a nenhum outro órgão constitucional de soberania, é inteiramente autônomo, gozando de autogoverno, auto-organização e auto-administração, é ainda independente; no nível sócio-estrutural, é composto por qualquer brasileiro que possua os requisitos constitucionais para investidura no cargo; no nível organizatório-territorial, o TCU possui jurisdição em todo o território nacional; no campo das ações políticas, atua como órgão essencial à função de controle externo exercida pelo Poder Legislativo, como órgão com jurisdição especial e como órgão administrativo, sempre resguardado por competências diretamente estabelecidas pela Constituição; no esquema organizatório funcional, interage com os demais órgãos constitucionais de soberania, como forma de equilíbrio entre os "poderes". Preenche, portanto, todos os requisitos para ser classificado como órgão constitucional de soberania (assim como o Ministério Público).[31]

Destarte, premissa necessária às proposições aqui feitas diz respeito justamente a não caracterização dos Tribunais de Contas como integrantes ou mesmo subordinados ao Poder Legislativo, Judiciário ou Executivo, constituindo, como diz Odete Medauar, "instituição estatal independente".[32] O Projeto de Lei em tela, como já dito, direciona-se à regulamentação da responsabilização de pessoas jurídicas pela prática de atos de corrupção relacionados à Administração Pública, como forma de atender compromissos internacionais de combate à corrupção, nos quais o Brasil é signatário. E o objetivo do Projeto de Lei, certamente, vai

---

[30] SANTOS, Rodrigo Valgas dos. **Procedimento Administrativo nos Tribunais de Contas e Câmaras Municipais**: Contas anuais, princípios e garantias constitucionais. Belo Horizonte: Del Rey, 2006. p. 55

[31] LAGES, Marcus Vinicius Paixão. Tribunal de Contas: órgão constitucional de soberania. **Biblioteca Digital Fórum Administrativo – Direito Público – FA**, Belo Horizonte, ano 4, n. 35, jan. 2004. Disponível em: <http://www.bidforum.com.br/bid/PDI0006.aspx?pdiCntd=4451>. Acesso em: 24.11.2011.

[32] MEDAUAR, Odete. **O controle da administração pública**. São Paulo: RT, 1993. p. 141. No mesmo sentido entendem Irene Patrícia Nohara e Thiago Marrara ao asseverarem: "Tanto o Tribunal de Contas como o Ministério Público são instituições autônomas dotadas de relevantes atribuições constitucionais, que não se enquadram tipicamente em nenhum dos clássicos Poderes da República, mas que nem por isso deixam de desempenhar função administrativa". Cf.: NOHARA, Irene Patrícia; MARRARA, Thiago. **Processo Administrativo: Lei n. 9.784/99 Comentada**. São Paulo: Atlas, 2009. p. 32.

ao encontro das competências constitucionais dessas Cortes, enquanto independentes dos três poderes. Destaca Flávio Régis Xavier de Moura e Castro que a autonomia e a independência dos Tribunais de Contas são verdadeiras "condições indispensáveis para o cumprimento de sua função institucional de órgão de combate à corrupção", sob pena de, estando o órgão controlador sujeito ao controlado, não se realizar qualquer controle. Destaca o autor, ainda, que:

> A par das preconizadas medidas deve-se buscar textos legais fortes e coerentes para reprimir a corrupção, inibindo a impunidade. E, nos tempos modernos, a instituição Tribunal de Contas exerce um papel fundamental no combate à corrupção. O órgão de controle não visa punir o administrador nem qualquer outro agente público, mas prevenir a prática de desvios de bens públicos e a improbidade na Administração. Resguardar a moralidade pública para garantir a estabilidade das instituições democráticas é a sua principal tarefa e também o seu maior desafio.[33]

Não há como se olvidar que estão sujeitos ao controle externo todos aqueles, *pessoa física ou entidade pública*, que utilizam, arrecadam, guardam, gerenciam ou administram bens e recursos públicos ou pelos quais o Estado responda, ou que, em seu nome, assumam obrigações de natureza pecuniária (CF/88, artigo 70, parágrafo único). Logo, não se está falando no texto constitucional apenas de agentes públicos, pelo que, inclusive, "as decisões dos Tribunais de Contas podem extrapolar os limites circunscricionais da pública Administração brasileira".[34] Note-se, além disso, que a Lei Orgânica do Tribunal de Contas da União, em seu artigo 5º, inciso II, estende a jurisdição da Corte "àqueles que derem causa a perda, extravio *ou outra irregularidade de que resulte dano ao Erário*", isto é, exatamente aqueles que serão eventualmente atingidos pelos dispositivos da lei cujo projeto ora se debate.

Dito isso, resta clara a compatibilidade entre o previsto no PL nº 6.826/2010 e o exercício, pelo Tribunal de Contas, da sua função constitucional de controle. Ou seja: inquestionável a pertinência entre

---

[33] CASTRO, Flávio Régis Xavier de Moura e. Os Órgãos Regionais de Controle e a luta contra a corrupção. **Biblioteca Digital Fórum Administrativo – Direito Público – FA**, Belo Horizonte, ano 2, n. 13, mar. 2002. Disponível em: <http://www.bidforum.com.br/bid/PDI0006. aspx?pdiCntd=1479>. Acesso em: 24.11.2011.

[34] CASTRO, Flávio Régis Xavier de Moura e. Os Tribunais de Contas e sua jurisdição. **Biblioteca Digital Fórum Administrativo – Direito Público – FA**, Belo Horizonte, ano 5, n. 52, jun. 2005. Disponível em: <http://www.bidforum.com.br/bid/PDI0006.aspx?pdiCntd=29553>. Acesso em: 28.11.2011.

o papel dessas Cortes e a nova atribuição a ser-lhe conferida pela Lei em comento.

Assentadas essas premissas, relembre-se que as críticas ao processo de apuração dos fatos e das responsabilidades foram mais enfáticas em relação à injustificada simplicidade do mesmo e em relação à falta de especificidade na definição dos procedimentos (distribuição de competências, violações a garantias constitucionais etc.). Com efeito, as sanções previstas no PL nº 6.826/10 não podem ser aplicadas sem uma devida instrução probatória, pleno exercício do contraditório e, sobretudo, sem fundamentação técnica, haja vista a gravidade das penas previstas.

Diante de tais críticas e com base nos argumentos acima expostos, entende-se que o Tribunal de Contas é a melhor alternativa para garantir a boa condução e julgamento do processo administrativo previsto no Projeto de Lei e a própria eficácia da lei, na medida em que a aplicação da lei pelos Tribunais de Contas asseguraria três necessidades básicas: a) evitaria que o próprio lesado, órgão público ou pessoa jurídica de direito público, instaure, apure os fatos, e decida pela responsabilidade e penalização da pessoa jurídica demandada; b) qualificaria e legitimaria a decisão pela aplicação de tais penas, em razão da *expertise* técnica que caracteriza o corpo integrante dessas Cortes; c) resolveria o problema da indeterminação dos órgãos ou entidades competentes para a condução e julgamento dos processos nos Estados e Municípios, deixando a cargo dos Tribunais de Contas dos Estados-membros a aplicação da lei nas esferas estadual e municipal (exceto naqueles em que houver Tribunais de Contas Municipais); e a cargo do Tribunal de Contas da União os ilícitos ocorridos na esfera federal.

No que se refere ao item "a", sugere-se aqui apenas a concretização de entendimento já consolidado quanto ao fato de que "não se pode subestimar os princípios do Estado de Direito, notadamente com respeito ao julgamento justo e imparcial, através da separação e independência do julgador em face do acusador".[35] Seja em um processo civil, seja em um processo administrativo, a necessidade de imparcialidade do encarregado do dever-poder de julgamento é inafastável. A

---

[35] "EMENTA - Agravo de instrumento - Câmara Municipal de Cordeirópolis - Mandado de segurança impetrado por vereador cassado por improbidade - Concessão da ordem - Agravo tirado de decisão que recebeu a apelação somente no efeito devolutivo - Alegação de risco do impetrante reassumir cargo - Pedido de tutela antecipada para sustar efeitos da sentença concessiva da ordem - insubsistência - Erro de procedimento que macula a imparcialidade do julgamento e afronta os princípios do Estado de direito - Recurso desprovido". (TJ-SP. Agravo de Instrumento nº 650.44 0-5/1-00)

"imparcialidade administrativa", inspirada no princípio da "justiça natural", fundamento da imparcialidade judicial, visa à neutralidade do administrador/julgador.[36] Ocorre que, com a redação atual do Projeto de Lei, não se garante devidamente a neutralidade no julgamento. Veja-se que o Projeto afirma competir à Controladoria-Geral da União a instauração, a apuração, o processo e o julgamento dos ilícitos.

Nesse sentido, Egon Bockmann Moreira, em comentários à Lei Federal do Processo Administrativo, destaca o mérito da Lei nº 9.784/99 de transferir a competência decisória para órgão diverso da Administração que instrui o processo ou que seja "parte", como forma de prestígio à moralidade e à imparcialidade.[37] É necessário que a competência decisória esteja em mãos de autoridade equidistante das partes (Administração lesada e empresa autora da conduta apurada). Além disso, conforme descrito no PL nº 6.826/2010, prevê-se a criação de comissão, de apenas dois (ou mais) servidores estáveis, para a condução do processo. Essa nomeação *ad hoc*, todavia não se mostra adequada, sobretudo diante das garantias constitucionais — *juiz natural* e imparcialidade.

Na mesma toada, Ruy Samuel Espíndola destaca que a aplicação do princípio constitucional do "juiz natural" no âmbito do direito administrativo se traduz no fato de que apenas as autoridades constituídas segundo a lei poderão conhecer de questões jurídico-administrativas e dirimi-las, ao passo que os administrados têm o direito de conhecer, previamente, caso incorram em faltas ou demandem proteção a direitos, quem, em tese, irá julgar suas demandas.[38] Embora os operadores do Direito Administrativo brasileiro, a jurisprudência e até mesmo parte da doutrina, sejam resistentes ao reconhecimento do princípio do juiz natural no processo administrativo, já existe consistente doutrina esclarecendo a absoluta vinculação constitucional do juiz natural à atividade administrativa sancionatória. Nesta seara foi pioneiro o trabalho de Romeu Felipe Bacellar Filho.[39]

---

[36] MATTOS, Mauro Roberto Gomes de. **Lei nº 8.112/90, interpretada e comentada**. Rio de Janeiro: América Jurídica, 2005. p. 793.

[37] MOREIRA, Egon Bockmann. **Processo administrativo**. 3. ed. São Paulo: Malheiros, 2007. p. 310.

[38] ESPÍNDOLA, Ruy Samuel. Princípios constitucionais e atividade jurídico-administrativa: anotações em torno de questões contemporâneas. **Fórum Administrativo – FA**, Belo Horizonte, ano 6, n. 64, p. 7371-7389, jun. 2006.

[39] Tratando o princípio do juiz natural no processo administrativo, assim assevera o autor: "Mesmo porque a garantia de imparcialidade do julgador é condição *sine qua non* da validade do julgamento. O princípio impõe que a lei anterior preveja e indique o processo legal pelo qual, em casos como este, a competência deva ser deferida a juízo diferente do originário". Cf.: BACELLAR FILHO, Romeu Felipe. **Processo Administrativo Disciplinar**. São Paulo: Saraiva, 2012. p. 399.

Além disso, nada garante a imparcialidade do julgamento com a simples previsão de que sejam os integrantes da comissão servidores estáveis. Essa imparcialidade depende, além do afastamento entre lesado e julgador, de outras garantias. Como resposta a tal questão, novamente, surge o Tribunal de Contas, cuja independência é marcada, especialmente, pelas garantias, prerrogativas, impedimentos, vencimentos e vantagens que possuem os seus membros, iguais às dos Ministros do Superior Tribunal de Justiça, nos termos do art. 73, §3º, da Constituição da República. Diante disso, pode-se afirmar, com segurança, a inadequação e até mesmo a inconstitucionalidade da atribuição de competência para que o próprio lesado (órgão público ou pessoa jurídica de direito público) instaure o processo administrativo, apure os fatos e ainda decida pela responsabilidade e penalização da pessoa jurídica demandada. Conforme já ressaltado, a solução seria manter a competência para instauração do processo com a autoridade máxima da esfera de poder lesada, mas atribuir a competência para apuração e julgamento do processo aos Tribunais de Contas, que são instituições independentes e autônomas, com capacidade administrativa e *expertise* técnica necessária para a boa aplicação da lei.

Sobre a característica de a *expertise* técnica dos Tribunais de Contas qualificar a tomada de decisões quanto a aplicação das sanções previstas no Projeto de Lei (ressaltada no item "b"), vale frisar a lição de José Afonso da Silva, que ensina que a atuação do Tribunal de Contas, através de sua participação no sistema de controle externo da Administração, *ameniza* o caráter eminente político das formas de controle estatal, marcada pela atuação do Poder Legislativo. Isso porque as Cortes de Contas, diferentemente do Legislativo, têm função e composição eminentemente técnicas.[40] Marçal Justen Filho, que se utiliza da expressão *quase jurisdicional* para melhor caracterizar as decisões proferidas pelos Tribunais de Contas, assim leciona:

> No entanto e mais do que em qualquer outro caso, seria possível aludir, a propósito do Tribunal de Contas, a uma atuação quase jurisdicional. Se tal expressão puder merecer algum significado próprio isso reside na forma processual dos atos e na estrutura autônoma e independente para produzir a instrução e o julgamento. A fórmula quase jurisdicional é interessante não para induzir o leitor a imaginar que a atuação do Tribunal de Contas é idêntica à do Judiciário, mas para destacar como

---

[40] SILVA, José Afonso da. **Curso de Direito Constitucional Positivo**. 26 ed. rev. e atual. São Paulo: Malheiros, 2006. p. 758.

se diferencia do restante das atividades administrativas e legislativas. Nenhum outro órgão integrante do Poder Executivo e do Poder Legislativo recebeu da Constituição poderes de julgamento equivalentes, inclusive no tocante à relevância e eficácia, aos assegurados ao Tribunal de Contas.[41]

Conforme acima explanado, pelo Projeto de Lei o julgamento dos processos administrativos e a aplicação das sanções nele previstas (que atribuem uma grande margem de discricionariedade ao julgador) ocorreria de maneira pulverizada, por Comissões Julgadoras em todos os poderes de todas as esferas federativas, o que geraria grande insegurança jurídica pela falta de uniformização e acuidade técnica na aplicação da lei. E não restam dúvidas de que é o Tribunal de Contas a natural resposta para essa questão. Nessa esteira, Carlos Ayres Britto enfatiza que os julgamentos a cargo dos Tribunais de Contas só podem obedecer a parâmetros de ordem técnico-jurídica, ou seja "parâmetros de subsunção de fatos e pessoas à objetividade das normas constitucionais e legais".[42] Dessa forma, quem tem certamente as melhores condições de fazer valer o texto da proposição legislativa ora analisada são as Cortes de Contas, cuja composição e atribuições se adéquam perfeitamente ao dever de apurar os fatos passíveis de penalização, nos moldes do PL nº 6.826/2010, através do exame objetivo de subsunção dos fatos à objetividade das normas nele previstas.

Outrossim, e passando à análise da indeterminação dos órgãos ou entidades responsáveis para a condução e julgamento do processo nas demais esferas federativas (item "c"), poderia se cogitar que, como a lei aplica-se aos Poderes Executivo, Legislativo e Judiciário e a todos os entes federados (União, Estados, DF e Municípios), poder-se-ia prever a constituição de um órgão administrativo análogo à Controladoria do Poder Executivo Federal (Controladoria-Geral da União) em cada esfera, a fim de instaurar e julgar esses processos. Ocorre que além de flagrantemente custosa, tal possibilidade se mostra desnecessária, face o já exposto. Poder-se-ia perfeitamente deixar a cargo dos Tribunais de Contas dos Municípios, quando houver, a competência de instrução e julgamento dos ilícitos ocorridos na esfera municipal; aos Tribunais de Contas dos Estados-membros a apuração dos fatos na esfera estadual

---

[41] JUSTEN FILHO, Marçal. **Curso de Direito Administrativo**..., p. 1000.

[42] BRITTO, Carlos Ayres. O Regime Constitucional dos Tribunais de Contas. **Revista Diálogo Jurídico**, Salvador, CAJ - Centro de Atualização Jurídica, v. I, nº. 9, dezembro, 2001. p. 2. Disponível em: <http://www.direitopublico.com.br>. Acesso em: 24.11.2011.

e municipal (quando não houver TC Municipal); e a cargo do Tribunal de Contas da União ilícitos ocorridos na esfera federal.

Evidente que a criação de um órgão novo, com abrangência em todo o território nacional, naturalmente pode surgir como proposta. Todavia, a inviabilidade de se criar tal órgão (ou autarquia, ou Secretaria etc.), além dos debates orçamentários — caso venha a ser vinculado a algum dos poderes —, nada contribuirá à necessidade de imparcialidade no julgamento a ser feito. Assim sendo, se já existe o órgão do Tribunal de Contas, com a devida independência e com a qualificação técnica apta a assegurar a imparcialidade desse julgamento, a constituição de uma nova figura na Administração Pública brasileira se mostra ineficiente.

Insta repisar que a proposta aqui feita — em relação ao Tribunal de Contas — diz respeito à apuração e ao momento decisório do processo administrativo precariamente previsto no PL nº 6.826/2010. A competência para a instauração do procedimento seria mantida na autoridade máxima da parte lesada (Administração Pública), que indicaria a conduta lesiva supostamente praticada, a pessoa jurídica cuja responsabilidade a ser apurada e o enquadramento de tais condutas aos ilícitos previstos na lei.

Apenas em segundo momento esses autos seriam encaminhados à Corte de Contas competente, o que deverá ser feito, por óbvio, seguindo a lógica do federalismo brasileiro, como já dito. Isso é, poderá a lei falar apenas em *tribunais de contas*, sem que se faça, necessariamente, quaisquer especificações quanto ao fato de se tratar do Tribunal de Contas da União, Tribunais de Contas dos Estados ou dos Municípios. Isso porque as diferenças existentes entre os Tribunais de Contas (TCU, TCE, TCM) são desinfluentes no que concerne aos aspectos aqui tratados, já que partem todos da definição da competência do TCU conferida pela Constituição, que se estende aos Tribunais de Contas Estaduais e Municipais pela simetria constitucional entre as esferas de governo.[43] Nesse sentido, basta que se analise o disposto no artigo 75 do texto da Constituição.[44]

Ademais, importante que se deixe claro inexistir razão para se questionar a necessidade de controles internos sólidos, consistentes e

---

[43] MELLO, Celso Antônio Bandeira de. **Curso de Direito Administrativo**. 28. ed. São Paulo: Malheiros, 2011. p. 954.

[44] Art. 75. As normas estabelecidas nesta seção aplicam-se, no que couber, à organização, composição e fiscalização dos Tribunais de Contas dos Estados e do Distrito Federal, bem como dos Tribunais e Conselhos de Contas dos Municípios.

que sejam realmente utilizados pelos órgãos públicos como condição básica para prevenir eventuais práticas de corrupção.[45] O que se está pretendendo demonstrar aqui é a importância da complementaridade entre o controle interno e o controle feito pelas Cortes de Contas.

Enfim, são os Tribunais de Contas, em todas as esferas federativas, as instituições mais bem articuladas para o combate à corrupção empresarial, o qual será realizado em grande medida com a aprovação da lei cujo projeto ora se discute. Além disso, nada impedirá, por exemplo, que as irregularidades verificadas sejam comunicadas aos demais órgãos de controle, *lato sensu*, sobretudo ao Ministério Público, se necessárias providências que ultrapassem a seara administrativa, como a aplicação de penas que dependam de decisão judicial.[46]

E todo o acima exposto, de utilização das Cortes de Contas como "meio" para as finalidades da proposição legislativa em comento, também comporta um fim em si mesmo: o fortalecimento institucional dos Tribunais de Contas, assim como ocorreu com o Ministério Público após a Constituição. Com essa nova atribuição, perfeitamente compatível com as já detidas, reforça-se o papel de controle das Cortes de Contas, robustece-se a sua independência e autonomia em face dos três poderes, e promove-se uma maior aproximação entre a sociedade e essa instituição, o que amplia as formas de controle social, e, consequentemente, confere maior legitimidade à sua atuação.

5.3 Propostas de alterações relativas ao procedimento em geral

Partindo desses fundamentos, idealizou-se um procedimento mais consentâneo ao processamento e julgamento das supostas práticas de atos lesivos previstos nessa lei pelos Tribunais de Contas.

Inicialmente, no *artigo 11*, passa-se a prever de forma enfática a possibilidade de que qualquer pessoa poderá provocar as autoridades competentes para que seja instaurada investigação destinada a apurar a prática de ato lesivo à Administração Pública nacional e estrangeira. Dessa maneira não restará dúvida quanto à possibilidade de participação popular na fiscalização dos atos lesivos à Administração Pública. Se o Projeto de Lei tem por fito o combate à corrupção e a defesa da

---

[45] AGUIAR, Ubiratan. Tribunais de Contas e as estratégias para reduzir o risco de corrupção. **Revista do Tribunal de Contas da União**. Brasília, v. 35, nº 105, p. 17-28, jul./set. 2005.

[46] DECOMAIN, Pedro Robert. **Tribunais de Contas do Brasil**. São Paulo: Dialética, 2006. p. 138.

Administração Pública nacional e estrangeira, a previsão de tal ferramenta de controle social se faz imprescindível. Enfim, decorrente do direito constitucional de petição, a inclusão desta inconteste prerrogativa democrática concretiza o direito que pertence a todas as pessoas de invocar a atenção dos poderes públicos, independentemente de taxas, em defesa de direitos ou contra ilegalidade ou abuso do poder. Relativamente aos *artigos 12* e *13*, transfere-se a competência para instrução e julgamento do processo administrativo nele previsto aos Tribunais de Contas. Tal atribuição se justifica fundamentalmente (conforme já asseverado anteriormente) em três pilares: a) evita-se que o próprio lesado, órgão público ou pessoa jurídica de direito público, instaure, apure os fatos, e decida pela responsabilidade e penalização da pessoa jurídica demandada, em atendimento ao dever constitucional de imparcialidade; (b) qualifica-se e legitima-se a decisão pela aplicação das penas previstas, em razão da *expertise* técnica que caracteriza o corpo integrante dessas Cortes; e c) como o Projeto de Lei se ateve apenas à esfera federal, com a emenda ora proposta se preenche o vazio relativo às demais esferas federativas, ficando a cargo dos Tribunais de Contas dos Municípios, quando houver, os ilícitos ocorridos na esfera municipal; aos Tribunais de Contas dos Estados-membros a apuração dos fatos na esfera estadual e municipal (quando não houver Tribunal de Contas Municipal); e a cargo do Tribunal de Contas da União os ilícitos ocorridos na esfera federal.

O *art. 12 e respectivo parágrafo único* tratam do ponto de partida do processo administrativo propriamente dito. Seja de ofício, seja mediante provocação, deverá a autoridade máxima de cada órgão ou entidade da Administração Pública dos Poderes Executivo, Legislativo e Judiciário, órgãos de controle interno ou do Ministério Público (esses dois últimos legitimados não constavam no texto original do Projeto de Lei), por meio de *representação* que cumpra requisitos mínimos de formalidade, proceder à instauração do procedimento perante o Tribunal de Contas competente, conforme a esfera federativa lócus da lesão. Mantém-se a lógica da competência inicial do processo (apenas com os dois acréscimos supracitados), mas se desloca as demais atribuições ao Tribunal de Contas a partir da formalização do ato de denúncia: a representação.

O *caput do art. 13* apenas vem em reforço ao já dito, de que o processo administrativo de responsabilização da pessoa jurídica por atos lesivos à Administração Pública há que ser conduzido e julgado pelo Tribunal de Contas da esfera federativa em que a lesão se consubstanciou (TCU ou TCE, ou mesmo TCM, quando houver).

Os *parágrafos 1º* e *2º do art. 13* apenas adéquam ao Tribunal de Contas poderes anteriormente previstos à comissão julgadora (presente no texto original do Projeto de Lei).

No *artigo 15* previu-se a possibilidade de interposição de recurso com efeito suspensivo a fim de resguardar o direito à ampla defesa e ao contraditório do investigado. Deve-se ressaltar que tais garantias decorrem do próprio texto constitucional e sua não previsão não inviabilizaria o exercício do direito de recurso. Contudo, nada mais salutar que o próprio projeto já traga a previsão de recurso, explicitando que deverá ser recebido com efeito suspensivo, em razão da gravidade das sanções que poderão ser aplicadas.

Por fim, quanto ao *artigo 16*, deve-se ressaltar que em razão no novo processo administrativo previsto, o *caput* do art. 16 torna-se desnecessário, já que os Tribunais de Contas possuem procedimento específico, delineados em seus regimentos internos, para a apuração do dano e quantificação do débito. Assim, o parágrafo 1º do artigo deve ser transformado em seu *caput*. No demais, em relação aos §1º e §2º, concorda-se com proposta de emenda apresentada pelo Deputado Francisco Praciano (PT-AM), no sentido de especificar qual órgão será responsável pela adoção de medidas extrajudiciais e pela cobrança judicial da dívida, atribuindo-se tal competência às Advocacias Públicas de cada esfera federativa, assim como ocorre hoje com a cobrança judicial das decisões proferidas pelos Tribunais de Contas.

Em suma, propõe-se que qualquer pessoa possa provocar as autoridades competentes para que seja instaurada investigação destinada a apurar a prática de ato lesivo à Administração Pública nacional e estrangeira. A ideia é que o processo administrativo possa ser instaurado (i) pela autoridade máxima do órgão ou entidade da Administração Pública de cada um dos Poderes, (ii) pelos órgãos de controle interno ou (iii) pelo Ministério Público, e que sua condução e julgamento serão realizados pelo Tribunal de Contas dos respectivos entes da federação, observados o contraditório e a ampla defesa, na forma prevista em seu Regimento Interno. Dessa decisão caberá recurso com efeito suspensivo, que será formulado uma só vez e por escrito, pelas partes ou pelo Ministério Público junto ao Tribunal, dentro do prazo de quinze dias.

6 Emendas propostas ao Projeto de Lei nº 6.826/2010

A seguir, apresenta-se em bloco todas as emendas modificativas propostas ao texto original do Projeto de Lei nº 6.826/2010, que seguem destacadas:

Art. 2º As pessoas jurídicas serão responsabilizadas administrativa e civilmente pelos atos praticados por qualquer agente ou órgão que as represente, em seu interesse ou benefício, exclusivo ou não, contra a administração pública, nacional ou estrangeira.

§1º Aplica-se esta Lei às sociedades empresárias e às sociedades simples, personificadas ou não, independentemente da forma de organização ou modelo societário adotado, bem como a quaisquer fundações, associações de entidades ou pessoas, ou sociedades estrangeiras, que tenham sede, filial ou representação no território brasileiro, constituídas de fato ou de direito, ainda que temporariamente.

§2º Considera-se administração pública estrangeira os órgãos e entidades estatais ou representações diplomáticas de país estrangeiro, de qualquer nível ou esfera de governo, bem como as empresas controladas, direta ou indiretamente, pelo poder público de país estrangeiro.

§3º Para os efeitos desta Lei, equiparam-se à administração pública estrangeira as organizações públicas internacionais.

§4º Considera-se agente público estrangeiro, para os fins desta Lei, quem, ainda que transitoriamente ou sem remuneração, exerça cargo, emprego ou função pública em órgãos, entidades estatais ou em representações diplomáticas de país estrangeiro, assim como em empresas controladas, direta ou indiretamente, pelo poder público de país estrangeiro ou em organizações públicas internacionais.

Art. 3º A pessoa jurídica responderá objetivamente pelos atos ilícitos praticados em seu benefício ou interesse por seus agentes com poderes efetivos de representação, mesmo que o ato praticado não proporcione a ela vantagem efetiva ou que eventual vantagem não a beneficie direta ou exclusivamente.

§1º A pessoa jurídica será responsabilizada independentemente da responsabilização individual de seus dirigentes ou administradores ou de qualquer pessoa natural, autora, co-autora ou partícipe do ato ilícito.

§2º Salvo o dever de reparar danos, a pessoa jurídica não será apenada por atos praticados por dirigentes ou administradores dentre de suas atribuições, com culpa ou dolo, ou em violação aos poderes e atribuições que lhes foram conferidos, desde que adote as medidas pertinentes para coibir e punir a prática de tais atos imediatamente após tomar conhecimento dos mesmos.

Art. 4º Subsiste a responsabilidade da pessoa jurídica na hipótese de alteração contratual, transformação, incorporação, fusão ou cisão societária.

Parágrafo único. Na hipótese de incorporação ou fusão, a adoção de programas de compliance pela pessoa jurídica sucessora ou sua cooperação na apuração de infrações posteriormente descobertas, cometidas antes da efetivação da incorporação ou fusão, deverão ser considerados na aplicação de sanções cíveis e administrativas para a pessoa jurídica, na forma do art. 9º.

Art. 5º Serão solidariamente responsáveis pela prática dos atos previstos nesta Lei, as entidades integrantes de grupo econômico, de fato ou de direito, as sociedades controladas e controladoras, as coligadas e, no âmbito do respectivo contrato, as consorciadas.

Art. 6º [...]

IX - obter, *mediante artifício, ardil, ou qualquer outro meio fraudulento*, vantagem ou benefício *decorrentes de* modificações ou prorrogações *indevidas* de contratos celebrados com a administração pública;

Art. 7º Na esfera administrativa, serão aplicadas às pessoas jurídicas consideradas responsáveis pelos atos ilícitos previstos nesta Lei as seguintes sanções:

I - multa, no valor de um a trinta por cento do faturamento bruto do último exercício da pessoa jurídica, excluídos os tributos, *ou, não sendo possível sua estimativa, a multa será de R$6.000,00 (seis mil reais) a R$6.000.000,00 (seis milhões de reais).*

II - declaração de inidoneidade *para licitar ou contratar* ~~e manter contratos~~ *com a Administração Pública* pelo prazo *de até três* anos, e valerá em âmbito nacional, aplicável aos Poderes Executivo, Legislativo e Judiciário de todas as esferas de governo.

III - reparação integral do dano causado;

IV - publicação extraordinária da decisão condenatória, que ocorrerá na forma de extrato de sentença, a expensas da pessoa jurídica, em meios de comunicação de grande circulação na área da prática da infração e de atuação da empresa ou, na sua falta, em publicação de circulação nacional, bem como por meio de afixação de edital, pelo prazo *de até sessenta dias*, no próprio estabelecimento ou no local de exercício da atividade, de modo visível ao público, e no sítio eletrônico na rede mundial de computadores.

V - proibição de ~~contratar;~~ receber incentivos, subsídios, subvenções, doações ou empréstimos de órgãos públicos e de instituições financeiras públicas ou controladas pelo poder público, pelo prazo *de até três* anos.

VI - extinção de concessão, permissão ou autorização, cassação de licença ou rescisão de contrato celebrado com a administração pública.

§1º (incorporado ao caput do artigo 9º)

§2º (incorporado ao inciso I)

§3º (incorporado aos incisos do artigo 9º)

§4º (incorporado ao inciso II)

§5º (incorporado ao inciso IV)

§6º (incorporado ao inciso V)

Art. 8º [...]

Parágrafo único. Decorrido o prazo previsto na condenação e cumpridas as demais penalidades eventualmente impostas, *a Controladoria-Geral da União deverá retirar a pessoa jurídica* do cadastro nacional de empresas punidas pela administração pública.

Art. 9º As sanções serão aplicadas fundamentalmente pela autoridade competente, isolada ou cumulativamente, *levando em consideração os seguintes critérios:*

I - a gravidade da infração;

II - a vantagem auferida ~~ou pretendida~~ *pelo infrator;*

~~III - a consumação ou não da infração;~~

~~IV - o grau de lesão, ou perigo de lesão;~~

~~V - o efeito negativo produzido pela infração;~~

III - o histórico de condutas semelhantes, incluindo condenações penais, cíveis e de natureza administrativa contra a pessoa jurídica;

IV - a situação econômica do infrator;

V - a cooperação na apuração das infrações, por meio de práticas como a comunicação do ato ilegal às autoridades públicas competentes antes da instauração do processo e a celeridade na prestação de informações no curso das investigações; e

VI - a existência de mecanismos e procedimentos internos de integridade, auditoria e incentivo à denúncia de irregularidades e a aplicação efetiva de códigos de ética e de conduta no âmbito da pessoa jurídica.

VII - a proporcionalidade e a razoabilidade da sanção em relação ao dano.

Art. 10. A pessoa jurídica constituída pelos administradores ou sócios *com poderes de administração* de outra anteriormente condenada pela prática de atos previstos nesta Lei fica impedida de participar de licitações e de contratar com a administração pública durante o prazo de cumprimento da sanção.

Art. 11. Qualquer pessoa poderá provocar as autoridades competentes para que seja instaurada investigação destinada a apurar a prática de ato lesivo à administração pública nacional e estrangeira.

Art. 12 - ~~A instauração e julgamento do~~ O processo administrativo para apuração da responsabilidade de pessoa jurídica *será instaurado perante o Tribunal de Contas dos respectivos entes da federação, através de representação da* autoridade máxima de cada órgão ou entidade da administração pública dos Poderes Executivo, Legislativo e Judiciário, *dos órgãos de controle interno ou do Ministério Público,* que *agirão* de ofício ou mediante provocação. ~~observados o contraditório e a ampla defesa.~~

Parágrafo único. A representação por ato lesivo à administração pública será escrita e conterá a qualificação do representante, as informações sobre o fato e sua autoria e a indicação das provas de que tenha conhecimento.

§1º - (suprimido)

§2º - (suprimido)

Art. 13 - O processo administrativo para apuração da responsabilidade de pessoa jurídica será *conduzido e julgado* ~~por comissão designada pela autoridade instauradora e composta por dois ou mais servidores estáveis.~~ *pelo Tribunal de Contas dos respectivos entes da federação, observados o contraditório e a ampla defesa, na forma prevista em seu Regimento Interno.*

§1º - ~~A comissão~~ O Tribunal de Contas *poderá, sempre que necessário,* ~~formular~~ *representar à Advocacia Pública de sua esfera de governo, a fim de que*

esta formule pedido judicial de busca e apreensão de livros e documentos da pessoa jurídica investigada, bem como quaisquer outras medidas judiciais cabíveis no interesse das investigações e do processamento das infrações.

§2º - ~~A comissão poderá, cautelarmente, propor a autoridade instaura-dora que suspenda suspender os efeitos do ato ou processo objeto da investigação.~~ O Tribunal de Contas poderá determinar, entre outras providencias cautelares, a suspensão dos efeitos do ato ou processo objeto da investigação.

§3º - (suprimido)

§4º - (suprimido)

Art. 14 - No processo administrativo para apuração de responsabilidade, será concedido à pessoa jurídica prazo de quinze dias, para defesa, contados a partir da intimação.

Art. 15. Da decisão do processo administrativo para apuração de responsabilidade cabe recurso com efeito suspensivo, que será formulado uma só vez e por escrito, pelas partes ou pelo Ministério Público junto ao Tribunal, dentro do prazo de quinze dias.

Art. 16. Quando os atos ilícitos de que trata esta Lei houverem sido cometidos contra órgão ou entidade da administração federal, de qualquer dos Poderes, concluído o processo e não havendo o pagamento das multas ou a reparação do dano, a autoridade competente de cada órgão ou entidade promoverá a inscrição do nome da pessoa jurídica no Cadastro Informativo de créditos não quitados do setor público federal – CADIN, na forma da Lei 10.522, de 19 de julho de 2002, *e encaminhará os autos do procedimento à Advocacia-Geral da União para cobrança judicial dos créditos públicos e adoção das demais medidas judiciais e extrajudiciais cabíveis.*

Parágrafo único. A decisão definitiva do processo específico para quantificação do dano constituirá título executivo extrajudicial, o qual poderá ser protestado pelas Advocacias Públicas da União, dos Estados, do Distrito Federal e dos Municípios, na forma da legislação específica. [...]

Art. 18. Na esfera administrativa, a responsabilidade da pessoa jurídica não afasta a possibilidade de sua responsabilização na esfera judicial.

Parágrafo único. A aplicação das sanções previstas nesta Lei não impede a responsabilização dos agentes pela prática de improbidade administrativa, nos termos da Lei 8.429, de 1992, vedada a aplicação cumulativa de sanções de mesma natureza, pelos mesmos atos, em face da mesma pessoa jurídica.

Art. 19. [...]

§3º O Ministério Público, a União, os Estados, o Distrito Federal e os Municípios poderão requerer a indisponibilidade dos bens, direitos ou valores mencionados no inciso I deste artigo e de outros necessários à garantia do pagamento da multa ou da reparação integral do dano causado, conforme previsão do art. 7º desta Lei, ressalvado o direito do lesado ou do terceiro de boa-fé.

§4º Nas ações de responsabilização judicial, será adotado o rito previsto no art. 17 da Lei 8.429, de 2 de junho de 1992.

Art. 20 (suprimido) [...]

Art. 22. [...]

Parágrafo único. Interrompe a prescrição ~~qualquer ato~~ *o ato de instauração de processo* administrativo ou judicial que tenha por objeto a apuração da infração, *nos termos previstos nesta Lei.*

Referências

AGUIAR, Ubiratan. Tribunais de Contas e as estratégias para reduzir o risco de corrupção. **Revista do Tribunal de Contas da União.** Brasília, v. 35, nº 105, p.17-28, jul./set. 2005.

BACELLAR FILHO, Romeu Felipe. **Processo Administrativo Disciplinar.** São Paulo: Saraiva, 2012.

BRITTO, Carlos Ayres. O Regime Constitucional dos Tribunais de Contas. **Revista Diálogo Jurídico,** Salvador, CAJ - Centro de Atualização Jurídica, v. I, nº. 9, dezembro, 2001, p. 2. Disponível em: <http://www.direitopublico.com.br>. Acesso em: 24 de novembro de 2011.

CAHALI, Yussef Said. Responsabilidade Civil do Estado. São Paulo: Malheiros, 1995 p.40 apud DI PIETRO, Maria Sylvia. **Direito Administrativo.** São Paulo: Atlas, 2011.

CASTRO, Flávio Régis Xavier de Moura e. Os Órgãos Regionais de Controle e a luta contra a corrupção. Biblioteca Digital **Fórum Administrativo – Direito Público – FA,** Belo Horizonte, ano 2, n. 13, mar. 2002. Disponível em: <http://www.bidforum.com.br/bid/PDI0006.aspx?pdiCntd=1479>. Acesso em: 24 novembro 2011.

DECOMAIN, Pedro Robert. **Tribunais de Contas do Brasil.** São Paulo: Dialética, 2006.

DI PIETRO, Maria Sylvia. **Direito Administrativo.** São Paulo: Atlas, 2011.

ESPÍNDOLA, Ruy Samuel. Princípios constitucionais e atividade jurídico-administrativa: anotações em torno de questões contemporâneas. **Fórum Administrativo - FA,** Belo Horizonte, ano 6, n. 64, p. 7371-7389, jun. 2006.

IBGE. **Pesquisa de Informações Básicas Municipais:** Perfil dos Municípios - Gestão pública 2001. Rio de Janeiro, 2003. Disponível em: <http://www.ibge.gov.br/home/estatistica/economia/perfilmunic/2001/munic2001.pdf>.

IBRADEMP (Instituto Brasileiro de Direito Empresarial). **Comentários ao Projeto de Lei nº 6.826/2010.** Apresentado em Audiência Pública na Câmara dos Deputados em novembro de 2011. Disponível em: http://www.ibrademp.org.br/index.php?option=com_content&view=article&id=207&Itemid=505. Acesso em: novembro de 2011.

JUSTEN FILHO, Marçal. **Curso de Direito Administrativo.** São Paulo: Saraiva, 2009.

LAGES, Marcus Vinicius Paixão. **Tribunal de Contas:** órgão constitucional de soberania. Biblioteca Digital Fórum Administrativo - Direito Público - FA, Belo Horizonte, ano 4, n. 35, jan. 2004. Disponível em: <http://www.bidforum.com.br/bid/PDI0006.aspx?pdiCntd=4451>. Acesso em: 24 novembro 2011.

MATTOS, Mauro Roberto Gomes de. **Lei nº 8.112/90, interpretada e comentada.** Rio de Janeiro: América Jurídica, 2005.

MEDAUAR, Odete. **O controle da administração pública.** São Paulo: RT, 1993.

MELLO, Celso Antônio Bandeira de. **Curso de Direito Administrativo**, 28. ed. São Paulo: Malheiros, 2011.

MELLO, Rafael Munhoz de. **Princípios constitucionais de direito administrativo sancionador**. São Paulo: Malheiros Editores, 2006.

MOREIRA, Egon Bockmann. **Processo administrativo**. 3. ed. São Paulo: Malheiros, 2007.

NOHARA, Irene Patrícia; MARRARA, Thiago. **Processo Administrativo**: Lei n. 9.784/99 Comentada. São Paulo: Atlas, 2009.

OCDE - Organização para a Cooperação Econômica e o Desenvolvimento. Convenção sobre o Combate da Corrupção de Funcionários Públicos Estrangeiros em Transações Comerciais Internacionais. <http://www.cgu.gov.br/ocde/publicacoes/arquivos/textoConvencao.pdf.> Acesso em: 26.12.2011.

OSÓRIO, Fábio Medina. **Direito Administrativo Sancionador**. São Paulo: RT, 2009.

SANTOS, Rodrigo Valgas dos. **Procedimento Administrativo nos Tribunais de Contas e Câmaras Municipais**: Contas anuais, princípios e garantias constitucionais. Belo Horizonte: Del Rey, 2006.

SILVA, José Afonso da. **Curso de Direito Constitucional Positivo**. 26 ed. rev. e atual. São Paulo: Malheiros, 2006.

Informação bibliográfica deste texto, conforme a NBR 6023:2002 da Associação Brasileira de Normas Técnicas (ABNT):

ORTOLAN, Marcelo Augusto Biehl; ROCHA, Iggor Gomes; REIS, Felipe Andres Pizzato. Combate à corrupção nas licitações e contratos públicos: questões centrais do Projeto de Lei nº 6.826/2010. *In*: GONÇALVES, Guilherme de Salles; GABARDO, Emerson (Coord.). *Direito da Infraestrutura*: temas de organização do Estado, serviços públicos e intervenção administrativa. Belo Horizonte: Fórum, 2012. p. 159-200. ISBN: 978-85-7700-633-5.

A IMUNIDADE TRIBUTÁRIA RECÍPROCA SOBRE OS SERVIÇOS PÚBLICOS VISTA PELA JURISPRUDÊNCIA DO SUPREMO TRIBUNAL FEDERAL

MARCELO AUGUSTO BIEHL ORTOLAN

1 Introdução

Na lição de Paulo de Barros Carvalho, a temática das imunidades tributárias caracteriza-se pela falta de consenso entre os doutrinadores a respeito de sua natureza jurídica e definição. As construções teóricas até então elaboradas pregoam várias qualificações, que, na avaliação do autor, poderiam ser resumidas nas seguintes:[1] a) imunidade como uma limitação constitucional às competências tributárias (Aliomar Baleeiro);[2] b) imunidade como exclusão ou supressão do poder de tributar (Ruy Barbosa Nogueira e Amílcar de Araújo Falcão);[3] e c) imunidade como

---

[1] CARVALHO, Paulo de Barros. **Curso de Direito Tributário**. 22. ed. São Paulo: Saraiva, 2010. p. 220.

[2] BALEEIRO, Aliomar. **Limitações constitucionais ao poder de tributar**. 4. ed. Rio de Janeiro: Forense, 1974.

[3] NOGUEIRA, Ruy Barbosa. **Curso de Direito Tributário**. 5. ed. São Paulo: Saraiva, 1980. p. 172. FALCÃO, Amílcar de Araújo. **Fato gerador da obrigação tributária**. 2. ed. São Paulo: Revista dos Tribunais, 1977. p. 117.

hipótese de não incidência constitucionalmente qualificada (Bernardo Ribeiro de Moraes e Hugo de Brito Machado).[4]

Para Paulo de Barros Carvalho, contudo, todas essas qualificações desconhecem a adequada fenomenologia do instituto, razão pela qual necessitam ser sobrepensadas. Em relação à primeira definição, imunidade como limitação constitucional às competências tributárias, entende que a regra que imuniza é uma das múltiplas formas de demarcação de competência, não havendo sentido em se defender que exista uma cronologia pela qual, inicialmente, se atribua o exercício das competências tributárias e, em um momento subsequente, seja limitada pela norma imunizante.[5]

Em segundo lugar, a definição de imunidade como exclusão ou supressão do poder de tributar também não seria coerente, vez que, a seu ver, não excluiria nem suprimiria competências tributárias, mas antes seriam o resultado de uma conjugação de normas constitucionais.[6] Por fim, o conceito de imunidade como hipótese de não incidência constitucionalmente qualificada, que se trata do conceito doutrinariamente majoritário, falharia ao induzir a crer que a norma constitucional poderia não incidir, o que seria inadmissível.[7]

Feita essa análise crítica, Paulo de Barros Carvalho propõe a definição da natureza jurídica das imunidades tributárias como normas de incompetência do poder de tributar, que conformam a própria competência das pessoas políticas no mesmo momento de sua outorga. De acordo com seu conceito, as imunidades seriam uma:

> classe finita e imediatamente determinável de normas jurídicas, contidas no texto da Constituição Federal, e que estabelecem, de modo expresso, a incompetência das pessoas políticas de direito constitucional interno para expedir regras instituidoras de tributos que alcancem situações específicas e suficientemente caracterizadas.[8]

Em que pese a autoridade e acerto dos argumentos que sustentam aquela ou aqueloutra concepção, o importante é notar que as regras de

---

[4] MORAES, Bernardo Ribeiro de. **Sistema tributário na Constituição de 1969**. São Paulo: Revista dos Tribunais, 1973. p. 467; MACHADO, Hugo de Brito. **Curso de Direito Tributário**. 31. ed. São Paulo: Malheiros, 2010. p. 310: "Imunidade é o obstáculo decorrente de regra da Constituição à incidência de regra jurídica de tributação".

[5] CARVALHO, Paulo de Barros. **Curso de Direito Tributário...**, p. 221.

[6] CARVALHO, Paulo de Barros. **Curso de Direito Tributário...**, p. 225.

[7] CARVALHO, Paulo de Barros. **Curso de Direito Tributário...**, p. 226.

[8] CARVALHO, Paulo de Barros. **Curso de Direito Tributário...**, p. 234.

imunidade inviabilizam o próprio exercício da competência tributária pelas pessoas políticas, circunstância que adquire particular importância quando examinada pela perspectiva da chamada imunidade recíproca entre as pessoas políticas (União, Estados, Distrito Federal e Municípios).

2 A imunidade tributária recíproca

A imunidade recíproca, prevista no art. 150, VI, "a", da Constituição, prevê imunidade de tributação de *patrimônio, renda* ou *serviços* entre os entes políticos (União, Estado, Distrito Federal e Municípios), extensível às autarquias e às fundações instituídas e mantidas pelo Poder Público, quanto às suas finalidades essenciais ou delas decorrentes (art. 150, §2º). Nos termos da Constituição:

> Art. 150. Sem prejuízo de outras garantias asseguradas ao contribuinte, é vedado à União, aos Estados, ao Distrito Federal e aos Municípios: [...]
>
> VI - instituir impostos sobre:
>
> a) patrimônio, renda ou serviços, uns dos outros; [...]
>
> §2º - A vedação do inciso VI, "a", é extensiva às autarquias e às fundações instituídas e mantidas pelo Poder Público, no que se refere ao patrimônio, à renda e aos serviços, vinculados a suas finalidades essenciais ou às delas decorrentes.

O fundamento da imunidade recíproca está diretamente relacionado com os princípios federativo e da isonomia das pessoas políticas, evitando que ocorra uma desnecessária transferência de recursos entre eles e, em um caso limite, impedindo que se instaure uma contraproducente "guerra fiscal".

Assim, pelo texto expresso da Constituição, não podem a União, os Estados, o Distrito Federal e os Municípios tributarem o patrimônio, renda ou serviços uns dos outros ou de suas autarquias e fundações, quando vinculados às finalidades essenciais ou delas decorrentes. Como se vê, a limitação da imunidade das autarquias e fundações públicas apenas ao patrimônio, à renda e aos serviços vinculados com suas finalidades essenciais ou delas decorrentes, não se aplica à Administração Direta, que goza de uma imunidade mais ampla.

Uma vez expostos os requisitos constitucionalmente exigidos para a aplicação da imunidade tributária recíproca, deve-se ressaltar que a Constituição Federal, em seu artigo 150, §3º, também prevê hipóteses expressas de exclusão dessa imunidade. De acordo com sua redação, está vedada a aplicação da imunidade recíproca ao patrimônio, à renda e aos serviços — tanto dos entes da Administração Direta quanto da Indireta — relacionados com a exploração de atividade econômica regidas pelas normas aplicáveis a empreendimentos privados ou em que haja contraprestação ou pagamento de preços ou tarifas pelo usuário:

> Art. 150. Sem prejuízo de outras garantias asseguradas ao contribuinte, é vedado à União, aos Estados, ao Distrito Federal e aos Municípios: [...]
>
> §3º - As vedações do inciso VI, "a", e do parágrafo anterior não se aplicam ao patrimônio, à renda e aos serviços, relacionados com exploração de atividades econômicas regidas pelas normas aplicáveis a empreendimentos privados, ou em que haja contraprestação ou pagamento de preços ou tarifas pelo usuário, nem exonera o promitente comprador da obrigação de pagar imposto relativamente ao bem imóvel.

Do cotejo dos dois dispositivos citados da Constituição, depreende-se que a ressalva do §3º do artigo 150 está em sintonia com a extensão da imunidade conferida pelo §2º do mesmo artigo, pois é difícil conceber-se que a Administração Direta ou mesmo que sua *longa manus*, constituída pelas autarquias e fundações públicas, prestem outros serviços (de caráter econômico), que não aqueles estabelecidos e vinculados em lei.

Contudo, em face do silêncio da Constituição e da vedação expressa de extensão da imunidade à exploração de atividades econômicas, surgiu a discussão a respeito da possibilidade de extensão da imunidade tributária às *sociedades de economia mista e às empresas públicas prestadoras de serviços públicos*. Isso porque, apesar das empresas públicas e sociedades de economia serem constituídas, via de regra, para a exploração de atividade econômica em sentido estrito, há também aquelas que são constituídas para prestarem serviços públicos.

3 A extensão da imunidade recíproca às empresas públicas e sociedades de economia mista

O Supremo Tribunal Federal foi instado a se manifestar sobre a possibilidade de extensão da imunidade recíproca no Recurso Extraordinário nº 407.099-RS, no qual se pretendia que fosse reconhecida a imunidade recíproca à Empresa Brasileira de Correios e Telégrafos (ECT), apesar dela ser uma empresa pública (não uma autarquia ou fundação pública) e cobrar preços ou tarifas por seus serviços (hipótese vedada pela literalidade do art. 150, §4º, CF). A decisão proferida pelo Ministro Relator Carlos Velloso, em 22.06.2004, aprovada por unanimidade pela Segunda Turma do STF, foi de que *as empresas públicas prestadoras de serviço público de prestação obrigatória e exclusiva do Estado* também estariam abrangidas pela imunidade tributária recíproca prevista no art. 150, VI, "a", da Constituição Federal. A decisão assim restou ementada:

EMENTA: CONSTITUCIONAL. TRIBUTÁRIO. EMPRESA BRASILEIRA DE CORREIOS E TELÉGRAFOS: IMUNIDADE TRIBUTÁRIA RECÍPROCA: C.F., art. 150, VI, a. EMPRESA PÚBLICA QUE EXERCE ATIVIDADE ECONÔMICA E EMPRESA PÚBLICA PRESTADORA DE SERVIÇO PÚBLICO: DISTINÇÃO. I. - As empresas públicas prestadoras de serviço público distinguem-se das que exercem atividade econômica. *A Empresa Brasileira de Correios e Telégrafos é prestadora de serviço público de prestação obrigatória e exclusiva do Estado, motivo por que está abrangida pela imunidade tributária recíproca*: C.F., art. 150, VI, a. II. – R.E. conhecido em parte e, nessa parte, provido. (STF. Segunda Turma, RE nº 407.099, Relator Min. Carlos Velloso, julgado em 22.06.2004, *DJ* 06.08.2004 PP-00062 EMENT VOL-02158-08 PP-01543 RJADCOAS v. 61, 2005, p. 55-60 LEXSTF v. 27, nº 314, 2005, p. 286-297). (destacou-se)

De se ver que a decisão proferida pelo Supremo Tribunal Federal tratou de extrair do texto normativo constitucional a norma jurídica do caso concreto,[9] que passou a integrar o próprio texto constitucional, na medida em que, apesar de nele não expresso, entendeu-se que a norma jurídica constitucional da imunidade recíproca seria extensível às empresas públicas prestadoras de serviço público.

Na visão do voto condutor do Ministro Relator Carlos Velloso, seria necessário distinguir a empresa pública que exerce atividade econômico-empresarial (concorrendo com empresas privadas), da

---

[9] A respeito do *métier* do intérprete da Constituição e sua tarefa de extrair a norma jurídica do texto normativo constitucional, faz-se oportuno mencionar a lição do Ministro Eros Roberto Grau, proferida em voto paradigmático na ADPF nº 153: "Texto normativo e norma jurídica, dimensão textual e dimensão normativa do fenômeno jurídico. O intérprete produz a norma a partir dos textos e da realidade. A interpretação do direito tem caráter constitutivo e consiste na produção, pelo intérprete, a partir de textos normativos e da realidade, de normas jurídicas a serem aplicadas à solução de determinado caso, solução operada mediante a definição de uma norma de decisão. A interpretação/aplicação do direito opera a sua inserção na realidade; realiza a mediação entre o caráter geral do texto normativo e sua aplicação particular; em outros termos, ainda: opera a sua inserção no mundo da vida". (STF. Tribunal Pleno, ADPF 153, Relator Min. Eros Grau, julgado em 29.04.2010, DJe-145 Divulg. 05.08.2010. Public. 06.08.2010).

empresa pública que presta serviço público, a qual teria natureza de autarquia. Nesse sentido, o relator citou voto proferido no Recurso Extraordinário nº 220.907-RO, no qual já havia sustentado esta tese:

> É preciso distinguir as empresas públicas que exploram atividade econômica, que se sujeitam ao regime jurídico próprio das empresas privadas, inclusive quanto às obrigações trabalhistas e tributárias (C.F., art. 173, §1º), daquelas empresas públicas prestadoras de serviços públicos, cuja natureza jurídica é de autarquia, às quais não tem aplicação o disposto no §1º do art. 173 da Constituição, sujeitando-se tais empresas prestadoras de serviço público, inclusive, à responsabilidade objetiva (C.F., art. 37, §6º). (STF, Segunda Turma, RE nº 220.907, Relator Min. Carlos Velloso, julgado em 12.06.2001, DJ, 31.08.2001).

Nesta mesma linha, o Ministro também deixou claro esse pensamento nos votos proferidos nos seguintes processos: ADI nº 1.552-DF; ADI nº 348-MG, RE nº 172.816-RJ, RE nº 153.523-RS e ADI nº 449-DF.

Assim, considerando que a natureza do serviço prestado pela empresa pública seria a de serviço público (não obstante ser remunerado por tarifa e atribuído a uma empresa pública), e que as empresas públicas prestadoras de serviço público teriam a natureza de autarquia, consequentemente também seriam beneficiárias da imunidade recíproca do artigo 150, §2º da Constituição.

Após isso, surge um segundo caso paradigmático, a Ação Cautelar nº 1.550-2/RO, julgada em 06.02.2007, envolvendo a aplicabilidade da imunidade tributária recíproca à sociedade de economia mista estadual, no caso, à Companhia de Águas e Esgotos de Rondônia (CAERD). No julgamento, a Segunda Turma do Supremo Tribunal Federal acompanhou, por unanimidade, o voto do Min. Relator Gilmar Mendes para reconhecer, em sede liminar, e pelos mesmos fundamentos invocados no RE nº 220.907-RO, que a imunidade recíproca também se aplicaria às sociedades de economia mista prestadoras de serviço público.

A partir de então, a jurisprudência do Supremo Tribunal Federal passou a afirmar de maneira pacífica o entendimento de que *as empresas públicas e as sociedades de economia mista prestadoras de serviço público obrigatório e exclusivo do Estado* também estariam abrangidas pela imunidade tributária recíproca prevista no art. 150, VI, "a", da Constituição Federal, conforme se depreende dos seguintes julgados:

> RECURSO EXTRAORDINÁRIO. CONCESSÃO DE EFEITO SUSPENSIVO. PRESENÇA DOS PRESSUPOSTOS AUTORIZADORES DA TUTELA. AÇÃO CAUTELAR SUBMETIDA A REFERENDO. TRIBUTÁRIO.

IMUNIDADE RECÍPROCA. ART. 150, VI, a, DA CONSTITUIÇÃO FE-
DERAL. 1. Plausibilidade jurídica do pedido (*fumus boni juris*) diante do
*entendimento firmado por este Tribunal quando do julgamento do RE 407.099/
RS, rel. Min. Carlos Velloso, 2ª Turma, DJ 06.8.2004, no sentido de que as empresas públicas e sociedades de economia mista prestadoras de serviço público
de prestação obrigatória e exclusiva do Estado são abrangidas pela imunidade
tributária recíproca prevista no art. 150, VI, a, da Constituição Federal. 2.*
Exigibilidade imediata do tributo questionado no feito originário, a caracterizar o risco de dano irreparável ou de difícil reparação (periculum
in mora). 3. Decisão cautelar referendada. (STF, Segunda Turma, AC
nº 1.851 QO, Relator(a): Min. Ellen Gracie, julgado em 17.06.2008, DJe-142
Divulg. 31.07.2008 Public. 01.08.2008). (destacou-se)

EMENTA: INFRAERO – EMPRESA PÚBLICA FEDERAL VOCACIO-
NADA A EXECUTAR, COMO ATIVIDADE-FIM, EM FUNÇÃO DE
SUA ESPECÍFICA DESTINAÇÃO INSTITUCIONAL, SERVIÇOS DE
INFRA-ESTRUTURA AEROPORTUÁRIA – MATÉRIA SOB RESERVA
CONSTITUCIONAL DE MONOPÓLIO ESTATAL (CF, ART. 21, XII,
"C") – POSSIBILIDADE DE A UNIÃO FEDERAL OUTORGAR, POR
LEI, A UMA EMPRESA GOVERNAMENTAL, O EXERCÍCIO DESSE
ENCARGO, SEM QUE ESTE PERCA O ATRIBUTO DE ESTATALIDADE
QUE LHE É PRÓPRIO – OPÇÃO CONSTITUCIONALMENTE LEGÍ-
TIMA – CRIAÇÃO DA INFRAERO COMO INSTRUMENTALIDADE
ADMINISTRATIVA DA UNIÃO FEDERAL, INCUMBIDA, NESSA
CONDIÇÃO INSTITUCIONAL, DE EXECUTAR TÍPICO SERVIÇO
PÚBLICO (LEI Nº 5.862/1972) – CONSEQÜENTE EXTENSÃO, A ESSA
EMPRESA PÚBLICA, EM MATÉRIA DE IMPOSTOS, DA PROTEÇÃO
CONSTITUCIONAL FUNDADA NA GARANTIA DA IMUNIDADE
TRIBUTÁRIA RECÍPROCA (CF, ART. 150, VI, "A") – O ALTO SIGNIFI-
CADO POLÍTICO-JURÍDICO DESSA GARANTIA CONSTITUCIONAL,
QUE TRADUZ UMA DAS PROJEÇÕES CONCRETIZADORAS DO
POSTULADO DA FEDERAÇÃO – IMUNIDADE TRIBUTÁRIA DA
INFRAERO, EM FACE DO ISS, QUANTO ÀS ATIVIDADES EXECUTA-
DAS NO DESEMPENHO DO ENCARGO, QUE, A ELA OUTORGADO,
FOI DEFERIDO, CONSTITUCIONALMENTE, À UNIÃO FEDERAL
– DOUTRINA – JURISPRUDÊNCIA – PRECEDENTES DO SUPREMO
TRIBUNAL FEDERAL – AGRAVO IMPROVIDO. – *A INFRAERO, que
é empresa pública, executa, como atividade-fim, em regime de monopólio,
serviços de infra-estrutura aeroportuária constitucionalmente outorgados à
União Federal*, qualificando-se, em razão de sua específica destinação
institucional, como entidade delegatária dos serviços públicos a que
se refere o art. 21, inciso XII, alínea "c", da Lei Fundamental, o que
exclui essa empresa governamental, em matéria de impostos, por efeito
da imunidade tributária recíproca (CF, art. 150, VI, "a"), do poder de
tributar dos entes políticos em geral. *Conseqüente inexigibilidade, por
parte do Município tributante, do ISS referente às atividades executadas pela
INFRAERO na prestação dos serviços públicos de infra-estrutura aeroportuária e daquelas necessárias à realização dessa atividade-fim.* O ALTO

SIGNIFICADO POLÍTICO-JURÍDICO DA IMUNIDADE TRIBUTÁ-RIA RECÍPROCA, QUE REPRESENTA VERDADEIRA GARANTIA INSTITUCIONAL DE PRESERVAÇÃO DO SISTEMA FEDERATIVO. DOUTRINA. PRECEDENTES DO STF. INAPLICABILIDADE, À INFRA-ERO, DA REGRA INSCRITA NO ART. 150, §3º, DA CONSTITUIÇÃO.

– A submissão ao regime jurídico das empresas do setor privado, inclusive quanto aos direitos e obrigações tributárias, somente se justifica, como consectário natural do postulado da livre concorrência (CF, art. 170, IV), se e quando as empresas governamentais explorarem atividade econômica em sentido estrito, não se aplicando, por isso mesmo, a disciplina prevista no art. 173, §1º, da Constituição, às empresas públicas (caso da INFRAERO), às sociedades de economia mista e às suas subsidiárias que se qualifiquem como delegatárias de serviços públicos. (STF. Segunda Turma, RE nº 363.412 AgR, Relator Min. Celso de Mello, julgado em 07.08.2007, DJe-177 Divulg. 18.09.2008 Public. 19.09.2008). (destacou-se)

Não se pode olvidar, contudo, que há serviços públicos que poderão ser desenvolvidos sob regime de direito privado pelos particulares (quando não acarretem a inviabilização econômica do serviço público),[10] assim como há atividades econômicas que apesar de não se caracterizarem como serviço público só poderão ser exploradas pelo Estado, em regime de monopólio,[11] conforme já se ressaltou em estudos anteriores.[12]

Nestes termos, a questão ganha relevância prática, pois ao falar-se em imunidade tributária de atividades relacionadas com a *prestação de serviços públicos por entes da Administração Indireta*, se está, especificamente, a tratar de imunidade quanto à possibilidade de imposição do Imposto Sobre Serviços (ISS) pelos Municípios às pessoas políticas e entes de sua Administração Indireta prestadores de serviços públicos (conforme estabelece o art. 156, III, da Constituição).[13]

---

[10] JUSTEN FILHO, Marçal. **Curso de Direito Administrativo**. 4. ed. São Paulo: Saraiva, 2009. p. 605.

[11] BAPTISTA, Marcelo Caron. **ISS**: do texto à norma. São Paulo: Quartier Latin, 2005. p. 448.

[12] Destaque-se que as duas formas principais de intervenção direta do Estado na economia são justamente a atividade econômica em sentido estrito e o serviço público: "A intervenção pode ocorrer de duas formas principais: por absorção, quando o Estado assume integralmente a atividade econômica (caso do monopólio de atividade econômica, fundamentado no artigo 173, ou do privilégio de serviço público, fundado no artigo 175 da CF/88); ou por participação, em que o Estado exerce a atividade simultaneamente aos particulares. Como visto, seja num ou noutro caso, as duas formas principais de intervenção direta do Estado na economia são justamente a atividade econômica em sentido estrito e o serviço público". (GABARDO, Emerson. **Interesse público e subsidiariedade**: o Estado e a sociedade civil para além do bem e do mal. Belo Horizonte: Fórum, 2009. p. 130-131).

[13] "Art. 156. Compete aos Municípios instituir impostos sobre: [...] III - serviços de qualquer natureza, não compreendidos no art. 155, II, definidos em lei complementar. (Redação dada pela Emenda Constitucional nº 3, de 1993)".

Em face disso, resta investigar a respeito dos critérios utilizados para a caracterização dos serviços públicos como de prestação obrigatória e exclusiva do Estado, a fim de que sejam abrangidos pela imunidade recíproca tributária quando prestados por empresas públicas e sociedades de economia mista.

4 Os critérios de definição dos serviços públicos como de prestação obrigatória e exclusiva do Estado

Relembre-se que o artigo 150, §3º da Constituição estabelece duas hipóteses expressas de exclusão de imunidade recíproca, a qual não se aplicará aos serviços (i) relacionados com exploração de atividades econômicas regidas pelas normas aplicáveis a empreendimentos privados, ou (ii) em que haja contraprestação ou pagamento de preços ou tarifas pelo usuário.

Inicialmente, quanto aos critérios utilizados para caracterização dos serviços como relacionados com a "exploração de atividades econômicas regidas pelas normas aplicáveis a empreendimentos privados", o Supremo Tribunal Federal esclareceu ser irrelevante a circunstância de a atividade desempenhada estar ou não sujeita a monopólio estatal.

De acordo com sua recente jurisprudência, a definição do alcance da salvaguarda constitucional da imunidade tributária recíproca pressupõe o exame da caracterização econômica da atividade (lucrativa ou não), do risco à concorrência e à livre-iniciativa e de riscos ao pacto federativo pela pressão política ou econômica. A esse respeito, são elucidativos os seguintes julgados:

EMENTA: CONSTITUCIONAL. TRIBUTÁRIO. IMUNIDADE TRIBUTÁRIA RECÍPROCA (ART. 150, VI, A DA CONSTITUIÇÃO). IMÓVEL UTILIZADO PARA SEDIAR CONDUTOS DE TRANSPORTE DE PETRÓLEO, COMBUSTÍVEIS OU DERIVADOS. OPERAÇÃO PELA PETRÓLEO BRASILEIRO S.A. – PETROBRÁS. MONOPÓLIO DA UNIÃO. INAPLICABILIDADE DA SALVAGUARDA CONSTITUCIO-NAL. 1. Recurso extraordinário interposto de acórdão que considerou tributável propriedade imóvel utilizada pela Petrobrás para a instalação e operação de condutos de transporte de seus produtos. Alegada imunidade tributária recíproca, na medida em que a empresa-agravante desempenha atividade sujeita a monopólio. 2. *É irrelevante para definição da aplicabilidade da imunidade tributária recíproca a circunstância de a atividade desempenhada estar ou não sujeita a monopólio estatal. O alcance da salvaguarda constitucional pressupõe o exame (i) da caracterização econômica da atividade (lucrativa ou não), (ii) do risco à concorrência e à livre-iniciativa e*

(iii) de riscos ao pacto federativo pela pressão política ou econômica. 3. A imunidade tributária recíproca não se aplica à Petrobrás, pois: 3.1. Trata-se de sociedade de economia mista destinada à exploração econômica em benefício de seus acionistas, pessoas de direito público e privado, e a salvaguarda não se presta a proteger aumento patrimonial dissociado de interesse público primário; 3.2. A Petrobrás visa a distribuição de lucros, e, portanto, tem capacidade contributiva para participar do apoio econômico aos entes federados; 3.3. A tributação de atividade econômica lucrativa não implica risco ao pacto federativo. Agravo regimental conhecido, mas ao qual se nega provimento. (STF. Segunda Turma, RE nº 285.716 AgR, Relator Min. Joaquim Barbosa, julgado em 02.03.2010, DJe-055 Divulg. 25.03.2010 Public. 26.03.2010). (destacou-se)

EMENTA: TRIBUTÁRIO. IMUNIDADE RECÍPROCA. SOCIEDADE DE ECONOMIA MISTA CONTROLADA POR ENTE FEDERADO. CONDIÇÕES PARA APLICABILIDADE DA PROTEÇÃO CONSTITUCIONAL. ADMINISTRAÇÃO PORTUÁRIA. COMPANHIA DOCAS DO ESTADO DE SÃO PAULO (CODESP). INSTRUMENTALIDADE ESTATAL. ARTS. 21, XII, f, 22, X, e 150, VI, a DA CONSTITUIÇÃO. DECRETO FEDERAL 85.309/1980. 1. IMUNIDADE RECÍPROCA. CARACTERIZAÇÃO. Segundo teste proposto pelo ministro-relator, *a aplicabilidade da imunidade tributária recíproca (art. 150, VI, a da Constituição) deve passar por três estágios*, sem prejuízo do atendimento de outras normas constitucionais e legais: 1.1. A imunidade tributária recíproca se aplica à propriedade, bens e serviços utilizados na satisfação dos objetivos institucionais imanentes do ente federado, cuja tributação poderia colocar em risco a respectiva autonomia política. Em conseqüência, é incorreto ler a cláusula de imunização de modo a reduzi-la a mero instrumento destinado a dar ao ente federado condições de contratar em circunstâncias mais vantajosas, independentemente do contexto. 1.2. Atividades de exploração econômica, destinadas primordialmente a aumentar o patrimônio do Estado ou de particulares, devem ser submetidas à tributação, por apresentarem-se como manifestações de riqueza e deixarem a salvo a autonomia política. 1.3. A desoneração não deve ter como efeito colateral relevante a quebra dos princípios da livre-concorrência e do exercício de atividade profissional ou econômica lícita. Em princípio, o sucesso ou a desventura empresarial devem pautar-se por virtudes e vícios próprios do mercado e da administração, sem que a intervenção do Estado seja favor preponderante. 2. SOCIEDADE DE ECONOMIA MISTA. EXPLORAÇÃO DE SERVIÇOS DE ADMINISTRAÇÃO PORTUÁRIA. CONTROLE ACIONÁRIO MAJORITÁRIO DA UNIÃO. AUSÊNCIA DE INTUITO LUCRATIVO. FALTA DE RISCO AO EQUILÍBRIO CONCORRENCIAL E À LIVRE-INICIATIVA. Segundo se depreende dos autos, a Codesp é instrumentalidade estatal, pois: 2.1. Em uma série de precedentes, esta Corte reconheceu que a exploração dos portos marítimos, fluviais e lacustres caracteriza-se como serviço público. 2.2. O controle acionário da Codesp pertence em sua quase totalidade à

União (99,97%). Falta da indicação de que a atividade da pessoa jurídica satisfaça primordialmente interesse de acúmulo patrimonial público ou privado. 2.3. Não há indicação de risco de quebra do equilíbrio concorrencial ou de livre-iniciativa, eis que ausente comprovação de que a Codesp concorra com outras entidades no campo de sua atuação. 3. Ressalva do ministro-relator, no sentido de que "cabe à autoridade fiscal indicar com precisão se a destinação concreta dada ao imóvel atende ao interesse público primário ou à geração de receita de interesse particular ou privado. Recurso conhecido parcialmente e ao qual se dá parcial provimento". (STF. Tribunal Pleno, RE nº 253.472, Relator Min. Marco Aurélio, Relator para Acórdão Min. Joaquim Barbosa, julgado em 25.08.2010, DJe-020 Divulg. 31.01.2011 Public. 01.02.2011). (destacou-se)

EMENTA: TRIBUTÁRIO. IMUNIDADE RECÍPROCA. ADMINISTRAÇÃO PORTUÁRIA. SOCIEDADE DE ECONOMIA MISTA ("DOCAS DE SÃO PAULO" – CODESP). INSTRUMENTALIDADE ESTATAL. DESCARACTERIZAÇÃO. DEVER DA AUTORIDADE FISCAL. PROCESSUAL CIVIL. AGRAVO REGIMENTAL. *No julgamento do RE 253.472* (Rel. Min. Marco Aurélio, red. p/ Acórdão Min. Joaquim Barbosa, Pleno, j. 25.08.2010), *esta Corte reconheceu que a imunidade tributária recíproca aplica-se às sociedades de economia mista que caracterizem-se inequivocamente como instrumentalidades estatais* (sociedades de economia mista "anômalas"). *O foco na obtenção de lucro, a transferência do benefício a particular ilegítimo ou a lesão à livre iniciativa e às regras de concorrência podem, em tese, justificar o afastamento da imunidade.* Sem o devido processo legal de constituição do crédito tributário, decorrente de atividade administrativa plenamente vinculada do lançamento a servir de motivação, é impossível concordar com as afirmações gerais e hipotéticas de que há "exploração econômica, inclusive por terceiros, os chamados arrendatários das instalações e áreas portuárias" e que ela se dá em regime de concorrência, devido à possibilidade de privatização. Como responsável pelo ato administrativo, é o ente tributante a parte dotada dos melhores instrumentos para demonstrar ter seguido os preceitos que dão densidade ao devido processo legal formal e substantivo. Agravo regimental ao qual se nega provimento. (STF. Segunda Turma, AI nº 551.556 AgR, Relator Min. Joaquim Barbosa, julgado em 01.03.2011, DJe-062 Divulg. 31.03.2011 Public. 01.04.2011)

Assim, a imunidade tributária recíproca das empresas públicas e sociedades de economia mista de outras pessoas políticas quanto à imposição do Imposto sobre Serviços (ISS) pelos Municípios restará excepcionada se o serviço prestado puder ser caracterizado: (i) como atividade econômica lucrativa; ou (ii) implicar em risco à concorrência e à livre-iniciativa; ou (iii) ao pacto federativo por pressão política ou econômica.

Estes critérios se adéquam ao previsto no artigo 173, §2º, da Constituição que prevê que "as empresas públicas e as sociedades de economia mista não poderão gozar de privilégios fiscais não extensivos às do setor privado", o que implicaria em concorrência desleal praticada pelo próprio Estado.

Em segundo lugar, quanto à inaplicabilidade da imunidade aos serviços em que haja contraprestação ou pagamento de preços ou tarifas pelo usuário, faz-se oportuno observar que a absoluta maioria dos autores de Direito Tributário afirma que havendo cobrança de contraprestação, de preços ou de tarifas, não haverá imunidade, seja qual for a natureza da atividade desenvolvida pela entidade estatal. Nesse sentido, escreve Hugo de Brito Machado:

> Ocorre também que não há imunidade quando haja contraprestação ou pagamento de preços ou tarifas pelo usuário. Isto quer dizer que um serviço, mesmo não considerado atividade econômica, não será imune se houver cobrança de contraprestação, ou de preço, ou de tarifa. Podem ser tributados pelos Municípios, por exemplo, os serviços de fornecimento de água e esgoto prestados pelos Estados. Pode-se argumentar, é certo, que a expressão *ou em que haja contraprestação ou pagamento de preços ou tarifas pelo usuário* apenas se presta, no caso, para qualificar a atividade como de natureza econômica, e assim, afastar a imunidade [...]. Ocorre que, se a cobrança de preços ou tarifas qualifica a atividade como de natureza econômica, neste caso o alcance da ressalva será igualmente amplo, posto que, havendo tal cobrança, não se há de perquirir a respeito da natureza da atividade. Havendo cobrança de contraprestação, de preços ou de tarifas, não há imunidade, seja qual for a natureza da atividade desenvolvida pela entidade estatal. Esperamos que essa interpretação ampliativa da ressalva, que em matéria de serviços praticamente anula a regra imunizante, deixando imunes apenas os serviços gratuitos, não prevaleça. Não podemos, todavia, deixar de reconhecer que ela é razoável em face do elemento literal do dispositivo constitucional em exame.[14]

Essa também é a posição de Roque Carraza:

> Por força do disposto no art. 150, VI, a, da Constituição Federal, as pessoas políticas são imunes à tributação por meio de impostos, inclusive sobre serviços públicos. A regra, no entanto, está longe de ser absoluta já que, nos termos do art. 150, §3º, da mesma Lei Maior, esta imunidade não se

---

[14] MACHADO, Hugo Brito. **Curso de Direito Tributário**. 31. ed. São Paulo: Malheiros, 2010. p. 301-302.

aplica aos serviços públicos em que haja contraprestação ou pagamento de preços ou tarifas (ou mesmo de taxas) pelo usuário.[15]

Nessa mesma linha, em estudo específico sobre a imunidade tributária aplicável ao ISS, Marcelo Caron Baptista também assevera que:

> Defende-se, aqui, que a conclusão se alcança também pela análise da compostura própria da tarifa que, conforme se disse, revela que a prestação do serviço a ela correspondente é fato signo-pressuntivo de riqueza. [...] Taxa, por um lado, não indica riqueza, e a tributação dos serviços nela envolvidos, pelo ISS, desaguaria em inócua transferência interna de recursos estatais. Tarifa, ao contrário, por ser cobrada pelo particular — concessionário, permissionário ou autorizado — permite uma presunção jurídica de riqueza nova, pelo que a incidência do ISS sobre a prestação do serviço correlato tem o condão de transferir ao Estado parcela do patrimônio privado.[16]

Esse não foi, contudo, o entendimento que predominou junto ao Supremo Tribunal Federal. Recentemente, no RE nº 399.307-AgR, julgado em 13.03.2010, o Supremo decidiu que *a cobrança de tarifas, isoladamente considerada, não afasta a imunidade tributária aplicável às empresas públicas que prestem inequívoco serviço público*. O fundamento da decisão resta no fato de que "o impetrante (empresa pública de saneamento) não visa o lucro e o que arrecada tem por finalidade, exatamente, possibilitar o seu funcionamento, com a própria administração pública, diferentemente das empresas públicas, de economia mista, concessionárias e permissionárias".

Da análise do voto condutor do Ministro Relator Joaquim Barbosa depreende-se que a imunidade tributária recíproca somente seria aplicável: (i) às empresas públicas que prestem inequívoco serviço público; (ii) desde que não distribuam lucros ou resultados direta ou indiretamente a particulares, ou tenham por objetivo principal conceder acréscimo patrimonial ao poder público; (iii) e não desempenhem atividade econômica, de modo a conferir vantagem não extensível às empresas privadas, infringindo assim os princípios da livre iniciativa e livre concorrência. Nas próprias palavras do Ministro Joaquim Barbosa:

> Portanto, é aplicável a imunidade tributária recíproca às autarquias e empresas públicas que prestem inequívoco serviço público, desde que, entre outros requisitos constitucionais e legais:

---

[15] CARRAZA, Roque Antônio. **ICMS**. 5. ed. São Paulo: Malheiros, 2000. p. 150.

[16] BAPTISTA, Marcelo Caron. **ISS...**, p. 465-466.

1) Não distribuam lucros ou resultados direta ou indiretamente a particulares, ou tenham por objetivo principal conceder acréscimo patrimonial ao poder público (ausência de capacidade contributiva);

2) Não desempenhem atividade econômica, de modo a conferir vantagem não extensível às empresas privadas (livre iniciativa e concorrência).

E não há dúvidas que o mesmo entendimento pode ser aplicado às sociedades de economia mista, haja vista a similitude do regime jurídico ao qual se submetem ambas as entidades. Assim, por analogia, mesmo que a sociedade de economia mista cobre preço ou tarifa como contraprestação pelo serviço oferecido, se este puder se caracterizar como inequívoco serviço público, o ente não distribua lucros ou resultados direta ou indiretamente a particulares e a imunidade não se traduza na concessão de vantagem não extensível às empresas privadas, a imunidade será aplicável.

Assim, contrariamente à doutrina, importa ressaltar que o Supremo Tribunal Federal não considera que a cobrança de contraprestação, na forma de preços ou de tarifas, por empresas públicas ou sociedades de economia mista implica, de maneira absoluta, na exclusão da imunidade recíproca. A posição adotada é que a cobrança de tarifa ou preço público pelos serviços trata-se de uma presunção *juris tantum* da inaplicabilidade da imunidade tributária recíproca, a qual, contudo, pode ser elidida pela demonstração da ocorrência dos estreitos requisitos acima mencionados.

5 Prestação de serviço público por concessionários e imunidade tributária

Até agora se tratou da aplicabilidade ou não da imunidade tributária recíproca a entidades estatais e entidades políticas. Cabe indagar, contudo, os limites da aplicabilidade da imunidade tributária recíproca em face de concessionários e permissionários de serviços públicos. Nesse ponto, começa-se por ressaltar que a jurisprudência pacífica é no sentido da absoluta inaplicabilidade de imunidade recíproca a particulares prestadores de serviços públicos delegados.[17]

---

[17] A título de exemplo: "EMBARGOS À EXECUÇÃO FISCAL – IPTU– CONCESSIONÁRIA DE SERVIÇO PÚBLICO – PESSOA JURÍDICA DE DIREITO PRIVADO –IMUNIDADE RECÍPROCA – NÃO CONFIGURAÇÃO – ART. 155, §3", DA CF – INAPLICABILIDADE – PRESCRIÇÃO – RECONHECIMENTO. A denominada imunidade recíproca se refere

A doutrina majoritária também se posiciona nesse sentido, afirmando que, com a concessão da prestação de serviço público para particular, o serviço passa a ser prestado visando o lucro, razão pela qual a aplicabilidade da imunidade importaria em concessão de vantagem indevida àqueles delegatários, em detrimento de outras empresas. Por outro lado, Marçal Justen Filho bem observa que o que efetivamente ocorre com a delegação de serviço público para particular é a *alteração do regime jurídico da remuneração do serviço público* e não o regime jurídico de sua prestação, que continua público:

> [...] o regime tributário é incompatível com o regime jurídico da remuneração do concessionário (permissionário). Quando o Estado outorgar concessão, não se altera o regime jurídico da prestação do serviço público, mas se modifica o regime jurídico da sua remuneração. A Constituição Federal, ao tutelar a intangibilidade da equação econômico-financeira do contrato administrativo, produz uma espécie da redução da amplitude eficacial do sistema tributário. Retira do seu âmbito a remuneração atinente aos serviços públicos outorgados aos particulares por via de concessão ou permissão.[18]

Nesse sentido, também já se observou em outras oportunidades que:

> Os serviços públicos privativos do Estado implicam como atividade-fim do ente responsável pela sua exploração da produção de um bem econômico. Tanto é assim, que podem ser delegados para a exploração particular, sem alteração substancial do regime jurídico tanto em face do cidadão beneficiário, quanto em face do próprio mercado (exceto nos casos de monopólio público — situação esta que, todavia, não decorre do regime do serviço, mas de uma intervenção a ele externa e decorrente de outras prerrogativas estatais).[19]

Assim, na esteira do que defende Marcelo Caron Baptista, a caracterização do serviço como público passa a ser irrelevante para

---

tão-somente aos entes da Administração Pública Direta ou Indireta, não se estendendo às pessoas jurídicas de direito privado que sejam concessionárias de serviços públicos, especialmente quando, em decorrência da prestação do serviço, haja contraprestação ou pagamento de preços ou tarifas pelo usuário – art. 150, VI, a, §§2"e 3" da CF.A imunidade prevista no art. 155, §3", da CF não veda a incidência de IPTU, visto que o fato gerador deste não se relaciona com operações relativas a energia elétrica. RECURSO IMPROVIDO". (TJSP. 18ª Câmara de Direito Público, APL 990101364000 SP, Des. Carlos Giarusso Santos, julgado em 11.08.2010).

18 JUSTEN FILHO, Marçal. **Concessões de serviços públicos**. São Paulo: Dialética, 1997. p. 144.

19 GABARDO, Emerson. **Interesse público e subsidiariedade...**, p. 137.

conclusão pela incidência ou não do ISS. O elemento decisivo para a definição do regime tributário aplicável passa a ser a titularidade da prestação (entidade pública ou particular), na medida em que se constitui dado essencial para a definição do regime jurídico da remuneração. Em outras palavras, se o serviço estiver sendo prestado por particular, mesmo quando se trate de inequívoco serviço público, o ISS sempre será devido, pois o que importa é elemento subjetivo, ou seja, quem presta o serviço público. Nesse sentido, cite-se o seguinte excerto do autor:

> A titularidade da prestação que, como defendido, é elemento decisivo para a definição da natureza jurídica da remuneração, é irrelevante para a definição da natureza jurídica do serviço como público ou não. O serviço, portanto, continua a ser público, assim como o regime da sua prestação. Mas a alteração do regime jurídica da remuneração é o elemento decisivo para a incidência do ISS. [...] O regime, público ou privado, não pode ser elevado à condição de critério distintivo dos comportamentos a serem tributados pelo ISS.[20]

Há na doutrina, contudo, posicionamento diametralmente oposto a esse. Hugo de Brito Machado defende que os serviços públicos devem ser objetivamente imunes, porque existem para atender às necessidades essenciais do público, independentemente de quem os preste.

> Há quem considere que os serviços públicos são tributáveis, posto que imunes são os entes públicos. [...] A razão da imunidade tributária dos serviços públicos é a própria natureza pública desses serviços. Na medida em que o ordenamento jurídico qualifica um serviço como público, pela mesma razão que o faz deve também imunizar a atividade de prestação respectiva. A mesma razão pela qual a entidade estatal, ou entidade política, é *subjetivamente* imune à tributação, justifica plenamente que os serviços públicos sejam, objetivamente, imunes à tributação. A entidade política é subjetivamente imune porque existe para servir ao público. Da mesma forma, os serviços públicos devem ser *objetivamente* imunes porque existem para atender às necessidades essenciais do público.[21]

Nessa linha, Hugo de Brito Machado entende que o elemento decisivo para a consideração da aplicabilidade da imunidade recíproca é a definição do regime jurídico pelo qual o serviço é prestado. Em se

---

[20] BAPTISTA, Marcelo Caron. **ISS...**, p. 464.
[21] MACHADO, Hugo de Brito. Serviços Públicos e Tributação. In: TÔRRES, Heleno Taveira (Coord.). **Serviços Públicos e Direito Tributário**. São Paulo: Quartier Latin, 2005. p. 285-286.

tratando de serviços prestados sob controle direto do Estado, mesmo que por empresas privadas (mediante delegação), com cobrança de tarifas e auferimento de lucro, seria aplicável a imunidade. Nas palavras do autor:

> A questão mais delicada diz respeito a atividades que alguns qualificam como atividades econômicas enquanto para outros constituem serviços públicos. E essa questão há de ser resolvida a partir do regime jurídico ao qual o desempenho dessas atividades esteja submetido. Em se tratando de atividades desenvolvidas sob controle direto do Estado, inclusive quanto à fixação das tarifas, a nosso ver existe a imunidade. [...]
>
> *É uma falácia, portanto, repetimos, dizer-se que em sendo prestados por empresas privadas, mediante delegação, os serviços públicos devem ser tributados, posto que tais prestadoras, como empresas que são, visam o lucro, e que a não tributação resultaria em indevido benefício destas.* É da maior evidência que em se tratando de serviços remunerados mediante tarifas controladas pelo Poder Público, não submetidas às leis do mercado, onerar o custo dos serviços com a incidência de tributos é onerar os usuários desses serviços. Só o preconceito gerado pela ignorância é que pode sustentar tamanha falácia, que a rigor somente se presta para permitir que se ponha em prática os princípios da máxima arrecadação e da comodidade arrecadatória. A rigor, a delegação da atividade de prestação de serviços públicos só justifica mesmo a incidência do imposto de renda [...][22]

Vê-se, portanto, que na doutrina se contrapõem dois posicionamentos divergentes. Pelo primeiro, que adota o critério subjetivo, o importante seria a definição do prestador do serviço público como uma empresa particular (o que pressuporia a alteração do regime de remuneração). Já de acordo com o segundo posicionamento, que adota o critério objetivo, a ênfase é colocada na natureza do serviço público prestado, que quando se tratar de inequívoco serviço público será sempre cabível a imunidade.

Resolvendo a questão, o Supremo Tribunal Federal adota o critério subjetivo da titularidade da prestação. Ou seja, sempre que o serviço público for executado por delegatário (concessionária e permissionária) privado, a imunidade recíproca não será devida, pois seria aplicável tão somente a entidades políticas federativas, além de que a obtenção de lucro invocaria a exceção prevista no art. 150, §3º da Constituição. Nesse sentido, cite-se a decisão proferida no julgamento da ADI nº 3.089:

---

[22] MACHADO, Hugo de Brito. Serviços Públicos e Tributação. In: TÔRRES, Heleno Taveira (Coord.). **Serviços Públicos e Direito Tributário**..., p. 287, 290.

EMENTA: AÇÃO DIRETA DE INCONSTITUCIONALIDADE. CONSTITUCIONAL. TRIBUTÁRIO. ITENS 21 E 21.1. DA LISTA ANEXA À LEI COMPLEMENTAR 116/2003. INCIDÊNCIA DO IMPOSTO SOBRE SERVIÇOS DE QUALQUER NATUREZA – ISSQN SOBRE SERVIÇOS DE REGISTROS PÚBLICOS, CARTORÁRIOS E NOTARIAIS. CONSTITUCIONALIDADE. Ação Direta de Inconstitucionalidade ajuizada contra os itens 21 e 21.1 da Lista Anexa à Lei Complementar 116/2003, que permitem a tributação dos serviços de registros públicos, cartorários e notariais pelo Imposto sobre Serviços de Qualquer Natureza – ISSQN. Alegada violação dos arts. 145, II, 156, III, e 236, caput, da Constituição, porquanto a matriz constitucional do Imposto sobre Serviços de Qualquer Natureza permitiria a incidência do tributo tão-somente sobre a prestação de serviços de índole privada. Ademais, a tributação da prestação dos serviços notariais também ofenderia o art. 150, VI, a e §§2º e 3º da Constituição, na medida em que tais serviços públicos são imunes à tributação recíproca pelos entes federados. *As pessoas que exercem atividade notarial não são imunes à tributação, porquanto a circunstância de desenvolverem os respectivos serviços com intuito lucrativo invoca a exceção prevista no art. 150, §3º da Constituição.* O recebimento de remuneração pela prestação dos serviços confirma, ainda, capacidade contributiva. *A imunidade recíproca é uma garantia ou prerrogativa imediata de entidades políticas federativas, e não de particulares que executem, com inequívoco intuito lucrativo, serviços públicos mediante concessão ou delegação, devidamente remunerados.* Não há diferenciação que justifique a tributação dos serviços públicos concedidos e a não-tributação das atividades delegadas. Ação Direta de Inconstitucionalidade conhecida, mas julgada improcedente. (STF. Tribunal Pleno, ADI nº 3.089, Relator Min. Carlos Britto, Relator para Acórdão: Min. Joaquim Barbosa, julgado em 13.02.2008, DJe-142. Divulg. 31.07.2008 Public. 01.08.2008) (destacou-se)

Ou seja, o Supremo Tribunal Federal negou a possibilidade de aplicabilidade da imunidade recíproca a concessionários e permissionários de serviços públicos, sob o fundamento de que a imunidade recíproca é uma garantia ou prerrogativa imediata de entidades políticas federativas, e não de particulares que executem, com inequívoco intuito lucrativo, serviços públicos.

6 Conclusões

A respeito da possibilidade de extensão da imunidade tributária recíproca prevista no art. 150, IV, "a", e §2º, para entidades de propriedade estatal, viu-se, em suma, que a jurisprudência do Supremo Tribunal Federal, especificamente através dos julgados no RE nº 407.099-RS,

AC nº 1.550-2/RO e RE nº 399.307-AgR, firmou entendimento de que também pode ser aplicada a empresas públicas e sociedades de economia mista (e não apenas a autarquias e fundações públicas, conforme previsto na literalidade do dispositivo constitucional) desde que: (i) a atividade prestada não se qualifique como uma atividade econômica lucrativa, de modo a conferir vantagem econômica não extensível às empresas privadas; (ii) prestem inequívoco serviço público; (iii) não distribuam lucros ou resultados direta ou indiretamente a particulares, ou tenham por objetivo principal conceder acréscimo patrimonial ao poder público (ausência de capacidade contributiva); (iv) não implique em risco ao pacto federativo pela pressão política ou econômica.

Já a respeito da aplicabilidade da imunidade recíproca a concessionários e permissionários de serviços públicos, o Supremo Tribunal Federal já se manifestou expressamente pela impossibilidade, sob o fundamento de que a imunidade recíproca é uma garantia ou prerrogativa imediata de entidades políticas federativas, e não de particulares que executem, com inequívoco intuito lucrativo, serviços públicos mediante concessão ou delegação, devidamente remunerados.

Há posicionamento contrário a esse na doutrina, que defende que em se tratando de serviços prestados sob controle direto do Estado, mesmo que por empresas privadas (mediante delegação), com cobrança de tarifas e auferimento de lucro, seria aplicável a imunidade, pois tais serviços existem para atender às necessidades essenciais do público, independentemente de quem os preste.

Com respeito à posição divergente, entende-se que a conformação jurisprudencial dada ao instituto da imunidade tributária recíproca pelo Supremo Tribunal Federal adequa-se perfeitamente com a Constituição.

Primeiro não se pode perder de vista que a razão da imunidade tributária recíproca decorre do princípio federativo e da isonomia entre as pessoas políticas, e tem por objetivo evitar a ocorrência de uma desnecessária transferência de recursos e impedir que se instaure uma contraproducente "guerra fiscal" entre os entes federativos e suas entidades administrativas.

De fato, a referida imunidade é tão importante que se pode afirmar até que está protegida pela cláusula pétrea prevista no artigo 60, §4º, I, da Constituição Federal de 1988, que veda expressamente "[...] a proposta de emenda tendente a abolir: I – a forma federativa de Estado", na medida em que garante o equilíbrio e a isonomia entre os entes federativos e, por consequência, a higidez do pacto federativo. Com efeito, se da modificação ou supressão da imunidade recíproca puder acarretar um desequilíbrio financeiro ou resultar na imposição de encargos que um ente federativo não possa suportar, a mudança será flagrantemente inconstitucional.[23] Isso implica que o instituto da imunidade recíproca é aplicável apenas a pessoas políticas e a entidades de propriedade estatal.

Ademais disso, não se pode olvidar que, apesar da delegação transferir apenas a titularidade da exploração do serviço público ao particular (razão pela qual o serviço continua a ser considerado como público), ocorre substancial alteração do regime jurídico de remuneração, que passa a ser regido pelas normas aplicáveis a empreendimentos privados. Assim, a aplicação da imunidade a concessionários e delegatários privados implicaria na concessão de benefícios fiscais individuais e não extensíveis às demais empresas privadas que prestem o mesmo serviço sob o regime privado, configurando infração aos princípios da livre-concorrência e livre-iniciativa.

O mesmo raciocínio não se aplica a pessoas políticas e a entidades de propriedade estatal prestadoras de inequívoco serviço público, pois, nesses casos, não só a propriedade como a titularidade da prestação remanesce na mão do Estado, não havendo alteração do regime de remuneração. Assim, a tributação das atividades implica na oneração desnecessária dos custos dos serviços prestados que, por consequência, será repassada aos usuários, em prejuízo ao dever público de atendimento das necessidades coletivas dos cidadãos beneficiários.

Em face do exposto, não há dúvidas de que a presença do Estado no polo ativo, como titular da prestação de inequívoco serviço público, é o elemento fundamental para a ponderação da aplicabilidade ou não da imunidade tributária recíproca. Somente quando o Estado for o titular da prestação do serviço público a imunidade recíproca poderá ser atraída, mesmo que a entidade administrativa possua personalidade

---

[23] Nesse sentido, Marcelo Caron Baptista escreve que: "Sobre a possibilidade de modificação da repartição da competência tributária, a explicação é um tanto mais complexa. [...] A depender dos efeitos que provoque, poderá acarretar inconstitucionalidade material, em relação a um ou a vários entes federados. Paulo de Barros Carvalho manifesta-se pela possibilidade de alteração da distribuição da competência tributária, suscitando, no entanto, que '... limites constitucionais poderão ser levantados e, mesmo assim, dentro do binômio 'federação e autonomia dos municípios'" (BAPTISTA, Marcelo Caron. **ISS**..., p. 99). Em complementação, Cristiano Franco Martins destaca que: "O importante é que se preserve o equilíbrio entre a receita autônoma e as responsabilidades impostas aos entes federados. Assim, nenhuma emenda constitucional pode privar o ente federado de uma receita autônoma capaz de suportar os encargos que a Constituição lhe impôs" (MARTINS, Cristiano Franco. **Princípio federativo e mudança constitucional**: limites e possibilidades na Constituição brasileira de 1988. Rio de Janeiro: Lumen Juris, 2003. p. 175).

jurídica de direito privado (empresa pública e sociedade de economia mista), caso atendidos os estreitos requisitos estabelecidos pela jurisprudência do Supremo Tribunal Federal.

Referências

BALEEIRO, Aliomar. **Limitações constitucionais ao poder de tributar.** 4. ed. Rio de Janeiro: Forense, 1974.

BAPTISTA, Marcelo Caron. **ISS**: do texto à norma. São Paulo: Quartier Latin, 2005.

CARRAZA, Roque Antônio. **ICMS**. 5. ed. São Paulo: Malheiros, 2000.

CARVALHO, Paulo de Barros. **Curso de Direito Tributário.** 22. ed. São Paulo: Saraiva, 2010.

FALCÃO, Amílcar de Araújo. **Fato gerador da obrigação tributária.** 2. ed. São Paulo: Revista dos Tribunais, 1977.

GABARDO, Emerson. **Interesse público e subsidiariedade**: o Estado e a sociedade civil para além do bem e do mal. Belo Horizonte: Fórum, 2009.

JUSTEN FILHO, Marçal. **Concessões de serviços públicos**. São Paulo: Dialética, 1997.

_____. **Curso de Direito Administrativo**. 4. ed. São Paulo: Saraiva, 2009.

MACHADO, Hugo de Brito. **Curso de Direito Tributário**. 31. ed. São Paulo: Malheiros, 2010.

_____. Serviços Públicos e Tributação. In: TÔRRES, Heleno Taveira (Coord.). **Serviços Públicos e Direito Tributário**. São Paulo: Quartier Latin, 2005.

MORAES, Bernardo Ribeiro de. **Sistema tributário na Constituição de 1969**. São Paulo: Revista dos Tribunais, 1973.

NOGUEIRA, Ruy Barbosa. **Curso de Direito Tributário**. 5. ed. São Paulo: Saraiva, 1980.

Informação bibliográfica deste texto, conforme a NBR 6023:2002 da Associação Brasileira de Normas Técnicas (ABNT):

ORTOLAN, Marcelo Augusto Biehl. A imunidade tributária recíproca sobre os serviços públicos vista pela jurisprudência do Supremo Tribunal Federal. *In*: GONÇALVES, Guilherme de Salles; GABARDO, Emerson (Coord.). *Direito da Infraestrutura*: temas de organização do Estado, serviços públicos e intervenção administrativa. Belo Horizonte: Fórum, 2012. p. 201-221. ISBN: 978-85-7700-633-5.

REALIZAÇÃO EFICIENTE DO PROCESSO ADMINISTRATIVO DE DESAPROPRIAÇÃO PARA REFORMA AGRÁRIA SUAS NULIDADES E MECANISMOS DE CORREÇÃO

MARCELO AUGUSTO BIEHL ORTOLAN

1 Introdução

Uma das grandes inovações trazidas pela Constituição Federal de 1988 foi a extensão da plenitude de defesa (consubstanciada no respeito aos princípios do contraditório, ampla defesa e devido processo legal) aos domínios do processo administrativo. Nesse sentido, consagrou-se no art. 5º, LV, da Constituição que "aos litigantes, em processo [...] administrativo, [...] são assegurados o contraditório e a ampla defesa, com os meios e recursos a ela inerentes".

Assim, não há dúvidas de que o novo texto constitucional, ao inserir o princípio da plenitude de defesa no processo administrativo como *direito e garantia fundamental do cidadão*, passa a conferir a essa figura, a par de sua tradicional carga negativa (de proteção, proibição de restrição), uma nova dimensão positiva. Essa nova dimensão positiva materializa-se no dever do Estado, notadamente do Judiciário e da Administração Pública, e favorecerem interpretações que maximizem sua proteção e efetivação, e do Legislativo, em criar leis com procedimentos com vistas a assegurar aos litigantes em geral o direito a ampla defesa.[1] De ressaltar, contudo, que o fenômeno jurídico atual não concebe a existência de direitos ou garantias absolutas. Ademais, como bem lembra o processualista Ovídio Baptista da Silva, o direito processual em seu desenvolvimento histórico "tem oscilado pendularmente entre os anseios de segurança e justiça, contra as exigências de efetividade dos direitos proclamados pelo legislador".[2] Se por um lado, a ênfase na *segurança jurídica* gera a ampliação da "ordinariedade dos procedimentos", que sujeitam o autor a processos mais longos e lentos, com amplas garantias, por outro, a tônica na *efetividade dos direitos* tem por consequência a redução dos procedimentos e garantias processuais com vistas à rápida solução do conflito.[3]

Com base nessas indagações, o presente trabalho se propõe a investigar questões polêmicas envolvendo os processos administrativos de desapropriação para fins de Reforma Agrária do INCRA, e verificar se os procedimentos previstos garantem a efetividade do princípio da plenitude de defesa, ou se, ao contrário, tem a consequência de gerar uma desnecessária "ordinariedade" processual.

2 Normas de execução do INCRA e procedimento desapropriatório

Atualmente, os processos administrativos de obtenção de terras para assentamento de trabalhadores rurais estão regulamentados pela Norma de Execução INCRA nº 95, de 07 de agosto de 2010,[4] que tem como fundamento principal, dentre outras legislações, a Lei Complementar nº 76/1993 (que dispõe sobre o procedimento contraditório especial, de rito sumário, para o processo de desapropriação de imóvel rural, por interesse social, para fins de reforma agrária), a Lei nº 9.784/1999 (que regula o processo administrativo federal) e o Decreto

---

[1] Nesse sentido, v. MARINONI, Luiz Guilherme, ARENHART, Sérgio. **Curso de Processo Civil**: Procedimentos Especiais. São Paulo: Revista dos Tribunais, 2010. v. 5. p. 235.

[2] SILVA, Ovídio Baptista da. A "plenitude de defesa" no processo civil. In: **Da Sentença Liminar à Nulidade da Sentença**. Rio de Janeiro: Forense, 2001. p. 119.

[3] SILVA, Ovídio Baptista da. A "plenitude de defesa" no processo civil. In: **Da Sentença Liminar à Nulidade da Sentença...**, p. 113-115.

[4] A nova norma revogou a antiga Norma de Execução INCRA nº 83, de 26 de maio de 2009, que, por sua vez, havia revogado a Norma de Execução INCRA nº 35, de 24 de março de 2004.

nº 2.250/1997 (que regulamenta a vistoria em imóvel rural destinado a reforma agrária), razão pela qual o procedimento previsto deve respeitar as garantias previstas nesses diplomas legislativos.

Nos termos da atual Norma de Execução INCRA nº 95/2010, a Divisão de Obtenção de Terras da Superintendência Regional (SR) deve definir as áreas prioritárias de autuação com base em diagnóstico do atendimento da função social das propriedades rurais da região e a abertura do processo administrativo será formalizada a requerimento do Chefe da SR (art. 2º c/c art. 3º).

O início do devido processo legal ocorre com levantamento de dados e informações sobre a propriedade rural feito através do ingresso no imóvel para realização de vistoria de suas condições de uso, que deverá ser precedida pela emissão de comunicação prévia, com antecedência mínima de 3 (três) dias úteis, na qual conste o período estimado para ingresso no imóvel rural (art. 5º, §3º). Havendo mais de um proprietário, o prazo para o ingresso na propriedade particular será contado a partir da entrega da última comunicação (art. 5º, §4º). O procedimento da vistoria deverá atender as instruções constantes no Módulo II do Manual de Obtenção de Terras e Perícia Judicial do INCRA.

A emissão da comunicação prévia e a observância do prazo de ingresso é requisito fundamental para a regularidade processual e garantia da plenitude de defesa do proprietário, pois, assim, confere-se oportunidade real deste acompanhar o procedimento de vistoria, fazendo-se assessorar por técnicos especializados no ramo e de sua confiança, além de produzir provas que demonstrem a adequação à função social e produtividade de sua propriedade. Tanto assim que a jurisprudência do Supremo Tribunal Federal é firme em declarar a nulidade dos processos administrativos em que essas garantias não são observadas:

> Desapropriação. Interesse social. Reforma agrária. Imóvel rural. Levantamento de dados e informações. Vistoria. *Prévia comunicação escrita ao proprietário, preposto ou representante. Elemento essencial do devido processo legal (due process of law). Inobservância. Proprietária pessoalmente cientificada por ofício e aviso de recebimento sem menção da data em que foram recebidos. Notificação irregular e ineficaz.* Nulidade do decreto reconhecida. Ofensa a direito líquido e certo. Segurança concedida. Aplicação do art. 2º, §2º, da Lei nº 8.629/93, c/c. art. 5º, LIV, da CF [...] Para efeito do disposto no art. 2º, §2º, da Lei Federal nº 8.629, de 25 de fevereiro de 1993, com a redação da MP nº 1.577, de 11 de junho de 1997, reputa-se irregular e ineficaz a notificação recebida pelo proprietário, mas da qual não conste a data de recebimento. (STF. Plenário, MS nº 24.130, Rel. Min. Cezar Peluso,

julgamento em 16.04.08, *DJE* de 20.06.08). *No mesmo sentido*: STF, decisão monocrática, MS nº 25.793, Rel. Min. Celso de Mello, julgamento em 05.11.2010, *DJE*, 11.11.2010. (destacou-se)

A jurisprudência do Tribunal considera indispensável que a notificação prevista no parágrafo 2º, do artigo 2º, da Lei nº 8.629/93 seja feita com antecedência, de modo a permitir a efetiva participação do proprietário, ou de preposto por ele designado, nos trabalhos de levantamento de dados que tem por objetivo a determinação da produtividade do imóvel. A notificação que inaugura o devido processo legal tem por objetivo dar ao proprietário a oportunidade real de acompanhar os trabalhos de levantamento de dados, fazendo-se assessorar por técnicos de sua confiança, para apresentar documentos, demonstrar a existência de criações e culturas e fornecer os esclarecimentos necessários à eventual caracterização da propriedade como produtiva e, portanto, isenta da desapropriação-sanção. (STF. Plenário, MS nº 24.547, Rel. Min. Ellen Gracie, julgamento em 14.08.03, *DJ*, 23.04.04)

Os dados levantados na vistoria subsidiam a elaboração do respectivo Laudo Agronômico de Fiscalização (LAF), o qual, por sua vez, deverá atender as normas do Módulo III do Manual de Obtenção de Terras e Perícia Judicial do INCRA e refletir as condições de uso do imóvel rural nos 12 (doze) meses inteiros imediatamente anteriores ao do recebimento da comunicação prévia (art. 9º, *caput* c/c §2º). A vistoria será realizada por engenheiro agrônomo do INCRA, que deve subscrever o laudo com a devida anotação de responsabilidade técnica – ART.[5]

Com o objetivo de garantir a observância das garantias acima citadas, estabeleceu-se que no LAF deverão (i) constar as datas de recebimento da comunicação prévia e de ingresso no imóvel rural e (ii) ser indicado se os trabalhos foram acompanhados pelo proprietário, preposto ou representante, qualificando-os (art. 9, §1º).

O LAF constitui-se em um parecer técnico quanto ao cumprimento da função social pelo imóvel rural vistoriado e viabilidade técnica e ambiental de assentamento de trabalhadores rurais naquele local. A função social é cumprida quando a propriedade atende simultaneamente os seguintes requisitos (art. 8º e parágrafos):

---

[5] Anteriormente, no período de vigência da Norma de Execução INCRA nº 35/2004, seu artigo 9º exigia que a vistoria fosse realizada por no mínimo dois engenheiros agrônomos, que deveriam subscrever o respectivo LAF. Nos termos do art. 9º: "*As vistorias para avaliação de imóveis rurais de interesse do INCRA serão realizadas por, no mínimo, dois Engenheiros Agrônomos, subscritores do laudo respectivo*, com devida Anotação de Responsabilidade Técnica junto ao CREA competente". (destacou-se)

I - aproveitamento racional e adequado, comprovado pelo alcance de grau de utilização da terra (GUT) igual ou maior que 80% e grau de eficiência na exploração (GEE) maior que 100% (conforme especificado nos §§1º a 7º do art. 6º da Lei nº 8629/1993 – Estatuto da Terra).

II - utilização adequada dos recursos naturais e preservação do meio ambiente, demonstrados pela exploração que respeite as características próprias do meio natural e respeito à vocação natural da terra bem como às restrições de uso das terras constantes no Anexo I do Manual de Obtenção de Terras.

III - observância da legislação trabalhista e disposições de contratos coletivos de trabalho, contratos de arrendamento e parceria rural.

IV - exploração que observe as normas de segurança de trabalho, atenda às necessidades básicas dos trabalhadores rurais e evita o desenvolvimento de conflitos e tensões sociais no imóvel, favorecendo o bem-estar dos proprietários e dos trabalhadores.

Com base nos dados levantados a respeito do imóvel será procedida sua atualização cadastral a respeito do cumprimento ou não da função social da propriedade, da qual resultará sua classificação como produtiva ou improdutiva. A decisão de classificação do imóvel deverá ser comunicada a seus proprietários, dando início à fase de questionamento administrativo da decisão em duas instâncias recursais.

Primeiro, a contar da data do recebimento da comunicação, será oportunizado 15 dias de prazo para interposição de *impugnação administrativa* dirigida ao Superintendente Regional do INCRA contra a decisão de classificação da propriedade como improdutiva. Apresentada a impugnação, os argumentos jurídicos serão analisados pela Procuradoria Federal Especializada junto ao INCRA que emitirá parecer sobre a impugnação, enquanto os argumentos técnicos de mérito (ligados à produtividade do imóvel) serão analisados pelos engenheiros agrônomos do INCRA. Após isso, o processo será remetido para julgamento pelo Superintendente Regional (no prazo máximo, em tese, de 30 dias – art.12, §2º).

Em segundo lugar, a decisão da impugnação será comunicada ao proprietário, sendo-lhe oportunizado prazo de 10 dias para interposição de *recurso administrativo* também dirigido ao Superintendente Regional do INCRA, mas que, após colhidos os pareceres técnico e jurídico, será julgado em segunda e última instância pelo Comitê de Decisão Regional – CDR (no prazo máximo, em tese, de 15 dias – art.12, §§5º e 6º).

Um detalhe importante a ser destacado é que o recurso não terá efeito suspensivo no trâmite do processo administrativo de desapropriação (art. 12, §9º), o que, em tese, viabilizaria a extração de cópias para a formação do Conjunto Decreto (art. 13) e o encaminhamento para a Coordenação-Geral de Obtenção de Terras (DTO/INCRA), que é o órgão que deve aprovar a edição do decreto presidencial de desapropriação por interesse social para fins de Reforma Agrária.

O decreto presidencial expropriatório, apesar de revestir-se da forma de ato normativo, trata-se de *ato administrativo concreto*, razão pela qual a legalidade de todo o procedimento que encetou sua edição pode ser controlada pelo Judiciário.

Ademais disso, o decreto expropriatório não se confunde com a desapropriação em si, nem produz efeito sobre o direito de propriedade do particular, pois será necessária a promoção de ação judicial de desapropriação para sua efetivação.[6] Nos termos do §2º, artigo 5º da Lei nº 8.629/1993, "o decreto que declarar o imóvel como de interesse social, para fins de reforma agrária, autoriza a União a propor ação de desapropriação".

Assim, prescreve o artigo 3º, da Lei Complementar nº 76/1993, que o Poder Público terá o prazo de dois anos, contado da publicação do decreto declaratório, para ajuizar ação de desapropriação, bem como adotar medidas de aproveitamento do bem expropriado, sob pena de caducidade do decreto por decadência de prazo. De acordo com a jurisprudência pátria, para que esse prazo seja cumprido, exige-se não apenas que a ação tenha sido proposta em dois anos, mas também que tenha ocorrido a regular citação do expropriado.[7]

Importa destacar que, a partir de então, na conformidade do previsto na Instrução Normativa INCRA nº 34 de 23 de maio de 2006, os Chefes das Procuradorias Regionais do INCRA ficam autorizados a firmar transações ou acordos judiciais nas ações de desapropriação em que ainda não tenham sido proferidas sentenças de mérito em 1º grau de jurisdição (art. 7º).

Via de regra, a *transação judicial* deve ser proposta em audiência de conciliação, nos termos do §3º do artigo 6º da Lei Complementar nº 76/93,[8] e, se aceita, submetida à deliberação das instâncias competentes do INCRA (art. 8º, *caput*), que, a depender da alçada decisória (fixada

---

[6] CUNHA, Leonardo Carneiro da. **A Fazenda Pública em Juízo**. 9. ed. São Paulo: Dialética, 2011. p. 660-661.

[7] *V*. STJ. Acórdão não unânime da 2ª Turma, REsp nº 89.522/AP, Rel. Min. Peçanha Martins, julgado em 12.06.1997, *DJ*, 25.02.98, p. 37.

[8] "Art. 6º, §3º No curso da ação poderá o Juiz designar, com o objetivo de fixar a prévia e justa indenização, audiência de conciliação, que será realizada nos dez primeiros dias a contar da citação, e na qual deverão estar presentes o autor, o réu e o Ministério Público. As partes ou seus representantes legais serão intimadas via postal. (Incluído pela Lei Complementar nº 88, de 1996)".

no Anexo I da Instrução Normativa INCRA nº 33/2006), será o Comitê de Decisão Regional (CDR) ou o Conselho Diretor (CD) do INCRA em Brasília.[9] Excepcionalmente, poderá ser realizado *acordo* em ocasião diversa desta, quando o proprietário aquiescer ao valor da avaliação administrativa do INCRA, sendo esse favorecido com a emissão de Títulos da Dívida Agrária (TDA's) com prazos reduzidos de resgate.[10]

Havendo transação judicial ou acordo, seus efeitos apenas se concretizarão após a indispensável manifestação do Ministério Público Federal e posterior homologação judicial (art. 2º). Nas transações ou acordos firmados deverão constar, obrigatoriamente, cláusula assecuratória de renúncia do expropriado a quaisquer direitos sobre a propriedade (art. 3º), ficando vedada a inclusão de pagamentos de juros de mora, juros compensatórios, parcelas relativas a honorários de advogado, de assistente técnico e de parcelas indenizatórias por florestas naturais ou matas nativas que superem o preço de mercado do imóvel (art. 7º, §1º).

Por fim, também será possível apresentar proposta de acordo em ação de desapropriação que já tenha sentença de mérito, contudo, ela não poderá importar no aumento do valor de mercado do imóvel fixado na condenação (art. 11).

Em qualquer caso, a transação judicial ou acordo só poderá ocorrer se, cumulativamente: (i) existirem recursos orçamentários e financeiros disponíveis; (ii) sua utilização não implicar em obstáculo ao cumprimento das metas de obtenção de terras; (iii) não existir questionamento administrativo ou judicial de valor superestimado para pagamento da indenização; (iv) não se questione a autenticidade e legalidade do título de domínio nas esferas judicial ou administrativa (art. 1º, parágrafo único).

Não ocorrendo a transação judicial ou acordo, dá-se seguimento à fase judicial da desapropriação por interesse social para fins de Reforma Agrária cujas particularidades e discussões escapam ao escopo do presente estudo, que tem por objetivo principal apresentar soluções para problemas recorrentes e discussões polêmicas relacionadas com a plenitude de defesa na fase administrativa do processo de desapropriação.

---

[9] Ultrapassada a alçada atribuída ao Comitê de Decisão Regional (CDR), antes da homologação judicial, e após deliberação do CDR, deverá a Superintendência Regional submeter a proposta à deliberação do Conselho Direito – CD (art. 12, Instrução Normativa INCRA nº 34/2006).

[10] O pagamento do valor total da transação judicial ou acordo seguirá as regras estabelecidas nos §§4º, 5º e 6º do art. 5º, da Lei nº 8.629/1993, com a ressalva de prazos reduzidos de resgate para os acordos realizados.

3 A violação ao dever de motivação explícita nas decisões administrativas de classificação fundiária

Inicialmente, pode-se afirmar com segurança que o vício mais recorrente na fase administrativa costuma decorrer de violação ao dever de motivação explícita das decisões administrativas, seja pela absoluta ausência de fundamentação, seja pela simples desconsideração (sem justificação) dos argumentos e justificativas apresentadas pelos proprietários em suas defesas administrativas.

Nessas circunstâncias, o órgão decisório (geralmente o Superintendente Regional do INCRA) age como se a motivação de suas decisões administrativas se tratasse de uma mera *faculdade* legal. Não é isso, contudo, que prescreve a Lei de Processo Administrativo Federal (Lei nº 9.784/99), que estabelece em seu artigo 50 o *dever* da Administração Pública de motivar os atos administrativos que neguem, limitem ou afetem direitos ou interesses; imponham ou agravem deveres, encargos ou sanções e decidam recursos administrativos, dentre outros. Nos termos da lei:

> Os atos administrativos deverão ser motivados, com indicação dos fatos e dos fundamentos jurídicos, quando:
>
> I - neguem, limitem ou afetem direitos ou interesses;
>
> II - imponham ou agravem deveres, encargos ou sanções; [...]
>
> V - decidam recursos administrativos; [...]

E mais, o parágrafo primeiro do artigo 50 da Lei nº 9.784/99 exige como requisito de licitude da motivação que ela seja *"explícita, clara e congruente"*. A explicitação exige que os fundamentos de fato e de direito sejam elencados; a clareza diz respeito à redação, ponto a ponto, dos argumentos e a congruência reporta-se ao afastamento de todas as alegações em sentido contrário, notadamente aquelas levantadas pelos interessados que serão afetados pelo ato administrativo.

Há um *dever*, portanto, e não uma mera faculdade, das decisões administrativas proferidas em processos de desapropriação serem motivadas de maneira explícita, clara e congruente, porquanto afetam diretamente o direito de propriedade dos particulares, podendo ser imposta uma sanção expropriatória ao final do processo. A propósito, na lição de Sérgio Ferraz e Adilson Abreu Dallari:

> "Motivar" significa explicitar os elementos que ensejaram o convencimento da autoridade, indicando os fatos e os fundamentos jurídicos

que foram considerados. Sem a explicitação dos motivos torna-se extremamente difícil sindicar, sopesar ou aferir a correção daquilo que foi decidido. Sem a motivação fica frustrado ou, pelo menos, prejudicado o direito de recorrer, inclusive perante o Poder Judiciário.[11]

Além disso, exige-se que a motivação seja prévia ou concomitante à prática do ato a fim de garantir a lealdade processual administrativa, de modo que a autoridade já deixe claro, desde o início, quais os motivos que a convenceram a tomar aquela decisão. Assim evita-se que o particular seja futuramente surpreendido por algum motivo anteriormente não aventado, não se conferindo direito à replica e produção de provas em sentido contrário e, consequentemente, impossibilitando o exercício do direito de defesa. A esse respeito, é elucidativa a lição de Carlos Ari Sundfeld veiculada no trabalho de título "Motivação do ato administrativo como garantia dos administrados", no qual o autor:

> já afirmava a necessidade lógica e jurídica de ser a motivação anterior ou concomitante à decisão administrativa, entre outros argumentos, para não consagrar a deslealdade administrativa [...] onde a autoridade [...] poderia burlar a garantia constitucional, "criando um motivo não aventado pelo autor que, sem direito à réplica e à produção de provas, ficaria impossibilitado de rechaçá-lo". Claro está, portanto, que a motivação, além de obrigatória, deve ser prévia, independentemente de haver, ou não, determinação legal específica nesse sentido.[12]

Assim, se a motivação do ato não for realizada de maneira prévia ou concomitante ao ato, sendo realizada em momento posterior, impõe-se a abertura de prazo para manifestação e produção de provas *especificamente sobre o novo ato administrativo*. Do contrário, em remanescendo dúvida ou incerteza sobre a motivação da decisão, a nulidade do ato impugnado deverá ser decretada, conforme esclarecem Sérgio Ferraz e Adilson Abreu Dallari:

> Pode-se afirmar que a ausência de prévia ou concomitante motivação configura vício autônomo, capaz de, por si só, gerar a nulidade do ato praticado [...]. Havendo alguma dúvida ou incerteza remanescente será de rigor a decretação da nulidade do ato impugnado por falta de motivação.[13]

---

[11] FERRAZ, Sérgio; DALLARI, Adilson Abreu. **Processo Administrativo**. São Paulo: Malheiros, 2002. p. 58.

[12] FERRAZ, Sérgio; DALLARI, Adilson Abreu. **Processo Administrativo**..., p. 59-60.

[13] FERRAZ, Sérgio; DALLARI, Adilson Abreu. **Processo Administrativo**..., p. 60.

Relembre-se que a Lei de Processo Administrativo Federal, que fundamenta a própria Norma de Execução INCRA nº 95/2010, garante em seu artigo 3º, inciso III, c/c artigo 40, o direito compulsório ao conhecimento prévio de manifestação da autoridade, com a devida abertura de prazo para formular alegações e apresentar documentos.

Daí segue-se que, no caso concreto, se não for formalmente comunicada aos proprietários as razões de motivação ou até mesmo a complementação de motivação precária de ato ou decisão administrativa que classificar a propriedade como imóvel rural improdutivo, será de rigor a anulação do ato por ofensa aos princípios do contraditório e da ampla defesa. Nesse sentido, faz-se oportuno transcrever trecho do voto do Ministro Carlos Ayres Britto no Mandado de Segurança nº 25.124/DF, no qual se anulou processo administrativo de desapropriação de imóvel rural do INCRA pela ausência de intimação formal do particular:

> Só com a intimação formal do impetrante se pode considerar prestigiado o devido processo, pois somente a partir da ciência do interessado é que se poderia iniciar o prazo garantido à apresentação de defesa. A sugestão da Procuradoria Federal, acatada pela direção do INCRA, é inócua. O deferimento do pedido de restauração do prazo precisa ser comunicado ao particular, de maneira efetiva. Ante o exposto, voto pela concessão da ordem, a fim de: a) reconhecer a nulidade do decreto presidencial que declarou a 'Fazenda Catende' de interesse social, para fins de reforma agrária; b) por igual, assentar a nulidade do procedimento administrativo a cargo do INCRA, a partir da notificação prévia. (STF. Tribunal Pleno, MS nº 25.124/DF, Rel. Min. Carlos Ayres Britto, julgado em 09.04.2008, DJe-202 Divulg 23.10.2008, publicado em 24.10.2008 – fls. 10 do Voto do Min. Carlos Ayres Britto)

Do exposto, conclui-se ser imprescindível que a motivação da decisão administrativa que proceda à classificação fundiária do imóvel seja feita de maneira clara, explícita e congruente e que a eventual complementação dessa decisão seja formalmente comunicada ao particular, reabrindo-se novo prazo para impugnação e produção de provas específicas sobre esse ato, sob pena de supressão de violação direta do contraditório e da ampla defesa.

4 A impossibilidade de convalidação dos vícios arguidos em defesa administrativa

Uma segunda questão polêmica relacionada com os processos administrativos em geral, especialmente naqueles cujo desfecho poderá resultar na aplicação de sanções ou restrição de direitos, diz respeito à possibilidade ou não de convalidação dos vícios de procedimentos arguidos em defesa administrativa pelos particulares.

A esse respeito, expoentes do Direito Administrativo brasileiro defendem que a impugnação dos vícios pelos interessados constituiria barreira ao dever de convalidar, haja vista que, do contrário, os interessados seriam obrigados a suportar os prejuízos ilegítimos decorrentes das irregularidades formais. Conforme leciona Celso Antônio Bandeira de Mello:

> A administração não pode convalidar um ato viciado se este já foi impugnado, administrativa ou judicialmente. Se pudesse fazê-lo, seria inútil a argüição do vício, pois a extinção dos efeitos ilegítimos dependeria da vontade da Administração, e não do dever de obediência à ordem jurídica.[14]

Bem assim, acompanhando Celso Antônio Bandeira de Mello, Weida Zancaner explica que:

> A impugnação do interessado, quer expressamente, quer por resistência, constitui barreira ao dever de convalidar, isto é, a Administração Pública não mais poderá convalidar seus atos eivados de vícios mas passíveis de convalidação, quando estes forem impugnados pelo interessado. Merecem ressalva os atos *obrigatoriamente sanáveis*, que são aqueles com irrelevante defeito de formalidade. [...] Se fosse possível à Administração Pública convalidar um ato viciado, após impugnação do interessado, quer por via administrativa, quer por via judicial, quer, ainda, por resistência, "seria inútil a argüição do vício, pois a extinção dos defeitos ilegítimos dependeria da vontade da Administração e não do dever de obediência à ordem jurídica" (conforme afirma Antônio Bandeira de Mello). Por esta razão, *a impugnação constitui barreira ao dever de convalidar*.[15] (destacou-se)

Vê-se, portanto, que, à exceção dos vícios com *irrelevante defeito de formalidade*, todos os demais vícios impugnados pelos interessados não podem mais serem convalidados. Nesse sentido, corroborando a recepção e aplicação, pelos Tribunais pátrios, do entendimento de que a Administração não pode convalidar os vícios que tiverem sido

---

[14] BANDEIRA DE MELLO, Celso Antônio. **Curso de direito administrativo**. 19. ed. São Paulo: Malheiros, 2005. p. 442.

[15] ZANCANER, Weida. **Da convalidação e da invalidação dos atos administrativos**. 2. ed. São Paulo: Malheiros, 1996. p. 60.

GUILHERME DE SALLES GONÇALVES, EMERSON GABARDO (COORD.)
DIREITO DA INFRAESTRUTURA

impugnados pelos interessados, cita-se, a título de exemplo, recente julgado do Tribunal Regional Federal da 4ª Região:

> Mais do que evidente a ilegalidade em que incorre o Edital nº 006/2007, necessário que se aborde os institutos afetos à anulação do ato administrativo e igualmente os de ordem processual atinentes ao modo de solução da presente lide. Aliás, é de se dizer que muito embora tal questão processual diga respeito à necessidade de abordar ou não o mérito da causa, abordo-a nesta sede por razões de facilitação de compreensão do julgado. *Outrossim, não há que se falar em convalidação (ou, utilizando-se do termo administrativo correto: conversão do ato administrativo impugnado, haja visto que a atitude adotada pela municipalidade* (retificação do edital impugnado com a inclusão de porcentagem das vagas para portadores de deficiências), após determinação judicial de suspensão do certame, *nada mais é do que* mero cumprimento dos pedidos apresentados na peça proemial e, digo mais, da *visão antecipada do provável resultado da presente demanda.* (TRF4, REEX nº 192.379 SC 2009.019237-9, Relator: Des. Vanderlei Romer, julgado em 2009.08.14) (destacou-se)

Ademais, conforme explica Carlos Ari Sundfeld, não se pode perder de vista que "a convalidação é um novo ato administrativo, que difere dos demais por produzir efeitos *ex tunc,* é dizer, retroativos. Não é mera repetição do ato inválido com a correção do vício; vai além disto. Por tal motivo, a possibilidade de praticá-lo depende, teoricamente, de dois fatores: a) *da possibilidade de se repetir, sem vícios, o ato ilegal, porque assim poderia ter sido praticado à época;* e b) *da possibilidade de este novo ato retroagir".*[16]

Logo, deve-se observar que no caso de terem ocorrido vícios durante o procedimento de vistoria ou de elaboração do respectivo Laudo Agronômico de Fiscalização, esses vícios não poderão ser convalidados pela Superintendência do INCRA, pois isto implicaria na modificação do período e das condições do imóvel considerados para fins de classificação fundiária, o que seria inadmissível, conforme passa-se a explicar.

E se o ato não comporta convalidação, a invalidação coloca-se como obrigatória, pois o princípio da legalidade impõe a restauração do direito. Logo, se o vício ocorrido no processo administrativo de desapropriação for insuscetível de convalidação ou no caso do vício

---

[16] SUNDFELD, Carlos Ari. **Ato Administrativo Inválido**. São Paulo: Revista dos Tribunais, 1990. p. 72. Ressalve-se, por oportuno, que a retroatividade da convalidação é a regra geral. Contudo, a doutrina traz exceções em que a convalidação pode ocorrer apenas com efeitos *ex nunc,* ou seja, para o futuro.

ter sido arguido em defesa administrativa restará o dever da Superintendência do INCRA de anulá-lo.

5 Alterações quanto às condições de uso do imóvel, desvio de finalidade e lesão aos princípios da proporcionalidade e razoabilidade

De acordo com o art. 2º, §4º da Lei nº 8.629, de 25 de fevereiro de 1993, "não será considerada, para os fins desta Lei, qualquer modificação, quanto ao domínio, à dimensão e às condições de uso do imóvel, introduzida ou ocorrida até seis meses após a data da comunicação para levantamento de dados e informações [...]" Ou seja, após a comunicação do proprietário, durante seis meses, qualquer modificação na propriedade não será considerada para o processo de desapropriação para fins de reforma agrária.

A *contrario sensu*, contudo, as modificações realizadas no imóvel — "quanto ao domínio, à dimensão e às condições de uso" — após os seis meses da notificação da vistoria, devem ser levadas em consideração no processo de desapropriação para fins de reforma agrária.

É certo também que o Supremo Tribunal Federal já decidiu que o "art. 2º, §4º, da Lei nº 8.629/93 não fixa prazo de validade do laudo de vistoria ou termo final para edição do decreto de declaração de interesse social, para fins de reforma agrária" (STF, Tribunal Pleno, MS nº 25.016/ DF, Rel. Min. Ellen Gracie, julgado em 27.10.2005, *DJ*, 25.11.2005).

Deve-se, contudo, observar que pode haver casos em que desde a realização da vistoria até a elaboração do Laudo Agronômico de Fiscalização podem ter se passado mais de ano por fato exclusivamente imputável à condução irregular e até mesmo ilícita do processo administrativo pelos próprios servidores do INCRA (como a suspensão do processo para a realização de auditoria interna, por exemplo).

Com efeito, a condução e manifestação de forma confusa e até mesmo contraditória por parte dos diversos setores de uma Superintendência Regional prejudicam a celeridade processual e enfraquecem a peça técnica (LAF) e o processo como um todo. Tal circunstância se vê ainda mais agravada quando há denúncias de prática de ilícitos pelos servidores do INCRA durante a realização da vistoria e elaboração do respectivo LAF.

Por essas razões, tem-se que, após o prazo legal de seis meses, se ocorrer demora desproporcional ou até mesmo suspensão do trâmite do processo administrativo por vícios exclusivamente imputáveis à

Administração, os investimentos que comprovadamente forem feitos na propriedade deverão, por força de lei, serem considerados no processo administrativo, sob pena de infração direta aos princípios da proporcionalidade e da razoabilidade.

É evidente que, mesmo após ter sido realizada a vistoria do imóvel rural, o investimento de mais anos no imóvel (por exemplo, mais de dois anos sem que o processo administrativo tenha sido levado a cabo) altera de maneira substancial as condições de uso do imóvel, demonstrando a completa inadequação do meio (*vistoria*) em relação ao seu fim (*refletir as reais condições de uso do imóvel*) e, portanto, o desvio da finalidade do Laudo (inscrita no art. 9º da Norma de Execução INCRA nº 95/2010).

O que, de fato, o Supremo Tribunal Federal decidiu em 2005, no Mandado de Segurança nº 25.016/DF, foi que, para casos normais, o art. 2º, §4º, da Lei nº 8.629/93 não fixa prazo de validade do laudo de vistoria ou termo final para edição do decreto de declaração de interesse social. Contudo, esse entendimento não pode prevalecer em face de situações de excepcional injustiça a serem suportadas pelos proprietários, como, por exemplo, a desconsideração de mais de três anos de investimentos em um imóvel rural (após decorrido o prazo legal de seis meses) quando a demora de culpa exclusiva da Administração.

Isso porque, posteriormente, o mesmo Supremo Tribunal Federal decidiu em 2008, no Mandado de Segurança nº 24.890/DF, que depois de seis meses da comunicação da realização da vistoria, poderá o dono do imóvel rural exercer plenamente seus direitos de propriedade sobre o imóvel, inclusive para fins de comercialização ou divisão da propriedade. Adiante se explica o caso em detalhes, contudo, faz-se oportuno transcrever, desde já, trecho específico do voto-vista do Ministro Carlos Ayres Britto no qual afirma expressamente não ser razoável impor ao proprietário rural uma restrição eterna a seu direito de propriedade:

> Quanto ao primeiro ponto, nada tenho a acrescentar ao voto da Ministra Ellen Gracie. De fato, segundo o §4º do art. 2º da Lei nº 8.629/93, a modificação quanto ao domínio, à dimensão e às condições do uso do imóvel, introduzida ou ocorrida após seis meses da data da comunicação para levantamento de dados e informações há de ser considerada pelo Poder Público. *Não seria razoável impor ao proprietário rural uma restrição eterna a seu direito de propriedade.* [...] (fls. 258/259 – destacou-se)

Nessa linha, em um caso limite, seria insustentável a possibilidade de elaboração de um Laudo Agronômico de Fiscalização com base em informações colhidas em vistoria do imóvel rural realizada há mais de anos, pela clara e evidente consideração de que tais dados não mais refletem as reais condições de uso do imóvel. Ocorrendo tal circunstância, o desvio de finalidade e a violação aos princípios da razoabilidade e proporcionalidade seriam flagrantes e a anulação do Laudo Agronômico Fiscal seria medida de justiça.

Por fim, a respeito da sindicabilidade da proporcionalidade e razoabilidade em face de atos estatais injustos, Suzana de Toledo Barros esclarece que o Supremo Tribunal Federal, há muito:

> admitiu que o princípio da razoabilidade está escrito na nossa Constituição e, tal como na Constituição dos Estados Unidos, vem abarcado pela expressão *devido processo legal*, por ele devendo entender-se que nenhuma restrição a direitos pode ocorrer, em razão de qualquer ato estatal, sem que seja razoável, isto é, adequada, necessária e proporcionada aos fins a que se destina.[17]

Somando-se a isso, não se esqueça que o artigo 2º, VI da Lei nº 9.784/99, traz previsão específica de que "a Administração Pública obedecerá, dentre outros, aos princípios da legalidade, finalidade, motivação, *razoabilidade, proporcionalidade* [...]". E mais, no parágrafo único do artigo 2º estabeleceu-se que: "nos processos administrativos serão observados, entre outros, os critérios de: VI – *adequação entre meios e fins*, vedada a imposição de obrigações, restrições e sanções em medida superior àquelas estritamente necessárias ao atendimento do interesse público".

Em face disso, não restam dúvidas que um Laudo Agronômico de Fiscalização que não mais reflita as reais condições de uso do imóvel em níveis e por motivos que desbordam da razoabilidade e proporcionalidade deva ser anulado de rigor por ofensa a princípios constitucionais e desvio de finalidade.

6 A suspeição ou impedimento do perito

Uma quarta questão a ser discutida diz respeito às situações em que servidores que conduziram os procedimentos de vistoria e elaboraram o respectivo Laudo Agronômico de Fiscalização forem

---

[17] BARROS, Suzana de Toledo. **O princípio da proporcionalidade e o controle de constitucionalidade das leis restritivas de direitos fundamentais**. 2. ed. Brasília: Brasília Jurídica, 2000. p. 102.

afastados para apuração da prática de supostos ilícitos, com instauração de procedimento administrativo disciplinar ou até de ação penal.

Nesses casos não há como se sustentar solução diversa da declaração de impedimento absoluto da participação do servidor nos demais processos do mesmo proprietário e anulação dos atos processuais de instrução do processo (levantamento de dados e informações sobre o imóvel através da vistoria e elaboração do respectivo LAF).

Isso porque o impedimento tem por postulado fundamental a impessoalidade e a imparcialidade do servidor público e encontra-se expressamente previsto no artigo 18 da Lei de Processo Administrativo Federal (nº 9.784/99), cabendo inclusive a invocação subsidiária e integrativa das hipóteses de impedimento e suspeição inscritas no Código de Processo Civil, conforme lembram Sergio Ferraz e Adilson Abreu Dallari:

> A exemplo do ocorrido com o impedimento, aqui (na suspeição) também o postulado fundamental da impessoalidade (e, pois, da imparcialidade) abre portas à integração supletiva da caracterização de suspeição, pela invocação subsidiária do Código de Processo Civil. Ou seja, à causa única de suspeição, de que cuida o art. 20 da Lei 9.784, de 1999 (i.e., "amizade íntima ou inimizade notório com algum dos interessados ou com os respectivos cônjuges, companheiros, parentes ou afins até o terceiro grau") somam-se as capituladas nos incisos II, III e IV e no parágrafo único, todos do art. 153 do Código de Processo Civil.[18]

Ademais disso, o impedimento aplica-se inclusive para "o servidor ou autoridade" que atue em processo administrativo. Bem assim, o Código de Processo Civil também deixa expresso em seu artigo 138, inciso III, que os motivos de impedimento e suspeição também se aplicam ao perito, ou seja, ao servidor responsável pelo levantamento de dados e informações que instruirão o processo: "Art. 138. Aplicam-se também os motivos de impedimento e de suspeição: [...] III - ao perito;".

Assim, no caso de abertura de processo administrativo disciplinar ou até mesmo de ação penal (promovida pelo Ministério Público) para apurar denúncia de que o servidor tenha exigido vantagem indevida para praticar atos durante o procedimento pericial de vistoria ou de elaboração do respectivo LAF, notória se faz a parcialidade e a pessoalidade do perito (engenheiro agrônomo), configurando seu "interesse indireto na matéria". E a Lei de Processo Administrativo Federal

---

[18] FERRAZ, Sérgio; DALLARI, Adilson Abreu. **Processo Administrativo**..., p. 108-109.

(nº 9.784/99), em seu artigo 18, inciso I, é clara ao prever o impedimento do servidor de atuar em processo administrativo que "tenha interesse indireto na matéria".

Neste particular, deve-se ressaltar que a Lei de Processo Administrativo Federal foi deliberadamente mais severa que o próprio Código de Processo Civil, ao qualificar a hipótese de existência de interesse direto ou indireto na matéria objeto do processo como causa de impedimento (e não de suspeição, conforme art. 135, inciso V, do CPC). Assim esclarecem Sérgio Ferraz e Adilson Abreu Dallari:

> Deixamos de lado o inciso V do referido art. 135 do diploma processual civil porque a circunstância nele tratada (existência de interesse direto ou indireto do agente na matéria objeto do processo) a lei geral de processo administrativo outorgou tratamento mais severo, capitulando-a como caso de impedimento.[19]

Em segundo lugar, importa esclarecer que o instituto do impedimento não se confunde com o instituto da presunção da inocência. O instituto do impedimento existe para prevenir vício processual grave, nos quais a própria lei toma por certa a parcialidade do julgador. Na lição de Luiz Guilherme Marinoni e Sérgio Cruz Arenhart, "esses vícios são tão graves (causas de impedimento) que não precluem, podendo o juiz conhecer do defeito em qualquer tempo e grau de jurisdição, sendo mesmo cabível recorrer-se à ação rescisória".[20] E o mesmo raciocínio aplica-se ao processo administrativo, sendo que a autoridade julgadora deve reconhecer de ofício seu próprio impedimento ou o impedimento de algum dos servidores para atuar no processo por tratar-se de nulidade absoluta que contamina todos os atos praticados pela autoridade ou servidor impedido.

Além disso, na impensável hipótese de ausência de autodeclaração de impedimento pela Administração ou indeferimento de pedido de impedimento de servidor contra o qual foi instaurado processo administrativo disciplinar ou ação penal para investigar supostos ilícitos praticados na condução do processo administrativo em questão, ao recurso interposto terá de ser atribuído efeito suspensivo, por força do parágrafo único do art. 61 da Lei nº 9.784/99. De acordo com Sérgio Ferraz e Adilson Abreu Dallari:

---

[19] FERRAZ, Sérgio; DALLARI, Adilson Abreu. **Processo Administrativo**..., p. 109.

[20] MARINONI, Luiz Guilherme; ARENHART, Sérgio Cruz. **Curso de Processo Civil**: Processo de Conhecimento. 6. ed. São Paulo: Revista dos Tribunais, 2007. v. 2. p. 142.

A ausência de autodeclinação do impedimento constitui falta disciplinar grave. Omitindo-se o agente, qualquer interessado poderá requerer sua declaração. Na hipótese — impensável, mas eventualmente registrável — de indeferimento do pedido, ao recurso interposto terá de ser atribuído, em contrário, mesmo, à regra geral, efeito suspensivo (parágrafo único do art. 61 da Lei 9.784, de 1999). Ainda quando intempestiva seja a manifestação recursal em questão a Administração não se poderá quedar inerte, cabendo-lhe, de ofício, rever a decisão do agente impedido (§2º do art. 63 da Lei 9.784, de 1999).[21]

Ao lado disso, poderia se cogitar no reconhecimento da suspeição de servidor ou autoridade quando configurada hipótese de amizade íntima ou inimizade notória prevista no artigo 20 da Lei nº 9.784/99. Isso porque o instituto da suspeição, da mesma forma que o impedimento, tem por postulado fundamental a impessoalidade e a imparcialidade do servidor público e por consequência a anulação de todos os atos praticados pelo servidor suspeito e demais atos dele consequentes. Nesse sentido, o Tribunal Regional Federal da 4ª Região já deixou claro que demonstrada a suspeição do perito, impõe-se a anulação do processo a partir da perícia, que, no caso de processo administrativo de desapropriação corresponderia ao momento de vistoria do imóvel:

> PROCESSUAL CIVIL. PREVIDENCIÁRIO. APOSENTADORIA POR INVALIDEZ OU AUXÍLIO-DOENÇA. NULIDADE DA PERÍCIA. 1. Os motivos de impedimento e de suspeição previstos nos artigos 134 e 135 aplicam-se também aos peritos (inciso III, art. 138 do CPC). 2. Demonstrada a suspeição do perito, impõe-se a anulação do processo a partir da perícia. (TRF4 – Apelação Cível nº 0018274-87.2010.404.9999/ SC, Relator Des. Federal Luís Alberto d'Azevedo Aurvalle, Publicado em 28.07.2011).

7 A possibilidade de exercício pleno do direito de propriedade para fins de divisão do imóvel

Em 27.11.2008, no julgamento do Mandado de Segurança nº 24.890/DF, o Supremo Tribunal Federal, seguindo o voto condutor da Ministra Relatora Ellen Gracie, assentou o entendimento,[22] já constante

---

[21] FERRAZ, Sérgio; DALLARI, Adilson Abreu. **Processo Administrativo**..., p. 107-108.

[22] Ressalte-se que, até então, havia decisões em sentido contrário que restaram superadas pelo novo entendimento: "Reforma agrária: desapropriação: imóvel desmembrado, passados mais de seis meses da vistoria, em duas glebas rurais médias, doadas, cada uma, às

em outros precedentes, de que "a divisão do imóvel rural, decorridos mais de seis meses da data da comunicação para levantamento de dados e informações, mas antes do decreto presidencial, em frações que configurem médias propriedades impede a desapropriação para fins de reforma agrária". Os citados precedentes restam assim ementados:

MANDADO DE SEGURANÇA. DESAPROPRIAÇÃO POR INTERESSE SOCIAL PARA FINS DE REFORMA AGRÁRIA. DESMEMBRAMENTO DO IMÓVEL APÓS SEIS MESES DA DATA DA COMUNICAÇÃO PARA LEVANTAMENTO DE DADOS E INFORMAÇÕES. DIVISÃO DO IMÓVEL ANTES DA EDIÇÃO DO DECRETO PRESIDENCIAL. IMPEDIMENTO À DESAPROPRIAÇÃO. LEI 8.629/93, ARTIGO 2º, PARÁGRAFO 4º CONSTITUIÇÃO FEDERAL, ARTIGO 185, INCISO I. 1. A divisão de imóvel rural, em frações que configurem médias propriedades rurais, decorridos mais de seis meses da data da comunicação para levantamento de dados e informações, mas antes da edição do Decreto Presidencial, impede a desapropriação para fins de reforma agrária. 2. Não-incidência, na espécie, do que dispõe o parágrafo 4º do artigo 2º da Lei 8.629/93. 3. Existência de precedentes. 4. Segurança concedida. (STF. Tribunal Pleno, MS nº 24.890 DF, Relator(a) Ellen Gracie, Data de Julgamento: 27.11.2008, Data de Publicação: DJe-030, Divulg. 12.02.2009 Public. 13-02-2009, Ement. VOL-02348-02 PP-00248)

EMENTA: Mandado de segurança. Desapropriação para fins de reforma agrária. – A questão da produtividade do imóvel se situa no terreno dos fatos controvertidos, não dando margem, assim, a ser dirimida em mandado de segurança. – Improcedência da alegação de falta de notificação prévia para a vistoria do imóvel. – Esta Corte tem se orientado no sentido de que, se do desdobramento do imóvel, ainda que ocorrido durante a fase administrativa do procedimento expropriatório, resultarem glebas, objeto de matrícula e registro próprios, que se caracterizam como médias propriedades rurais, e desde que seu proprietário não possua outra, não será possível sua desapropriação-sanção para fins de reforma agrária. É o que sucede, no caso, em virtude de doação a filhos como adiantamento de legítima. Impossibilidade de em mandado de segurança se desconstituir o registro pelo exame da ocorrência, ou não, de simulação ou de fraude. Mandado de segurança deferido. (STF. Tribunal Pleno, MS nº 22.591, Relator Min. Moreira Alves, julgado em 20.08.1997, DJ, 14.11.2003 PP-00014 Ement VOL-02132-13 PP-02514)

EMENTA – REFORMA AGRÁRIA – DESAPROPRIAÇÃO-SANÇÃO (CF, ART. 184) – MÉDIA PROPRIEDADE RURAL (CF, ART. 185, I)

---

duas filhas do expropriado; desapropriação inadmissível (CF, art. 185, I, c/c L. 8.629/93, art. 2º, §4º. Cf. MPr nº 2.183/01): MS concedido CF185 I86 292º §4º CF". (STF. Tribunal Pleno, MS nº 24.171 DF, Relator Sepúlveda Pertence, Data de Julgamento: 19.08.2003, Data de Publicação: DJ, 12.09.2003, p. 29).

– LEI Nº 8.629/93 – ÁREA RESULTANTE DE DIVISÃO AMIGÁVEL – INEXPROPRIABILIDADE – IRRELEVÂNCIA DE SER, OU NÃO, IMPRODUTIVO O IMÓVEL RURAL – PROVA NEGATIVA DE OUTRO DOMÍNIO RURAL – ÔNUS QUE INCUMBE AO PODER EXPRO-PRIANTE – SISTEMA NACIONAL DE CADASTRO RURAL – DIVISÃO DO BEM COMUM – DIREITO DO CONDÔMINO – POSSIBILIDADE DO EXERCÍCIO DESSE DIREITO A QUALQUER TEMPO (CC, ART. 629) – ALEGAÇÃO DE FRAUDE OU DE SIMULAÇÃO DEDUZIDA PELO PRESIDENTE DA REPÚBLICA – NECESSIDADE DE SUA COMPROVAÇÃO – INEXISTÊNCIA DE DILAÇÃO PROBATÓRIA EM PROCESSO DE MANDADO DE SEGURANÇA – EFICÁCIA DO REGISTRO IMOBILIÁRIO (LRP, ART. 252) – PRESUNÇÃO *JURIS TANTUM* DO ATO REGISTRAL QUE MILITA EM FAVOR DO *DOMI-NUS* – DECLARAÇÃO EXPROPRIATÓRIA QUE OFENDE A ORDEM JURÍDICO-CONSTITUCIONAL – MANDADO DE SEGURANÇA DEFERIDO. – A pequena e a média propriedades rurais, ainda que improdutivas, não estão sujeitas ao poder expropriatório da União Federal, em tema de reforma agrária, em face da cláusula de inexpro-priabilidade que deriva do art. 185, I, da Constituição da República. A incidência dessa norma constitucional não depende, para efeito de sua aplicabilidade, da cumulativa satisfação dos pressupostos nela referidos (dimensão territorial do imóvel ou grau adequado de produtividade fundiária). Basta que qualquer desses requisitos se verifique para que a imunidade objetiva prevista no art. 185 da Constituição atue ple-namente, em ordem a pré-excluir a possibilidade jurídica de a União Federal valer-se do instrumento extraordinário da desapropriação-sanção. – A prova negativa do domínio a que se refere a cláusula final do inciso I do art. 185 da Constituição não incumbe ao proprietário que sofre a ação expropriatória da União Federal. O onus probandi, em tal situação, compete ao poder expropriante, que dispõe, para esse efeito, de amplo acervo informativo ministrado pelos dados constantes do Sistema Nacional de Cadastro Rural mantido pelo INCRA. – A divisão do imóvel rural, por constituir direito assegurado ao condômino pelo ordenamento positivo, pode ocorrer mesmo quando já iniciada a fase administrativa do procedimento expropriatório instaurado para fins de reforma agrária. Se, da divisão do imóvel, resultarem glebas que, objeto de matrícula e registro próprios, venham a qualificar-se como médias propriedades rurais, tornar-se-á impossível a desapropriação-sanção prevista no art. 184 da Carta Política. Sendo assim, não se reveste de legitimidade jurídico-constitucional a declaração expropriatória do Presidente da República veiculada em decreto publicado em momento posterior ao do registro do título consubstanciador do ato de divisão do imóvel rural. – A alegação governamental de que essa divisão do imóvel rural, por frustrar a execução do projeto de reforma agrária, qualificar-se-ia como ato caracterizador de fraude ou de simulação — que constituem vícios jurídicos que não se presumem — reclama dilação probatória incomportável na via sumaríssima do mandado de segurança. O argumento que imputa conduta maliciosa ao particular que sofre a expropriação-sanção não pode prevalecer contra a eficácia jurídico-real que deriva da norma inscrita no art. 252 da Lei dos Registros Públicos. Doutrina e jurisprudência. (STF. Tribunal Pleno, MS nº 21.919, Relator Min. Celso de Mello, julgado em 22.09.1994, *DJ*, 06.06.1997 PP-24872 EMENT VOL-01872-02 PP-00321)

O entendimento consolidado pelo Supremo Tribunal Federal no MS nº 24.890 foi de que, depois de seis meses da comunicação preliminar da realização da vistoria (art. 2º, §4º, da Lei nº 8.629/93), poderá o dono do imóvel rural exercer plenamente seus direitos de propriedade sobre o imóvel, inclusive desmembrando ou dividindo sua propriedade com o objetivo de originar outras médias propriedades rurais. Se a divisão da propriedade se realizar antes da edição do decreto presidencial expropriatório e as novas propriedades forem registradas em nome de pessoa que não possua outra propriedade rural, a desapropriação do imóvel não é mais possível, visto que a pequena e a média propriedade rural, ainda que improdutivas, não estão sujeitas à desapropriação para fins de reforma agrária, por força da cláusula de inexpropriabilidade que deriva do art. 185, I, da Constituição.

As considerações complementares do voto-vista do Ministro Carlos Ayres Britto também merecem ser consideradas. Inicialmente o ministro considerou que no julgamento do MS nº 24.573 prevaleceu o entendimento do Ministro Eros Grau de que "o conceito de imóvel rural do art. 4º, I, do Estatuto da Terra, contempla a unidade da exploração econômica do prédio rústico, distanciando-se da noção de propriedade rural", assim "o registro público prevalece nos estritos termos de seu conteúdo, revestido de presunção *iuris tantum*".

Assim, com fundamento nesse precedente, o Ministro Ayres Britto decidiu que o que importa é saber se a unidade de exploração econômica manteve-se inalterada com o desmembramento ou divisão da grande propriedade em médias propriedades rurais. Com efeito, o registro imobiliário da transação comercial após o prazo legal de 6 meses da comunicação produz presunção *juris tantum* da divisão da propriedade em unidades de exploração econômica diversa. Contudo, por se tratar de uma presunção relativa o INCRA poderia produzir prova em contrário no sentido da continuidade da unidade da exploração econômica (através de novo laudo de vistoria, por exemplo). Se a unidade de exploração econômica manteve-se conjugada mesmo após a divisão da propriedade, o óbice à desapropriação para fins de reforma agrária restaria superado e a desapropriação pelo Poder Público federal figuraria possível.

Por fim, convém demonstrar, a título de exemplo, que os Tribunais Regionais Federais vem referendando o entendimento consolidado nos citados precedentes do Supremo Tribunal Federal acerca da possibilidade de desmembramento da propriedade rural após o decurso de mais de seis meses da data da vistoria preliminar, sem a edição do decreto expropriatório. Nesse sentido, citam-se recentes julgados, respectivamente, do Tribunal Regional Federal da 4ª e 5ª Região:

DESAPROPRIAÇÃO. REFORMA AGRÁRIA. DESMEMBRAMENTO DA PROPRIEDADE POSTERIOR AO PERÍODO DE SEIS MESES PREVISTO NA LEI 8.629/93. COMUNICADO AO INCRA ANTES DA EDIÇÃO DO DECRETO EXPROPRIATÓRIO. REGULARIDADE DO PROCEDIMENTO N. 8.6291. Hipótese de Apelação interposta contra sentença que julgou improcedente o pedido do Apelante ao fundamento de que desmembramento realizado pela ré respeitou o prazo legal de seis meses da data do início da vistoria preliminar do processo administrativo, não havendo que se falar em vício. 2. Nos termos do art. 2º, parágrafo 4º da Lei nº 8.629/93, no período de seis meses contados da vistoria preliminar realizada pelo INCRA, qualquer alteração na estrutura do imóvel é ineficaz em relação ao procedimento expropriatório. O Supremo Tribunal Federal já se manifestou diversas vezes acerca da possibilidade de desmembramento e doação da propriedade vistoriada pelo INCRA, após o prazo de seis meses estabelecido legalmente, uma vez que se tratando de limitação ao direito constitucional de propriedade, deve a norma ser interpretada restritivamente. Precedentes. 4. No caso dos autos, a Apelada recebeu a notificação da referida vistoria em março/2002 e, em dezembro/2002, procedeu ao desmembramento e doação do imóvel. O Decreto expropriatório foi editado em 26/02/2003. 5. Registre-se que não há que se falar em ausência de comunicação ao INCRA acerca do desmembramento da propriedade, tendo em conta que há provas nos autos de que a Apelada comunicou por escrito o ato em janeiro/2003, antes da publicação do decreto expropriatório 6. O desmembramento de imóvel rural, nos termos legais e segundo as conveniências do proprietário, antes do procedimento de desapropriação, não traduz fraude à Lei, revelando-se como exercício de um dos atributos inerentes ao domínio. 7. Prejudicado o pedido de isenção do pagamento de custas processuais, em face da sentença não ter condenado o autor ao seu pagamento, nos termos da Lei nº 9.289/96. 8. Apelação não provida. (TRF4. Segunda Turma, Apelação Cível nº 414.879 AL nº 0002982-62.2003.4.05.8000, Relator: Desembargador Federal Francisco Barros Dias, Data de Julgamento: 01.12.2009, Data de Publicação: Fonte: Diário da Justiça Eletrônico – Data: 14.01.2010 – Página: 170 – Ano: 2010)

ADMINISTRATIVO. REMESSA OBRIGATÓRIA E APELAÇÃO DO INCRA. DIREITO AGRÁRIO. DESAPROPRIAÇÃO PARA FINS DE REFORMA AGRÁRIA. DESMEMBRAMENTO DE IMÓVEL RURAL APÓS O PRAZO LEGAL. POSSIBILIDADE. CONVERSÃO EM DESAPROPRIAÇÃO POR UTILIDADE PÚBLICA. FALTA DE COMPROVAÇÃO DOS PRESSUPOSTOS FÁTICOS. IMPOSSIBILIDADE. HONORÁRIOS ADVOCATÍCIOS. 1. A limitação imposta ao direito de propriedade proveniente da notificação para fins de reforma agrária tem como prazo legal até seis meses após a data da comunicação para levantamento de dados e informações, nos termos do art. 2º, parágrafo 4º, da Medida Provisória nº 2.183/56, de 24/08/2001. 2. É possível o desmembramento da propriedade rural após o decurso de mais de seis meses da data da vistoria preliminar, sem a edição do decreto expropriatório. 3. Impossível a conversão em desapropriação por utilidade pública sem que a entidade desapropriante comprove os pressupostos fáticos da medida. 4. Os honorários advocatícios devem se adequar aos termos do artigo 27, parágrafo 1º, do Decreto-Lei nº 3.365/41, razão pela qual devem ser reduzidos para o percentual de 0,3% sobre a diferença entre a oferta e o valor da indenização. Precedentes do REsp 713.145/PE" REsp 713.145/ PE" STJ: REsp nº 713.145/PE, Rel. Min. Luiz Fux, DJ, 03.03.2008; RESP nº 1055709/SE, Rel. Min. Francisco Falcão, DJE, de 01/10/2008; REsp nº 685.201/MT, Rel. Min. Denise Arruda, DJ de 24.04.2006. 5. Remessa Obrigatória e Apelação do INCRA parcialmente providas. REsp nº 713.145/PE REsp nº 713.145/PE (TRF5, Segunda Turma, Apelação Cível 438902 AL 0010898-50.2003.4.05.8000, Relator: Desembargador Federal Francisco Barros Dias, Data de Julgamento: 20.10.2009, Data de Publicação. *Diário da Justiça Eletrônico* 12.11.2009 – Página: 528 – nº 48 – 2009)

8 Conclusões

Em primeiro lugar, observou-se que são recorrentes as violações ao dever de motivação explícita das decisões administrativas, seja pela absoluta ausência de fundamentação, seja pela simples desconsideração (sem justificação) dos argumentos e justificativas apresentadas pelos proprietários em suas defesas administrativas. Demonstrou-se, contudo, que a motivação da decisão administrativa que proceda à classificação fundiária do imóvel é um dever da Superintendência do INCRA, e deve ser feita de maneira clara, explícita e congruente, comunicando-se de maneira formal o particular, a fim de que este possa efetivamente manifestar-se e produzir provas que evidenciem a incorreção da classificação fundiária adotada.

Em segundo lugar, demonstrou-se que, ressalvados os atos que importem em *irrelevante defeito de formalidade*, a arguição de vícios em recurso administrativo pelo particular constitui barreira ao dever de convalidar, principalmente se tiverem ocorrido nos procedimentos de vistoria e elaboração do Laudo Agronômico de Fiscalização, porquanto os vícios ocorridos nessa fase afetam diretamente a avaliação da dimensão e das condições de uso do imóvel e, portanto, a própria classificação fundiária do imóvel. E se o ato não comporta convalidação, a invalidação será obrigatória, em decorrência do dever de obediência à ordem jurídica e restauração da ilegalidade ao qual a Administração Pública está vinculada.

Em terceiro lugar, contudo, relacionado com o tópico anterior, ressaltou-se que o Supremo Tribunal Federal firmou entendimento no Mandado de Segurança nº 24.890/DF de que não seria razoável impor ao proprietário rural uma restrição eterna a seu direito de propriedade. Por essa razão, superando o decidido no MS nº 25.016/DF, deve-se considerar que quando a condução irregular ou até mesmo ilícita dos processos administrativos de desapropriação pelos próprios servidores do INCRA impõem excepcional demora em seu trâmite (mais de anos), as modificações realizadas nesse imóvel — quanto ao domínio, à dimensão e às condições de uso, após seis meses da notificação da vistoria — devem ser levadas em consideração para a reclassificação fundiária da propriedade, sob pena de violação direta dos princípios da proporcionalidade e da razoabilidade e flagrante desvio da finalidade do Laudo, o qual deve refletir as reais condições de uso do imóvel.

Seria deveras desproporcional e não razoável que mais de anos de investimentos na propriedade, após decorrido o prazo legal de 6 meses da comunicação da vistoria, fossem simplesmente desconsiderados pela Superintendência do INCRA para fins de classificação fundiária. Nesses casos, será de rigor a anulação da vistoria existente e a realização de uma nova vistoria e respectivo LAF, que demonstrem de maneira idônea as reais condições de uso do imóvel.

Em quarto lugar, deve-se esclarecer que os institutos do impedimento e da suspeição não se confundem com o instituto da presunção da inocência e têm por postulado fundamental a impessoalidade e a imparcialidade do servidor público. Nessas situações, a própria lei toma por certa a parcialidade do julgador a fim de prevenir a ocorrência de vícios graves, como no caso de instauração de procedimento administrativo disciplinar ou até mesmo ação penal para apurar a prática de supostos ilícitos ocorridos em procedimentos de vistoria e na elaboração do respectivo Laudo Agronômico de Fiscalização, quando fica evidente o "interesse indireto na matéria" do respectivo servidor. Aqui, a consequência necessária será a anulação de todos os atos praticados pelo servidor e demais atos dele decorrentes.

Por fim, o Supremo Tribunal Federal no Mandado de Segurança nº 24.890/DF, julgado em 27.11.2008, ratificou o entendimento da Corte de que "a divisão do imóvel rural, decorridos mais de seis meses da data da comunicação para levantamento de dados e informações, mas antes do decreto presidencial, em frações que configurem médias propriedades, impede a desapropriação para fins de reforma agrária", pois a pequena e a média propriedade rural, ainda que improdutivas, não estão sujeitas à desapropriação, por força da cláusula de inexpropriabilidade que deriva do art. 185, I, da Constituição. Para esse fim, o registro imobiliário da transação comercial após o prazo legal de 6 meses da comunicação produz presunção *juris tantum* da divisão da propriedade em unidades de exploração econômica diversa.

Do exposto, depreende-se que nos processos administrativos de desapropriação para fins de reforma agrária as principais violações à garantia constitucional da plenitude de defesa decorrem da inobservância das normas atinentes ao devido processo legal, que exige que seja assegurado aos interessados o contraditório e ampla defesa, e que suas defesas administrativas sejam consideradas e devidamente respondidas. Do contrário, a plenitude de defesa não estará sendo levada a sério na fase administrativa e o Judiciário continuará sendo abarrotado por medidas de urgência com o objetivo de corrigir ilegalidades administrativas.

Referências

BANDEIRA DE MELLO, Celso Antônio. **Curso de direito administrativo**. 19 ed. São Paulo: Malheiros, 2005.

BARROS, Suzana de Toledo. **O princípio da proporcionalidade e o controle de constitucionalidade das leis restritivas de direitos fundamentais**. 2. ed. Brasília: Brasília Jurídica, 2000.

CUNHA, Leonardo Carneiro da. **A Fazenda Pública em Juízo**. 9. ed. São Paulo: Dialética, 2011.

FERRAZ, Sérgio; DALLARI, Adilson Abreu. **Processo Administrativo**. São Paulo: Malheiros, 2002.

MARINONI, Luiz Guilherme, ARENHART, Sérgio. **Curso de Processo Civil**: Procedimentos Especiais., São Paulo: Revista dos Tribunais, 2010. v. 5.

_____. **Curso de Processo Civil**: Processo de Conhecimento. 6. ed. São Paulo: Revista dos Tribunais, 2007. v. 2.

SILVA, Ovídio Baptista da. A "plenitude de defesa" no processo civil. In: **Da Sentença Liminar à Nulidade da Sentença**. Rio de Janeiro: Forense, 2001.

SUNDFELD, Carlos Ari. **Ato Administrativo Inválido**. São Paulo: Revista dos Tribunais, 1990.

ZANCANER, Weida. **Da convalidação e da invalidação dos atos administrativos**. 2. ed. São Paulo: Malheiros, 1996.

Informação bibliográfica deste texto, conforme a NBR 6023:2002 da Associação Brasileira de Normas Técnicas (ABNT):

ORTOLAN, Marcelo Augusto Biehl. Realização eficiente do processo administrativo de desapropriação para reforma agrária: suas nulidades e mecanismos de correção. *In*: GONÇALVES, Guilherme de Salles; GABARDO, Emerson (Coord.). *Direito da Infraestrutura*: temas de organização do Estado, serviços públicos e intervenção administrativa. Belo Horizonte: Fórum, 2012. p. 223-248. ISBN: 978-85-7700-633-5.

A AUTORIZAÇÃO PARA EXECUÇÃO DOS SERVIÇOS DE RTV E RPTV E A NOVA REGULAMENTAÇÃO DO SEU PROCEDIMENTO DE OUTORGA

MARCELO AUGUSTO BIEHL ORTOLAN

IGGOR GOMES ROCHA

1 Introdução

Preliminarmente, convém esclarecer que emissoras de televisão como a Globo, TV SBT, Rede Record etc. são concessionárias do serviço de radiodifusão de sons e imagens. Como estações geradoras, essas concessionárias são responsáveis pela produção do conteúdo da programação básica, que são transmitidas por ondas através do espectro de radiofrequência.

Contudo, a área de cobertura de uma estação geradora de televisão é limitada. A fim de expandir a área de cobertura das estações geradoras faz-se necessário a existência dos chamados *serviços ancilares* ao serviço de radiodifusão de sons e imagens, que permite que terceiros autorizados *retransmitam* ou *repitam* os sinais de televisão gerados por uma regular exploradora do serviço de radiodifusão de sons e imagens.

Os proprietários das retransmissoras são, via de regra, a própria geradora de televisão, com o objetivo de aumentar sua área de cobertura, e os municípios, com o objetivo de oferecer determinada

250 | GUILHERME DE SALLES GONÇALVES, EMERSON GABARDO (COORD.)
DIREITO DA INFRAESTRUTURA

programação à sua população. Contudo, nada impede que particulares também sejam donos de estações de retransmissão de sinais de televisão, o que pressupõe a existência de contrato privado com uma emissora geradora.[1]

Ocorre que o espectro de radiofrequência é recurso escasso e limitado, pois o seu uso simultâneo em uma mesma área geográfica provoca interferência que prejudica ou até mesmo impossibilita a prestação do serviço de radiodifusão, conforme explica Guilherme L. Costa:

> A razão de o legislador ter caracterizado o espectro de radiofreqüências como recurso limitado ou "escasso" consiste na possibilidade do uso simultâneo de uma mesma faixa de radiofreqüência, numa mesma área geográfica, resultar em interferência prejudicial, o que impossibilita ou prejudica a transmissão, emissão ou recepção dos sinais. Além disso, do ponto de vista das aplicações, *existem faixas de radiofreqüência preferidas em detrimento de outras, outro motivo pelo qual as tornam um recurso escasso para o atendimento de todos os interessados em explorá-las.*[2] (destacou-se)

Assim, a União, utilizando-se de sua competência privativa para legislar sobre Direito das Telecomunicações (art. 22, IV, CF), promulgou a Lei nº 9.472, de 16 de julho de 1997 (Lei Geral das Telecomunicações – LGT), que atribuiu ao Executivo Federal, com base nos estudos do Ministério das Comunicações (doravante apenas MiniCom), aprovar, por meio de decreto, o Plano Geral de Outorga de Serviços de Telecomunicações e regulamentar o procedimento de outorga dos serviços. Por sua vez, incumbiu à ANATEL a regulação da utilização eficiente e adequada do espectro, conforme se depreende dos seguintes dispositivos da LGT:

> Art. 18. Cabe ao Poder Executivo, observadas as disposições desta Lei, por meio de decreto: II - aprovar o plano geral de outorgas de serviço prestado no regime público; [...]
>
> Art. 157. O espectro de radiofreqüências é um *recurso limitado*, constituindo-se em bem público, administrado pela Agência. [...] (destacou-se)

---

[1] "Decreto nº 5.371/05. Art. 8º Os Serviços de RTV e de RpTV poderão ser executados diretamente pela União ou indiretamente, mediante autorização, pelas seguintes pessoas jurídicas de direito público e privado:"

[2] COSTA, Guilherme L. Administração e uso do espectro de radiofreqüências no Brasil. **Revista de Direito de Informática e Telecomunicações – RDIT**, Belo Horizonte, v. 1, n. 1, p. 59-68, jul./dez. 2006. p. 59-60.

Art. 160. A Agência *regulará a utilização eficiente e adequada do espectro*, podendo restringir o emprego de determinadas radiofreqüências ou faixas, considerado o interesse público. (destacou-se)

2 Aspectos gerais dos serviços de retransmissão e repetição de televisão, ancilares ao serviço de radiodifusão de sons e imagens

Especificamente, no que atine aos serviços ancilares de retransmissão e repetição de televisão, deve-se destacar que em 17 de fevereiro de 2005 foi aprovado o Decreto nº 5.371/05, que aprovou o regulamento desses serviços. Em suas disposições, regulamentou o processo administrativo de outorga da autorização (Capítulo V), bem como os requisitos para o funcionamento das estações (Capítulo VII), para a execução dos serviços (Capítulo VIII), transferência da autorização (Capítulo IX), além de estabelecer as infrações e penalidades por seu descumprimento (Capítulo X).

Sobre o regime de competências para regulação e fiscalização desses serviços ancilares de radiodifusão, convém destacar que o artigo 4º do Decreto nº 5.371/05 estabelece ao MiniCom a competência para: (i) formular as normas complementares dos serviços de RTV e de RpTV; (ii) outorgar autorização para a execução dos serviços de RTV e de RpTV; (iii) aprovar projetos de locais de instalação e de uso de equipamentos de estações de RTV e RpTV; (iv) expedir as respectivas licenças para funcionamento; (v) fiscalizar, no que se refere ao conteúdo da programação, a execução do serviço de RTV em todo o território nacional, no que diz respeito à observância das disposições legais, regulamentares e normativas aplicáveis ao serviço; e (vi) instaurar procedimento administrativo para apurar infrações de qualquer natureza referentes aos serviços de RTV e RpTV e impor as sanções cabíveis.

Sucessivamente, no artigo 5º, fixa a competência da ANATEL para: elaborar e manter atualizado o (i) Plano Básico de Distribuição de Canais de Retransmissão de Televisão (PBRTV); (ii) outorgar as autorizações de uso de radiofrequências dos serviços de RTV e de RpTV, e (iii) fiscalizar, quanto aos aspectos técnicos, as estações dos serviços de RTV e de RpTV.

Assim, uma vez esclarecidos aspectos gerais dos serviços de retransmissão e repetição de televisão, bem como as competências para sua regulamentação, outorga e fiscalização, passa-se a distinguir as características específicas e distintivas dos serviços de RTV e RpTV.

3 Características dos serviços de RTV e RpTV

Nos termos do artigo 12 do Decreto nº 5.371/05, o serviço de RTV para retransmissão de sinais provenientes de estação geradora de televisão comercial, educativa ou explorada diretamente pela União somente será autorizado para localidades onde não haja concessionária ou autorizada do Serviço de Radiodifusão de Sons e Imagens de mesma programação básica ou autorizada para execução do serviço de RTV de mesma programação básica (que se trata da programação comum entre as estações geradoras de uma mesma rede – art. 6º, VIII).

Assim, devem ser distinguidas as geradoras, repetidoras (RpTV) e retransmissoras (RTV) de televisão. A primeira é a estação autorizada a realizar emissões de programas que tem origem em seus próprios estúdios, enquanto as retransmissoras e repetidoras somente podem, como é intuitivo, retransmitir ou repetir, para a localidade onde foi autorizada a explorar o serviço de RTV ou RpTV, a programação elaborada por uma geradora (do mesmo grupo ou não), desde que não haja na área outra geradora com a mesma programação básica da geradora cedente dos sinais ou outra retransmissora veiculando a mesma programação básica. Em outros termos, na lição de Marcelo Bechara de Souza Hobaika e Ricardo Capucio Borges, os serviços de retransmissão e repetição de sinais de televisão vêm possibilitar que os sinais das estações geradoras sejam recebidos em locais por eles não diretamente atingidos ou atingidos em condições técnicas inadequadas.[3]

Para fins de distinção mais precisa, tem-se que a retransmissão de TV, é serviço destinado a retransmitir de forma simultânea, ou não simultânea, os sinais de uma estação geradora de televisão, para recepção livre e gratuita pelo público em geral (art. 1º do Decreto nº 5.371/05), cuja finalidade principal é expandir a área de cobertura da estação geradora de televisão. Tal serviço é dividido em RTV Primária, na qual o autorizado tem direito à proteção contra interferências de outras estações e o canal está previsto no plano básico, e RTV Secundária, quando não se tem direito à proteção contra interferência.

O Serviço de Repetição de Televisão (RpTV) é aquele que se destina ao transporte de sinais de sons e imagens oriundos de uma estação geradora de televisão para outras estações repetidoras ou retransmissoras ou, ainda, para outra estação geradora de televisão, cuja programação pertença à mesma rede (art. 2º do Decreto nº 5.371/05).

---

[3] HOBAIKA, Marcelo Bechara de Souza; BORGES, Ricardo Capucio. **Radiodifusão e TV digital no Direito brasileiro**. Belo Horizonte: Fórum, 2007. p. 44-46.

Na prática a distinção é simples, a estação de repetição (RpTV) destina-se a transmitir o sinal de uma estação geradora para fora de sua área de cobertura, enquanto a estação de retransmissão (RTV) transforma esse sinal tornando-o receptível pelo público de uma determinada localidade.

4 A autorização para execução dos serviços de RTV e RpTV

Tanto os serviços de retransmissão quanto os de repetição de sinais de televisão são prestados após a outorga de autorização pelo Ministério das Comunicações, com prazo indeterminado e caráter precário. De acordo com as disposições do Decreto nº 5.371/05, a autorização, para ser concedida, deve ser precedida de requerimento específico ao Ministério das Comunicações, instruído com a documentação estabelecida em norma complementar, que realizará consulta pública a fim de verificar o interesse da população da localidade:

Art. 9º A autorização para a execução dos Serviços de RTV e de RpTV será outorgada em caráter precário, por prazo indeterminado, não cabendo ao Poder concedente pagar indenização de qualquer espécie, quando de sua extinção. Parágrafo único. A extinção, a qualquer título, da autorização para executar Serviços de RTV e de RpTV dar-se-á mediante ato justificado, garantidos o contraditório e a ampla defesa.

Art. 13. As pessoas jurídicas interessadas em obter autorização para executar Serviços de RTV e de RpTV deverão apresentar ao Ministério das Comunicações requerimento nesse sentido, instruído com a documentação estabelecida em norma complementar.

Art. 14. Na autorização para execução do Serviço de RTV para retransmissão de sinais provenientes de estação geradora de televisão comercial ou educativa, em canal pertencente ao PBRTV, o Ministério das Comunicações, após consulta pública, observará, nas situações em que o número de pretendentes for superior ao da quantidade de canais disponíveis, o que for estabelecido em norma complementar.

Em complementação, ressalte-se que não será cabível indenização de qualquer espécie a ser paga pela Administração às pessoas jurídicas autorizadas, quando de sua extinção, que se pode dar, a qualquer título, mediante ato justificado, garantidos o contraditório e a ampla defesa. Observe-se que a autorização é considerada como "ato unilateral da Administração Pública, pelo qual se delega a particular, precariamente, em condições de demanda especial da coletividade, a execução de serviço público".[4]

A autorização para execução do serviço de RTV, bem como para a execução do serviço de RpTV, será formalizada mediante ato do Ministério das Comunicações, que providenciará a publicação, no Diário Oficial da União, do resumo do ato de autorização como condição indispensável à sua eficácia. Uma vez publicado o ato de autorização para execução do serviço, a Agência Nacional de Telecomunicações expedirá ato autorizando o uso da radiofrequência bem como a licença de funcionamento da estação retransmissora ou repetidora.

Além disso, o parágrafo único do artigo 19 estabelece que a autorização para uso de radiofrequência será outorgada a título oneroso, cabendo à ANATEL promover a cobrança do respectivo preço público, bem como providenciar a publicação, no Diário Oficial da União, do resumo do ato de autorização de uso de radiofrequência como condição indispensável à sua eficácia (art. 20).

De todo o dito, o aspecto crucial no estudo desses serviços diz respeito ao fato de que os sinais de televisão a serem retransmitidos são provenientes de estação geradora e somente serão autorizados para localidade onde não exista concessionária ou autorizada para execução do serviço de radiodifusão sons ou imagens de mesma programação básica ou autorizada do serviço de retransmissão também de mesma programação básica. Tal condicionante significa que se, eventualmente, passe a existir uma concessionária geradora na localidade, transmitindo a mesma programação, a retransmissora estará obrigada a cessar suas operações.

Isso porque a autorização para a execução do serviço de retransmissão é concedida em caráter *intuitu personae*, razão pela qual os serviços a serem executados pela autorizada vinculam-se a retransmissão de uma programação gerada por uma *estação geradora específica, em uma localidade específica*, que nada mais é do que uma característica derivada da obrigação de prestação pessoal do serviço. Nesse sentido, o Superior Tribunal de Justiça já assentou o caráter personalíssimo das outorgas de serviços de radiodifusão em julgados pretéritos:

[...] CARÁTER PERSONALÍSSIMO DAS LICITAÇÕES PARA A OUTORGA DE SERVIÇOS DE RADIODIFUSÃO As licitações especiais dos serviços de radiodifusão caracterizam-se pela nota da personalidade

---

[4] ROCHA, Cármen Lúcia Antunes. **Estudo sobre a concessão e permissão de serviço público no direito brasileiro.** São Paulo: Saraiva, 1996. p. 176.

nº 2.250/1997 (que regulamenta a vistoria em imóvel rural destinado a reforma agrária), razão pela qual o procedimento previsto deve respeitar as garantias previstas nesses diplomas legislativos.

Nos termos da atual Norma de Execução INCRA nº 95/2010, a Divisão de Obtenção de Terras da Superintendência Regional (SR) deve definir as áreas prioritárias de autuação com base em diagnóstico do atendimento da função social das propriedades rurais da região e a abertura do processo administrativo será formalizada a requerimento do Chefe da SR (art. 2º c/c art. 3º).

O início do devido processo legal ocorre com levantamento de dados e informações sobre a propriedade rural feito através do ingresso no imóvel para realização de vistoria de suas condições de uso, que deverá ser precedida pela emissão de comunicação prévia, com antecedência mínima de 3 (três) dias úteis, na qual conste o período estimado para ingresso no imóvel rural (art. 5º, §3º). Havendo mais de um proprietário, o prazo para o ingresso na propriedade particular será contado a partir da entrega da última comunicação (art. 5º, §4º). O procedimento da vistoria deverá atender as instruções constantes no Módulo II do Manual de Obtenção de Terras e Perícia Judicial do INCRA.

A emissão da comunicação prévia e a observância do prazo de ingresso é requisito fundamental para a regularidade processual e garantia da plenitude de defesa do proprietário, pois, assim, confere-se oportunidade real deste acompanhar o procedimento de vistoria, fazendo-se assessorar por técnicos especializados no ramo e de sua confiança, além de produzir provas que demonstrem a adequação à função social e produtividade de sua propriedade. Tanto assim que a jurisprudência do Supremo Tribunal Federal é firme em declarar a nulidade dos processos administrativos em que essas garantias não são observadas:

> Desapropriação. Interesse social. Reforma agrária. Imóvel rural. Levantamento de dados e informações. Vistoria. *Prévia comunicação escrita ao proprietário, preposto ou representante. Elemento essencial do devido processo legal (due process of law). Inobservância. Proprietária pessoalmente cientificada por ofício e aviso de recebimento sem menção da data em que foram recebidos. Notificação irregular e ineficaz.* Nulidade do decreto reconhecida. Ofensa a direito líquido e certo. Segurança concedida. Aplicação do art. 2º, §2º, da Lei nº 8.629/93, c/c. art. 5º, LIV, da CF [...] Para efeito do disposto no art. 2º, §2º, da Lei Federal nº 8.629, de 25 de fevereiro de 1993, com a redação da MP nº 1.577, de 11 de junho de 1997, reputa-se irregular e ineficaz a notificação recebida pelo proprietário, mas da qual não conste a data de recebimento. (STF. Plenário, MS nº 24.130, Rel. Min. Cezar Peluso,

Art. 1º A alteração da geradora cedente dos sinais de televisão que implique na repetição ou retransmissão de programação básica diversa daquela autorizada *depende de* anuência prévia do Ministério das Comunicações.

Art. 2º A alteração de que trata o art. 1º deverá atender aos interesses da comunidade beneficiada pelo serviço, podendo a pretensão ser submetida à consulta pública para manifestação dos usuários.

Art. 3º Esta portaria entra em vigor na data de sua publicação.

HÉLIO COSTA

Nos termos da Portaria, a alteração da entidade geradora cedente dos sinais de televisão, que implique a alteração da programação básica, só pode ser realizada mediante anuência prévia do Ministério das Comunicações, à vista do interesse da comunidade beneficiada pelo serviço. Recentemente, contudo, a Portaria MC nº 498, de 5 de dezembro de 2011, revogou a Portaria nº 768 de 2009, e trouxe novos requisitos para a alteração da geradora cedente da programação, cujos preceitos foram atualizados pela Portaria MC nº 561, de 22 de dezembro de 2011. De acordo com esta:

12.3. As pessoas jurídicas autorizadas a executar o Serviço de RTV poderão substituir a geradora constante do ato de outorga, somente após 2 (dois) anos de funcionamento ininterrupto da retransmissora, contados da data de expedição da Licença de Funcionamento. (NR)

12.3.1 a executante do serviço de retransmissão de televisão que porventura já tenha obtido autorização do Ministério das Comunicações para alterar a geradora cedente dos sinais de televisão, poderá requerer nova autorização desde que observado o prazo de 2 (dois) anos, contado da publicação do último ato que autorizou substituir a geradora e, assim, sucessivamente. (NR)

De acordo com as referidas portarias, as pessoas jurídicas autorizadas a executar o serviço de RTV poderiam substituir a geradora constante do ato de outorga, *somente após 2 (dois) anos de funcionamento ininterrupto da retransmissora,* contados da data de expedição da Licença de Funcionamento (item 12.3 – nova redação dada pela Portaria MC nº 561, de 22 de dezembro de 2011), e não antes disso.

Ocorre que ainda mais recentemente, após cerca de 6 meses de vigência das referidas Portarias MC nº 498/2011 e nº 561/2011, revogando expressamente as portarias anteriores. Isto é, em razão da sucessão de portarias, a ainda recente atualização da regulamentação da matéria da alteração da geradora cedente sofreu nova reforma.

Dentre as principais alterações, destacam-se a extinção dos requisitos de anuência prévia do Ministério e da *decorrência do prazo de 2 (dois) anos de funcionamento ininterrupto da retransmissora a partir do licenciamento* para o deferimento da alteração. Em verdade, pela nova regulamentação, a alteração da geradora cedente passou a ser um *ato homologatório* do Ministério, implementado previamente pelas retransmissoras que apenas colheram sua posterior homologação. Assim, todos os pedidos de alteração de geradora cedente já protocolados foram arquivados (art. 51) e passou-se a exigir tão somente a comunicação, dentro de 30 dias, ao MiniCom da alteração da geradora cedente, acompanhada de declaração de concordância para a captação dos sinais da nova geradora (art. 40 e Anexo VIII da nova Portaria), a ser homologada pelo Diretor do Departamento de Outorgas.

> Art. 40. As pessoas jurídicas autorizadas a executar o Serviço de RTV poderão substituir a geradora constante do ato de autorização, desde que o Ministério das Comunicações seja comunicado, no prazo de trinta dias, da alteração da geradora cedente de sua programação, mediante a apresentação da declaração de concordância para captação dos sinais, emitida pela nova geradora, na forma do Anexo VIII.
>
> Parágrafo único. Não serão permitidas as alterações para os casos em que a programação básica já esteja sendo retransmitida por outra entidade no município.
>
> Art. 41. A alteração da geradora cedente da programação básica será homologada por meio de ato do Diretor do Departamento de Outorgas de Serviços de Comunicação Eletrônica. [...]
>
> Art. 51. Os requerimentos para alteração de geradora postados ou protocolizados no Ministério das Comunicações até a data de publicação desta Portaria serão arquivados.
>
> Parágrafo único. Na hipótese do *caput*, persistindo o interesse na alteração, a pessoa jurídica autorizada deverá proceder nos termos do art. 40.

É elogiável a nova regulamentação de alteração da geradora cedente estabelecida pela Portaria MC nº 366/2012. Nota-se que o MiniCom, reconhecendo o enorme passivo represado de demandas por alteração de geradora cedente, prescreveu procedimento mais coerente com sua capacidade de análise e favorável às retransmissoras.

Isso porque, em razão de demora de mais de anos e da constante mudança das normas a respeito do assunto, muitas retransmissoras eram compelidas a se adiantarem à prévia anuência do MiniCom e promoverem, na prática, a alteração da geradora cedente dos seus sinais. Contudo, ao assim procederem, passavam para um cenário de "ilegalidade" perante aos olhos do MiniCom e da Anatel, contraditoriamente em razão da própria demora ou omissão de apreciação de seus pedidos, estando, inclusive, suscetíveis a aplicação de sanções. O art. 40 da Portaria MC nº 366/2012 veio em boa hora para suprir essa falha.

Por fim, destaque-se que a alteração da geradora cedente dos sinais difere da transferência da autorização para retransmissão dos sinais de televisão concedida pelo MiniCom a uma pessoa jurídica específica. Destaque-se que o Decreto nº 5.371/2005 veda expressamente que seja realizada transferência da autorização para execução de serviços de retransmissão de televisão que implique em mudança da programação básica.

De acordo com o Decreto, a transferência da autorização somente é permitida para a retransmissão da mesma programação básica (art. 37), que dependerá, ainda, de prévia anuência do Ministério das Comunicações (art. 38), sendo somente possível depois de dois anos de funcionamento consecutivo da retransmissora (art. 39). No texto do Decreto:

> Art. 37. *A transferência da autorização* para execução dos Serviços de RTV e de RpTV *somente é permitida entre pessoas jurídicas para retransmissão ou repetição da mesma programação básica.* (destacou-se)
>
> Parágrafo único. A transferência de que trata o caput poderá ser realizada entre pessoas jurídicas de direito privado e, observado o disposto no art. 11 deste Regulamento, entre estas e as pessoas jurídicas de direito público interno.
>
> Art. 38. A transferência da autorização para execução do Serviço de RTV e RpTV *depende de prévia anuência do Ministério das Comunicações,* devendo o requerimento correspondente ser instruído com a documentação prevista em norma complementar. (destacou-se)
>
> Art. 39. A transferência da autorização para execução do Serviço de RTV e RpTV *somente se dará após dois anos de funcionamento consecutivo da retransmissora,* contados da data de expedição da Licença para Funcionamento de Estação. (destacou-se)
>
> Art. 40. A transferência da autorização de uso de radiofreqüências para execução dos Serviços de RTV e de RpTV depende de anuência da Agência Nacional de Telecomunicações e somente será efetuada após a transferência da autorização da execução do Serviço.

Por sua vez, o Decreto nº 52.795, de 31 de outubro de 1963 (Regulamento dos Serviços de Radiodifusão) prevê a existência das modalidades de *transferência direta,* quando a concessão ou permissão é transferida de uma pessoa jurídica para outra, e de *transferência indireta,* quando a maioria das cotas ou ações representativas do capital é transferida de um para outro grupo de cotistas ou acionistas. *In verbis*:

Art. 89. As concessões e permissões poderão ser transferidas direta ou indiretamente.

§1º Dá-se a *transferência direta* quando a concessão ou permissão é transferida de uma pessoa jurídica para outra.

§2º Dá-se a *transferência indireta* quando a maioria das cotas ou ações representativas do capital é transferida de um para outro grupo de cotistas ou acionistas que passa a deter o mando da sociedade.

Adiante, os artigos 93 a 96, do Decreto nº 52.795/1963, trazem os demais requisitos para a efetivação da transferência, dentre os quais merece destaque a atribuição ao Presidente da República da competência para a decisão sobre os pedidos de transferência direta e indireta de concessão de serviços de radiodifusão de sons e imagens, que serão previamente instruídos pelo Ministério das Comunicações.

Pelo exposto, depreende-se que se a regra é que a autorização para execução dos serviços de retransmissão seja intransferível, justamente porque, como visto, os serviços de retransmissão a serem prestados pela autorizada são concedidos *intuitu personae*, ou seja, vinculados à veiculação da programação básica de uma estação geradora específica, em uma localidade específica. Apenas excepcionalmente abre-se a possibilidade de "transferência" dessa autorização, unicamente quando essa transferência não resultar na alteração da programação básica retransmitida. Do contrário estará a se realizar uma "transferência indireta" da autorização, o que se trata de uma conduta ilegal.

Corroborando o afirmado, observe-se que a jurisprudência pátria entende que a cessão de horário integral de programação, por si só, já configura transferência indireta de outorga de concessão. De mais a mais, quem não pode o menos (ceder um horário integral de programação) obviamente não poderá o mais (transferir toda sua programação):

> *HABEAS CORPUS.* TRANCAMENTO DA AÇÃO PENAL. *EMISSORA DE RADIODIFUSÃO. CESSÃO DE HORÁRIO INTEGRAL DE PROGRAMAÇÃO. TRANSFERÊNCIA INDIRETA DE OUTORGA DE CONCESSÃO.* DILAÇÃO PROBATÓRIA. IMPOSSIBILIDADE NA VIA ELEITA. 1. Em sede de habeas corpus só existe justa causa para o trancamento da ação penal quando patente a nulidade absoluta, a atipicidade ou a ausência de qualquer elemento indiciário configurador da autoria. *2. Em face da cessão integral de horário de programação, restaram configurados os elementos indiciários de transferência indireta da concessão.* 3. Incabível,

na via estreita do habeas corpus, a dilação probatória. 4. *Habeas corpus* denegado. (HC nº 200101000299779, Juíza Neuza Maria Alves da Silva (CONV.), TRF1 – QUARTA TURMA, 15.01.2002) (destacou-se)

A conclusão que se extrai é que a transferência da autorização para execução dos serviços de retransmissão que implique em concomitante alteração ilegal da programação básica retransmitida acarretará a extinção da autorização, por supressão do requisito indispensável a sua manutenção, qual seja, o caráter *intuitu personae* da autorização, outorgada única e exclusivamente para o fim de retransmissão da programação básica específica, em uma localidade específica.

Nesses casos, fazendo uso de sua competência privativa para gerir o serviço de telecomunicações (art. 21, XI, da Constituição), a União, através do Ministério das Comunicações, poderá declarar a extinção da autorização da retransmissora, retomando aquela faixa do espectro de radiofrequência ao Plano Geral de Outorgas, a fim de que novo processo de outorga da autorização possa ser realizado.

Note-se que, mesmo em situações menos graves, quando a autorizada realiza a transferência da autorização (e, portanto, com a retransmissão da mesma programação básica), mas sem anuência prévia do Ministério das Comunicações, o artigo 47 do Decreto nº 5.371/05 prevê expressamente a aplicação da pena de cassação, garantido o direito de defesa. Nos termos da lei:

Art. 47. *A pena de cassação* poderá ser aplicada quando a autorizada: [...]
III -*transferir a autorização sem anuência prévia do Ministério das Comunicações*; e (destacou-se)

Art. 48. Antes de decidir pela aplicação de quaisquer das penalidades previstas neste Regulamento, o Ministério das Comunicações notificará a autorizada para exercer o direito de defesa, no prazo consignado no ato de notificação, contado da data do seu recebimento.

6 Da necessidade de realização de concorrência simplificada para atribuição de nova autorização de RTV

Conforme já ressaltado, por se tratar de bem naturalmente escasso, a Constituição, em seu artigo 21, XI, atribuiu exclusivamente à União a titularidade do espectro de radiofrequência. Assim, um particular jamais poderá deter a frequência, seja pelo tempo que for, como seu senhor. Muito menos de maneira ilegal. Em sendo propriedade exclusiva da União, a frequência também não pode ser negociada, por isso, sua exploração por particulares somente poderá ser delegada pela União, mediante autorização, concessão ou permissão (artigo 21, XX, "a", da Constituição). Corroborando o afirmado, ensina a abalizada doutrina de Luciana Moraes Raso Sardinho Pinto que:

> A propriedade da freqüência é exclusiva da União, que administra o espectro radioelétrico. Por princípio, a freqüência é a propriedade exclusiva da União, que é a administradora do espectro radioelétrico, do espaço aéreo e terrestre onde transitam as ondas radioelétricas. Nesse sentido, a freqüência de radiodifusão não se configura propriamente um *bem*, nos termos do direito privado, especialmente por ser inegociável, não estando sujeito, ainda a arresto, sequestro ou penhora, tampouco poderá ser consignada em caução; a radiodifusão constitui serviços que não se submetem ao controle de tarifas públicas, ou seja, são serviços não tarifados; são outorgados *intuitu personae*, ou seja, *em razão de pessoas* que se propõem a executá-los, em nome da União.[6]

Assim, é redundante afirmar que a delegação do serviço público de radiodifusão a particulares somente poderá ser feita pela União e deverá respeitar os vários princípios constitucionais e legais estabelecidos para a delegação do serviço, o que não acontece no caso em análise.

Primeiramente, deve-se ressaltar que a Lei Geral das Telecomunicações (Lei nº 9.472, de 16 de julho de 1997) estabelece explicitamente que a exploração do serviço de telecomunicações no regime privado será baseada nos princípios constitucionais da atividade econômica. Reforçando os princípios da atividade econômica inscritos no artigo 170 da Constituição, a referida lei, em seus artigos 126 a 129, define que na exploração dos serviços de telecomunicação no regime privado deverão ser garantidos, dentre outros: a competição livre, ampla e justa; o respeito ao direito dos usuários; a isonomia de tratamento às prestadoras; o uso eficiente do espectro de radiofrequências. Além disso, estabelece que deverá ser reprimida toda prática prejudicial à competição, como o abuso do poder econômico. Nos termos da lei:

> Art. 126. A exploração de serviço de telecomunicações no regime privado será baseada nos *princípios constitucionais da atividade econômica.* (destacou-se)
>
> Art. 127. A disciplina da exploração dos serviços no regime privado terá por objetivo viabilizar o cumprimento das leis, em especial das

---

6 PINTO, Luciana Moraes Raso Sardinha. **Radiodifusão**: o controle estatal e social sobre suas outorgas. Belo Horizonte: Mandamentos, 2004. p. 113.

relativas às telecomunicações, à ordem econômica e aos direitos dos consumidores, destinando-se a garantir:

I - a diversidade de serviços, o incremento de sua oferta e sua qualidade;

II - *a competição livre, ampla e justa;*

III - *o respeito aos direitos dos usuários;*

IV - a convivência entre as modalidades de serviço e entre prestadoras em regime privado e público, observada a prevalência do interesse público;

V - o equilíbrio das relações entre prestadoras e usuários dos serviços;

VI - *a isonomia de tratamento às prestadoras;*

VII - *o uso eficiente do espectro de radiofreqüências;*

VIII - o cumprimento da função social do serviço de interesse coletivo, bem como dos encargos dela decorrentes;

IX - o desenvolvimento tecnológico e industrial do setor;

X - a permanente fiscalização. [...] (destacou-se)

Art. 129. O preço dos serviços será livre, ressalvado o disposto no §2º do art. 136 desta Lei, *reprimindo-se toda prática prejudicial à competição,* bem *como o abuso do poder econômico,* nos termos da legislação própria. (destacou-se)

Sobre o assunto, releva frisar que sempre haverá um direito subjetivo público em relação à Administração, quando uma norma jurídica não vise apenas a satisfação de um interesse público, mas também a proteção de interesses particulares, assim como fazem as referidas normas. Na balizada lição de Vasco Pereira da Silva, o indivíduo:

> é titular de um direito subjectivo em relação à Administração sempre que, de uma norma jurídica que não vise, apenas, à satisfação do interesse público, mas também à protecção dos interesses dos particulares, resulte uma situação de vantagem objectiva, concedida de forma intencional, ou ainda, quando dela resulte a concessão de um mero benefício de facto, decorrente de um direito fundamental.[7] (destacou-se)

Nessa linha, de acordo com a doutrina do administrativista francês Roger Bonnard, deve-se considerar "o direito subjetivo à legalidade dos atos administrativos, [...] [de modo que] a ofensa a esta

---

[7] SILVA, Vasco Pereira da. **Por um contencioso Administrativo dos Particulares**. Coimbra: Livraria Almedina, 1997. p. 112.

legalidade constitui não somente uma afronta ao direito objetivo, mas também uma infração a um direito subjetivo".[8] Com base nos princípios norteadores da outorga de serviços públicos, quando existir o interesse de mais de uma retransmissora pela obtenção da outorga da autorização de retransmissão de um canal em uma localidade específica entende-se seja necessário a realização de um procedimento de seleção que não precisará seguir as mesmas rígidas formalidades de um procedimento licitário comum, mas que poderá consistir em um procedimento simplificado de escolha, que garanta a livre concorrência e isonomia entre os interessados. A respeito da aplicabilidade da concorrência simplificada, preleciona Marçal Justen Filho que:

> Se a Administração pode escolher o particular, isso não significa autorizar escolhas meramente subjetivas. Deverá evidenciar que, nas circunstâncias, a contratação foi a melhor possível. Logo, deverão existir dados concretos acerca das condições de mercado, da capacitação do particular escolhido etc.
>
> Não é raro que esse procedimento prévio à contratação se exteriorize como uma *concorrência simplificada*. Para evitar dúvida acerca da seriedade de sua atuação, a Administração não promove concorrência, mas abre oportunidade para todos os potenciais interessados participarem de uma seleção. Nada de estranho existe em tais hipóteses. Nem se poderia afirmar que os "prazos" e "formalidades" previstos na lei para a concorrência não foram respeitados. Não se trata de uma efetiva concorrência, mas de um procedimento administrativo de seleção de interessados, em que as formalidades são fixadas segundo a competência discricionária da Administração.[9] (destacou-se)

Nesse sentido, considerando que o processo de outorga de autorização para retransmissão afeta toda a comunidade de uma localidade e que várias prestadoras dos serviços de televisão poderão concorrer entre si pelo uso do espectro de radiofrequências (bem naturalmente escasso), o processo de seleção deverá ser realizado da maneira mais abrangente possível, podendo realizar-se na forma de uma consulta pública junto ao sítio eletrônico da Anatel, desde que se

---

[8] BONNARD, Roger. **Précis de Droit Administratif**: Partie Général, Paris: Librarie du Recueil Sirey, 1935, p. 177 *apud* LIMBERGER, Têmis. **Atos da Administração lesivos ao patrimônio público**: os princípios constitucionais da legalidade e moralidade. Porto Alegre: Livraria do Advogado, 1998. p. 66.

[9] JUSTEN FILHO, Marçal. **Comentários à lei de licitações e contratos administrativos**. 14 ed. São Paulo: Dialética, 2010. p. 297.

utilize de critérios adequados a averiguar o real interesse público da localidade afetada.

Por fim, corroborando o afirmado, deve-se ressaltar que o Superior Tribunal de Justiça já decidiu ser "inafastável a exigência constitucional e legal da realização de licitação, quando se verifica que o objeto do contrato a ser firmado é passível de prestação por mais de uma empresa de telecomunicação" (STJ. ROMS nº 15251/CE, Rel. Min. Paulo Medina, *DJ*, 05.05.2003).

7 O novo procedimento para regularização das RTVs e RpTVs

Como dito anteriormente, o Ministério das Comunicações editou a Portaria nº 498, de 5 de dezembro de 2011, e Portaria nº 561, de 26 de dezembro de 2011, que criou um novo procedimento para o deferimento das autorizações da execução dos serviços de RTV e RpTV, estruturado na forma de uma concorrência simplificada que considerará critérios objetivos de pontuação para escolha do vencedor da outorga.

Relembre-se que pela legislação anterior (normatizado pelas Portarias MC nº 776, de 14 de dezembro de 2001, e MC nº 768, de 24 de setembro de 2009), bastava que os interessados apresentassem pedidos individuais diretamente ao Ministério das Comunicações atendendo às disposições da legislação específica. Assim, criando uma regra de transição, o Ministério fixou que os pedidos de outorga de autorização para a execução dos serviços de RTV e RpTV que já se encontrem fase de consulta pública ainda seguiriam o procedimento anterior, enquanto que os demais pedidos seriam arquivados. Institui-se uma nova forma de seleção e outorga de autorizações para a execução dos serviços de retransmissão de televisão consubstanciada em um processo seletivo simplificado baseado na publicação periódica de *avisos de publicação*, a partir de 2012, que especificariam a relação das localidades e os canais a serem contemplados com as respectivas outorgas de RTV, abrindo-se prazo para que os interessados inscrevam-se no pleito, apresentando seus documentos de habilitação.

Ocorre que mais recentemente, o Ministério das Comunicações revogou, em sua integralidade, a referida Portaria nº 498/2011 e Portaria nº 561/2011 e publicou a nova Portaria nº 366, de 14 de agosto 2012, que trouxe novas mudanças a respeito do procedimento de seleção e outorga de autorizações para a execução dos serviços de retransmissão (RTV) e repetição (RpTV) de televisão, evidenciando certa instabilidade normativa sobre o tema.

O cerne do procedimento não foi alterado, mas alguns pontos podem ser avaliados positivamente, representando ganhos em eficiência, celeridade e agilidade processual. Dentre outras alterações destacam-se: a redução de prazo para recurso nas decisões nos Avisos de Habilitação; a alteração na forma de divulgação dos resultados, que passarão a ser feitos através de edital; e a previsão de que a relação com a classificação dos concorrentes será publicada no *Diário Oficial da União*, e não mais notificações individuais, reduzindo, por certo, o trâmite do processo de autorização de uma nova RTV.

Nos termos da Portaria, "o Ministério das Comunicações priorizará, nos avisos de habilitação, a inclusão de municípios para os quais houve anterior manifestação formal de interesse pela execução do serviço", pelo que se depreende que o procedimento de obtenção de outorga poderá ser agilizado se a entidade interessada em executar os serviços de RTV e RpTV protocolar requerimento formal no MiniCom com pedido expresso de inclusão das localidades declinadas no próximo *aviso de habilitação*.

Anteriormente, previa a Portaria revogada que "as pessoas jurídicas interessadas em executar o Serviço poderiam apresentar ao Ministério das Comunicações manifestação formal de interesse", porém sem maiores detalhes de como seria feito tal requerimento e quais as suas consequências.

O Ministério, então, na Portaria nº 366/2012, formalizou a figura da "manifestação formal de interesse" (art. 2º), concretizando a possibilidade de a interessada manifestar seu interesse, visando à inclusão de canais em determinadas localidades nos Avisos de Habilitação futuramente lançados. Assim, previu-se o arquivamento de todas as manifestações de interesses já protocoladas:

> Art. 49. Serão arquivados todos os procedimentos de requerimento de autorização para a execução do Serviço de RTV em caráter primário, incluindo os de abertura de consultas públicas, em trâmite no Ministério das Comunicações até a data da publicação desta Portaria, exceto nos casos em que:
>
> I - as correspondentes consultas públicas e avisos de habilitação tenham sido previamente publicadas; e
>
> II - exista o canal disponível no PBRTV.
>
> Parágrafo único. Na hipótese de arquivamento dos requerimentos de que trata o caput, os interessados, caso mantenham interesse nas autorizações, deverão apresentar nova manifestação formal de interesse, nos termos do art. 2º.

Daí evidenciam-se alguns aspectos negativos da nova normativa. O Ministério insiste no descaso com as situações pretéritas. Mais uma vez as regras de transição da regulamentação são prejudiciais àqueles que cumpriram com suas obrigações e já manifestaram seu interesse na retransmissão em determinada localidade. Em razão da nova Portaria, milhares de requerimentos serão sumariamente arquivados e os interessados serão novamente obrigados a reapresentarem seus pleitos. Tal prática certamente instaura insegurança jurídica e promove o amontoamento de mais protocolos no MiniCom.

Pois bem, especificamente em relação à outorga da execução dos serviços de RTV em caráter primário, a Portaria estabelece que o requerimento a ser apresentado pelas entidades interessadas na execução do serviço de RTV ao Ministério das Comunicações, no prazo estabelecido em aviso de habilitação, deverá seguir acompanhado da documentação nela especificada, em original ou cópia autenticada.

Assim, concluído o prazo para a apresentação das propostas de outorga para a execução do serviço, decorrentes de um determinado aviso de habilitação, o Ministério das Comunicações disponibilizará em sua página na internet a relação nominal das pessoas jurídicas que apresentaram tais propostas, para cada um dos municípios constantes desse aviso (art. 13).

Decidido sobre a habilitação, serão declarados vencedores os classificados listados até a posição correspondente ao número de canais disponibilizados no aviso de habilitação, respeitada a ordem de preferência de canal apresentado por cada concorrente.

Nas situações em que o número de interessados classificados for superior ao da quantidade de canais disponíveis no município pretendido, a autorização para a execução do serviço será condicionada aos seguintes critérios e pontuações em função da qualificação e dos objetivos dos interessados em executar o serviço de RTV (art. 16), com destaque ao ponto conferido à concessionária do serviço de radiodifusão de sons e imagens que tenha manifestado, até 20 de julho de 2011, interesse pela execução do serviço no município objeto da outorga. Além disso, em relação à regulamentação anterior, houve uma mudança na metodologia de pontuação que impede a acumulação de mais de um critério de classificação pelo mesmo proponente, o que facilita a análise e definição dos vencedores do processo seletivo. Remanescendo o empate após a análise de todos os critérios, será realizado sorteio público (art. 16, §3º).

Não havendo canal disponível no Plano Nacional de Outorgas para o Serviço de Retransmissão de TV (PBRTV), as pessoas jurídicas interessadas na execução do serviço de RTV poderão apresentar ao MiniCom requerimento de solicitação de execução dos serviços de RTV em caráter secundário, que se trata de um canal não protegido de interferência, com utilização de tecnologia analógica.

Há também interessante dispositivo sobre as autorizações adicionais para fins de cobertura de áreas de sombra — demanda antiga de determinadas empresas. A entidade autorizada a executar o serviço de RTV ou de RpTV em um determinado município poderá requerer autorizações adicionais, visando à cobertura de área de sombra, inclusive por meio de estação retransmissora auxiliar de televisão, conforme estabelece o Regulamento Técnico para a prestação do Serviço de Radiodifusão de Sons e Imagens, aprovado pela Resolução Anatel nº 284, de 7 de dezembro de 2001, publicada no *Diário Oficial da União* de 12 de dezembro de 2001 (art. 47).

E o Ministro das Comunicações delegou a competência para formalizar a autorização para a execução do serviço de RTV em caráter primário ao Secretário de Serviços de Comunicação Eletrônica do Ministério das Comunicações.

Convém ressaltar ainda que a Portaria trouxe nova regulamentação atinente aos requisitos e condições para a alteração da geradora cedente da programação, especificando que a perda do direito de retransmissão de uma determinada programação (sem a alteração da geradora cedente) acarreta a extinção da autorização, o que reforça a caráter *intuitu personae* da autorização para execução de serviços de RTV.

Conforme a Portaria, a pessoa jurídica retransmissora que vier a perder a condição de cessionária do direito de retransmissão de programação, porque a concessionária do serviço de radiodifusão de sons e imagens venceu a concorrência da outorga do serviço de RTV para retransmitir os seus próprios sinais, poderá solicitar, em até trinta dias a partir da data da publicação do ato de homologação do procedimento de outorga, a alteração da geradora cedente de sua programação (art. 12 §2º).

Aliás, como já afirmado, passou-se também a facultar à executora do serviço de RTV alterar a geradora que cede a sua programação, sem precisar de autorização prévia do Ministério. Dessa forma, o MiniCom só viria a intervir caso haja mais de uma retransmissora pleiteando transmitir o sinal da mesma geradora. Com isso, exige-se apenas comunicação ao Ministério dentro de 30 dias da alteração da geradora, acompanhada de declaração de concordância para a captação dos sinais da nova geradora (art. 40 e Anexo VIII da nova Portaria), que será apenas homologada pelo Diretor do Departamento de Outorgas. Todavia, todos os pedidos de alteração de geradora cedente anteriormente serão arquivados (art. 51).

Finalmente, chama-se a atenção para o fato do Ministério das Comunicações ter lançado, em 10 de fevereiro de 2012, o *primeiro aviso de habilitação* para retransmissoras (RTVs) e repetidoras (RpTVs) de televisão no novo modelo previsto nas atualizações normativas supracitadas. O referido aviso prevê 52 municípios beneficiados com 86 novos canais. Outros avisos foram mais recentemente publicados e, finalmente, o procedimento idealizado começa a se concretizar.

Há, todavia, um ponto sem comunicação definida no MiniCom, referente ao Plano Nacional de Outorgas de RTV para os anos de 2012 e 2013. Já se previa nas Portarias de dezembro de 2011, agora revogadas, que tal Plano seria publicado, porém, todavia não foi. Assim, ainda se aguarda a publicação de uma espécie de cronograma de disponibilização de novos Avisos de Habilitação para RTVs, bem como um aumento na frequência de publicações de tais Avisos, de modo que a situação das retransmissoras possa ser regularizada o mais rápido possível.

Referências

BONNARD, Roger. **Précis de Droit Administratif**: Partie Général, Paris: Librarie du Recueil Sirey, 1935.

CÂMARA, Jacinto Arruda. Autorizações administrativas vinculadas: o exemplo do setor de telecomunicações. In: ARAGÃO, Alexandre Santos de; MARQUES NETO, Floriano de Azevedo (Coord.). **Direito Administrativo e seus novos paradigmas**. Belo Horizonte: Fórum, 2008.

COSTA, Guilherme L. Administração e uso do espectro de radiofreqüências no Brasil. **Revista de Direito de Informática e Telecomunicações – RDIT**, Belo Horizonte, v. 1, n. 1, p. 59-68, jul./dez. 2006.

HOBAIKA, Marcelo Bechara de Souza; BORGES, Ricardo Capucio. **Radiodifusão e TV digital no Direito brasileiro**. Belo Horizonte: Fórum, 2007.

JUSTEN FILHO, Marçal. **Comentários à Lei De Licitações E Contratos Administrativos**. 14 ed. São Paulo: Dialética, 2010.

LIMBERGER, Têmis. **Atos da Administração lesivos ao patrimônio público**: os princípios constitucionais da legalidade e moralidade. Porto Alegre: Livraria do Advogado, 1998.

PINTO, Luciana Moraes Raso Sardinha. **Radiodifusão**: o controle estatal e social sobre suas outorgas. Belo Horizonte: Mandamentos, 2004.

ROCHA, Cármen Lúcia Antunes. **Estudo sobre a concessão e permissão de serviço público no direito brasileiro.** São Paulo: Saraiva, 1996.

SILVA, Vasco Pereira da. **Por um contencioso Administrativo dos Particulares.** Coimbra: Livraria Almedina, 1997.

Informação bibliográfica deste texto, conforme a NBR 6023:2002 da Associação Brasileira de Normas Técnicas (ABNT):

ORTOLAN, Marcelo Augusto Biehl; ROCHA, Iggor Gomes. A autorização para execução dos serviços de RTV e RpTV e a nova regulamentação do seu procedimento de outorga. *In*: GONÇALVES, Guilherme de Salles; GABARDO, Emerson (Coord.). *Direito da Infraestrutura*: temas de organização do Estado, serviços públicos e intervenção administrativa. Belo Horizonte: Fórum, 2012. p. 249-269. ISBN: 978-85-7700-633-5.

REFERÊNCIAS

AGUIAR, Ubiratan. Tribunais de Contas e as estratégias para reduzir o risco de corrupção. **Revista do Tribunal de Contas da União**. Brasília, v. 35, nº 105, p. 17-28, jul./set. 2005.

ALFONSO, Luciano Parejo. **Eficacia y Administración – Tres Estudios**. Madrid: INAP, 1995.

ALMEIDA, Fernanda Dias Menezes de. **Competências na Constituição de 1988**. 4 ed. São Paulo: Atlas, 2007,

AMARAL, Antônio Carlos Cintra do. **Licitação e contrato administrativo**: estudos, pareceres e comentários. 3. ed. Belo Horizonte: Fórum, 2010.

AMARAL, Antônio Carlos Cintra do. O reequilíbrio econômico-financeiro dos contratos de concessão de rodovias. **Revista do Advogado**, São Paulo, Associação dos Advogados de São Paulo, v. 29, n. 107, p. 25-32, dez. 2009.

ARAGÃO, Alexandre Santos de. As Parcerias Público-Privadas – PPP's no Direito Positivo Brasileiro. **Revista Eletrônica de Direito Administrativo Econômico**, Salvador, Instituto de Direito Público da Bahia, nº 2, maio-jun-jul, 2005. Disponível em: <http://www.direitodoestado.com.br>. Acesso em: 25 de março de 2012.

ARAGÃO, Alexandre Santos de. **Direito dos Serviços Públicos**. Rio de Janeiro: Forense, 2007.

ARAÚJO, Edmir Netto de. **Curso de direito administrativo**. 4. ed. São Paulo: Saraiva, 2009.

ARAÚJO, Sonia; SUTHERLAND, Douglas. Public-Private Partnerships and Investment in Infrastructure. *In*: **OECD Economics Department Working Papers**, N. 803, OECD Publishing, 2010. Disponível em: <http://dx.doi.org/10.1787/5km7jf6q8f0t-en>. Acesso em: 20.09.2011.

ARRETCHE, Marta. **Estado federativo e políticas sociais**: determinantes da descentralização. Rio de Janeiro: Revan: São Paulo: FAPESP, 2000.

ARRETCHE, Marta. Relações Federativas nas Políticas Sociais. **Revista Educ. Soc.**, Campinas, v. 23, n. 80, setembro/2002. Disponível em: <http://www.cedes.unicamp.br>.

BACELLAR FILHO, Romeu Felipe. Contrato Administrativo. *In*: BACELLAR FILHO, Romeu Felipe (coord.). **Direito Administrativo Contemporâneo**: Estudos em Memória ao Professor Manoel de Oliveira Franco Sobrinho. Belo Horizonte: Fórum, 2004.

BACELLAR FILHO, Romeu Felipe. **Direito administrativo**. 4. ed. São Paulo: Saraiva, 2008.

BACELLAR FILHO, Romeu Felipe. **Processo Administrativo Disciplinar**. São Paulo: Saraiva, 2012.

BAIN & COMPANY. **Revisão e otimização do transporte aéreo de carga da ECT**: relatório intermediário III – Parecer sobre a viabilidade jurídica para a execução direta das 5 linhas estratégicas da RPN. Brasília, 25 jul. 2006.

BALEEIRO, Aliomar. **Limitações constitucionais ao poder de tributar.** 4. Ed., Rio de Janeiro: Forense, 1974.

BAPTISTA, Marcelo Caron. **ISS**: do texto à norma. São Paulo: Quartier Latin, 2005.

BARROS, Suzana de Toledo. **O princípio da proporcionalidade e o controle de constitucionalidade das leis restritivas de direitos fundamentais.** 2. ed. Brasília: Brasília Jurídica, 2000.

BARROSO, Luis Roberto. **Interpretação e aplicação da Constituição.** 6. ed. São Paulo: Saraiva, 2008.

BERCOVICI, Gilberto. **Desigualdades Regionais, Estado e Constituição.** São Paulo: Max Limonad, 2003.

BLANCHET, Luiz Alberto. **Concessão e permissão de serviços públicos.** Curitiba: Juruá, 1995.

BONAVIDES, Paulo. **Curso de Direito Constitucional.** 9. ed. São Paulo: Malheiros, 2000.

BONNARD, Roger. **Précis de Droit Administratif**: Partie Général, Paris: Librarie du Recueil Sirey, 1935.

BOURGES, Fernanda Schuhli. **Serviços públicos concedidos: acesso e remuneração.** Curitiba, 2007. 230 f. Dissertação (Mestrado em Direito do Estado) – Pós-Graduação em Direito da Universidade Federal do Paraná.

BRITTO, Carlos Ayres. O Regime Constitucional dos Tribunais de Contas. **Revista Diálogo Jurídico**, Salvador, CAJ - Centro de Atualização Jurídica, v. I, nº. 9, dezembro, 2001, p. 2. Disponível em: <http://www.direitopublico.com.br>. Acesso em: 24 de novembro de 2011.

CAHALI, Yussef Said. **Responsabilidade Civil do Estado.** São Paulo: Malheiros, 1995 p.40 apud DI PIETRO, Maria Sylvia. **Direito Administrativo.** São Paulo: Atlas, 2011.

CÂMARA, Jacinto Arruda. Autorizações administrativas vinculadas: o exemplo do setor de telecomunicações. In: ARAGÃO, Alexandre Santos de; MARQUES NETO, Floriano de Azevedo (Coord.). **Direito Administrativo e seus novos paradigmas.** Belo Horizonte: Fórum, 2008.

CAMARGO, Juliana Werneck de. **O IPTU como instrumento de atuação urbanística.** Belo Horizonte: Fórum: 2008.

CARRAZA, Roque Antônio. **ICMS.** 5. ed. São Paulo: Malheiros, 2000.

CARVALHO FILHO, José dos Santos. **Consórcios Públicos.** Rio de Janeiro: Lumen Juris, 2009.

CARVALHO FILHO, José dos Santos. **Manual de direito administrativo.** 21. ed. Rio de Janeiro: Lumen Juris, 2009.

CARVALHO, Paulo de Barros. **Curso de Direito Tributário.** 22. ed. São Paulo: Saraiva, 2010.

CARVALHO, Paulo Pires; OLIVEIRA, Aluísio Pires de. **Estatuto da Cidade**: anotações à Lei 10.257, de 10 de julho de 2001. Curitiba: Juruá, 2003.

REFERÊNCIAS | 273

CASTRO, Flávio Régis Xavier de Moura e. Os Órgãos Regionais de Controle e a luta contra a corrupção. **Biblioteca Digital Fórum Administrativo – Direito Público – FA**, Belo Horizonte, ano 2, n. 13, mar. 2002. Disponível em: <http://www.bidforum.com.br/bid/PDI0006.aspx?pdiCntd=1479>. Acesso em: 24 novembro 2011.

CLÈVE, Clèmerson Merlin. **A fiscalização abstrata da constitucionalidade no Direito brasileiro**. 2. ed. São Paulo, 2000.

COSTA, Guilherme L. Administração e uso do espectro de radiofreqüências no Brasil. **Revista de Direito de Informática e Telecomunicações – RDIT**, Belo Horizonte, v. 1, n. 1, p. 59-68, jul./dez. 2006.

COSTÓDIO FILHO, Ubirajara. **O serviço postal no Direito Brasileiro**. Curitiba: J. M. 2006.

CUNHA, Leonardo Carneiro da. **A Fazenda Pública em Juízo**. 9. ed. São Paulo: Dialética, 2011.

DECOMAIN, Pedro Robert. **Tribunais de Contas do Brasil**. São Paulo: Dialética, 2006.

DEPARTAMENTO NACIONAL DE TRÂNSITO. **Frota de veículos, por tipo e com placa, segundo as Grandes Regiões e Unidades da Federação - DEZ/2011**. Disponível em: <http://www.denatran.gov.br/frota.htm>. Acesso em: 23.03.2012.

DI PIETRO, Maria Sylvia Zanella. **Direito administrativo**. 23. ed. São Paulo: Atlas, 2010.

DI PIETRO, Maria Sylvia Zanella. **Parcerias na Administração Pública**. 6. ed. São Paulo: Atlas, 2008.

ESPÍNDOLA, Ruy Samuel. Princípios constitucionais e atividade jurídico-administrativa: anotações em torno de questões contemporâneas. **Fórum Administrativo – FA**, Belo Horizonte, ano 6, n. 64, p. 7371-7389, jun. 2006.

FALCÃO, Amílcar de Araújo. **Fato gerador da obrigação tributária**. 2. Ed., São Paulo: Revista dos Tribunais, 1977.

Federação Nacional dos Mototaxistas e Motofrentistas do Brasil. **Orientações para implantação do serviço de moto-táxi nos municípios do Ceará**. Disponível em: <www.uvc.org.br/downloads/orientacoes_moto_>.

FERNANDEZ, Rodrigo Nobre; CARRARO, André. A Teoria Econômica das Parcerias Público-Privadas: Uma análise microeconômica. *In*: **XIV Encontro de Economia da Região Sul, ANPEC – SUL**, Florianópolis, 2011. Disponível em: <http://www.anpecsul2011.ufsc.br/?go=download&path=2&arquivo=4_974973041.pdf.>. Acesso em: 20.09.11.

FERRARI, Regina Maria Macedo Nery. **Controle da constitucionalidade das leis municipais**. 3 ed. São Paulo: Revista dos Tribunais, 2003.

FERRARI, Regina Maria Macedo Nery. **Direito municipal**. 2. ed. São Paulo: Revista dos Tribunais, 2005.

FERRARI, Regina Maria Macedo Nery. Divisão de Competências Administrativas na Federação Brasileira e o Papel dos Municípios. In: BACELLAR FILHO, Romeu Felipe (Coord.). **Direito Administrativo e Integração Regional: Anais do V Congresso da Associação de Direito Público do Mercosul e do X Congresso Paranaense de Direito Administrativo**, 2010.

FERRAZ, Luciano. **Direito municipal aplicado**. Belo Horizonte: Fórum, 2009. p. 292-293.

FERRAZ, Sérgio; DALLARI, Adilson Abreu. **Processo Administrativo**. São Paulo: Malheiros, 2002.

FERREIRA FILHO, Manoel Gonçalves. **Curso de direito constitucional**. 34 ed. São Paulo: Saraiva, 2008.

FERREIRA, Daniel. Função social da licitação pública: o desenvolvimento nacional sustentável (no e do Brasil, antes e depois da MP nº 495/2010). **Fórum de Contratação e Gestão Pública Belo Horizonte**, n. 107, ano 9, Novembro de 2010. Disponível em: <http://www.bidforum.com.br/bid/PDI0006.aspx?pdiCntd=70303>. Acesso em: 28 de abril de 2011.

FORTINI, Cristiana. **Contratos Administrativos: franquia, concessão, permissão e PPP**. 2. ed. São Paulo: Atlas, 2009.

FRANCO SOBRINHO, Manoel de Oliveira. **Contratos administrativos**. São Paulo: Saraiva, 1981.

FURTADO, Lucas Rocha. **Curso de licitações e contratos administrativos**. 3. ed. Belo Horizonte: Fórum, 2010.

GABARDO, Emerson. **Interesse público e subsidiariedade**: o Estado e a sociedade civil para além do bem e do mal. Belo Horizonte: Fórum, 2009.

GABARDO, Emerson. **Princípio constitucional da eficiência administrativa**. São Paulo: Dialética, 2002.

GABARDO, Emerson; HACHEM, Daniel Wunder. Responsabilidade civil do Estado, *faute du service* e o princípio constitucional da eficiência administrativa. In: Alexandre Dartanhan de Mello Guerra; Luis Manuel Fonseca Pires; Marcelo Benacchio (Orgs.). **Responsabilidade civil do Estado**: desafios contemporâneos. São Paulo: Quartier Latin, 2010.

GASPARINI, Diogenes. **Direito Administrativo**. 7. ed.São Paulo: Saraiva, 2002.

GONÇALVES, Carlos Roberto. **Direito civil brasileiro**. v. 3. Contratos e atos unilaterais. 7. ed. São Paulo: Saraiva, 2010.

GRAU, Eros Roberto. **A Ordem Econômica na Constituição de 1988**. 14 ed. São Paulo: Malheiros, 2010.

GROTTI, Dinorá Adelaide Musetti. **O serviço público e a Constituição Brasileira de 1998**. São Paulo: Malheiros, 2003.

GROTTI, Dinorá Adelaide Musetti. Teoria dos serviços públicos e sua transformação. In: SUNDFELD, Carlo Ari (Coord.). **Direito Administrativo Econômico**. São Paulo: Malheiros, 2000.

GUIMARÃES, Fernando Vernalha. **Concessão de serviço público**. São Paulo: Saraiva, 2012.

GUIMARÃES, Fernando Vernalha. **Parceria público-privada**. São Paulo: Saraiva, 2012.

HACHEM, Daniel Wunder. **Princípio constitucional da supremacia do interesse público**. Belo Horizonte: Fórum, 2011.

HARGER, Marcelo. **Consórcios Públicos na Lei nº 11.107/05**. Belo Horizonte: Fórum, 2007.

HOBAIKA, Marcelo Bechara de Souza; BORGES, Ricardo Capucio. **Radiodifusão e TV digital no Direito brasileiro**. Belo Horizonte: Fórum, 2007.

IBGE. **Pesquisa de Informações Básicas Municipais**: Perfil dos Municípios - Gestão pública 2001. Rio de Janeiro, 2003. Disponível em: <http://www.ibge.gov.br/home/estatistica/economia/perfilmunic/2001/munic2001.pdf>.

IBRADEMP (Instituto Brasileiro de Direito Empresarial). **Comentários ao Projeto de Lei nº 6.826/2010.** Apresentado em Audiência Pública na Câmara dos Deputados em novembro de 2011. Disponível em: http://www.ibrademp.org.br/index.php?option=com_content&view=article&id=207&Itemid=505. Acesso em: novembro de 2011.

JUSTEN FILHO, Marçal. **Comentários à Lei de Licitações e Contratos Administrativos.** 14 ed. São Paulo: Dialética, 2010.

JUSTEN FILHO, Marçal. **Concessões de Serviços Públicos.** São Paulo: Dialética, 1997.

JUSTEN FILHO, Marçal. **Curso de Direito Administrativo.** 5. ed. São Paulo: Saraiva, 2010.

JUSTEN FILHO, Marçal. Empresas estatais e a superação da dicotomia "prestação de serviço público/exploração de atividade econômica". In: FIGUEIREDO, Marcelo; PONTES FILHO, Valmir (Org.). **Estudos de Direito Público em homenagem a Celso Antônio Bandeira de Mello.** São Paulo: Malheiros, 2006.

JUSTEN FILHO, Marçal. **Teoria Geral das Concessões de Serviço Público.** São Paulo: Dialética, 2003.

JUSTEN, Mônica Spezia. **A noção do serviço público no Direito europeu.** São Paulo: Dialética, 2003.

KRELL, Andreas J. **Leis de Normas Gerais, Regulamentação do Poder Executivo e Cooperação Intergovernamental em Tempos de Reforma Federativa.** Belo Horizonte: Fórum, 2008.

LAGES, Marcus Vinicius Paixão. Tribunal de Contas: órgão constitucional de soberania. **Biblioteca Digital Fórum Administrativo – Direito Público – FA,** Belo Horizonte, ano 4, n. 35, jan. 2004. Disponível em: <http://www.bidforum.com.br/bid/PDI0006. aspx?pdiCntd=4451>. Acesso em: 24 novembro 2011.

LEAL, Rogério Gesta. **Direito urbanístico:** condições e possibilidades da constituição do espaço urbano. Rio de Janeiro: Renovar, 2003.

LIMBERGER, Têmis. **Atos da Administração lesivos ao patrimônio público:** os princípios constitucionais da legalidade e moralidade. Porto Alegre: Livraria do Advogado, 1998.

MACHADO, Hugo de Brito. **Curso de Direito Tributário.** 31. Ed., São Paulo: Malheiros, 2010.

MACHADO, Hugo de Brito. Serviços Públicos e Tributação. In: TÔRRES, Heleno Taveira (Coord.). **Serviços Públicos e Direito Tributário.** São Paulo: Quartier Latin, 2005.

MACHADO, Paulo Afonso Leme. **Direito Ambiental Brasileiro.** 19 ed. São Paulo: Malheiros, 2011.

MANCUSO, Rodolfo de Camargo . Aspectos jurídicos da chamada pichação e sobre a utilização da ação civil pública para tutela do interesse difuso à proteção da estética urbana. **Revista dos Tribunais,** São Paulo, v. 81, n. 679, p. 69, 1992.

MARINONI, Luiz Guilherme, ARENHART, Sérgio. **Curso de Processo Civil:** Procedimentos Especiais. Vol. 5, São Paulo: Revista dos Tribunais, 2010.

MARINS, Vinicius. Direito econômico das parcerias público-privadas. **Biblioteca Digital Fórum Administrativo – Direito Público – FA,** Belo Horizonte, ano 7, n. 72, fev. 2007. Disponível em: <http://www.bidforum.com.br/bid/PDI0006.aspx?pdiCntd=39199>. Acesso em: 9 março 2012.

MARINS, Vinicius; OLIVEIRA, Rodrigo Reis de. **As parcerias público-privadas e o problema da alocação de riscos: uma análise do caso da modernização do Estádio "Mineirão" para a Copa do Mundo de 2014. Fórum de Contratação e Gestão Pública – FCGP**, Belo Horizonte, ano 10, n. 111, p. 31-55, mar. 2011.

MAROLLA, Eugenia Cristina Cleto. **Concessões de serviço público**: a equação econômica financeira dos contratos. São Paulo: Verbatim, 2011.

MARRARA, Thiago. **Bens públicos: domínio urbano: infra-estrutura**. Belo Horizonte: Fórum, 2007.

MARRARA, Thiago. Regulação sustentável de infraestruturas. **Revista Brasileira de Infraestrutura – RBINF**, Belo Horizonte, ano 1, n. 1, p. 95-120, jan./jun. 2012.

MATTOS, Liana Portilho. **A efetividade da função social da propriedade urbana à luz do estatuto da cidade**. Rio de Janeiro: Temas & Ideias Editora, 2003.

MATTOS, Mauro Roberto Gomes de. **Lei nº 8.112/90, interpretada e comentada**. Rio de Janeiro: América Jurídica, 2005.

MATTOS, Mauro Roberto Gomes de. **O contrato administrativo**. 2. ed. Rio de Janeiro: América Jurídica, 2002.

MEDAUAR, Odete. **Direito Administrativo Moderno**. 14. ed. São Paulo: RT, 2010.

MEDAUAR, Odete. **O controle da administração pública**. São Paulo: RT, 1993.

MEDAUAR, Odete; OLIVEIRA, Gustavo Justino de. **Consórcios públicos**: comentários à Lei 11.107/2005. São Paulo: Revista dos Tribunais, 2006.

MEIRELLES, Hely Lopes. **Direito Administrativo Brasileiro**. 23. ed. São Paulo: Malheiros, 1998.

MEIRELLES, Hely Lopes. **Direito municipal brasileiro**. 16. ed. São Paulo: Malheiros, 2008.

MEIRELLES, Hely Lopes. **Mandado de segurança e ações constitucionais**. 32. ed. Atualizado por Arnoldo Wald e Gilmar Ferreira Mendes. São Paulo: Malheiros, 2009.

MELLO, Celso Antônio Bandeira de. **Curso de Direito Administrativo**. 28. ed. São Paulo: Malheiros, 2011.

MELLO, Celso Antônio Bandeira de. **Natureza e regime jurídico das autarquias**. São Paulo: RT, 1968. p. 110.

MELLO, Celso Antônio Bandeira de.Serviço público e sua feição constitucional no Brasil. In: SALGADO, David Cienfuegos; OLVERA, Miguel Alejandro López (Coords.). **Estudios en homenaje a don Jorge Fernández Ruiz**: Responsabilidad, contratos y servicios públicos.México: Universidad Nacional Autónoma de México, 2005.

MELLO, Rafael Munhoz de. **Princípios constitucionais de direito administrativo sancionador**. São Paulo: Malheiros Editores, 2006.

MENDES, Gilmar Ferreira. COELHO, Inocêncio Mártires, BRANCO, Paulo Gustavo Gonet. **Curso de direito constitucional**. 2 ed. São Paulo: Saraiva, 2008.

MENDES, Gilmar Ferreira. **Controle de Constitucionalidade: aspectos jurídicos e políticos**. Saraiva: São Paulo, 1990.

MIRAGEM, Bruno Nubens Barbosa. Convênios e consórcios administrativos: instrumentos jurídicos do federalismo brasileiro. **Jus Navegandi**, Teresina, ano 4, n. 46, out. 2000. Disponível em: <http://jus2.uol.com.br/doutrina/texto.asp?id=457>. Acesso em: 29 set. 2009.

MONTEIRO, Vera. **Concessão.** São Paulo: Malheiros: 2010.

MORAES, Bernardo Ribeiro de. **Sistema tributário na Constituição de 1969.** São Paulo: Revista dos Tribunais, 1973.

MOREIRA NETO, Diogo de Figueiredo. **Curso de Direito Administrativo.** 12. ed. Rio de Janeiro, Forense: 2001.

MOREIRA, Egon Bockmann. **Direito das concessões de serviço público:** inteligência da Lei 8.987/95 (parte geral). São Paulo: Malheiros, 2010.

MOREIRA, Egon Bockmann. **Processo administrativo.** 3. ed. São Paulo: Malheiros, 2007.

NÓBREGA, Marcos. Riscos em projetos de infraestrutura: incompletude contratual; concessões de serviço público e PPPs. *In*: **Revista Eletrônica de Direito Administrativo Econômico,** Salvador, Instituto Brasileiro de Direito Público, nº 22, maio/junho/julho, 2010. Disponível em: <http://www.direitodoestado.com/revista/REDAE-22-MAIO-2010-MARCOS-NOBREGA.pdf>. Acesso em: 12 de setembro de 2011.

NOGUEIRA, Ruy Barbosa. **Curso de Direito Tributário.** 5. ed. São Paulo: Saraiva, 1980.

NOHARA, Irene Patrícia; MARRARA, Thiago. **Processo Administrativo: Lei n. 9.784/99 Comentada.** São Paulo: Atlas, 2009.

NOVAIS, Jorge Reis. **Os princípios constitucionais estruturantes da República portuguesa.** Coimbra: Coimbra, 2004.

OCDE - Organização para a Cooperação Econômica e o Desenvolvimento. **Convenção sobre o Combate da Corrupção de Funcionários Públicos Estrangeiros em Transações Comerciais Internacionais.** <http://www.cgu.gov.br/ocde/publicacoes/arquivos/textoConvencao.pdf.> Acesso em 26.12.2011.

OLIVEIRA, Antônio Flávio de. Questões polêmicas sobre renúncia de receita na Lei de Responsabilidade Fiscal. **Fórum de Contratação e Gestão Pública.** Belo Horizonte, n. 93, ano 8, Setembro de 2009. Disponível em: <http://www.bidforum.com.br/bid/PDI0006. aspx?pdiCntd=62592>. Acesso em: 29 de abril de 2011.

OLIVEIRA, Gustavo Henrique Justino de. Parceria Público-Privada e Direito ao Desenvolvimento: uma abordagem necessária. Governet. **Boletim de Convênios e Parcerias,** v. 1, p. 76-95, 2011.

OLIVEIRA, Gustavo Justino de. **O contrato de gestão na administração pública brasileira.** Tese de doutorado, Faculdade de Direito da Universidade de São Paulo – USP, 2005.

OSÓRIO, Fábio Medina. **Direito Administrativo Sancionador.** São Paulo: RT, 2009.

PEREIRA JÚNIOR, Jessé Torres; DOTTI, Marinês Restelatto. Alterações do contrato administrativo: releitura das normas de regência à luz do gerenciamento de riscos, em gestão pública comprometida com resultados. **Fórum de Contratação e Gestão Pública – FCGP.** Belo Horizonte, ano 8, n. 88, p. 11-13, abr. 2009.

PEREIRA, Cesar A. Guimarães. **Usuários de serviços públicos:** usuários, consumidores e os aspectos econômicos dos serviços públicos. São Paulo: Saraiva, 2006.

PEREZ, Marcos Augusto. **O risco no contrato de concessão de serviço público.** Belo Horizonte: Fórum, 2006.

PIETRO, Maria Sylvia Zanella Di. **Direito administrativo.** 23. ed. São Paulo: Atlas, 2009.

PIETRO, Maria Sylvia Zanella Di. **Parcerias na administração pública**: concessão, permissão, franquia, terceirização, parceria público-privada e outras formas. 5. ed. São Paulo, Atlas, 2005.

PIETRO, Maria Sylvia Zanella Di. RIBEIRO, Carlos Vinícius Alves. (Org.). **Supremacia do Interesse Público e outros temas relevantes do Direito Administrativo**. São Paulo: Atlas, 2010.

PINTO, Luciana Moraes Raso Sardinha. **Radiodifusão**: o controle estatal e social sobre suas outorgas. Belo Horizonte: Mandamentos, 2004.

POLTRONIERI, Renato. **Parceria público-privada e a atuação administrativa**. São Paulo: Juarez de Oliveira, 2005.

RIBEIRO, Marcia Carla Pereira; CHEDE, Gisela Dias. Mecanismos societários e contratuais de gestão das sociedades estatais. **Revista do Serviço Público** (Brasília), v. 57, p. 363-387, 2006.

RIGOLIN, Ivan Barbosa. Concessão, Permissão, Autorização, Cessão e Doação. Quais São as Diferenças? (Conclusão). **Fórum de Contratação e Gestão Pública Belo Horizonte**, n. 35, ano 3, Novembro de 2004. Disponível em: <http://www.bidforum.com.br/bid/PDI0006.aspx?pdiCntd=9479>. Acesso em: 28 de abril de 2011.

RISTER, Carla Abrantkoski. **Direito ao desenvolvimento**: antecedentes, significados e consequências. Rio de Janeiro: Renovar, 2007, p. 36

ROCHA, Cármen Lúcia Antunes. **Estudo sobre a concessão e permissão de serviço público no direito brasileiro**. São Paulo: Saraiva, 1996.

ROCHA, Sílvio Luís Ferreira da. **Função social da propriedade pública**. São Paulo: Malheiros, 2005.

SANTOS, Rodrigo Valgas dos. **Procedimento Administrativo nos Tribunais de Contas e Câmaras Municipais**: Contas anuais, princípios e garantias constitucionais. Belo Horizonte: Del Rey, 2006.

SARNO, Daniela Campos Libório Di. **Elementos de direito urbanístico**. Barueri: Manole, 2004.

SEPE, Onorato. Nuevas tendencias hacia la eficiencia en el Estado Social. **Documentación Administrativa**, nº 151, Madrid: INAP, 1973.

SILVA, José Afonso da. **Curso de Direito Constitucional Positivo**. 29 ed. rev. e atual. São Paulo: Malheiros, 2007.

SILVA, Ovídio Baptista da. A "plenitude de defesa" no processo civil. In: **Da Sentença Liminar à Nulidade da Sentença**. Rio de Janeiro, Forense, 2001.

SILVA, Vasco Pereira da. **Por um contencioso Administrativo dos Particulares**. Coimbra: Livraria Almedina, 1997.

SILVEIRA, Alessandra Aparecida Souza da. A cooperação intergovernamental no Estado composto brasileiro: análise jurídico-constitucional. **Anais VII Congresso Internacional del CLAD sobre la Reforma del Estado y de la Administración Pública**. Lisboa, Portugal, 8-11 Oct. 2002.

SOUTO, Marcos Juruena Villela. **Direito administrativo das concessões**. 5. ed. Rio de Janeiro: Lumen Juris, 2005.

SOUTO, Marcos Juruena Villela. Parcerias Público-Privadas. In: _____. **Direito Administrativo das Parcerias**. Rio de Janeiro: Lumen Juris, 2005.

SUNDFELD, Carlos Ari. **Ato Administrativo Inválido**. São Paulo: Revista dos Tribunais, 1990.

SUNDFELD, Carlos Ari. CÂMARA, Jacintho de Arruda. Concessão de Direito real de uso de utilidade pública. **Revista de Direito Municipal**, Belo Horizonte, v. 11, n. 11, p. 14, 11-25, 2004.

SUNDFELD, Carlos Ari. **Fundamentos de Direito Público**. 4. ed. 9. tir. São Paulo: Malheiros, 2008.

SUNDFELD, Carlos Ari. Guia jurídico das Parcerias Público-Privadas. In: _____ (Coord.). **Parcerias Público-Privadas**. São Paulo: Malheiros, 2005.

SUNDFELD, Carlos Ari. **Licitação e Contratos Administrativos**. 2. ed. São Paulo: Malheiros, 1995.

TÁCITO, Caio. O direito de propriedade e o desenvolvimento urbano. In: **Temas de Direito Público**: Estudos e Pareceres. Rio de Janeiro: Renovar, 1997. v. 1.

TALLER, Adriana. El derecho urbano tiene vocación para habilitar el pleno ejerciciodel derecho a la ciudad.In: BACELLAR FILHO, Romeu Felipe; GABARDO, Emerson; HACHEM, Daniel Wunder (Coord.). **Globalização, direitos fundamentais e Direito Administrativo**: novas perspectivas para o desenvolvimento econômico e socioambiental. Belo Horizonte: Fórum, 2011, P. 295-296.

taxistas.doc, acessado em 23/03/2012

VALLE, Vanice Lírio do. Traduzindo o Conceito de Gestão de Riscos para o Código do Direito: Exercício Indispensável à Modelagem das PPPs. **Interesse Público**, Porto Alegre: Notadez, v. 6, n. 34, p. 35-42, nov./dez. 2005.

VICHI, Bruno de Souza. **Política urbana**: sentido jurídico, competências e responsabilidades. Belo Horizonte: Fórum, 2007.

VIOLIN, Tarso Cabral. **Terceiro setor e as parcerias com a administração pública: uma análise crítica**. Belo Horizonte, Fórum, 2006.

WAHRLICH, Beatriz M. de Sousa. Reforma administrativa federal brasileira: passado e presente. In: **RDA – Revista de Administração Pública**. Rio de Janeiro. nº 08, p. 27-75, abr./jun. 1974.

ZANCANER, Weida. **Da convalidação e da invalidação dos atos administrativos**. 2. ed., São Paulo: Malheiros, 1996.

SOBRE OS AUTORES E COORDENADORES

Emerson Gabardo é doutor em Direito do Estado e professor de Direito Administrativo na Universidade Federal do Paraná, onde é Diretor Executivo do "NINC – Núcleo de Investigações Constitucionais". É professor de Direito Econômico na Pontifícia Universidade Católica do Paraná, onde é líder do Grupo de Pesquisa "Limites e possibilidades da intervenção do Estado na economia para a promoção do desenvolvimento com sustentabilidade". Atualmente faz seu estágio de pós-doutorado na Fordham Law School – N.Y. Autor de diversas obras tais como *Interesse Público e Subsidiariedade*: o Estado e a sociedade civil para além do bem e do mal, publicada pela Fórum, e *Princípio constitucional da eficiência administrativa*, publicada pela Dialética, é também advogado sócio da *Guilherme Gonçalves e Sacha Reck Advogados Associados*.

Felipe Andres Pizzato Reis é aluno da graduação da Universidade Federal do Paraná e estagiário no escritório *Guilherme Gonçalves e Sacha Reck Advogados Associados*.

Guilherme de Salles Gonçalves é especialista em Direito Público pelo IBEJ. É ex-presidente e atual presidente do Conselho Consultivo do Instituto Paranaense de Direito Eleitoral (IPRADE). É professor de Direito Municipal do Instituto de Direito Romeu Felipe Bacellar e da Universidade Estadual de Londrina (UEL) e foi coordenador da obra *Direito eleitoral contemporâneo*, publicada pela Fórum, além de advogado diretor da *Guilherme Gonçalves e Sacha Reck Advogados Associados*.

Iggor Gomes Rocha é mestrando em Direito Econômico e Socioambiental na Pontifícia Universidade Católica do Paraná, além de advogado associado da *Guilherme Gonçalves e Sacha Reck Advogados Associados*.

Marcelo Augusto Biehl Ortolan é mestrando em Direito do Estado na Universidade Federal do Paraná, além de advogado associado da *Guilherme Gonçalves e Sacha Reck Advogados Associados*.

ÍNDICE DE ASSUNTO

A

Administração Pública 107, 112, 253
- Direta 16, 204
- Indireta 16, 19, 208
Agência Nacional de Telecomunicações
(ANATEL) 250, 251, 254,
258, 263, 267
Anotação de responsabilidade
técnica 226
Associação
- Civil.. 147
- Pública.. 147
Atividade econômica......................33-37
- Em sentido estrito......................25-29, 36
- Exploração 204
Autarquias.................................... 204, 219

C

Companhia de Águas e Esgotos de
Rondônia (CAERD)............................206
Competência
- Administrativa 138
- Legislativa......................................55-63
Concessão administrativa 45-50,
101, 114, 115
- Serviço ao Estado............................48-50
- Serviço público..................21, 33, 34, 48,
49, 98, 135-157, 208
Concessão patrocinada........... 48, 101, 114
Consórcio....................... 143-146, 153, 154
- Público.............................. 146-152, 156
Contrato
- Administrativo 98, 145

- - Conceito 103, 104
- De concessão......................103, 121-129
- De rateio 148
- De risco... 102
- Plurilateral 101
Convênio
- Administrativo 143-146, 152-156
- De cooperação 146-152, 155
- Natureza jurídica 145
Correios ver Empresa Brasileira de
Correios e Telégrafos
Corrupção....................................159-199
Culpabilidade 163, 164, 166, 167

D

Decreto expropriatório 228, 243, 244
Defesa administrativa............ 232-235, 245
Desapropriação............................. 223-247
- Classificação fundiária 227, 245, 246
- - Dever de motivação explícita.. 230-232,
245
- Cláusula de inexpropriabilidade...........
243, 247
- Condição de uso do imóvel........ 235-237
- Convalidação dos vícios
(impossibilidade).......................232-235
- Desvio de finalidade................... 235-237
- Direito de propriedade 240-245
- Normas de execução (INCRA)... 224-229
- Perito
- - Impedimento...................... 237-240, 246
- - Suspeição 237-240, 246

página

- Procedimento
  desapropriatório 224-229
Descentralização administrativa 18
Desenvolvimento sustentável 81, 82, 84
Desenvolvimento urbano 77, 78
Deveres constitucionais
- Eficiência 63-65
- Saúde pública 63-65
- Segurança social 63-65

E

Economia de escopo 28
Eficiência 42
- Adaptativa 39
- Econômica consignativa 39
Empresa Brasileira de Correios
  e Telégrafos 15-50, 204
- Conjunto normativo 29-32
- Empresas subsidiárias 26, 39
- - Criação 37-45
- Natureza jurídica 15-19
- - Atividades desenvolvidas 19-25
- Objeto social 19-25
Empresa controlada 39
  ver também Empresa Brasileira
  de Correios e Telégrafos, Empresas
  subsidiárias
Empresa estatal 17, 31, 32, 39
Empresa privada 31, 219, 220
Empresa pública 18, 32, 34,
        204-209, 211, 214, 219, 221
Entes federativos 138, 190, 203, 219
Equilíbrio econômico
  financeiro 105-113, 122, 126, 128, 130
- Recomposição................................... 109
Estado 97
- Contratual 98

F

Federalismo brasileiro 136-138, 140,
        141, 156, 182, 191

página

Função social
- Cidade 77, 78
- Licitação 83, 84
- Propriedade 79, 80, 225, 227
Fundação pública 204, 219

I

Imóveis públicos.................................73-94
- Doação com encargo (onerosa) 74-89
- - Dever de licitar..............................89-93
- - Requisitos materiais..............75, 76, 78,
        83, 86-89
- - Requisitos substanciais 75-77,
        85-89, 91-93
- Doação condicionada 85
- Doação simples 76
Imóvel rural 225, 226
- Divisão.................................240-245, 247
Imposto sobre Serviços (ISS) 211,
        213, 216
Impugnação administrativa................ 227
Imunidade Tributária 201-203
- Conceito.. 202
- Concessionários
  (serviço público) 214-219
- Limitação... 203
- Recíproca.....................................203-209
- Vedação 204
Incentivo fiscal..................................... 87
Instituto Nacional de Colonização e
  Reforma Agrária
  (INCRA) 224-230, 243
- Superintendência 234, 235,
        245, 246
Interesse público...................75, 76, 84, 87,
        91-94, 103, 130

L

Laudo Agronômico de
  Fiscalização (LAF) 226, 235-238, 246
Licitação............... 75, 76, 83, 84, 86, 89-94,
        105, 159-199

ÍNDICE DE ASSUNTO | 285

página

- Dispensa 90, 91

Logística

- Atividade econômica
  (sentido estrito) 25-29, 34-37
- Integrada 27, 29

Lucro 217, 219

M

Ministério das Comunicações 250,
253-260, 264-268

Ministério Público 192, 193

Motocicletas 54

Mototáxi 53-71

- Condições de constitucionalidade
- - Formal 55-63
- - Material 63-69

P

Paisagem urbana 81

Parceria público-privada (PPP) 45-50,
97-130

- Noções introdutórias 113-115
- Repartição objetiva de riscos 115-121

Pessoa jurídica

- Desconsideração 168
- Penalização 167
- Privada 161-169
- Responsabilização 172, 175, 181, 193
- - Críticas 181

Política Nacional de Mobilidade
  Urbana (PNMU) 53

Princípio

- Eficiência 39-41, 65, 71, 119, 128, 130
- Federativo 219
- Isonomia 219
- Juiz natural 188
- Plenitude da defesa 223-225, 229, 247
- Proporcionalidade 66-70, 175,
  177, 235-237, 246
- Razoabilidade 66-70, 235-237, 246
- Vedação ao *bis in idem* 173-178

página

- Vedação de cumulação de sanções *ver*
  Princípio, vedação ao *bis in idem*
Projeto de Lei nº 6.826/2010 159-199
- Aplicação da lei 169
- Condutas tipificadas 169, 170
- Emendas 194-199
- Propostas
- - Alterações (procedimento
  em geral) 192-194
- - Atribuição da competência 184-192
- Responsabilização
- - Dos sócios 168
- - Objetiva 161-169
- - - causalidade 165
- - - fundamentos 161-166
- - - independência das
  instâncias 173-178
- - Subjetiva 162, 166, 167
- Sanções
- - Administrativas 170-173
- - Judiciais 178
- - Processo administrativo 179-194
- - - julgamento 190
- - - recurso 194

Propriedade rural ver Imóvel rural

R

Recursos Extraordinários 60, 61

Reforma administrativa 135-157

Reforma agrária 223-247

Remuneração 101, 215

- Regime jurídico 216, 217, 220

Renúncia fiscal 88

Riscos 98, 99, 102, 106, 107, 111, 130

- Alocação 119, 120, 125, 129
- Gestão 117, 118, 126, 129
- Matriz 122, 128
- Repartição objetiva 115-121
- Sistema de distribuição 122

S

Serviço de radiodifusão de sons e
  imagens 249

página

- Alteração da geradora
cedente 255-260, 267
- Aviso de habilitação...................265, 268
- Espectro de radiofrequência.............249, 250, 263
- Plano Nacional de Outorgas
de RTV...268
- Plano Nacional de Outorgas para o
serviço de retransmissão de TV
(PBRTV)...267
- Programação básica....................249, 256, 259, 260
- - Mudança 255-260
- Regularização 264-268
- Retransmissoras de televisão
(RTV) 249, 256, 267
- - Autorização para execução 253-255
- - - concorrência simplificada 260-264
- - - *intuitu personae*................................254
- - Características 252
- Serviço de Repetição de Televisão
(RpTV)...................................252, 267
- - Autorização para execução 253-255
- - Características 252
- Serviços ancilares...............................249
Serviço postal..........................20-26, 29, 35
- Atividades correlatas..........................25
Serviço público 21, 33, 34, 48, 49, 98, 135-157, 208
- Competência administrativa 138-143
- - Descentralização.......................139-141
- Concessão...............................97-130, 261

página

- - Conceito 100-105
- - Partilha contratual de riscos.....121-129
- Concessionários 214-219
- Prestação obrigatória e exclusiva do
Estado..209-214
- Titularidade......................................220
Sociedade de Economia Mista......... 30-32, 34, 35, 39, 204-209, 211, 213, 214, 219, 221
Superposição de tarefas.......................139
Supremo Tribunal Federal..........204, 205, 214, 217-219, 221, 225, 235-237, 240, 243, 244, 246, 247

T

Teoria da imprevisão 107
Teoria das áleas..............105-113, 121-123, 125, 128
- Álea administrativa 106
- Álea econômica 106
- Álea empresarial 106
Teoria do risco.....................................166
Transporte ....
- De cargas...37
- - Aéreo 37
- - Noturno...................................29, 37, 38
- - - enquadramento jurídico.................32
- Individual de passageiros por
motocicleta ver mototáxi
Tribunais de Contas.....................183-192
- Controle externo 186, 189

ÍNDICE DA JURISPRUDÊNCIA

A

Ação Cautelar nº 1.550-2/RO 206, 219

Ação Direta de Inconstitucionalidade
nº 1.649-DF 44, 45

Ação Direta de Inconstitucionalidade
nº 3.136-8 64

Ação Direta de Inconstitucionalidade
nº 4.530 69,70

ADI nº 247/ RJ 69

ADI nº 342/PR 154

ADI nº 348-MG 206

ADI nº 449-DF 206

ADI nº 676-2/ RJ 154

ADI nº 1.552-DF 206

ADI nº 1.857/SC 154, 155

ADI nº 1.865/SC 154

ADI nº 2.606-2 .... 57, 62, 64, 65

ADI nº 3.089 .... 217, 218

ADI nº 3.135/PA 62

ADI nº 3.136/MG 62

ADI nº 3.522/ RS 69

ADI nº 16.232-0/6 59

ADI nº 1484450000 59

ADPF nº 68/SP 58

Agravo de Instrumento
nº 650.44 0-5/1-00 187

Agravo de Instrumento
nº 048059000421/2006 92

AI nº 551.556 AgR 211

Apelação Cível nº 34.851/2010 87

Apelação Cível
nº 0018274-87.2010.404.9999/ SC 240

Apelação Cível nº 406415-3/2007 92

Apelação Cível nº 414.879 AL 244

Apelação Cível
nº 2006.038515-7/2009 91

Apelação Cível/Reexame Necessário
nº 1.0024.03.145614-8/001 79

Apelação nº 990.10.018829-1 /2010 89

D

Decisão TCU nº 457/1995 112

H

HC nº 62.196 MG 175

HC nº 200101000299779 260

M

MS nº 13.190/ DF 255

MS nº 22.591 241

MS nº 24.130 225

MS nº 24.547 226

MS nº 24.573 243

MS nº 24.890 .... 236, 240, 241,
243, 246, 247

MS nº 25.016/DF 235, 236, 246

MS nº 25.124/DF 232

MS nº 25.793 226

R

Recurso Extraordinário
nº 153.523-RS 206

Recurso Extraordinário
nº 172.816-RJ 206

Recurso Extraordinário
nº 220.906-DF 22, 23

	página
Recurso Extraordinário nº 220.907-RO	206
Recurso Extraordinário nº 220.699/SP	23
Recurso Extraordinário nº 229.444-8/CE	23
Recurso Extraordinário nº 229.961/MG	23
Recurso Extraordinário nº 253.472	211
Recurso Extraordinário nº 285.716 AgR	210

	página
Recurso Extraordinário nº 311.339/MG	58
Recurso Extraordinário nº 336.685-8/MG	23
Recurso Extraordinário nº 363.412-AgR	208
Recurso Extraordinário nº 399.307-AgR	219
Recurso Extraordinário nº 407.099-RS	204, 205, 218
REsp nº 713.145/PE	245
REsp nº 685.201/MT	245
REsp nº 1055709/SE	245

ÍNDICE DA LEGISLAÇÃO

página

C

Código Civil (2002) 163

Constituição Federal (1988) ... 44, 136, 156

- art. 1º 94, 162

- art. 3º 94

- art. 5º 30, 77, 162, 223, 225

- art. 6º 70

- art. 14 30

- art. 21 .... 20, 35, 138, 260

- art. 23 .... 137, 139, 141, 152

- art. 24 137

- art. 25 .... 137, 138

- art. 30 .... 55, 138

- art. 37 .... 30, 121, 162

- art. 60 219

- art. 71 .... 30, 143, 184

- art. 150 .... 203, 207, 217, 218

- art. 156 208

- art. 165 30

- art. 169 30

- art. 170 .... 77, 261

- art. 173 .... 27, 34-36, 212

- art. 175 .... 34, 48, 114

- art. 185 .... 242, 243, 247

- art. 196 70

- art. 241 .... 137, 153

D

Decreto Federal nº 85.309/1980 210

Decreto Federal nº 93.872/1986 144

Decreto-Lei nº 200/1967 .... 16, 17, 29

página

Decreto-Lei nº 509 de 20 de março de
1969 ....15, 16, 18, 19, 22,
     23, 26, 27, 29, 35, 42, 44, 45

Decreto-Lei nº 200/1967 144

Decreto-Lei nº 900/1969 17

Decreto-Lei nº 3.365/1941 245

Decreto nº 2.250/1997 225

Decreto nº 5.371/2005 250-253,
     255, 258, 260

Decreto nº 6.017/2007 ....143, 147,
     149-151

Decreto nº 52.795, de 31 de
outubro de 1963 .... 258, 259

Decreto Presidencial nº 7.483,
de 16 de maio de 2011 .... 18, 20, 44

Decreto Presidencial nº 72.897,
de 9 de outubro de 1973 18

Decreto Presidencial nº 83.726,
de 17 de julho de 1979 ....18, 22, 25,
     29, 44

E

Emenda Constitucional
nº 19/1998 .... 25, 39, 65, 137, 156

Emenda Constitucional nº 56/2006 141

I

Instrução Normativa INCRA
nº 34 de 23 de maio de 2006 228

L

Lei Complementar nº 76/93 .... 224, 228

página	

Lei Complementar nº 101/00 .... 86, 88

Lei Distrital nº 3.787/06 66

Lei Municipal de Coxim de
nº 854/97 61

Lei nº 4.320/64 23

Lei nº 5.862/72 207

Lei nº 6.538/78 .... 24, 25, 29, 44

Lei nº 8.429/92 (Lei da Improbidade
Administrativa) 160, 162, 198

Lei nº 8.629/93 ....225, 228, 229, 235,
236, 241-244

Lei nº 8.666/93 (Licitações e Contratos
Administrativos) 28, 49, 50, 75, 83, 86,
90, 103, 109, 112, 115,
125, 144, 155, 160, 161, 170, 174

Lei nº 8.884/94 (Lei do CADE) 160

Lei nº 8.987/95 .... 46-49, 100,
105, 108, 114, 124, 127

Lei nº 9.074/95 .... 48, 144

Lei nº 9.277/96 144

Lei nº 9.289/96 244

Lei nº 9.427/96 144

Lei nº 9.472/97 (Lei Geral das
Telecomunicações) 250, 261

Lei nº 9.473/97 (Lei de Diretrizes
Orçamentárias) 23

Lei nº 9.478/97 43

Lei nº 9.503/97 (Código Nacional de
Trânsito) 56

Lei nº 9.637/98 46

Lei nº 9.784/99 ....188, 224, 230, 237-240

Lei nº 9.790/99 46

Lei nº 9.868/99 .... 58, 62

Lei nº 9.882/99 58

Lei nº 10.520/02 50

Lei nº 10.683, de 28 de maio
de 2003 180

Lei nº 11.079 de 30 de dezembro
de 2004 .... 46-48, 50, 113-115,
120, 125, 126

Lei nº 11.107, de 06 de abril de 2005
(Lei dos Consórcios Públicos) 143,
146-150, 153

Lei nº 12.009/2009 ....54, 59, 61-63, 70, 71

Lei nº 12.490, de 16 de
setembro de 2011 .... 26, 27, 29, 35, 37, 45

M

Medida Provisória nº 532, de 28
de abril de 2011 .... 26, 27, 29, 35, 37, 42

Medida Provisória nº 2.183/56,
de 24de agosto de 2001 245

N

Norma de Execução INCRA
nº 35/2004 226

Norma de Execução INCRA nº 95,
de 07 de agosto de 2010 ....224, 225,
232, 236

P

Portaria MC nº 366/2012 ....257, 258,
264, 265

Portaria MC nº 498, de 5 de
dezembro de 2011 .... 256, 264

Portaria MC nº 561, de 22 de
dezembro de 2011 .... 256, 264

Portaria MC nº 776, de 14 de
dezembro de 2001 264

Portaria nº 768, de 24 de
setembro de 2009 .... 255, 256, 264

Projeto de Lei nº 6.826/2010 159-19

ÍNDICE ONOMÁSTICO

página

A

Alfonso, Luciano Parejo 39

Aragão, Alexandre Santos de 105

Araújo, Edmir Netto de 85

Araújo, Sonia 116

Arenhart, Sérgio Cruz 239

Arretche, Marta 139, 140

Arruda, João 160

B

Bacellar Filho, Romeu Felipe 22, 31,
101, 103, 104, 188

Baleeiro, Aliomar 201

Baptista, Marcelo Caron 213, 215, 220

Barbosa, Joaquim 210, 211, 213, 218

Barroso, Luis Roberto 67

Barros, Suzana de Toledo 237

Bercovici, Gilberto 140

Bonavides, Paulo 66

Bonnard, Roger 262

Borges, Ricardo Capucio 252

Bourges, Fernanda Schuhli 121

Britto, Carlos Ayres 58, 59, 190,
232, 236, 243

C

Câmara, Jacintho de Arruda 74, 255

Camargo, Juliana Werneck 78

Carraro, André 117

Carraza, Roque 212

Carvalho Filho, José dos Santos 76,
153, 154

Carvalho, Paulo de Barros 201,
202, 220

página

Carvalho, Paulo Pires 77

Castro, Flávio Régis Xavier
de Moura 186

Cléve, Clémerson Merlin 67

Corrêa, Maurício 22, 23, 44, 57, 65

Costa, Guilherme L. 250

Costa, Hélio 255

Costódio Filho, Ubirajara 24

D

Dado, João 184

Dallari, Adilson Abreu 230, 231,
238, 239

Di Pietro, Maria Sylvia Zanella 16, 17,
22, 31, 47, 48, 85, 102, 160-108,
114, 115, 143, 146, 156

Di Sarno, Daniela Campos Libório 79

E

Espíndola, Ruy Samuel 188

F

Falcão, Amílcar de Araújo 201

Fernandez, Rodrigo Nobre 117

Ferrari, Regina Maria Macedo
Nery 60, 79, 140

Ferraz, Luciano 92

Ferraz, Sérgio 230, 231, 238, 239

Ferreira, Daniel 83

Fortini, Cristiana 45

Furtado, Lucas Rocha 92, 111

G

Gabardo, Emerson 119, 160

Gasparini, Diogenes 22

Gonçalves, Guilherme de Salles 160

Grau, Eros Roberto 22, 33, 78, 205, 243

Grotti, Dinorá Adelaide Musetti 22, 136, 144, 146

Guimarães, Fernando Vernalha 116, 119, 125

H

Hachem, Daniel Wunder 40, 41

Harger, Marcelo 151

Hobaika, Marcelo Bechara de Souza 252

J

Jobim, Nelson 23, 69

Justen Filho, Marçal 22, 27, 28, 33-36, 39, 100, 104, 107, 109, 136, 145, 164, 189, 215, 263

K

Krell, Andreas Joachim 140, 142, 154

L

Lages, Marcus Vinícius Paixão 185

Leal, Rogério Gesta 73

M

Machado, Hugo de Brito 202, 212, 216

Mancuso, Rodolfo de Camargo 81

Marinoni, Luiz Guilherme 239

Marolla, Eugenia Cristina Cleto 110, 123, 124

Marrara, Thiago 81, 85, 138, 141

Mattos, Liana Portilho 79

Mattos, Mauro Roberto Gomes de 107

Medauar, Odete 22, 148, 150, 155, 185

Meirelles, Hely Lopes 22, 56, 60, 87, 145

Mendes, Gilmar Ferreira 55, 57, 60, 206

Mello, Celso Antônio Bandeira de 17, 21, 22, 31, 41, 101, 103, 153, 233

Mello, Rafael Munhoz de 164, 177

Monteiro, Vera 100

Moraes, Bernardo Ribeiro de 202

Moreira, Egon Bockmann 123, 188

Moreira Neto, Diogo de Figueiredo 22

N

Nieto, Alejandro 164

Nóbrega, Marcos 99

Nogueira, Duarte 165

Nogueira, Ruy Barbosa 201

Nohara, Irene Patrícia 185

Northfleet, Ellen Gracie 58, 207, 235, 236, 240, 241

Novais, Jorge Reis 68

O

Oliveira, Aluísio Pires de 77

Oliveira, Antônio Flávio de 88

Oliveira, Gustavo Justino de 150, 152

Osório, Fábio Medina 162, 174, 176

P

Pereira, Cesar Augusto Guimarães 136

Perez, Marcos Augusto 123, 124

Pinto, Luciana Moraes Raso Sardinho 261

Praciano, Francisco 194

R

Rabello Filho, Francisco P 62

Reck, Sacha 160

Rigolin, Ivan Barbosa 90

Rister, Carla Abrantkoski 82

Rocha, Luís Ferreira da 85

S

Santos, Rodrigo Valgas dos 184

Sepe, Onorato 41

ÍNDICE ONOMÁSTICO | 293

página

Silva, José Afonso da.......22, 135, 138, 189
Silva, Ovídio Baptista 224
Silva, Vasco Pereira da..........................262
Silveira, Alessandra Aparecida
Souza da...136
Souto, Marcos Juruena Villela.......46, 102,
113, 146
Sundfeld, Carlos Ari...................47, 49, 50,
74, 102, 110, 113, 231, 234
Sutherland, Douglas..............................116

T
Tácito, Caio......................................77, 78
Taller, Adriana 80

página

V
Valle, Vanice Lírio do............................117
Velloso, Carlos.......................................205
Vichi, Bruno de Souza............................74
Violin, Tarso Cabral...............................115

W
Wald, Arnoldo...60

Z
Zancaner, Weida.....................................233
Zarattin, Carlos......................................160

Esta obra foi composta em fonte Palatino Linotype, corpo 10
e impressa em papel Offset 75g (miolo) e Supremo 250g (capa)
pela Paulinelli Serviços Gráficos Ltda.
Belo Horizonte/MG, outubro de 2012.